Risikoadjustierte Steuerung von Ausfallrisiken in Banken

Martin Rohmann

CIP-Titelaufnahme der Deutschen Bibliothek:
Rohmann, Martin: Risikoadjustierte Steuerung
von Ausfallrisiken in Banken/
Bundesverband Öffentlicher Banken Deutschlands (VÖB), Bonn 2000
Zugl.: Lüneburg, Univ., Diss. 1999, ISBN 3-927466-55-7

VÖB-Service GmbH
Postfach 20 13 55, D-53143 Bonn
Godesberger Allee 88, D-53175 Bonn
Telefon: +49-228-8192-0, Telefax +49-228-8192-111
e-mail: georg_schell@voeb.de

Das Werk einschließlich aller seiner Teile ist urheberrechtlich geschützt. Jede Verbreitung außerhalb der engen Grenzen des Urheberrechtsgesetzes ist ohne Zustimmung des Bundesverbandes Öffentlicher Banken Deutschlands (VÖB) unzulässig und strafbar. Das gilt insbesondere für Vervielfältigungen, Übersetzungen, Mikroverfilmungen und die Einspeicherung und Verarbeitung in elektronischen Systemen.

Neuauflage
Printed in Germany

Herstellung: DCM Druck Center Meckenheim,
           Eichelnkampstraße 2,
           D-53340 Meckenheim

Gedruckt auf chlorfrei gebleichtem Papier.

Vorwort

Die Idee zu der vorliegenden Arbeit entstand noch während meiner praktischen Arbeit im Derivatehandel einer großen Landesbank aus der Erkenntnis heraus, daß die Steuerung von Ausfallrisiken methodisch, konzeptionell aber auch die dafür zur Verfügung stehenden Instrumente betreffend verglichen mit Marktpreisrisiken einen großen Weiterentwicklungsbedarf hat. Die meist unzureichende Profitabilität im Kreditgeschäft der Banken, das zu beobachtende große Wachstum des Kreditderivatemarktes, die Entwicklung von Portfoliomodellen sowie auch die aktuelle Überarbeitung der bankaufsichtlichen Anforderungen an die angemessene Eigenkapitalausstattung der Kreditinstitute – um nur einige Aspekte der gegenwärtigen Umwälzungen im Kreditgeschäft exemplarisch zu nennen - unterstreichen die Notwendigkeit einer Neuorientierung der Kreditrisikosteuerung in Banken, zu deren konzeptioneller Weiterentwicklung die vorliegende Arbeit einen Beitrag leisten will.

Mein besonderer Dank gilt Herrn Dr. Bernd Lüthje, Hauptgeschäftsführer des Bundesverbandes Öffentlicher Banken Deutschlands (VÖB), der mir in den zurückliegenden Jahren die Freiräume und Arbeitsbedingungen ermöglicht hat, ohne die das Abfassen der vorliegenden Arbeit neben meiner Tätigkeit als Bereichsleiter des VÖB nicht möglich gewesen wäre. Außerordentlich hilfreich waren die vielfältigen Diskussionen mit Bankpraktikern in verschiedenen Arbeitskreisen und Gremien des Verbandes.

Weiterhin möchte ich Herrn Prof. Dr. Ulf G. Baxmann danken, der als mein Doktorvater die vorliegende Arbeit begleitet hat, sowie Herrn Prof. Dr. Ulrich Döhring, der das Zweitgutachten übernommen hat.

Bonn, Dezember 1999　　　　　　　　　　　　　　　　　　Martin Rohmann

Inhaltsverzeichnis

Seite

Abbildungsverzeichnis X

Abkürzungsverzeichnis XIV

Verzeichnis der in Gleichungen verwendeten Variablenbezeichnungen XVI

1. Einleitung

1.1. Ausgangslage und Zielsetzung 1
1.2. Zur Notwendigkeit einer risikoadjustierten Steuerung 3

2. Begriffliche Abgrenzung und Grundlagen 9

2.1. Abgrenzung und systematische Einordnung von Ausfallrisiken 9

    2.1.1. Zum Risikobegriff 9

    2.1.2. Einordnung erfolgsorientierter Bankrisiken 10
        2.1.2.1. Banktypische Erfolgsrisiken 10
        2.1.2.2. Der Begriff des Ausfallrisikos 12

    2.1.3. Eine marktorientierte Risikokategorisierung 14

2.2. Kapitalmarkt- und portfoliotheoretische Grundlagen 17

2.3. Grundüberlegungen zum Prozeß der risikoadjustierten Steuerung 24

    2.3.1. Grundüberlegungen zur Ergebnisermittlung und Bewertung im zinstragenden Geschäft 27

    2.3.2. Grundüberlegungen zur Risikomessung 31
        2.3.2.1. Value-at-Risk 31
        2.3.2.2. Earnings-Volatility-Model 36

    2.3.3. Grundüberlegungen zur Bedeutung des Eigenkapitals als Risikoträger im Bankgeschäft 38

3. Messung und Steuerung von Ausfallrisiken ... 43

3.1. Einzelkredit- versus Portfoliosicht ... 43

3.2. Einzelrisikobezogene Betrachtung ... 44

3.2.1. Einflußfaktoren bei der Messung von Ausfallrisiken ... 44

3.2.2. Beurteilung der Einzelbonität ... 49
   3.2.2.1. Traditionelle Kreditwürdigkeitsprüfung ... 50
   3.2.2.2. Moderne Verfahren der Kreditwürdigkeitsprüfung ... 52

3.2.3. Traditionelle Kalkulation von Risikokosten in der Bankpraxis ... 57
   3.2.3.1. Definition von Risikokosten ... 57
   3.2.3.2. Standard-Risikokosten ... 58
      3.2.3.2.1. Ermittlung der Ist-Risikokosten ... 58
      3.2.3.2.2. Standardisierung der Risikokosten ... 60
      3.2.3.2.3. Einteilung in Bonitäts-/Risikoklassen ... 61
      3.2.3.2.4. Schwachstellen der Standardrisikokostenkalkulation ... 63
   3.2.3.3. Marktdeduzierte Risikokosten ... 64
   3.2.3.4. Beurteilung der dargestellten Verfahren im Hinblick auf eine risikoadjustierte Steuerung ... 66

3.2.4. Bewertung von Ausfallrisiken mit optionstheoretischen Methoden ... 67
   3.2.4.1. Anwendung der Optionstheorie auf Ausfallrisiken ... 67
   3.2.4.2. Grundmodell ... 71
      3.2.4.2.1. Darstellung des Grundmodells ... 71
      3.2.4.2.2. Kritische Prämissen und ihre Beurteilung ... 75
   3.2.4.3. Ermittlung kritischer Inputparameter ... 80
      3.2.4.3.1. Marktwert der Aktiva ... 81
      3.2.4.3.2. Marktwert des Fremdkapitals ... 84
      3.2.4.3.3. Volatilität des Marktwertes der Aktiva ... 86
   3.2.4.4. Exkurs: Portfoliosteuerung mit dem Optionspreismodell ... 88
   3.2.4.5. Risikomessung bei Anwendung des Optionspreismodells ... 90
      3.2.4.5.1. Analytische Berechnung des Value-at-Risk bei Anwendung des Optionspreismodells ... 91
      3.2.4.5.2. Schätzung der Ausfallwahrscheinlichkeit mit optionstheoretischen Methoden ... 93
   3.2.4.6. Beurteilung der Anwendung der Optionstheorie auf Ausfallrisiken ... 98

3.2.5. Rating und Bonitätsklassen als Grundlage der Messung von Ausfallrisiken ... 101
   3.2.5.1. Ratingdefinition ... 101
   3.2.5.2. Rating und Finanztheorie ... 103
   3.2.5.3. Problembereiche des Rating ... 104
   3.2.5.4. Verwendung externer und interner Ratings ... 108
   3.2.5.5. Aufbau eines internen Ratingsystems ... 112

3.2.6. Erwartete Verluste 116
    3.2.6.1. Ausfallwahrscheinlichkeit... 116
        3.2.6.1.1. Ausfallraten... 116
        3.2.6.1.2. Mortalitätsraten... 121
        3.2.6.1.3. Migrationsanalyse 122
    3.2.6.2. Wiedereinbringungsraten (Recovery Rates) 126
    3.2.6.3. Berechnung der erwarteten Verluste 130
    3.2.6.4. Risikostrukturkurve 131
    3.2.6.5. Risikoneutrale Bewertung von Krediten 137

3.3. Portfoliobezogene Betrachtung.. 140

    3.3.1. Unerwartete Verluste 140
        3.3.1.1. Verlustverteilung und Risikokapital 140
        3.3.1.2. Möglichkeiten zur Ermittlung der unerwarteten Verluste 142
        3.3.1.3. Unerwartete Verluste im Portfolio... 147

    3.3.2. Übertragung der Portfoliotheorie auf Ausfallrisiken 149
        3.3.2.1. Diversifikation als Voraussetzung für eine effiziente
                Ausfallrisikosteuerung.. 149
        3.3.2.2. Diversifikationseffekte im Portfolio 156
        3.3.2.3. Probleme bei der Anwendung der Portfoliotheorie
                auf Ausfallrisiken.. 161

    3.3.3. Modelle zur Portfoliosteuerung von Ausfallrisiken.................... 163
        3.3.3.1. Grundlegende Aspekte der Konstruktion von Portfolio-
                modellen 165
            3.3.3.1.1. Berücksichtigung von Korrelationen 165
                3.3.3.1.1.1. Möglichkeiten der Schätzung von
                          Korrelationen 167
                3.3.3.1.1.2. Faktormodelle................................... 170
            3.3.3.1.2. Ausfall- versus marktwertorientierte
                    Risikobetrachtung... 172
        3.3.3.2. CreditMetrics 178
            3.3.3.2.1. Einführung... 178
            3.3.3.2.2. Risikomessung eines Einzelgeschäftes.................. 179
            3.3.3.2.3. Risikomessung im Portfolio 185
            3.3.3.2.4. Marginaler Risikobeitrag 188
            3.3.3.2.5. Beurteilung von CreditMetrics unter Gesichts-
                    punkten der Implementierung im Kreditgeschäft
                    kommerzieller Banken... 189
            3.3.3.2.6. Exkurs: Verwendung risikoadjustierter Margen.... 193
        3.3.3.3. CreditRisk$^+$.. 194
            3.3.3.3.1. Risikomodellierung und Datenbedarf.................... 194
            3.3.3.3.2. Marginaler Risikobeitrag 197

3.3.3.3.3. Beurteilung von CreditRisk⁺ unter Gesichtspunkten der Implementierung im Kreditgeschäft kommerzieller Banken 198
3.3.3.4. CreditPortfolioView 200
    3.3.3.4.1. Risikomodellierung und Datenbedarf 200
    3.3.3.4.2. Beurteilung von CreditPortfolioView unter Gesichtspunkten der Implementierung im Kreditgeschäft kommerzieller Banken 204
3.3.3.5. Zusammenfassender Vergleich und Eignung der Modelle ... 205

4. Ausfallrisiken im Rahmen einer risikoadjustierten Gesamtbanksteuerung und Kapitalallokation 211

4.1. Kennzahlen zur risikoadjustierten Performance-Messung 211

    4.1.1. Überblick 211
    4.1.2. Darstellung einzelner Kennzahlen 214

4.2. Risikoadjustierte Gesamtbanksteuerung und Kapitalallokation 219

    4.2.1. Integrierte Risikosteuerung 219

    4.2.2. Risikokapitalmaße und ihre Verwendung 222

    4.2.3. Aufsichtliches versus ökonomisches Kapital 224

    4.2.4. Eigenkapitalkosten 229
        4.2.4.1. Ermittlung der Eigenkapitalkosten 229
        4.2.4.2. Zurechnung von Eigenkapitalkosten 231

    4.2.5. Risikoadjustierte Kapitalallokation 233
        4.2.5.1. Allokation von Risikokapital auf Geschäftsbereiche 233
        4.2.5.2. Abstimmung von Gesamtbankrisiko und VAR-Größen 238

    4.2.6. Bestimmung der Risikoparameter 240
        4.2.6.1. Zeithorizont 240
        4.2.6.2. Konfidenzniveau 243

    4.2.7. Risikovorsorge für erwartete und unerwartete Verluste 244

4.3. Risikoadjustierte Steuerung von Einzelrisiken 249

    4.3.1. Zurechnung von Risikokapital auf Einzelgeschäfte 250

    4.3.2. Limitierung von Ausfallrisiken 254

    4.3.3. Preiskalkulation 258

4.3.3.1. Rahmenbedingungen der Preiskalkulation von
Ausfallrisiken ... 258
4.3.3.2. Marktorientierte Preise ... 260
4.3.3.3. Risikoadjustierte Preisermittlung ... 263
    4.3.3.3.1. Risikoadjustierte Preise als interne
Knappheitspreise ... 263
    4.3.3.3.2. Preis für die Absicherung von Ausfallrisiken
über Kreditderivate bzw. Verbriefung ... 266
    4.3.3.3.3. Beurteilung der portfolioabhängigen Preiskalkulation aus Sicht der Banksteuerung ... 270
    4.3.3.3.4. Beurteilung der portfolioabhängigen Preiskalkulation im Hinblick auf die Kundenakzeptanz
bzw. die Durchsetzbarkeit am Markt ... 274

4.3.4. Risikoadjustierte Steuerung von Kundenbeziehungen ... 276

4.3.5. Barwertsteuerung unter Berücksichtigung unerwarteter Verluste ... 279

4.4. Zur Implementierung einer RAROC-Steuerung im Kreditgeschäft ... 287

4.4.1. Anforderungen an eine moderne Kreditrisikosteuerung ... 288

4.4.2. Einrichtung eines zentralen Kreditrisikomanagements ... 290
    4.4.2.1. Übertragung der dualen Steuerung auf Ausfallrisiken ... 291
    4.4.2.2. Abstimmung zwischen zentralem Kreditrisikomanagement
und dezentraler Marktverantwortung ... 294

4.4.3. Problemfelder bei der praktischen Implementierung einer
umfassenden RAROC-Steuerung ... 297
    4.4.3.1. Permanente Weiterentwicklung der Prozesse ... 297
    4.4.3.2. Datenhaushalt ... 298
    4.4.3.3. Anreizsysteme ... 300
    4.4.3.4. Unterstützung durch die Geschäftsführung ... 300

4.4.4. Beurteilung der Steuerung auf Basis risikoadjustierter Kennzahlen ... 301

5. Ausblick ... 306

5.1. Aktives Kreditportfoliomanagement und ein liquiderer Sekundärmarkt
als Aspekte eines sich wandelnden Umfeldes für Kreditinstitute ... 306

5.2. Neuregelung der angemessenen Eigenkapitalausstattung von
Kreditinstituten ... 312

Literaturverzeichnis ... 317

Abbildungsverzeichnis

Seite

Abb. 1:	Formen der Unsicherheit	10
Abb. 2:	Banktypische Erfolgsrisiken	11
Abb. 3:	Risiko-Kontinuum aus Marktsicht	15
Abb. 4:	Einfluß des Korrelationskoeffizienten auf Risiko und Ertrag bei zwei Anlagealternativen	19
Abb. 5:	Kapitalmarktlinie im Capital Asset Pricing Model	20
Abb. 6:	Der Prozeß der risikoadjustierten Steuerung von Ausfallrisiken	26
Abb. 7:	Zusammenhang von Standardabweichung und Konfidenzniveau bei Normalverteilung	33
Abb. 8:	Abgrenzung verschiedener Eigenkapitalbegriffe	39
Abb. 9:	Zusammenhang zwischen dem Wert des Fremdkapitals und der Marktwertverteilung der Unternehmensaktiva	69
Abb. 10:	Marktwert von Eigen- und Fremdkapital in Abhängigkeit vom Unternehmenswert	72
Abb. 11:	Risikoprämienermittlung für ein endfälliges Darlehn mit jährlicher Zinszahlung	76
Abb. 12:	Ermittlung der Distance to Default als Maß für die Ausfallwahrscheinlichkeit im Optionspreismodell	94
Abb. 13:	Entwicklung des Unternehmenswertes mit Rating-Schwellen	97
Abb. 14:	Vergleich der Rating-Einteilung von Standard & Poor's, Moody's und Fitch/IBCA	101
Abb. 15:	Bedeutung der Symbole des langfristigen Emissionsratings von Standard & Poor's und Moody's	103
Abb. 16:	Gewichtete durchschnittliche marginale Ausfallraten	119

Abb. 17:	Gewichtete durchschnittliche kumulative Ausfallraten	120
Abb. 18:	Marginale Ausfallraten	121
Abb. 19:	Kumulative Ausfallraten	121
Abb. 20:	Vereinfachte Wanderungsmatrix für eine Periode	124
Abb. 21:	Ermittlung marginaler und kumulativer Ausfallwahrscheinlichkeiten bei Anwendung der Migrationsanalyse	125
Abb. 22:	Recovery Rates für Ausfälle von 1989-1996, Moody's Investors Service	127
Abb. 23:	Marginale Ausfallraten und kumulative Überlebensraten für Baa-Kredit	134
Abb. 24:	Ausfallmargen, hohe Recovery Rate	134
Abb. 25:	Ausfallmargen, niedrige Recovery Rate	135
Abb. 26:	Ausfallmargen, Speculative Grade	136
Abb. 27:	Ausfallmargen, Investment Grade	136
Abb. 28:	Risikoneutrale Bewertung eines Kredites mit Ba Rating	139
Abb. 29:	Risikoneutrale Bewertung eines Ba Kredites unter Berücksichtigung der erwarteten Verluste durch Gewichtung mit der durchschnittlichen jährlichen Ausfallrate	139
Abb. 30:	Zusammenhang zwischen historischen Risikokosten und Verlustverteilung	140
Abb. 31:	Unerwarteter Verlust, VAR und Risikokapital	141
Abb. 32:	Unerwarteter Verlust bei Berücksichtigung von Bonitätsveränderungen	146
Abb. 33:	Diversifikation durch Beachtung von Konzentration und Korrelation im Portfolio	153
Abb. 34:	Verlustverteilung 1 Kredit	156

Abb. 35:	Verlustverteilung 100 Kredite	156
Abb. 36:	Verlustverteilung 250 Kredite	157
Abb. 37:	Verlustverteilung 1000 Kredite	157
Abb. 38:	Verlustverteilung mit Klumpenrisiken	159
Abb. 39:	Marktwertkorrelationen und gemeinsame Ausfallwahrscheinlichkeiten	169
Abb. 40:	Verlust-/Wertverteilung in % des Gesamtexposures/Barwertes	174
Abb. 41:	Wertveränderung einer Transaktion im Zeitablauf bei wert- und bei ausfallorientierter Betrachtung	175
Abb. 42:	Wanderungsmatrix der durchschnittlichen jährlichen Wanderungsbewegungen	179
Abb. 43:	Wertverteilung für einen BBB-Kredit nach einem Jahr	181
Abb. 44:	Gemeinsame Wanderungswahrscheinlichkeiten zweier Schuldner bei Nullkorrelation	185
Abb. 45:	Volatilität der Ausfallraten	195
Abb. 46:	Überblick: Vergleich der Modelle CreditMetrics, CreditRisk$^+$ und CreditPortfolioView	206
Abb. 47:	Zehnjährige kumulative Ausfallrate	208
Abb. 48:	Beispielrechnung: Kapitalunterlegung: Portfoliomodelle und aufsichtsrechtliche Regelungen im Vergleich	209
Abb. 49:	Allokation von Risikokapital auf Geschäftsbereiche	234
Abb. 50:	Kapitalallokation nach Einzelrisiken	236
Abb. 51:	Ratingklassen und Konfidenzniveau	244
Abb. 52:	Bildung der Risikovorsorge für erwartete und unerwartete Verluste	247
Abb. 53:	Vielfache der Standardabweichung als unerwartete Verluste	251

Abb. 54:	Optimales Exposure in Abhängigkeit von Marktpreis und RAROC-Preis	255
Abb. 55:	Marginales Risiko in Relation zum aktuellen Wert (Beispielportfolio)	257
Abb. 56:	Grundformen von Kreditderivaten	268
Abb. 57:	Preiskalkulation für die Absicherung über Kreditderivate	270
Abb. 58:	Beurteilung der Kundenbeziehung unter Risiko-Ertrags-Gesichtspunkten	277
Abb. 59:	Einzelkredit, barwertig	281
Abb. 60:	Anwachsendes Kreditportfolio, barwertig	281
Abb. 61:	Belastung zukünftiger Eigenkapitalkosten	283
Abb. 62:	Diskontierung des zukünftigen Eigenkapitalbedarfs	284
Abb. 63:	Formen der Organisation des zentralen Portfoliomanagements	291

Abkürzungsverzeichnis

Abb.	Abbildung	et.al.	und andere
ABS	Asset Backed Security (-ies)	EVM	Earnings Volatility Model
Acra	Actuarial Credit Risk Accounting	EWB	Einzelwertberichtigung
ACP	Annual Credit Provision	FAZ	Frankfurter Allgemeine Zeitung
APT	Arbitrage Pricing Theory	f.	folgende (Seite)
APV	Adjusted Present Value	ff.	fortlaufend folgende (Seiten)
Aufl.	Auflage		
BBl.	Betriebswirtschaftliche Blätter	GE	Geldeinheiten
		gem.	gemäß
Bd.	Band	GS I	Grundsatz I, (Kreditwesengesetz)
BP	Basispunkt (0,01%)		
β	Beta	GuV	Gewinn- und Verlustrechnung
BZ	Börsenzeitung	HGB	Handelsgesetzbuch
bzgl.	bezüglich	Hrsg.	Herausgeber
CAPM	Capital Asset Pricing Model	ICR	Incremental Credit Reserve
CLN	Credit linked Note	IAS	International Accounting Standards
Cov.	Kovarianz		
c. p.	ceteris paribus	i.d.R.	in der Regel
CSFP	Credit Suisse Financial Products	i.e.	it est
		i.e.S.	im engeren Sinne
DBW	Die Betriebswirtschaft	i.H.v.	in Höhe von
Diss.	Dissertation	IIF	Institut of International Finance
DM	Deutsche Mark		
DPC	Derivative Product Company	i.w.S.	im weiteren Sinne
		IdW	Institut der Wirtschaftsprüfer
EaR	Earnings at Risk		
EAR	Erwartete Ausfallrate	inkl.	inklusive
Ed.	Editor	insb.	insbesondere
EG	Europäische Gemeinschaft	IOSCO	International Organisation of Securities Commissions
erw.	erweitert		

ISMA	International Securities Market Association	Sp.	Spalte
ISDA	International Swaps and Derivatives Association	T	Zeitpunkt
		US	Vereinigte Staaten
Jg.	Jahrgang	USA	Vereinigte Staaten von Amerika
kalk.	kalkulatorisch	VAR	Value-at-Risk
KI	Kreditinstitut	vgl.	vergleiche
KWG	Kreditwesengesetz	Vol.	Volume
Mio.	Millionen	u.	vom
Mrd.	Milliarden	vs.	versus
N	Nominalbetrag	VWD	Vereinigte Wirtschaftsdienste
No.	Nummer		
o.g.	oben genannt	WiSt	Wirtschaftswissenschaftliches Studium
o.Jg.	ohne Jahrgang		
o.V.	ohne Verfasser	WISU	Das Wirtschaftsstudium
ÖBA	Österreichisches Bankarchiv	ZfB	Zeitschrift für Betriebswirtschaft
OTC	Over the Counter	ZfbF	Zeitschrift für betriebswirtschaftliche Forschung
P&L	Profit and Loss (Gewinn- und Verlustrechnung)		
		ZfgK	Zeitschrift für das gesamte Kreditwesen
p.a.	per annum		
RAPM	Risk adjusted Performance Measurement		
RAROC	Risk adjusted Return on Capital		
RARORAC	Risk adjusted Return on Risk adjusted Capital		
ROA	Return on Assets		
ROC	Return on Capital		
ROE	Return on Equity		
RORAC	Return on Risk adjusted Capital		
S&P	Standard & Poor's		
SHV	Shareholder Value		
SFr	Schweizer Franken		
sog.	sogenannte		

Verzeichnis der in Gleichungen verwendeten Variablenbezeichnungen

β	Beta	F	Rückzahlungsbetrag für einen Zerobond
μ	Erwartungswert		
ρ	Korrelationskoeffizient	FK	Fremdkapital, bzw. Marktwert des Fremdkapitals
ξ	Multiplikator		
η	Recovery Rate	GK	Gesamtkapital
σ	Standardabweichung	i	risikoloser Zinssatz
σ_{ij}	Kovarianz	K	Faktoren
ε	Störgröße	k_{EK}	Eigenkapitalkosten
ϕSDP	unbedingter Durchschnitt der Ausfallrate spekulativer Ratings	k_{FK}	Fremdkapitalkosten
		KN	Konfidenzniveau
		L	Verluste
A	Anzahl Kredite im Portfolio	LGD	Loss given Default/ Verlustintensität
b_{ik}	Sensitivität der Investition i gegenüber dem Faktor k	$L_t(R)$	kumulative Verlustrate
C	Korrelations- koeffizientenmatrix	$l_t(R)$	marginale Verlustrate
		m	Markt
c	Zinszahlungen	M	Wanderungsmatrix
CMR	kumulative Mortalitätsrate	m(R)	Anzahl ausgefallener Kreditnehmer mit Rating R
d	Veränderungsrate		
DD	Distance to Default	MMR	marginale Mortalitätsrate
$d_t(R)$	marginale Ausfallrate von Rating R im Jahr t	MW	Mittelwert
$D_t(R)$	kumulative Ausfallrate von Rating R bis Jahr t	MWA	Marktwert der Aktiva
		N	Nominalbetrag
EAR	erwartete Ausfallrate	n(R)	Anzahl nicht ausgefallener Kreditnehmer mit Rating R
ECF	erwarteter Cash Flow		
EK	Eigenkapital bzw. Marktwert des Eigenkapitals	p	Wahrscheinlichkeit
		P	Wert einer Put Option
		PF	Portfolio
EV	Erwarteter Verlust	PV	Present Value/Barwert
Exp.	Exposure	q	Marktpreis des Risikos

r	Rendite einer Investition
R	Rating
RB	Risikobeitrag
r_i	Rendite der Investition i
RK	Risikokapital
r_M	Marktrendite
RP	Risikoprämie
S	Sharpe Ratio
SDP	Ausfallrate spekulativer Ratings
SFr	Schweizer Franken
$s_t(R)$	marginale Überlebensrate
$S_t(R)$	kumulative Überlebensrate
UV	Unerwarteter Verlust
V	Marktwert des Unternehmens
w	relativer Anteil/Gewicht eines Krediets am Portfolio
WACC	Weighted Average Cost of Capital
X	Gesamtverlust des Portfolios bei gegebenem Konfidenzniveau
Y	Year, Ursprungsjahr

1. Einleitung

1.1. Ausgangslage und Zielsetzung

Die Kreditwirtschaft befindet sich gegenwärtig in einer Umbruchphase mit neuen Techniken, neuen Wettbewerbern und vielfältigen neuen Anforderungen. Das traditionelle Kerngeschäft kommerzieller Banken, die Übernahme von Kreditrisiken, ist dabei Gegenstand vielfältiger Veränderungen, die durch die Stichworte Kreditderivate und Verbriefung sowie Kreditportfoliosteuerung gekennzeichnet werden können. Die Übernahme von Risiken ist grundsätzlich eine der Hauptaufgaben von Banken. Dabei müssen jedoch existenzbedrohende Risiken vermieden werden und übernommene Risiken rentierlich sein. Dies erfordert Methoden zur Risikomessung. Wettbewerbsdruck, aufsichtsrechtliche Restriktionen und Shareholder Value Gesichtspunkte erfordern darüber hinaus eine effiziente, ertragsorientierte Steuerung und Kapitalallokation.

Zielsetzung dieser Untersuchung ist die Darstellung, die kritische Würdigung und die Weiterentwicklung moderner Ansätze einer risikoadjustierten Steuerung von Ausfallrisiken v.a. im kommerziellen Kreditgeschäft der Banken. Bisher waren Kreditentscheidungen v.a. von der Intuition und Erfahrung von Spezialisten geprägt. Auch für Ausfallrisiken gilt es, Risikomaße zu entwickeln und Entscheidungen stärker zu objektivieren. Die Methoden zur Steuerung von Marktpreisrisiken sind in den letzten Jahren bis zu einem Grad entwickelt worden, daß diese weitgehend als mathematisch beherrschbar angesehen werden. Für eine integrierte Gesamtbanksteuerung fehlt vor allem eine entsprechende Methodik für Ausfallrisiken. Die weitverbreitete Meinung, daß sich Ausfallrisiken einer Quantifizierung entziehen, weicht zunehmend der Einsicht, daß auch in diesem Bereich Konzepte für eine risikoorientierte Preisstellung und Portfoliosteuerung entwickelt und so die Voraussetzungen für eine bankweite risikoadjustierte Steuerung geschaffen werden müssen. Diese Entwicklung wird zudem unterstützt durch die Erkenntnis, daß das Kreditgeschäft nicht weniger volatil ist als der Handel mit Marktpreisrisiken. Die unterschiedlichen Verbuchungs- und Bilanzierungsmethoden und die Möglichkeit der Bildung von stillen Reserven im Kreditgeschäft führen hier zu einem verzerrten Bild.[1]

Kreditrisiken sind sowohl gemessen an ihrer absoluten Höhe als auch gemessen an ihrem Ertragspotential die wichtigste Risikokomponente für Banken und zwar vor Betriebs- und Marktpreisrisiken, die erst an dritter Stelle folgen.[2] Für die zwei wichtigsten Risikoquellen im Bankgeschäft stehen verglichen mit Marktpreisrisiken nur unzureichende Mess- und Steuerungsinstrumentarien zur Verfügung. Insbesondere die derzeit bestehenden Lösungen zur Kreditrisikosteuerung in Banken, selbst wenn sie als best-practice gelten, können nicht als befriedigend angesehen werden.[3] Eine ausgefeiltere Methodik zur Steuerung der Ausfallrisiken ist daher unerläßlich und angesichts der Fortschritte bei der Messung der Marktpreisrisiken der logische nächste Schritt.

Besondere Herausforderung dabei ist, neue Verfahren in die bestehenden, auf der Marktzinsmethode aufbauenden Steuerungsinstrumente zu integrieren. *„Bislang ist noch kein überzeugendes Konzept zur integrierten Berechnung der Kreditrisiko- und Eigenkapitalzusatzkosten veröffentlicht worden. Ziel sollte sein, die aus der Kapitalmarkttheorie abgeleiteten Überlegungen zu Raroc etc. mit den Grundprinzipien der Marktzinsmethode in ein konsistentes Konzept zu bringen".*[4]

Um die Prinzipien und Methoden einer risikoadjustierten Steuerung von Ausfallrisiken herauszuarbeiten, werden zunächst die risikotheoretischen betriebswirtschaftlichen Grundlagen erörtert und Methoden der Risikomessung dargestellt. Es werden dann sowohl traditionelle als auch moderne Verfahren der Risikomessung von Aus-

---

[1] Vgl. Matten, C. [1997], S. 20 sowie Thieke, S.G. [1997], S. 1.

[2] Vgl. IMF International Monetary Fund [1997], S. 142. Die Deutsche Bank weist in ihrem Zwischenbericht zum 30. Juni 1999 ein ökonomisches Kapital von insgesamt 17,5 Mrd. Euro aus, zu dem Kreditrisiken mit 13 Mrd. Euro zu etwa 74% beitragen, operationelle Risiken mit 4,0 Mrd. Euro zu etwa 23% und Marktpreisrisiken mit 0,5 Mrd. Euro nur mit ca. 3 %. Vgl. Deutsche Bank [1999], S, 44.

[3] Vgl. Santomero, A. M. [1997], S. 1 und 23.

[4] Faßbender, H. [1995], S. 443.

fallrisiken untersucht, wobei optionstheoretische Methoden zur Bewertung von Ausfallrisiken einen Schwerpunkt bilden und insgesamt der portfolioorientierten Betrachtung eine besondere Bedeutung zukommt. In einem weiteren Abschnitt werden die Kennzahlen für eine risikoadjustierte Performance-Messung dargestellt und sowohl die risikoadjustierte Steuerung von Ausfallrisiken im Rahmen der Gesamtbanksteuerung und Eigenkapitalallokation als auch die Einzelgeschäftssteuerung von Ausfallrisiken untersucht. Darüber hinaus werden grundlegende organisatorische Voraussetzungen und Anforderungen an eine moderne Kreditrisikosteuerung herausgearbeitet und Linien für die weitere Entwicklung aufgezeigt.

1.2. Zur Notwendigkeit einer risikoadjustierten Steuerung

Für die Notwendigkeit in Banken, die Risikokomponente stärker als bisher explizit und quantitativ bei der Erfolgsmessung zu berücksichtigen und in das Steuerungsinstrumentarium aufzunehmen, lassen sich die folgenden Argumente anführen:

- Banken sind eine Risiko-Industrie, in der nicht in erster Linie Wachstum oder Innovationsfähigkeit[1] der entscheidende Wettbewerbsfaktor sind, sondern die Fähigkeit, Risiken effizient zu managen. Auf unvollkommenen Finanzmärkten agieren Banken als Intermediäre und gleichen in einem Transformationsprozeß Friktionen zwischen Finanzierungsmittelangebot und Finanzierungsmittelnachfrage aus. Durch diesen Transformationsprozeß, der sich gedanklich aufteilen läßt in die Losgrößentransformation, die Fristentransformation und die Risikotransformation, übernehmen Banken zwangsläufig Risiken.[2] Der Wert einer Bank hängt direkt von ihrer Fähigkeit ab, diese Risiken zu managen.[3] Dabei

---

[1] Dies gilt, auch wenn insbesondere im Investment Banking aktuell gerade auch diese Faktoren eine immer wichtigere Rolle spielen.
[2] Vgl. Büschgen, H.E. [1998], S. 34 ff.
[3] Vgl. Smith, C.W. [1993], S. 12 ff.

kommt dem Portfolio-Management eine herausragende, bislang noch zu wenig wahrgenommene Funktion zu.[1]

- Der zunehmende Wettbewerbsdruck, verursacht u.a. durch die Globalisierung der Märkte, Technisierung, neue Wettbewerber in Form von non- und near-banks und Disintermediation[2], zwingt die Banken, in ihrem Kerngeschäft effizienter zu wirtschaften.[3] Hierfür sind entsprechende Steuerungsinstrumente unabdingbar.

- Der zunehmende Marktdruck erzwingt eine stärker am Marktwert bzw. Shareholder Value (SHV)[4] orientierte Unternehmensführung. An die Stelle des in der Vergangenheit häufig anzutreffenden reinen Volumen- und Marktanteildenkens tritt, auch durch die weitgehende Umsetzung der Marktzinsmethode begünstigt, zunehmend ein Rentabilitätsdenken, das sich in Zukunft immer mehr zu einem wertorientierten Denken weiterentwickeln wird. Die Ausrichtung an Kennzahlen wie Gewinn oder ROE (Return on Equity) wird zunehmend abgelöst werden durch eine Ausrichtung am SHV, d.h. durch eine an der langfristigen Steigerung des Unternehmenswertes orientierte Unternehmensführung.[5]

---

[1] Vgl. McQuown, J.A./Kealhofer, S. [1997], S. 3.

[2] Unter Disintermediation wird der Prozeß verstanden, in dem Kapitalanbieter und Kapitalnachfrager insbesondere im Großkreditbereich direkt miteinander in Kontakt treten ohne die Zwischenschaltung finanzieller Leistungen von Banken, die zwar ggf. noch als Vermittler auftreten, aber keine bilanzwirksamen finanziellen Leistungen mehr erbringen. Zur Disintermediation und Securitization vgl. Schmidt, R.H./Hackethal, A./ Tyrell, M. [1998], S. 17 ff. sowie Mattes, H. [1995], Sp. 1702 ff.

[3] Dieser Druck kann natürlich auch dazu führen, daß die Banken geneigt sind, höhere Risiken zu akzeptieren, was aber nur den Zwang zu einem besseren Risikomanagement unterstreicht. Vgl. z.B. Standard&Poor´s [1997c], S. 22.

[4] Da der SHV sich grundsätzlich auch in anderen Leistungen ausdrücken läßt als nur in Dividendenzahlungen und der Wertsteigerung - z.B. im Umfang der Förderung der regionalen Wirtschaft bei Sparkassen, Landesbanken und Förderbanken -, ist dieses Konzept grundsätzlich auch auf öffentliche Banken oder genossenschaftlich organisierte Kreditinstitute übertragbar. In Deutschland steht die konsequente Umsetzung von SHV-Konzepten derzeit noch am Anfang. Vgl. Habermayer, W. [1997]; Matten, C. [1996], S. 172 ff.; o.V. [1997a], S. 5; Pellens, B./Rockholtz, C./Stienemann, M. [1997], S. 1933 ff.; Spremann, K. [1996], S. 459 ff. sowie Süchting, J. [1996] S. 409 ff.

[5] Vgl. z.B. Arbeitskreis Finanzierung [1996], S. 543 ff.; Bea, F.X. [1997], S. 541; Kirsten, D. W. [1995] S. 672 ff. Hier ist dem Bankcontrolling ein noch erheblicher konzeptioneller Nachholbedarf zuzuschreiben. Vgl. Schmittmann, S./Penzel, H.-G./Gehrke, N. [1996], S. 648. Auch muß der Controller seine Aufgabenstellung schlechthin überdenken, wenn er die damit verbundenen strukturellen Prozesse mitgestalten will. Vgl. Weber, J. [1997], S. 36 ff.

- Im Mittelpunkt der SHV-Methoden steht nicht der (periodische) Gewinn, sondern die Summe der mit risikoadäquaten Kapitalkosten abgezinsten zukünftigen Cash-Flows, die den Unternehmenswert bilden.[1] Dies bedingt eine Orientierung am auf den heutigen Zeitpunkt diskontierten Free-Cash-Flow.[2] Der Diskontierungsfaktor[3] muß im Sinne eines Opportunitätszinses eine dem jeweiligen Geschäftsrisiko angemessene Risikoprämie enthalten. Ein Ziel der wertorientierten Steuerung muß daher auch sein, diesen Diskontierungsfaktor zu reduzieren, indem die Quellen von nicht-diversifizierbaren Risiken identifiziert und kontrolliert werden.[4] In einer Studie zum US-amerikanischen Bankenmarkt wird eindrücklich der Einfluß von Kreditverlusten auf den SHV belegt.[5]

- Die Kapitalkosten der unterschiedlichen Geschäftsfelder sind entsprechend den unterschiedlichen Risiken dieser Geschäftsfelder zu differenzieren. Dieses, in der Kapitalmarkttheorie auf Aktien angewandte Prinzip, muß strenggenommen auf alle Geschäftsbereiche heruntergebrochen werden,[6] was wiederum eine Quantifizierung der mit den jeweiligen Geschäftsfeldern verbundenen Risiken

---

[1] Vgl. z.B. Reyniers, P./Hirai, A. [o.Jg.], S. 32 ff. sowie Knorren, N. [1997], S. 203.

[2] Zur Definition vgl. Brealey, R.A./ Myers, S.C.[1991], S. 59 ff.; Copeland, T./Koller, T./Murrin, J. [1996], S. 172 ff. sowie Matten, C. [1996], S. 181 ff.

[3] Im SHV-Konzept als gewogener Kapitalkostensatz (Weighted Average Cost of Capital, WACC) bezeichnet. Dieser bringt die Mindestrenditeerwartung der Eigen- und Fremdkapitalgeber zum Ausdruck und wird nach dem CAPM wie folgt ermittelt: $WACC = k_{EK} \cdot \frac{EK}{GK} + k_{FK} \cdot \frac{FK}{GK}$
mit den Eigenkapitalkosten $k_{EK}=i+\beta (r_M-i)$ und i = risikoloser Zins, r_M = Marktrendite und β=Volatilitätsparameter (Beta-Risiko). Als Fremdkapitalkosten k_{FK} werden die tatsächlich anfallenden Fremdkapitalzinsen angesetzt, FK = Marktwert des Fremdkapitals, EK = Marktwert des Eigenkapitals und GK = Gesamtwert des Unternehmens. Vgl. Arbeitskreis Finanzierung [1996], S. 563 f. sowie Bea, F.X. [1997], S. 541 f.

[4] Vgl. Reyniers, P./Hirai, A. [o.Jg.], S. 33.

[5] Vgl. Reading, R.D./Toevs, A.L./Zizka, R.J. [1998], S. 16 ff. Zur Anwendung des SHV-Konzeptes auf Banken vgl. v.a. die umfassende Studie von Hörter, S. [1998] sowie den Sammelband der Basler Bankenvereinigung (Hrsg.) [1996] und Schierenbeck, H. [1998], S. 13 ff.

[6] Eine am SHV ausgerichtete Steuerungskonzeption erfordert - wie bereits die Unternehmensbewertung - die explizite Ermittlung von objektspezifischen Kapitalkosten der zu beurteilenden Teileinheiten. Vgl. Pellens, B./Rockholtz, C./Stienemann, M. [1997], S. 1937.

bedeutet.¹ Die Renditeerwartungen der Eigen- und Fremdkapitalgeber müssen vom Controlling im Rahmen des Wertmanagements von den Steuerungsobjekten wie Geschäftsbereichen und Finanzinvestitionen eingefordert und mindestens verdient werden. Bei den Geschäftsbereichen ist an solche wie den Privatkunden- und Firmenkunden-Bereich zu denken; die einzelnen Kredite und Wertpapieranlagen stellen die Finanzinvestitionen dar.² Das SHV-Konzept hat dazu geführt, daß Risikomanagement nicht mehr nur defensiv gesehen wird zur Erfüllung der regulatorischen Auflagen, sondern als ein aktives Steuerungsinstrument zur Unterstützung der Entscheidungsfindung.

- Aus diesen Überlegungen läßt sich die Frage ableiten, wie der Ergebnisanspruch des Aktionärs bis in die Mindestmarge für ein Einzelgeschäft überführbar ist.³ Es wird daher im Kundengeschäft immer wichtiger, Risikoprämien von Einzelgeschäften möglichst genau zu ermitteln. Auch bekommt die Performance-Messung einzelner Geschäftsbereiche, die in Banken nicht ohne Berücksichtigung der Risikokomponente möglich ist, eine immer größere Bedeutung.

- Vorbedingung für jede Performance-Messung ist die Zuteilung von Eigenkapital auf die Geschäfte bzw. Geschäftsfelder. Eigenkapital erfüllt in Banken eine besondere Rolle als Risikoträger zur Abdeckung potentieller Risiken,⁴ so daß sich schon von daher der Zwang ergibt, Risiken, Erträge und Kapital nicht getrennt voneinander zu beurteilen. Damit bekommt aber die optimale Allokation dieser knappen Ressource Eigenkapital eine herausragende Bedeutung. *„Die optimale Risikokapitalallokation ist deswegen so bedeutend, weil gerade in Verbindung mit dem auch für Nicht-Aktiengesellschaften gültigen Shareholder Value-Konzept die Zuweisung von Eigenmitteln zu einzelnen Geschäftsbereichen zur Ver-*

---

[1] Vgl. auch Kirsten, D. W. [1995], S. 675. Zu den weiteren strategischen, organisatorischen und unternehmenskulturellen Herausforderungen, die mit einer stringenten Wertorientierung verbunden sind, vgl. z.B. Wuffli, P. A. [1995], S 93 ff.

[2] Vgl. Süchting, J. [1996], S. 414.

[3] Vgl. Schmittmann, S./Penzel, H.-G./Gehrke, N. [1996], S. 648.

[4] Vgl. Abschnitt 2.3.3. mit Grundüberlegungen zur Bedeutung des Eigenkapitals als Risikoträger.

besserung der Shareholder Value-generierenden Wirkung erreicht werden muß."[1]

- Da Eigenkapital im Bankgeschäft sowohl aus betriebswirtschaftlichen Überlegungen als auch wegen aufsichtlicher Anforderungen[2] in ausreichendem Maße gehalten werden muß, um schlagend werdende Risiken abzudecken, andererseits aber in Relation zum Betriebsergebnis knapp zu halten ist, um den Verzinsungsansprüchen der Kapitalgeber gerecht zu werden, besteht hier ein klassischer Zielkonflikt, der durch eine gezielte Portefeuillebewirtschaftung auf der Grundlage von Risikomessung und Risikosteuerung gelöst werden kann.[3] Eine großzügige Eigenkapitalausstattung erhöht zwar prinzipiell die Risikotragfähigkeit und gewährleistet eher eine gute Bonitätseinstufung der Rating-Agenturen.[4] Sie bedeutet aber auch die möglicherweise suboptimale Nutzung der Ressource Eigenkapital mit entsprechend negativen Auswirkungen auf Eigenkapitalrendite und SHV.[5] Eigenkapital ist zwangsläufig eine knappe Ressource,[6] die optimal verteilt werden muß. Es ist daher erforderlich, Eigenkapitalkosten zu kalkulieren und einzelnen Geschäften und Geschäftsfeldern zuzuordnen.

- Die Effizienz der Bank bei der Übernahme von Risiken hängt nicht von der absoluten Höhe der übernommenen Risiken ab, sondern läßt sich erst durch das Verhältnis von Erlösen zu Risiken adäquat ausdrücken.[7] Auch für eine optimale Allokation von Eigenkapital ist eine Verbindung zwischen Risiko und Return

---

[1] Schierenbeck, H./ Lister, M. [1997], S. 498.

[2] Zu diesen aufsichtlichen Anforderungen vgl. z.B. Schulte-Mattler, H./Traber, U. [1995].

[3] Vgl. Jacob, H.-R./Warg, M./Ergenziger, T. [1997], S. 91.

[4] Die zunehmende Ausrichtung am SHV hat bei einigen Unternehmen bereits zu Herabstufungen im Rating geführt. Vgl. o.V. [1998l].

[5] Vgl. Martin, P. [1997a], S. 10, sowie Jacob, H.-R./ Warg, M./ Ergenziger, T. [1997], S.91. Das Problem optimaler Eigenkapitalausstattung kann hier nicht vertieft werden, Vgl. z.B. Matten, C. [1996], S. 19 ff. und S. 125.

[6] Es ist durchaus gerechtfertigt zu sagen, daß es sich beim Eigenkapital um den zentralen Knappheitsfaktor bei der Erstellung von Bankleistungen überhaupt handelt. Vgl. Büschgen, H. E. [1997], S. 6.

[7] Vgl. McQuown, J.A./Kealhofer, S. [1997], S. 2.

unerläßlich. Geschäfte bzw. Geschäftsfelder mit höheren Risikopotentialen müssen einen höheren Return erwirtschaften als Geschäfte mit niedrigerem Risiko. Dieses Prinzip ist grundsätzlich sowohl auf der Ebene der operativen Einzelprodukt- bzw. Portfoliosteuerung als auch auf der Ebene der eher strategisch ausgerichteten Gesamtbanksteuerung von Risikoarten und Geschäftsbereichen anzuwenden.[1] Dies entspricht auch dem Konzept einer ertragsorientierten Banksteuerung, die sich dadurch auszeichnet, daß sowohl die Gesamtbank als auch die einzelnen Geschäftseinheiten bis hin zum einzelnen Geschäft mit Hilfe eines integrierten Konzepts bewußt ertragsorientiert gelenkt werden.[2] Die Risikoadjustierte Steuerung schafft die hierfür notwendige Transparenz über die Erfolgsquellen der Bank.

---

[1] Vgl. Groß, H./Knippschild, M. [1995], S. 100.
[2] Vgl. Schierenbeck, H. [1995], S. 6.

2. Begriffliche Abgrenzung und Grundlagen
2.1. Abgrenzung und systematische Einordnung von Ausfallrisiken
2.1.1. Zum Risikobegriff

In der finanzwirtschaftlichen Theorie existiert bis heute kein einheitlicher und unumstrittener Risikobegriff.[1] Daher muß an dieser Stelle zunächst geklärt werden, was in dem hier betrachteten Zusammenhang unter Risiko zu verstehen ist. Für die Empiriker mit statistischer Ausbildung ist Risiko gleichbedeutend mit Varianz, d.h. der Möglichkeit, daß Ereignisse eintreten, die von Erwartungswert und Trend abweichen. Für Händler und andere Risikonehmer ist Risiko gleichbedeutend mit dem Eintritt von negativen Ereignissen, verglichen mit dem erwarteten Zustand also mit der Möglichkeit, einer negativen Abweichung vom Erwartungswert.[2] In den statistischen Modellen zur Quantifizierung von Risiko wird i.d.R. auf die erste Definition zurückgegriffen und Risiko mit Varianz bzw. Standardabweichung gleichgesetzt und als Volatilität bezeichnet.[3] Risiko wird somit als die Schwankung um ein erwartetes Ergebnis definiert, was auch die Chance positiver Abweichungen einschließt (Risiko im weiteren Sinn).[4] In der Praxis interessiert in erster Linie die Gefahr bzw. Wahrscheinlichkeit, daß aufgrund der Unsicherheit über zukünftige Entwicklungen die Ausprägung einer finanzwirtschaftlichen Zielgröße von einem Referenzwert negativ abweicht. Charakteristisch für den in der Praxis üblichen - und im weiteren zugrunde gelegten – Risikobegriff ist die einseitige Betrachtung der ungünstigen Abweichung der Ergebnisse vom Erwartungswert (Risiko im engeren Sinn).

Risiko wird i.d.R. abgegrenzt zum Begriff der Ungewißheit: *„If you don't know what will happen, but you know the odds, that is risk; if you don't even know the odds, that*

---

[1] Eine Beschreibung der historischen Entwicklung dieses Begriffes sowie der Versuche, sich diesem Thema wissenschaftlich zu nähern gibt Bernstein, P.L. [1996a].

[2] Vgl. Brakensiek, T. [1991], S. 11 f.; Gaida, S. [1997], S. 20; Hölscher, R. [1987], S. 4 ff.; Lister, M. [1997], S. 6. Für eine tiefere Diskussion des Risikobegriffs vgl. z.B. Fürer, G. [1990], S. 41 ff. sowie die dort zitierte Literatur. Vgl. weiterhin Fischer, T. [1994], S. 636. Die theoretische Gleichsetzung von Volatilität mit Risiko hat in der Praxis, wo die Verlustwahrscheinlichkeit entscheidend ist, erhebliche Schwächen. Vgl. z.B. Narat I. [1996], S. 40.

[3] Zum Begriff der Volatilität vgl. Baxmann, U.G. [1991], S. 251 ff.

[4] Vgl. z.B. Spremann, K. [1996], S. 110.

is uncertainty".[1] Im Falle von Ungewißheit ist strenggenommen keine rationale Entscheidung möglich, während unter Risiko Situationen verstanden werden, in denen zumindest subjektive ggf. aber sogar objektive Wahrscheinlichkeiten für das Eintreten alternativer Zielwerte vorliegen.[2]

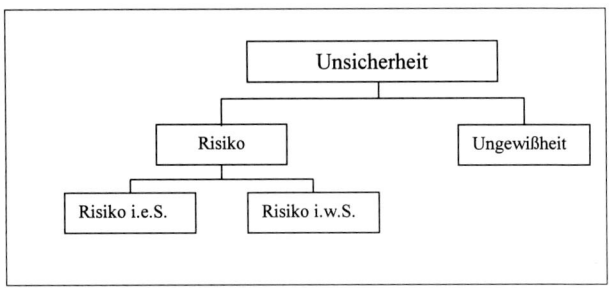

Abb. 1: Formen der Unsicherheit[3]

2.1.2. Einordnung erfolgsorientierter Bankrisiken

2.1.2.1. Banktypische Erfolgsrisiken

Es gibt verschiedene Möglichkeiten banktypische Risiken zu klassifizieren.[4] Grundsätzlich kann im Bankgeschäft zwischen Risiken des Betriebs- (auch technisch-organisatorischer Bereich genannt) und des Wertbereiches (auch liquiditätsmäßig-finanzieller Bereich genannt) unterschieden werden. Risiken des Betriebsbereiches werden im weiteren nicht betrachtet. Risiken des Wertbereiches lassen sich weiterhin in Liquiditäts- und in Erfolgsrisiken unterscheiden. Erfolgsrisiken sind (Eigenkapital-) Verlustrisiken, die, wenn sie schlagend werden, den Gewinn der Bank schmälern

---

[1] ISMA [1996], S. 26. Das Risiko i.e.S., das nur Verlustgefahren birgt, ist grundsätzlich versicherbar. Das spekulative Risiko i.w.S., bei dem es Gewinn oder Verlust geben kann, ist nicht immer versicherbar. Vgl. auch Knight, F.H. [1921], S. 20; Kirmße, S. [1996], S. 9 sowie Perridon, L./ Steiner, M. [1997], S. 98 ff.

[2] Vgl. Perridon, L./ Steiner, M. [1997], S. 98 ff. Objektive Wahrscheinlichkeiten werden aus empirischen Häufigkeitsverteilungen ermittelt, subjektive Wahrscheinlichkeiten basieren auf Erfahrung und Überlegung.

[3] Quelle: Eigene Darstellung.

[4] Vgl. z.B. Schierenbeck, H. [1997], S. 4 ff.; Döhring, J. [1996a], S. 53 sowie Moser, H./Quast, W. [1995], S. 665-668.

bzw. zum Verlust führen. Liquiditätsrisiken sind vor allem Fristigkeitsrisiken, die sich darin äußern, daß die Zahlungsströme einer Bank nicht in der für die Sicherung der Liquidität notwendigen Qualität und Quantität aufrechterhalten werden können.[1] Eine Systematisierung der Erfolgsrisiken liefert Abb. 2.

Ausfallrisiken stellen neben Marktpreisrisiken eine Ausprägung der banktypischen Erfolgsrisiken dar. Zu den banktypischen Marktpreisrisiken zählen Zinsänderungsrisiken, Währungsrisiken und als sonstige Preisrisiken insbesondere Risiken aus Aktien- und Options- bzw. Termingeschäften.[2] Sie resultieren aus der Gefahr negativer Entwicklungen des Marktes. Auf Marktpreisrisiken wird in dieser Untersuchung nur insofern eingegangen, als die für Marktpreisrisiken entwickelten Risikomessmethoden als Ausgangsbasis für die Darstellung möglicher Ansätze der Messung von Ausfallrisiken dienen.

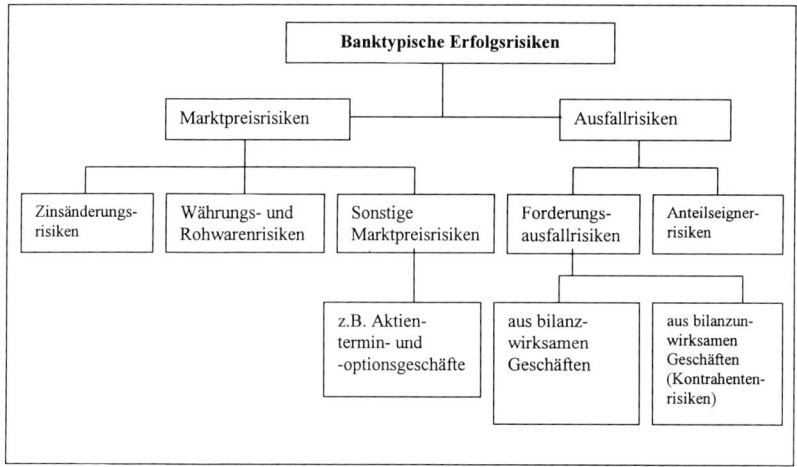

Abb. 2: Banktypische Erfolgsrisiken[3]

---

[1] Vgl. Schierenbeck, H. [1997], S. 4; Gaida, S. [1997], S. 8.

[2] Zur Definition und näheren Diskussion von Möglichkeiten der Quantifizierung vgl. Schierenbeck, H. [1995], S. 516 ff.

[3] Eigene Darstellung in Anlehnung an Schierenbeck, H. [1994c], S. 511 sowie Schierenbeck, H. /Wiedemann, A. [1996], S. 418.

2.1.2.2. Der Begriff des Ausfallrisikos

Das Ausfallrisiko bezieht sich als Forderungsausfallrisiko bzw. Gläubigerrisiko auf die Gefahr der Wertminderung und des teilweisen oder vollständigen Verlustes von Forderungen aufgrund von Bonitätsveränderungen bei Personen oder Unternehmen. Diese Forderungen können sowohl aus bilanzwirksamen (traditionelles Kreditgeschäft, festverzinsliche Wertpapiere) als auch aus bilanzunwirksamen Geschäften (z.B. Derivaten) entstanden sein. Ausfallrisiken können auch sogenannte spezifische Risiken aus Positionen sein, die mit Marktpreisrisiken verbunden sind. Marktpreisänderungen lassen sich aufteilen in eine spezifische, durch emittentenbezogene Faktoren determinierte Komponente und in eine durch die allgemeine Marktentwicklung bestimmte Komponente. Spezifische Risiken aus Eigentümerpositionen (Aktienanteilsbesitz) an Unternehmen werden als Anteilseignerrisiko bezeichnet.[1] Spezifische Risiken werden bankaufsichtlich den Marktpreisrisiken zugeordnet. Sie sind jedoch grundsätzlich im Rahmen der Ausfallrisikosteuerung zu berücksichtigen.[2] Sachwertausfallrisiken sind nicht Gegenstand der nachfolgenden Untersuchung.

Bezogen auf die Kreditwürdigkeit des Schuldners wird üblicherweise in Bonitätsrisiko und Länderrisiko unterschieden. Das Bonitätsrisiko bezieht sich auf die vertragsgemäße Erfüllung der Forderung durch den Schuldner. Länderrisiken beziehen sich auf die Möglichkeit, daß grenzüberschreitende Kapitaldienstleistungen aufgrund von Transferschwierigkeiten nicht erfolgen können.[3] Länderrisiken fallen in den Verantwortungsbereich der jeweiligen ausländischen Regierung[4] und können dazu führen, daß, selbst wenn der individuelle Kreditnehmer rückzahlungsfähig und rückzahlungswillig ist, aufgrund übergeordneter, staatlicher Hemmnisse die ordnungsgemäße Vertragserfüllung nicht erfolgt.[5]

---

[1] Vgl. Schierenbeck, H. [1994c], S. 656.

[2] Vgl. z.B. auch die Vorgehensweise in Credit Metrics, wo nur die emittentenspezifischen Auswirkungen auf Marktspreads modelliert werden, nicht jedoch Auswirkungen der allgemeinen Marktentwicklung. Vgl. Abschnitt 3.3.3.2. und die dort zitierte Literatur.

[3] Zu Länderrisiken vgl. insbesondere Baxmann, U.G. [1985] sowie Büschgen, H.E. [1993], S. 205 ff.

[4] Vgl. Schierenbeck, H. [1997], S. 213.

[5] Vgl. Baxmann, U.G. [1985], S. 38.

In der Bankpraxis wird das Ausfallrisiko weiterhin in ein Vorleistungsrisiko oder Settlement-Risk, in ein Kredit- sowie ein Kontrahenten- oder Erfüllungsrisiko unterteilt. Das Vorleistungsrisiko bezeichnet die Gefahr, daß ein Kontrahent z.b. im Devisenhandel nach erbrachter eigener (Vor-) Leistung die Gegenleistung nicht erbringt. Als Kreditrisiko wird das Ausfallrisiko aus dem traditionellen Kreditgeschäft bezeichnet und als Kontrahentenrisiko das Wiedereindeckungsrisiko vor allem von bilanzunwirksamen Geschäften wie z.b. derivaten Finanzinstrumenten. Es betrifft das Risiko, daß ein Kontrahent ein Geschäft nicht erfüllt und ein Neuabschluß am Markt nur zu ungünstigeren Konditionen möglich ist.[1] Dieses Wiedereindeckungsrisiko wird in seiner Höhe determiniert durch Marktpreisänderungen. Es entsteht jedoch durch das Ausfallrisiko des Kontrahenten.

Der Begriff Ausfallrisiko legt die alleinige Betrachtung des Ausfalls des Forderungsschuldners nahe. Im folgenden ist zu berücksichtigen, daß auch bereits eine Bonitätsverschlechterung eines Schuldners die Position des Kreditinstitutes, bzw. des jeweiligen Gläubigers beeinträchtigt, da die Ausfallwahrscheinlichkeit ansteigt, der beizulegende Wert damit sinkt und am Markt eine höhere Marge gefordert werden müßte. In der Vergangenheit wurde hier überwiegend nur zwischen den zwei Polen Rückzahlung und Nichtrückzahlung unterschieden. Der Übergang zur Marktwertbetrachtung führt zu einem Kontinuum von beizulegenden Werten, die laufend der veränderten Risikosituation angepaßt werden.

In der praktischen Umsetzung von Steuerungsansätzen ist jeweils genau zu definieren, wie Ausfallrisiken betrachtet werden sollen. Eine allgemeine Definition kann folgendermaßen formuliert werden:

---

[1] Ziel einer risikoadjustierten Steuerung muß sein, alle mit einem Kreditausfall oder der Bonitätsverschlechterung eines Kontrahenten verbundenen Erfolgswirkungen zu erfassen. Auch die durch einen Ausfall – z.b. durch das Entstehen einer offenen Zinsrisikoposition – verursachten Liquiditäts- oder Marktpreisrisiken sind bei der Ermittlung des ausfallbedrohten Betrages zu berücksichtigen. Dabei wird unterstellt, daß auch Liquiditätsrisiken letztlich eine Preisfrage sind, so daß sie in einer Rentabilitätswirkung zum Ausdruck kommen.

Das Ausfallrisiko eines originären oder derivaten Geschäftes ist

- der potentielle Verlust bei Ausfall eines Geschäftspartners der sich aus der Nichterfüllung durch den jeweiligen Kontrahenten ergeben würde, wenn vertraglich vereinbarte Zahlungen nicht geleistet werden, sowie
- die meßbare Wertminderung des Geschäftes, die sich aus der Verschlechterung der Bonität eines Schuldners respektive der Erhöhung der Ausfallwahrscheinlichkeit ergibt.[1]

2.1.3. Eine marktorientierte Risikokategorisierung

Die internen Steuerungsmechanismen für die unterschiedlichen Risiken in einer Bank sind ganz wesentlich von der Entwicklung des Marktes für das jeweilige Risiko abhängig. Die übliche Unterteilung der Erfolgsrisiken in Ausfall- und Marktpreisrisiken verbirgt zum einen, daß Übergänge teilweise fließend sind - als spezifische Risiken sind Ausfallrisiken z.B. auch Bestandteil von Marktpreisrisiken – sowie zum anderen, daß bestimmte Ausfallrisiken liquide am Markt gehandelt werden und folglich vergleichbar mit Marktpreisrisiken gesteuert werden können. Für die meisten Ausfallrisiken, die kommerzielle Banken eingehen, sind diese Voraussetzungen jedoch nicht erfüllt. Die Risikosteuerung muß diese Unterschiede berücksichtigen.

Mit Drzik[2] können Risiken aus Marktsicht als ein Kontinuum betrachtet werden, dessen Extreme auf der einen Seite hoch-illiquide „frozen" Märkte sowie auf der anderen Seite sehr liquide „smooth" Märkte sind. Abbildung 3 verdeutlicht die Überlegungen, wobei mit „choppy" als eingeschränkt funktionierender Markt und „icy" als partiell illiquider Markt noch zwei weitere Liquiditätsstufen eingeführt werden.

---

[1] Vgl. auch Reinelt, I./Keller, T. [1998], S. 5.
[2] Vgl. Drzik, J. [1996], S. 14 ff.

	Charakteristika	Beispielmärkte	Basis für Bewertung	Basis für Risikokalkulation	Risikokontrolle und Anreizsystem
„Smooth" Funktionierender Markt	- Verläßliche Liquidität - Homogene Produkte - Hohe relative Handelsvolumina - Viele Marktteilnehmer - Kein Marktteilnehmer mit dominantem Marktanteil - Häufige, gleichmäßige Preisänderungen	- US-Treasuries - Bund-Anleihen - Futures auf diese Produkte - Hauptwährungen	- Markt to Market verläßlich möglich - Tägliche GuV ist verläßliches Performance-Maß - Historie täglicher Preisveränderungen ist gute Basis für die Risiko-Modellierung und Messung	- Value-at-Risk, ggf. adjustiert für Liquidität, - Ggf. ergänzt um Szenario-Analysen	- Positions-Limite - Unabhängige Funktion überprüft Limiteinhaltung - Hauptproblem: Datenverfügbarkeit - Kompensation basiert unmittelbar auf P&L, ggf. mit Elementen, die mit Zeitverzögerung greifen
„Choppy" Eingeschränkt funktionierender Markt	- Existierende Sekundärmärkte - Wenig tiefe und verläßliche Liquidität - Wenig Umsatzvolumina - Geringe Anzahl von Marktteilnehmern - Einzelne können den Handel dominieren - Preisveränderungen sprunghaft und unregelmäßig	- Junk-Bonds - OTC-Derivate - Verschiedene Optionsmärkte auf liquide Underlyings	- Mark to Market - Wegen eingeschränkter Liquidität Ergänzung durch Modellkalkulationen sowie genaue Überprüfung der Preise	- Value-at-Risk, ggf. adjustiert für Liquidität, - Ggf. ergänzt um Szenario-Analysen	- Positions-Limite - Unabhängige Funktion überprüft Limiteinhaltung - Hauptproblem: Qualität der Preise sowie der Modelle - Kompensation: für realisierte Gewinne sofort, verzögert für unrealisierte Gewinne
„Icy" Partiell illiquider Markt	- Stark eingeschränkte Sekundärmarkt-Aktivität - Handel aufgrund von Verhandlungen, nicht von veröffentlichten Preisen - Preise nicht transferierbar - Teilmärkte (Syndizierung, Verbriefung) können als Maßstabe für Preise genutzt werden - Nur teilweise standardisierte Produkte - Geprägt durch Einzelgeschäfte	- Syndizierte Firmenkredite - Asset Backed Securities	- Mark to Model - Ergänzt durch Mark to Market, adjustiert um Liquiditätsreserven - Marktbewertung eingeschränkt - Instabilität von Marktpreisen	- Verlust-Modellierung - Ergänzt durch VAR, adjustiert um Liquidität	- Limite - Ergänzt um Genehmigungsprozesse für Preiskalkulation und Geschäftsabschluß - Kompensation: für realisierte Gewinne sofort, verzögert für unrealisierte Gewinne
„Frozen" illiquider Markt	- Kein Sekundärmarkt - „buy and hold" Strategie - Relativ ineffiziente Preise, die durch Verhandlungen und subjektive Beurteilungen zustande kommen - Maßgeschneiderte Produkte	- Kommerzielles Kreditgeschäft mit mittelständischen Kunden	- Buchwert adjustiert um Reserven - Ergänzt durch Mark to Model und ggf - Adjustiert für Liquiditätsreserven	- Verlust-Modellierung - Ergänzt um Szenario-Analyse - Risiko-Bewertung aufwendig und von subjektiven Urteilen geprägt	- Genehmigungsprozesse für Preiskalkulation und Geschäftsabschluß - Unabhängige Funktionen überprüfen Geschäfte - Gesamtlimite, die durch Geschäftsführung vergeben werden - Kompensation, wenn am Gewinn orientiert, dann verzögert über die Laufzeit der Geschäfte

Abb. 3: Risiko-Kontinuum aus Marktsicht[1]

Quelle: Eigene Darstellung in Anlehnung an Drzik, J. [1996], S. 15. Die Einteilung ist nicht statisch zu verstehen. Märkte verändern und entwickeln sich, so daß jeweils zu prüfen ist, welcher Kategorie die Risiken zuzuordnen sind.

Forderungsausfallrisiken werden auf allen Fremdkapitalmärkten – Geldmarkt, Rentenmarkt, Sekundärkreditmarkt[1] - sowie zunehmend auch auf dem Kreditderivatemarkt gehandelt. Darüber hinaus entstehen sie und werden implizit auf sämtlichen außerbörslichen Derivatemärkten über das Kontrahentenrisiko gehandelt. Der Markt für Kreditrisiken ist sehr viel stärker fragmentiert als etwa der Markt für Währungs- und Zinsänderungsrisiken. Jedes Unternehmen stellt ein eigenes Risiko dar und die Möglichkeit, dieses Ausfallrisiko differenziert nach Laufzeiten zu handeln, ist begrenzt.

Während Marktpreisrisiken mehr oder weniger liquide gehandelt werden können, ist dies für den im Vergleich zum Rentenmarkt insgesamt weniger fungiblen Kreditmarkt und insbesondere für das kommerzielle Kreditgeschäft mit mittelständischen Kunden nicht möglich. Diese Risiken lassen sich wegen der ausgeprägten Asymmetrie der Informationsverteilung und den daraus folgenden Problemen der Adverse Selection[2] und des Moral Hazard[3] auch nur bedingt auf Sekundärmärkten handelbar machen.[4] Sie sind daher der am wenigsten liquiden Kategorie zuzuordnen. In einer Betrachtung der Steuerung von Ausfallrisiken ist folglich zu untersuchen, um welchen Markt es sich handelt, da von dieser Kategorisierung ganz wesentlich abhängt, wie Risikomanagement, Bewertung und Kontrolle erfolgen können. Die Steuerung von am Markt liquide gehandelten Risiken und illiquiden Risiken unterscheidet sich vor allem dadurch, daß liquide Risiken jederzeit am Markt veräußert bzw. gehedgt werden können. Kundengeschäft und Risikoübernahme lassen sich insofern trennen. Banken tragen i.d.R. nur einen Bruchteil der Marktpreisrisiken, die sie im Kundengeschäft eingehen, selbst. Der größte Anteil wird am Markt gehedgt. Für illiquide Risiken ist dies nicht möglich. Das Eingehen eines Kreditgeschäftes mit einem Kunden bedeutet zumindest beim derzeitigen Entwicklungsstand des Sekundärmarktes für Kreditrisiken die simultane Übernahme des Risikos.

---

[1] Zur Systematisierung von Finanzmärkten vgl. Baxmann, U.G./Weichsler, C. [1991], S. 546 ff.

[2] Banken haben den Anreiz, nur schlechte Bonitäten zu veräußern.

[3] Bei Risiken, die eine Bank veräußert hat, hat sie keinen Anreiz mehr, diese genau zu überwachen.

[4] Vgl. Henke, S./Burghof, H.-P./Rudolph, B. [1998], S. 11 ff.

Banken übernehmen seit jeher illiquide[1] Risiken, so daß die Entwicklung von Steuerungsmechanismen für solche Risiken ein Kerngeschäftsfeld von Banken darstellt.[2] Im Mittelpunkt der folgenden Untersuchungen liegen Ausfallrisiken im Firmenkundengeschäft, die nicht liquide handelbar sind. Dies sind vor allem Forderungen im mittelständischen Geschäft aber auch im Großkundengeschäft, wo zwar möglicherweise Anleihen liquide handelbar sind, Firmenkredite und andere Forderungen aber (noch[3]) nicht.

2.2. Kapitalmarkt- und portfoliotheoretische Grundlagen

Die Vergabe von Krediten bzw. die Übernahme von Ausfallrisiken ist als risikobehaftete Investitionsentscheidung zu sehen, und es ist grundsätzlich zu untersuchen, wie die Vorteilhaftigkeit solcher Investitionen zu beurteilen bzw. wie eine angemessene Risikoprämie zu ermitteln ist. Die kapitalmarkttheoretischen Lösungsansätze für dieses Problem unterstellen, daß den Ergebnissen der unterschiedlichen Investitionsalternativen Eintrittswahrscheinlichkeiten zugeordnet werden können und das Risiko sich durch die Varianz der zufallsverteilten Renditen ausdrücken läßt. Der Nutzen der Investition wird gemäß dem Bernoulli-Prinzip[4] am Erwartungswert der Investitionen gemessen und es wird vorausgesetzt, daß Investoren sich nur nach Erwartungswert (μ) und Risiko (σ) bei ihrer Entscheidung richten.[5] Die optimale Investitionsentscheidung ist dann im Fall einer risikobehafteten und einer risikolosen Anla-

---

[1] Wenn im folgenden von illiquiden Forderungen die Rede ist, dann unter der Annahme, daß zwar jedes Risiko zu einem bestimmten Preis liquidiert werden kann, aber eben de facto dieser Preis in vielen Fällen prohibitiv ist und daher praktische Illiquidität vorliegt.

[2] Kreditrisiken sind illiquide, weil Kreditmärkte (informations-) ineffizient sind. Zur Kapitalmarkteffizienz vgl. Brealey, R.A./ Myers, S.C. [1991], S. 290 ff.; Copeland, T. E./Weston, J. F. [1992], S. 330 ff. sowie Steiner, M./Bruns, C. [1993], S. 34 ff. Man unterteilt schwache, halbstrenge und strenge Informationseffizienz. Für weite Teile der Kreditmärkte kann auch schwache Effizienz nicht angenommen werden.

[3] Mit der weiteren Entwicklung des Kreditderivatemarktes sowie der Techniken zur Verbriefung von Forderungen werden sich jedoch voraussichtlich auch die Möglichkeiten, diese derzeit noch illiquiden Risiken zu handeln, tendenziell verbessern.

[4] Vgl. Spremann, K. [1996], S. 501 ff.; Perridon, L./Steiner, M. [1997], S. 112 ff. sowie Schneider, D. [1992] S. 455 ff.

[5] Vgl. Spremann, K. [1996], S. 515. Zur Darstellung des Risikos wird i.d.R. die Standardabweichung σ verwendet. Zum $\mu\sigma$-Prinzip vgl. Perridon, L./Steiner, M. [1997], S. 106 ff.

gealternative von der erwarteten Rendite (μ), dem risikolosen Zinssatz (i), dem Risiko (σ) sowie der Risikoaversion des Anlegers abhängig.

Im Rahmen der Portfoliotheorie[1] wird ein theoretischer Entscheidungsrahmen für die optimale Aufteilung eines gegebenen Kapitalbetrages auf unterschiedliche Wertpapiere für eine Periode entwickelt. Die Renditen der Wertpapiere sind risikobehaftet, der (normalverteilte) Erwartungswert μ und die Standardabweichung σ als Risikomaß sind bekannt. Der risikoscheue Anleger strebt für sein Portfolio bei gegebener Renditeerwartung ein möglichst geringes Risiko an. Um zu eindeutigen Ergebnissen zu kommen, werden als weitere Parameter Indifferenzkurven eingeführt, die die jeweilige Risikopräferenz des Investors verdeutlichen. Alle Alternativen auf einer Indifferenzkurve sind hinsichtlich Risiko und Erfolg gleichwertig; unterschiedliche Indifferenzkurven stellen unterschiedliche Nutzenniveaus dar.

Um für ein gemischtes Portfolio zu sinnvollen Aussagen zu kommen, wird weiterhin die entscheidende Annahme getroffen, daß immer dann, wenn Anlagen nicht streng positiv miteinander korreliert[2] sind, Risiken durch Diversifizierung verringert werden können.[3] Als Maß der Korrelation wird ein sogenannter Korrelationskoeffizient berechnet, der nur Werte zwischen +1 und -1 annehmen kann. Wie Abbildung 4 verdeutlicht, kann immer dann, wenn der Korrelationskoeffizient kleiner als 1 ist, das Risiko ganz oder teilweise diversifiziert werden.[4] Genaugenommen kann nur das

---

[1] Vgl. insb. Markowitz, H. [1952], S. 77 ff.; Brealey. R.A./ Myers [1991], S. 155 ff.; Drukarczyk, J. [1993] S. 226 ff.; Lintner, J [1965], S. 587 ff.; Perridon, L./Steiner, M. [1997], S. 249 ff.; Schneider, D. [1992] S. 477 ff.; Schmidt, R.H./Terberger, E. [1996] S. 309 ff. sowie Spremann, K. [1996], S. 497 ff.

[2] Unter Korrelation ist der Grad, mit dem Veränderungen zweier Zufallsvariablen in Beziehung stehen, zu verstehen. Als statistische Kennzahl für die gemeinsame Wahrscheinlichkeitsverteilung zweier Zufallsvariablen Y und Z drückt die Kovarianz (Cov) aus, wie stark diese untereinander variieren und ist deshalb in Anlehnung an ein mittleres Produkt der Abweichungen dieser Zufallsvariablen von ihrem jeweiligen Erwartungswert definiert: Cov (Y,Z)=μ[(Y-μ(Y))(Z-μ(Z))]. Durch Division der Kovarianz durch das Produkt der Standardabweichungen ergibt sich der Korrelationskoeffizient ρ, $\rho = \frac{Cov(Y,Z)}{\sigma_y \sigma_z}$. Vgl. auch Bleymüller, J./Gehlert, G./Gülicher, H. [1996], S. 47 ff.; Drukarczyk, J. [1993], S. 277; Perridon, L./Steiner, M. [1997], S. 251 ff. sowie Spremann, K. [1996], S. 505 ff.

[3] Vgl. z.B. Schierenbeck H. [1994c], S. 627 ff.; Brealey, R.A./ Myers, S. [1991], S. 136 ff. sowie Drukarczyk, J. [1993] S. 277 ff.

[4] Vgl. Schierenbeck, H. [1994c], S. 632; Spremann, K. [1996], S. 510 f. und 520 ff. sowie

spezifische Risiko, das durch die individuellen Umstände der Wertpapierschuldner bestimmt wird, diversifiziert werden. Das Marktrisiko, das sich auf Schwankungen des Gesamtmarktes bezieht, ist dagegen nicht diversifizierbar.[1]

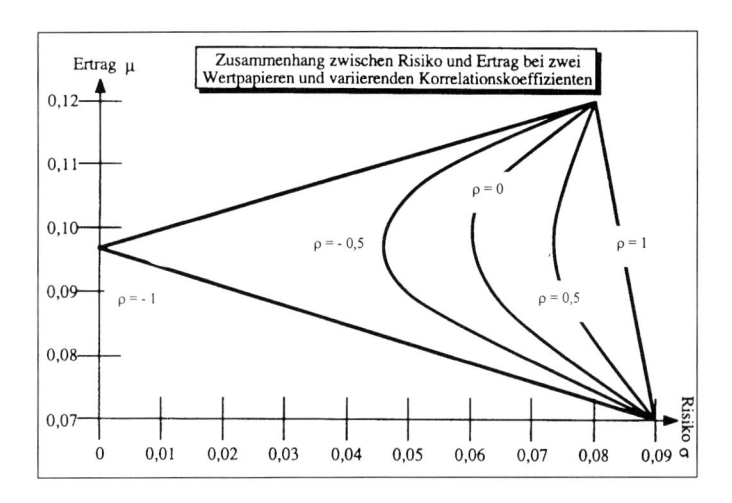

Abb. 4: **Einfluß des Korrelationskoeffizienten auf Risiko und Ertrag bei zwei Anlagealternativen**[2]

Auf der Grundlage der Portfoliotheorie kann unter bestimmten Prämissen[3] (insbesondere der Annahme risikoscheuer Investoren mit homogenen Erwartungen bezüglich der Renditen am Markt gehandelter Wertpapiere, der Existenz eines risikolosen Zinssatzes (i), zu dem in beliebiger Höhe Kapital angelegt und aufgenommen werden kann, sowie der Existenz eines vollkommenen Kapitalmarktes) die Kapitalmarktlinie abgeleitet werden (vgl. Abb. 5). Diese Kapitalmarktlinie nimmt ihren Ausgang auf der μ-Achse in Höhe des risikolosen Zinssatzes i, steigt linear in Abhängigkeit von σ

Schmidt, R.H./ Terberger, E. [1996], S. 310 ff.

[1] Vgl. Brealey R.A./Myers, S. [1991], S. 137. Zur mathematischen Herleitung dieses Zusammenhanges vgl. Spremann, K. [1996], S. 538 f.

[2] Quelle: Eigene Darstellung in Anlehnung an Schierenbeck, H. [1994c], S. 632.

[3] Vgl. z.B. Schierenbeck, H. [1994c], S. 634 f.; Perridon, L./ Steiner, M. [1997], S. 258 ff., insbesondere S. 260; Drukarczyk, J. [1993], S. 234 ff. sowie Schneider, D. [1992], S. 506 f.

an und tangiert die Kurve zulässiger Wertpapiermischungen im Punkt M, der das gesamte Marktportfolio im Kapitalmarktgleichgewicht darstellt.[1]

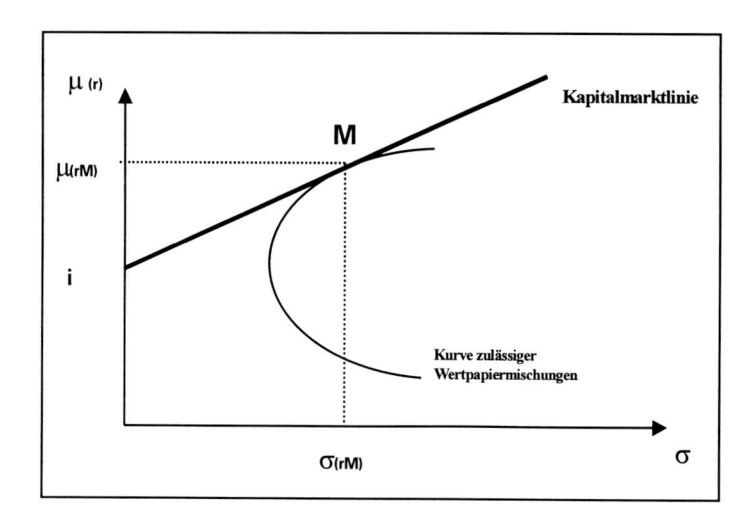

Abb. 5: **Kapitalmarktlinie im Capital Asset Pricing Model**[2]

Die Kapitalmarktlinie stellt alle effizienten Mischungen aus der Anlage in das risikobehaftete Marktportfolio und der risikolosen Anlage dar. In einem effizienten Markt variiert die erwartete Risikoprämie direkt proportional zum Risiko.[3] Ausgehend vom risikolosen Zinssatz muß jede weitere Einheit Risiko eine zusätzliche Risikoprämie erwirtschaften. Bei gegebenem Risikoniveau läßt sich die erforderliche

---

[1] Vgl. Spremann, K. [1996], S. 527 ff. sowie Perridon, L./Steiner, M. [1997], S. 260 ff. Welches Portefeuille aus risikoloser Anlage und Marktportefeuille ein Investor realisiert, ist noch abhängig von seiner individuellen Risikoneigung. Unter der Prämisse homogener Erwartungen und der Bedingung Sollzins = Habenzins läßt sich zeigen, daß alle Anleger in identischen Proportionen zusammengesetzte Portefeuilles haben. Vgl. Spremann, K. [1996], S. 537 sowie Perridon, L./Steiner, M. [1997], S. 259.

[2] Quelle: Eigene Darstellung, vgl. auch Schierenbeck, H. [1994c], S. 635 sowie Schierenbeck, H. [1997], S. 193 ff. Die Gesamtheit der kapitalmarkttheoretischen Erkenntnisse, die sich aus der Portfolioselektion bei einer Zweipunktbetrachtung in der Erwartungswert-Varianz-Welt deduzieren lassen, wird als Capital Asset Pricing Model (im folgenden CAPM) bezeichnet. Vgl. Spremann, K. [1996], S. 533. Diese Kapitalmarktlinie ist wegen der unterschiedlichen verwendeten Risikobegriffe von der Wertpapierlinie zu unterscheiden. Vgl. Schneider, D. [1992], S. 508 ff.

[3] Vgl. Brealey, R.A./Myers, S.C. [1991], S. 162 sowie Spremann, K. [1996], S. 539 ff.

Rendite aus der Kapitalmarktlinie ablesen. Die Steigung der Kapitalmarktlinie stellt den Marktpreis für eine Risikoänderung um eine Risikoeinheit dar und wird daher auch als Marktpreis des Risikos bezeichnet.[1] Diese zu fordernde Risikoprämie wird auch als „Sharpe-Ratio" bezeichnet und ist eine der Kennzahlen, die für die Performance-Messung von Investmentfonds Verwendung finden und auf deren Basis Kennzahlen für die Beurteilung von Kreditportfolios zu entwickeln sind. Sie entspricht der Reward to Risk-Ratio:

Reward to Risk-Ratio = (erwartete Rendite - risikoloser Zins) / Risiko[2]

Aufbauend auf der Kapitalmarktlinie wurde in einem zweiten Schritt die Wertpapierlinie entwickelt, die es erlaubt, diese Zusammenhänge auf einzelne Wertpapiere zu übertragen. Das Risiko eines Wertpapiers wird aufgeteilt in das systematische, nicht diversifizierbare Marktrisiko und das unsystematische, diversifizierbare Risiko. Die erwartete oder erforderliche Rendite einer Investition j entspricht dann dem risikolosen Zinssatz plus der Risikoprämie multipliziert mit dem Marktrisiko dieser Investition j.[3]

Da das unsystematische (spezifische) Risiko in effizienten, optimal diversifizierten Portefeuilles verschwindet, wird es in der Theorie nicht vergütet, so daß nur noch das systematische Risiko und der Preis des Marktrisikos entscheidend sind.[4] Auf Portfolios übertragen ergibt sich die Anforderung, daß, damit das Portfolio effizient ist, die Risikoprämie den marginalen Beitrag eines Geschäftes zum Portfoliorisiko widerspiegeln muß. Geschäfte, die das Portfoliorisiko erhöhen, müssen entsprechend eine positive Risikoprämie erwirtschaften, Geschäfte, die das gesamte Portfoliorisiko vermindern, werden ggf. auch dann getätigt, wenn sich der gesamte Portfolioertrag

---

[1] Vgl. z.B. Rolfes, B. [1992], S. 35 f. sowie Schierenbeck, H. [1994] S. 636.

[2] Sharpe mißt das Risiko mit σ, also das gesamte Risiko und nicht nur das systematische. Vgl. Sharpe, W.F. [1994], S. 49 ff.; Schierenbeck, H. [1997], S. 16; Groß, H./Knippschild, M. [1995]; Perridon, L./Steiner, M. [1997], S. 295 ff. sowie Saxinger, R.A. [1993], S. 180 ff.

[3] Als Gleichung dargestellt: $\mu_{r_j} = i + (\mu(r_M) - i)\beta_j$. Das β kennzeichnet nur das systematische Risiko des Wertpapiers j, also das marktbezogene Risiko, nicht die Höhe des Risikos, wenn das Wertpapier außerhalb des Marktzusammenhanges betrachtet wird. Vgl. Schneider, D. [1992], S. 514 sowie Schierenbeck, H. [1994c], S. 637.

[4] Zur weiteren Vertiefung vgl. Perridon, L./Steiner, M. [1997], S. 264 ff.; Spremann, K. [1996], S. 540 ff. sowie Rolfes, B. [1992], S. 36 ff.

damit verringert.¹ Dieser Zusammenhang gilt grundsätzlich auch für Kreditportfolios, mit der Folge, daß ein Kredit, der negativ mit dem Gesamtportfolio korreliert ist, theoretisch unter dem Marktzins für risikolose Anlagen ausgereicht werden könnte.² Die allein entscheidende Einflußgröße auf die Risikoprämie ist das Kovarianzrisiko (β) bzw. die Korrelation mit dem Portfolio, nicht das Gesamtrisiko der Position.³

In dieser kapitalmarkttheoretischen Betrachtung wird das Risiko einer Investition nicht aus den Schwankungen der Zahlungsströme dieser Investition für sich abgeleitet, sondern unter Beachtung von Diversifikationseffekten durch den Risikobeitrag zum Portfoliorisiko insgesamt.⁴ Bei allem Nutzen, den ein solches Modell für die Marktbewertung von risikobehafteten Positionen hat, ist festzuhalten, daß bei der Übertragung dieser theoretischen Aussagen auf die Geschäftspraxis mit größter Vorsicht vorzugehen ist, gelten die Aussagen doch nur unter den zugrundegelegten Prämissen.⁵ Insbesondere bezieht sich das CAPM auf das gesamte Marktportefeuille und somit auf ein effizientes, voll diversifiziertes Portfolio und nicht auf konkrete Bankportfolios.⁶

Neben der Portfoliotheorie und dem CAPM liefert die Arbitragetheorie⁷ (Arbitrage Pricing Theory, APT) wichtige Grundlagen bei der Bewertung von Finanztiteln. So hat die Bedingung der Arbitragefreiheit⁸ bei der Bewertung derivater Finanzprodukte eine entscheidende Bedeutung. Unter der Voraussetzung, daß Preisungleichgewichte

---

1   Vgl. Brealey, R.A./Myers, S.C. [1991], S. 164; Rudolph, B. [1986], S. 893 sowie Rolfes, B. [1992], S. 36 ff.
2   Vgl. Rudolph, B. [1994], S. 896 ff.
3   Vgl. Drukarczyk, J. [1993], S. 238.
4   Vgl. Perridon, L./Steiner, M. [1997], S. 22.
5   Vgl. Perridon, L./Steiner, M. [1997], S. 21 f.
6   Vgl. Drukarczyk, J. [1993], S. 251 f.; Perridon, L./Steiner, M. [1997], S. 120 sowie Spremann, K. [1996], S. 545 ff.
7   Vgl. im folgenden Burmeister, E./Roll, R./Ross, S.A. [1994], S. 313 ff.; Brealey, R.A./Myers, S.C. [1991], S. 169 ff.; Mussavian, M. [1997], S. 10 f.; Perridon, L./Steiner, M. [1997], S. 273 ff. sowie Spremann, K. [1996], S. 557 ff.
8   Unter Arbitrage wird der gleichzeitige Kauf und Verkauf identischer Finanztitel verstanden, so daß ein risikoloser Gewinn entsteht. Vgl. z.B. The Chase/Risk Management Guide to Risk Management [1996], S. 5.

zwischen gleich riskanten Investitions- bzw. Finanzierungsalternativen sofort ausgeglichen (arbitriert) werden, entwickelt die APT eine differenziertere Erklärungstheorie als das CAPM. Beim CAPM handelt es sich um ein Einfaktormodell, die Preise lassen sich allein durch das Beta (β) erklären. Die Arbitragetheorie ermöglicht potentiell die Berücksichtigung mehrerer Faktoren und ist so in der Lage, einzelne Risikokomponenten differenziert zu betrachten. Unter der Bedingung, daß der Anleger den Preis für das jeweilige Risiko bestimmen kann, ist unabhängig von der Risikoneigung eine Ableitung vorteilhafter Risiko-Rendite-Kombinationen möglich.

Die APT geht davon aus, daß die Rendite eines Wertpapiers von makroökonomischen Faktoren und einer wertpapierspezifischen Störgröße abhängt. Für jedes Wertpapier existieren zwei Quellen von Risiko. Zum einen das Risiko, das durch den Einfluß der Faktoren bewirkt wird und nicht diversifiziert werden kann und zum anderen das Risiko, das aus den spezifischen Umständen des Wertpapiers stammt und diversifiziert werden kann. Die erwartete Risikoprämie ($\mu(r_i)$) für ein Wertpapier wird daher ermittelt aus dem risikofreien Zinssatz (i), der erwarteten Risikoprämie für die einzelnen Faktoren (x_i) und den Sensitivitäten des Wertpapiers gegenüber jedem dieser Faktoren (b_{iK}):[1]

$$\mu(r_i) = i + (b_{i1} \cdot x_1) + (b_{i2} \cdot x_2) + \ldots + (b_{ik} \cdot x_n)$$

Gemeinsame Renditebewegungen verschiedener Wertpapiere werden vollständig durch die Faktoren erklärt, so daß Korrelationen nicht explizit berücksichtigt werden müssen. Aufgrund der praktischen Probleme bei der Korrelationsmessung ist dies eine durchaus wünschenswerte Eigenschaft dieser Theorie für die Anwendung in der Praxis.

---

[1] Vgl. Mussavian, M. [1997], S. 11. Die tatsächliche Rendite weicht ex-post wegen der unerwarteten Komponenten der Ausprägungen der Faktoren sowie der spezifischen Störgröße von der erwarteten Rendite ab. Folgendermaßen darstellbar: $r_i = \mu(r_i) + b_{i1}F_1 + b_{i2}F_2 + \ldots\ldots b_{iK}F_K + \varepsilon_i$, mit: r_i = Rendite des Wertpapiers i in der Betrachtungsperiode, $\mu(r_i)$ = Erwartete Rendite des Wertpapiers i zu Beginn der Periode, F_K = unerwartete Komponente der Ausprägung des Faktors k (Zufallsvariable), b_{iK} = Sensitivität der Rendite des Wertpapiers i gegenüber Ausprägung des Faktors k, ε_i = wertpapierspezifische Störgröße, K = Anzahl der Faktoren. Vgl. Burmeister, E./Roll, R./Ross, S.A. [1994], S. 1076 ff. sowie Perridon, L./Steiner, M. [1997], S. 274.

Für diese praktische Anwendung ist die Identifizierung der relevanten Faktoren, die Quantifizierung der erwarteten Risikoprämie dieser Faktoren sowie die Messung der jeweiligen Sensitivität der Wertpapierrendite bzgl. der Faktoren von größter Bedeutung. Im Gegensatz zum CAPM, wo die Haupteinflußgrößen in Gestalt des Marktportfolios explizit vorgegeben ist, müssen die Faktoren der APT empirisch z.B. über das Verfahren der Faktoranalyse[1] ermittelt werden. Da es noch keine allgemein anerkannte Methode gibt, diese Faktoren festzulegen, ist deren Ermittlung als die Hauptschwierigkeit für die praktische Umsetzung anzusehen.

2.3. Grundüberlegungen zum Prozeß der risikoadjustierten Steuerung

Der Prozeß des Risikomanagements wird i.d.R. unterteilt in die Schritte Risikoidentifikation, Risikoquantifizierung, Risikosteuerung und Risikokontrolle.[2] Auf der Basis der Identifizierung und Quantifizierung sämtlicher Risiken erfolgt die Risikosteuerung mit gezielten Maßnahmen, durch die Risiken entweder begrenzt oder zur Gewinnerzielung bewußt eingegangen werden. Im Rahmen der Risikokontrolle werden der Prozeß des Risikomanagements und der Erfolg der Steuerungsmaßnahmen überprüft.[3]

Grundlage der risikoadjustierten Steuerung ist die Annahme, daß eine Bank im Rahmen ihres Risikotragfähigkeitspotentials grundsätzlich jedes Risiko übernehmen kann, solange der Erfolgsbeitrag aus der Risikoübernahme ausreichend ist, um durchschnittlich zu erwartende Verluste abzudecken und für das zur Unterlegung notwendige Risikokapital die angestrebte Zielrendite zu erwirtschaften.[4] Im Prozeß

---

[1] Vgl. Perridon, L./Steiner, M. [1997], S. 276 f.

[2] Vgl. Schierenbeck, H. [1994c], S. 509; Moser, H./Quast, W. [1994], S. 669 sowie Rudolph, B. [1995], S. 23 ff.

[3] Vgl. Rudolph, B. [1995], S. 23 f. sowie Moser, H./Quast, W. [1994], S. 669.

[4] Diese Überlegungen entsprechen der in der bankbetriebswirtschaftlichen Literatur diskutierten Risikoabgeltungshypothese. Vgl. Krümmel, H.-J. [1976], Sp. 497 ff.; Spremann, K. [1996], S. 295 ff. sowie Wilhelm, J. [1982], S. 572 ff.

der risikoadjustierten Steuerung[1] erfolgt eine integrierte Steuerung von Risiko und Ertrag, so daß im Vergleich zum Prozeß des Risikomanagements als weitere wesentliche Information neben dem quantifizierten Risiko der Ergebnisbeitrag der jeweils betrachteten Geschäfte mit einfließt. Das Gesamtrisikotragfähigkeitspotential wird unter Beachtung von Risiko-Ertrags-Relationen in Form von Risikokapitalbudgets auf die Geschäftsbereiche allokiert. Im Rahmen des auf die Bereiche allokierten Risikokapitals erfolgt die Kreditportfoliosteuerung und die Steuerung der einzelnen Geschäfte ebenfalls unter Beachtung der Risiko-Ertrags-Relationen. Der Prozeß ist in hohem Maße interdependent, was durch die Pfeile in Abb. 6 kenntlich gemacht ist. Der Schritt der Risikokontrolle bezieht sich vorrangig auf die permanente Überprüfung der eingesetzten Methoden zur Risikomessung, der Risikoeinstufung der einzelnen Kreditnehmer sowie der zugrundeliegenden Risikoparameter und Daten. Die Erfolgskontrolle erfolgt im Rahmen der (risikoadjustierten) Performancemessung der Geschäftsbereiche.

In den folgenden Unterabschnitten werden zunächst Grundüberlegungen zur Ergebnisermittlung im zinstragenden Geschäft, zur Risikomessung sowie zum Eigenkapital als Risikoträger im Bankgeschäft angestellt. In Kapitel 3 folgt die Risikomessung und in Kapitel 4 die risikoadjustierte Steuerung von Ausfallrisiken.

---

[1] Abb. 6 gibt einen Überblick über die verschiedenen Teilschritte.

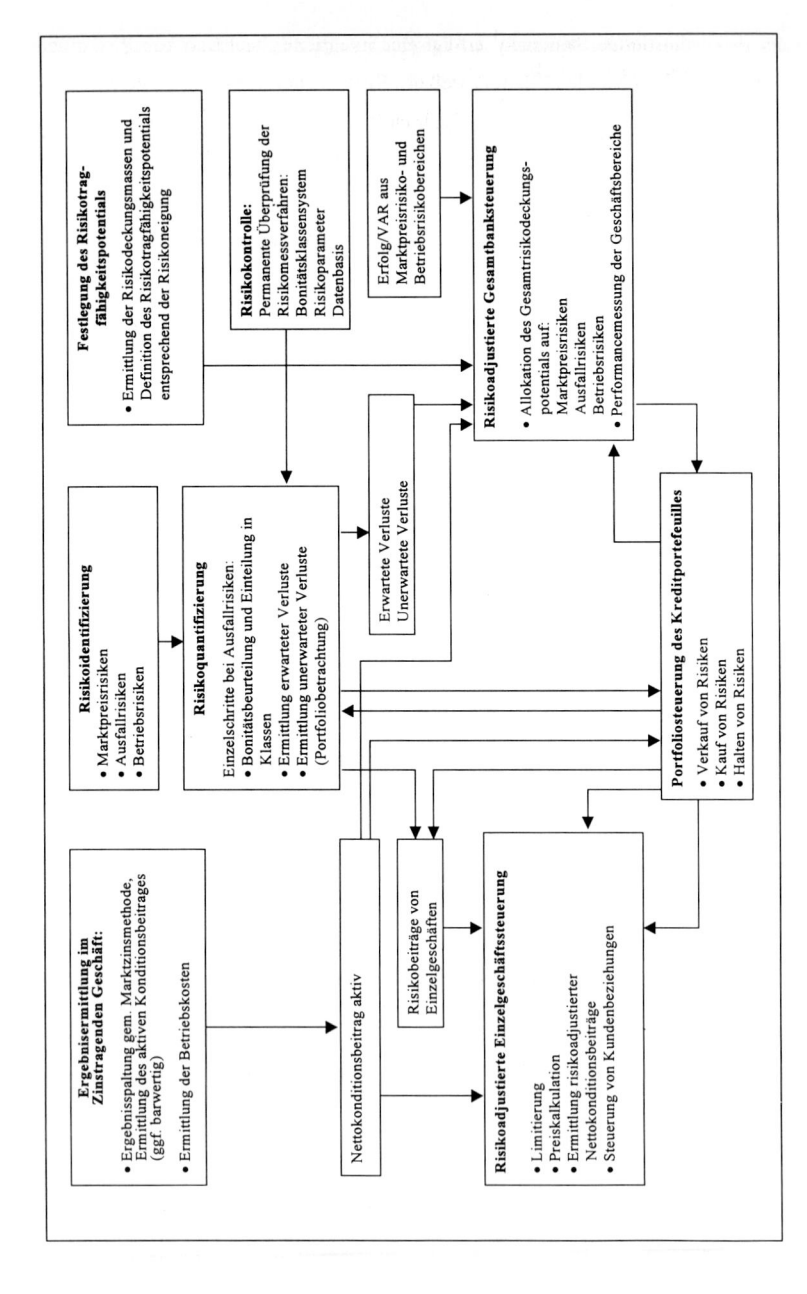

Abb. 6: Der Prozeß der risikoadjustierten Steuerung von Ausfallrisiken

2.3.1. Grundüberlegungen zur Ergebnisermittlung und Bewertung im zinstragenden Geschäft

Vorbedingung für eine risikoadjustierte Steuerung ist die verursachungsgerechte Zuordnung der erwirtschafteten Ergebnisse auf die verschiedenen Risikoarten, insbesondere die verursachungsgerechte Aufspaltung des Zinsergebnisses als der i.d.R. wichtigsten Erfolgsquelle einer Bank. Mit der Marktzinsmethode[1] ist hier ein Weg gefunden worden, den wirtschaftlichen Zinsüberschuß in einen Konditionsbeitrag (Aktiv/Passiv) und in einen Transformationserfolg zu zerlegen.[2] Der Konditionsbeitrag wird als Erfolg aus dem Kundengeschäft definiert, der durch Bewertung des Geschäftes an der jeweiligen Kapitalmarktopportunität ermittelt wird.

Das Grundmodell der Marktzinsmethode weist jedoch einige erhebliche Schwächen auf, die insbesondere auf die Orientierung an handelsrechtlichen Bewertungskonventionen[3] sowie auf die undifferenzierte Bewertung aller Bankgeschäfte am Zinsmarkt zurückgeführt werden.[4] Die Orientierung am Handelsrecht führt zu periodischen Ergebnissen mit Effektivzins und prozentualer Marge als Steuerungsgrößen, die vergangenheitsorientiert und für die Neugeschäftssteuerung ungeeignet sind.[5] Der ermittelte Zinskonditionenbeitrag einer Kundenabteilung gibt falsche Steuerungsimpulse, da in der Vergangenheit abgeschlossene Geschäfte wesentlichen Einfluß auf das jeweilige Periodenergebnis der Abteilung haben.[6]

---

[1] Zur Marktzinsmethode vgl. Schierenbeck, H. [1994c] sowie Schierenbeck, H./ Wiedemann, A. [1994].

[2] Vgl. Baxmann, U.G. [1987]; Flesch, J.R./Gerdsmeier, S./Lichtenberg, M. [1994], S. 267 ff.; Flesch, H.R./Piaskowski, F./Seegers, J. [1987], S. 492 ff.; Schierenbeck, H. [1994a], S. 69 ff. sowie Schierenbeck, H./ Wiedemann, A. [1996], S. 10 ff.

[3] Zu neueren Ansätzen der Marktwertbilanzierung vgl. Schierenbeck, H./Wiedemann, A. [1994], 385 ff.

[4] Vgl. Flesch, J.R./Gerdsmeier, S./Lichtenberg, M. [1994], S. 267 ff.

[5] Vgl. Benke, H./Gebauer, B./Piaskowski, F. [1991], S. 88 ff., zur Kritik an der Rendite als Steuerungsgröße vgl. auch Reinelt, I./Keller, T. [1995], S. 376 ff.

[6] Vgl. Benke, H./Gebauer, B./Piaskowski, F. [1991], S. 88 ff. sowie Flesch, J.R./Gerdsmeier, S./Lichtenberg, M. [1994], S. 267 ff.

Die genannten Schwächen werden durch die Weiterentwicklung der Marktzinsmethode zum Barwert- bzw. Marktwertkalkül behoben.[1] Bei Geschäftsabschluß erfolgt bei zinstragenden Geschäften die arbitragefreie Bewertung des Zahlungsstroms an der jeweiligen Kapitalmarktopportunität.[2] Der verbleibende Barwert bildet den Erfolg des Kundengeschäftes ab.[3] Der Barwert kann auch als Marktpreis interpretiert werden und ermöglicht die Ermittlung der Vermögensänderung der Bank innerhalb des jeweiligen Betrachtungszeitraumes.

Die Bank kann dann als Portfolio aus verschiedenen Investments in Aktien, Krediten, Wertpapieren, Beteiligungen und Immobilien betrachtet werden, die zu ihren Barwerten bzw. Marktwerten in die Bilanz als Vermögensaufstellung einfließen. Dieses Portfolio[4] kann im Sinne der Portfoliotheorie nach Ertrags-Risiko-Gesichtspunkten optimiert werden. Die Ermittlung einer DM-Größe und somit die barwertige Betrachtung von Finanzinvestitionen ist erforderlich, um verschiedene Geschäfte sowohl nach ihrem Risikogehalt als auch nach ihrem Erfolgsbeitrag für die Bank konsistent vergleichen und sie im Verhältnis zum eingesetzten Eigenkapital beurteilen zu können. Benke et.al.[5] betonen, daß nur mit Hilfe des Barwertkonzeptes ein Gesamtbanksteuerungsprozeß zur Allokation des Vermögens installiert werden kann. Die Barwertmethode kann somit als Voraussetzung, aber noch nicht als hinreichendes Instrument für eine wertorientierte Steuerung angesehen werden.[6]

Der Vergleich von Barwert am Anfang einer Periode mit dem Barwert am Ende der Periode zur Ermittlung des Dispositionserfolges entspricht der Performance-Messung von Investmentfonds.[7] Der für Investmentfonds adäquate Ansatz der Performance-

---

[1] Vgl. z.B. Benke, H./Gebauer, B./Piaskowski, F. [1991], S. 88 ff. sowie Reinelt, I./Keller, T. [1995], S. 376 ff.

[2] Mathematisch erfolgt diese Bewertung z.B. mit Zerobond-Abzinsfaktoren. Vgl. z.B. Schierenbeck, H. [1993], S. 16 ff.; Schierenbeck, H. [1994c], S. 164 ff.; Schierenbeck, H./Wiedemann, A. [1996], S. 13 ff.; Rolfes, B. [1992], S. 171 ff. Zur Ermittlung der Null-Kupon-Kurve vgl. Bansal, V.K./Ellis, M.E./Marshall, J.F. [1993].

[3] Vgl. Flesch, J.R./Gerdsmeier, S./Lichtenberg, M. [1994], S. 267 ff.

[4] Vgl. Piaskowski, F. [1993], S. 291 f.; Flesch, J.R./Lichtenberg, M. [1994b], S. 39 ff.

[5] Vgl. Benke, H./Piaskowski, F./Sievi, C.R. [1995], S. 119.

[6] Vgl. auch Rolfes, B./Hassels, M. [1994], S. 348 ff.

[7] Vgl. Benke, H./Gebauer, B./Piaskowski, F. [1991], S. 96.

Messung im Vergleich zu einem Index bzw. einer Benchmark[1] muß jedoch übertragen auf Kreditinstitute noch um das zur Erwirtschaftung dieser Performance benötigte Eigenkapital sowie um das dabei eingegangene Risiko erweitert werden. Diese Schritte erfolgen im Rahmen der risikoadjustierten Steuerung über die verschiedenen Kennzahlen, die in Abschnitt 4.1. dargestellt werden.

Der Nettobarwert als überlegene Größe zur Beurteilung von Investitionsentscheidungen wird seit langem in der finanztheoretischen Literatur diskutiert,[2] die konsequente Anwendung im Bankbetrieb läßt jedoch noch auf sich warten. Die barwertige Vereinnahmung der Konditionsbeiträge wird kritisiert, weil sie nicht mit den herrschenden Rechnungslegungsvorschriften vereinbar und Barwerte nicht ausschüttungsfähig seien. Es läßt sich jedoch zeigen, daß der Konditionsbeitragsbarwert identisch ist mit der Summe der periodisch im externen Rechnungswesen vereinnahmten Konditionsbeiträge, so daß hier nur ein Unterschied im Vereinnahmungszeitpunkt, jedoch nicht in der Höhe besteht.[3] Darüber hinaus ist zu berücksichtigen, daß externes und internes Rechnungswesen unterschiedlichen Zielsetzungen folgen. Externe Rechnungslegungsvorschriften sagen wenig über die aktuelle Risikosituation aus. Eine ausschließliche Orientierung am externen Rechnungswesen für interne Steuerungszwecke ist zumindest für die derzeit herrschenden HGB-Regelungen wenig sachgerecht. Diese sind jedoch als Nebenbedingung auch weiterhin zu berücksichtigen,[4] so daß neben der Barwertsteuerung ein periodischer Steuerungskreis erforderlich ist.[5] Für die interne Steuerung und Performance-Messung ist auf Bar- bzw. Marktwerte abzustellen.[6]

---

[1] Vgl. Benke, H./Gebauer, B./Piaskowski, F. [1991], S. 97 sowie Benke, H. [1993], S. 106 f.

[2] Vgl. z.B. Brealey, R.A./ Myers, S.C. [1991], S. 73 ff.

[3] Vgl. Probson, S. [1994], S. 180 ff.; Pfingsten, A./Thom, S. [1995], S. 242 ff. sowie Rolfes, B./ Hassels, M. [1994], S. 337 ff.

[4] Vgl. Voss, B.W./Bezold, A. [1994], S. 607 ff.

[5] Vgl. auch Voss, B.W./Bezold, A. [1995], S. 203 ff. sowie Rolfes, B. [1998], S. 43 ff.

[6] Vgl. z.B. McQouwn, J.A. [1995], S. 1 ff.; McQuown, J.A./Kealhofer, S. [1997], S. 1 ff. Der Konflikt zwischen Barwert und Buchwert läßt sich in der Praxis kaum auflösen. Vgl. Matten, C. [1996], S. 160 ff.

Weitere Argumente gegen eine barwertige Betrachtung sind, daß Margenbarwerte unsicher sind und erst vereinnahmt werden können, wenn sie verdient worden sind.[1] Die Bruttobarwerte, die sich bei Diskontierung mit der aktuellen Kapitalmarktopportunität ergeben, müssen noch um anfallende Kosten korrigiert werden.[2] Zum einen müssen noch Ausfallrisiken im Sinne von Risikokosten[3] barwertig in Abzug gebracht werden, denn durch die Messung des Neugeschäftes an der jeweiligen Kapitalmarktopportunität wird das Geschäft nur von Zinsänderungsrisiken freigestellt. Zum anderen müssen zukünftig anfallende Eigenkapitalkosten ebenso in Abzug gebracht werden wie die bei Akquisition und Bearbeitung sowie zukünftig bei der Verwaltung dieser Geschäfte anfallenden Kosten.

Eine konsequente Marktbewertung ausfallrisikobehafteter Finanztitel macht deutlich, daß diese der risikolosen Kapitalmarktopportunität nicht gleichwertig sind und daher an dem ihrer Risikoklasse entsprechenden Opportunitätssatz gemessen werden müssen.[4] Die im Barwertkonzept gewählte Methode, zunächst Brutto-Konditionsbeitragsbarwerte zu ermitteln und diese dann um die barwertigen Risiko- und sonstigen Kosten zu kürzen, ist dieser Vorgehensweise jedoch materiell gleichwertig und entsprechend den modernen Methoden der Banksteuerung auch zweckmäßig, wenn und solange auch die Kreditbestände permanent einer Neubewertung unterzogen werden.

---

[1] Vgl. Benke, H./Gebauer, B./Piaskowski, F. [1991], S. 89 f. Der Kritikpunkt, daß sich der errechnete Margenüberschuß aus Bewertungsgründen nicht in jedem Fall in der GuV wiederfindet, kann durch die Wahl entsprechender Berechnungsmethoden geheilt werden. Vgl. Reinelt, I./ Keller, T. [1995], S. 376 ff.

[2] Vgl. Schierenbeck, H./Wiedemann, A. [1996], S. 414 ff.

[3] Zur Berechnung von Risikokosten vgl. z.B. Flechsig, R./Rolfes, B. [1987], S. 373 ff. sowie Hölscher, R. [1996], S. 230 ff.

[4] Vgl. auch Dermine, J. [1996], S. 2, der von der Messung an der specific risk-adjusted discount rate spricht.

2.3.2. Grundüberlegungen zur Risikomessung

2.3.2.1. Value-at-Risk

Damit Ergebnisse der Risikomessung leicht in der Banksteuerung berücksichtigt werden können, sollten bestimmte Voraussetzungen erfüllt sein:[1]
- Ergebnisse sollten leicht interpretierbar sein und daher in Geldeinheiten ausgedrückt werden.
- Es sollten Aussagen über die Eintrittswahrscheinlichkeiten eines möglichen Verlustes vorliegen.
- Interdependenzen zwischen den verschiedenen Risikokategorien sollten berücksichtigt werden.

Das Value-at-Risk Konzept[2] besitzt als praxisrelevantes Risikomodell einen besonderen Stellenwert. Die Risikomessung von Ausfallrisiken sollte nach den gleichen Prinzipien entwickelt werden, weil eine gesamtbankweite risikoadjustierte Steuerung nur bei Vergleichbarkeit der Risikomeßgrößen sinnvoll ist.

Der Value-at-Risk (VAR) wird definiert als die erwartete negative Wertveränderung bei üblichen Marktverhältnissen, gemessen in Geldeinheiten, über ein festgelegtes Zeitintervall bei durch den Entscheidungsträger vorgegebenem Wahrscheinlichkeitslevel[3]. Gegenstand der Risikomessung können Einzelgeschäfte oder Portfolios sein. Allgemein läßt sich der VAR vereinfacht wie folgt darstellen[4]:

Value-at-Risk	=	Aktueller Marktwert des Portfolios	x	Sensitivität des Portfolios im Hinblick auf Veränderungen bestimmter Parameter	X	Potentielle Veränderung der Parameter

---

[1] Vgl. Wittrock, C./Jansen, S. [1996], S. 909.

[2] Zur Vertiefung vgl. Beckström, R.A./Campbell, A.R. [1995a,b], S. 31 ff. und S. 77 ff.; J.P. Morgan [1995], S. 1 ff.; J.P. Morgan [1996], S. 5 ff. sowie Jorion, P. [1996], insb. S. 63 ff.

[3] Vgl. Beckström, R.A./Campbell, A.R. [1995], S. 31; J.P.Morgan [1996], S 6; Smithson, C./ Minton, L. [1996a], S. 25 ff.; Smithson, C./ Minton, L. [1996b] sowie Uhlir, H./ Aussenegg, W. [1996], S. 832.

[4] Vgl. Matten, C. [1996], S. 61.

In einem ersten Schritt muß das Portfolio zum aktuellen Marktpreis bewertet werden. In einem Folgeschritt wird das Portfolio zu alternativen Preisen bewertet und die entsprechende Wertdifferenz zum aktuellen Marktpreis ermittelt. Für eine Vielzahl von unterschiedlichen Berechnungen ergibt sich eine Verteilung der möglichen Portfoliowerte, aus der der VAR unter Festlegung eines Konfidenzniveaus und einer Haltedauer ermittelt werden kann, z.B. der maximale Verlust, der sich mit 95%iger Wahrscheinlichkeit (Konfidenzniveau) für eine Periode von 1 Tag (Haltedauer) ergibt. D.h. dieser Verlust wird statistisch an höchstens 5 von 100 Tagen überschritten.[1]

Als Voraussetzung müssen zunächst für die unterschiedlichen Risikokategorien entsprechende Risikoparameter definiert werden, für Zinsänderungsrisiken z.B. die Veränderung des Zinsniveaus oder der Zinsstruktur. Für diese Parameter werden über einen definierten Beobachtungszeitraum Ausprägungen beobachtet. Aus diesen empirischen Daten wird eine Verteilung mit den Parametern Standardabweichung (σ) und Erwartungswert (μ) generiert. Unter der vereinfachenden Annahme, daß die Veränderungen der Risikoparameter normalverteilt sind, kann mit diesen beiden Parametern die Verteilung vollständig beschrieben werden. Der zukünftige Verlust der Risikoposition hängt ab:[2]

- Vom Ausmaß der zukünftigen Veränderungen der Risikoparameter,
- vom betrachteten Zeitintervall und
- von der definierten Einrittswahrscheinlichkeit (z.B. 99% Konfidenzniveau).

Die Vorgehensweise soll mit folgendem Beispiel verdeutlicht werden. Unter den getroffenen Annahmen, insbesondere der Annahme der Normalverteilung, ergibt sich die in der folgenden Abbildung dargestellte Wahrscheinlichkeitsverteilung eines 5-jährigen Zerobonds mit einer aktuellen Rendite von 5,276 %.

Eine Standardabweichung σ entspricht einer Wahrscheinlichkeit (einem (zweiseitigen) Konfidenzniveau) von 68,27%, zwei Standardabweichungen 95,45% etc. Diese

---

[1] Vgl. Smithson, C./Minton, L. [1996a], S. 25.
[2] Vgl. Uhlir, H./Aussenegg, W. [1996], S. 832.

Zusammenhänge sind für jede Normalverteilung konstant. Da unter Risikoaspekten nur negative Abweichungen betrachtet werden, wird in diesem Beispiel die Rendite des Zerobonds bei einem einseitigen Konfidenzniveau von 99,865% 5,522% nicht übersteigen.[1]

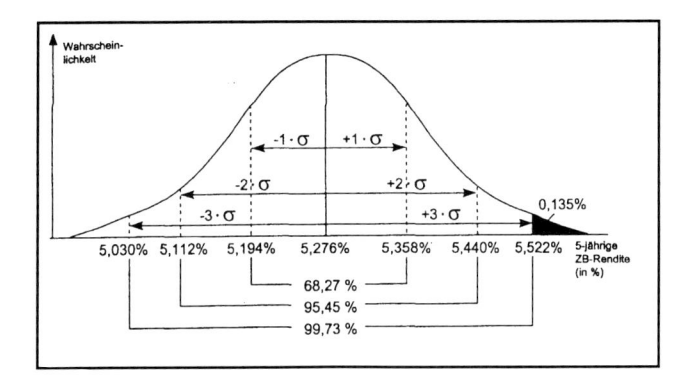

Abb. 7: **Zusammenhang von Standardabweichung und Konfidenzniveau bei Normalverteilung**[2]

Der entsprechende VAR ergibt sich durch die Veränderung des Marktwertes (Barwertes) des Zerobonds bei Diskontierung mit dem dieser maximalen Rendite entsprechenden Abzinsungsfaktor[3]. Bei Annahme der Normalverteilung entspricht ein einseitiges Konfidenzniveau von 95% (99%) 1,65 (2,33) Standardabweichungen σ, so daß bezogen auf die Verteilung der Marktwertänderungen allgemein gilt:[4]

(1a) $VAR_{(0,95)}$ = Marktwert * 1,65 * σ
(1b) $VAR_{(0,99)}$ = Marktwert * 2,33 * σ.

---

[1] Vgl. Wittrock, C./Jansen,S. [1996], S. 910.
[2] Quelle: Wittrock, C./Jansen,S. [1996], S. 910.
[3] Vgl. Schierenbeck, H./Wiedemann, A. [1996], S. 39 ff.
[4] Vgl. Uhlir, H./Aussenegg, W. [1996], S. 832 bzw. Beckström, R.A./Campbell, A.R. [1995a], S. 37 f.

Beispiel[1]: Bestand an Aktien: 1000 Stück
Heutiger Marktwert: 1.113,--DM/Stück
Geschätztes σ (Tagesbasis): 0,925%
(a) $VAR_{(0,95)}$ = 1.000*1.113*1,65*0,00925 = 16.987,--DM
(b) $VAR_{(0,99)}$ = 1.000*1.113*2,33*0,00925 = 23.988,--DM

Dieser einfache Zusammenhang gilt nur bei Annahme der Normalverteilung,[2] in anderen Fällen, z.B. wenn eine schiefe Verteilung vorliegt, ist die Standardabweichung kein angemessenes Risikomaß.

Um den VAR für ein Portfolio von Wertpapieren zu berechnen, müssen die Korrelationsbeziehungen zwischen den einzelnen Portfoliobestandteilen bzw. den Risikokategorien berücksichtigt werden. Zu diesem Zweck wird zunächst als weitere Variable der Korrelationskoeffizient ρ zwischen den einzelnen Portfoliokomponenten eingeführt. Für ein Portfolio mit zwei Wertpapieren A und B ergibt sich folgende Berechnung des (diversifizierten[3]) Portfolio-VAR, (VAR_{PF}):

(2) $VAR_{PF} = \sqrt{VAR_A^2 + VAR_B^2 + 2 \cdot VAR_A \cdot VAR_B \cdot \rho_{A,B}}$

mit $\rho_{A,B}$ als Korrelationskoeffizient der Wertpapiere A und B[4].

Allgemein für ein Portfolio mit N Positionen gilt[5]:

(3) $VAR_{Gesamt} = \sqrt{\vec{V} * [C] * \vec{V}^T}$

mit dem Risikovektor $\vec{} = [VAR_1 \ldots\ldots VAR_n]$,

---

[1] In Anlehnung an Uhlir, H./Aussenegg, W. [1996], S. 833.

[2] Vgl. Beckström, R.A./Campbell, A.R. [1995a], S. 38.

[3] Der sog. nicht diversifizierte VAR des Portfolios ergibt sich durch einfache Addition der VAR-Werte der Einzelpositionen, vgl. z.B. Wittrock, C./Jansen, S. [1996], S. 913.

[4] Vgl. z.B. J.P.Morgan [1996], S. 7; Matten, C. [1996], S. 90 ff.; Schierenbeck, H. [1997], S. 16 sowie Uhlir, H./Aussenegg, W. [1996], S. 833.

[5] Vgl. Beckström, R.A./Campbell, A.R. [1995], S. 44 f.; J.P.Morgan [1995], S. 7 sowie Schierenbeck, H. [1997], S. 16.

der Korrelationskoeffizientenmatrix $[C] = \begin{bmatrix} 1 & .. & \rho_{n1} \\ .. & 1 & .. \\ \rho_{1n} & .. & 1 \end{bmatrix}$

und der Transponte des Risikovektors $\vec{V}^T = \begin{bmatrix} VAR_1 \\ ..... \\ VAR_n \end{bmatrix}$.

Bei der VAR-Berechnung müssen Entscheidungen über verschiedene Parametereinstellungen getroffen werden. So ist festzulegen, für welchen Zeitraum die Wertveränderung gemessen werden soll (Haltedauer bzw. Zeithorizont), auf welchen Beobachtungszeitraum sich die historischen Daten beziehen sollen und mit welcher Eintrittswahrscheinlichkeit (Konfidenzniveau) gearbeitet wird.

Für reine Handelspositionen wird häufig mit einer Haltedauer von einem Tag gearbeitet, der Basler Ausschuß für Bankenaufsicht fordert 10 Tage.[1] Für illiquide Produkte bzw. Märkte ist auch mit deutlich längeren Zeitintervallen zu rechnen. Für Kreditrisiken etwa geht J.P. Morgan von einem Zeithorizont von einem Jahr aus.[2]

Die Auswahl des Beobachtungszeitraumes, über den historische Daten gesammelt und ausgewertet werden, kann entscheidenden Einfluß auf die Ergebnisse haben. Je länger der Zeitraum, um so geringere Bedeutung haben einzelne Ausreißer, um so stärker können aber auch Entwicklungen bereits überholt sein. Jede Anwendung auf Ausfallrisiken wird weit längere Zeiträume berücksichtigen müssen als die bei Marktpreisrisiken üblichen ein bis zwei Jahre, da Ausfälle ein eher seltener Vorgang sind. Daten müssen somit über einen langen Zeitraum gesammelt werden, um zu statistisch signifikanten Aussagen zu kommen.

---

[1] Bei Produkten mit linearer Wertentwicklung wächst die Varianz linear mit dem Zeithorizont. VAR-Berechnungen können daher leicht auf eine andere Haltedauer umgerechnet werden. Ein VAR auf Tagesbasis kann durch Multiplikation mit der Wurzel der Zeit (zehn Tage) auf eine Haltedauer von zehn Tagen umgerechnet werden. $VAR_{10Tage} = VAR_{1Tag} * \sqrt{10}$. Vgl. Matten, C. [1996], S. 88 ff. sowie Uhlir H./Aussenegg, W. [1996], S. 833. Zu den theoretischen Problemen bei Anwendung des Wurzelgesetzes vgl. Lister, M. [1997], S. 68 ff.

[2] Vgl. J.P. Morgan [1997a], S. 31. Ausführlicher zum Zeithorizont bei Ausfallrisiken vgl. Abschnitt 4.2.6.1. dieser Arbeit.

Die Wahl des Konfidenzniveaus hängt ab vom Risikotragfähigkeitspotential der Bank, der jeweiligen individuellen Risikoneigung sowie von der Art der Risiken. Wichtig für eine integrierte Steuerung ist, daß alle Risiken mit demselben Konfidenzniveau gemessen werden, um die Vergleichbarkeit zu gewährleisten. Wegen der für Adressenausfallrisiken typischen schiefen Verteilung ist hier mit einem hohen Konfidenzniveau von z.B. 99 % zu rechnen.[1]

2.3.2.2. Earnings-Volatility-Model

Für Risikokomponenten, auf die sich das VAR-Konzept aufgrund seiner Komplexität nicht anwenden läßt, oder bei Banken, die das VAR-Konzept als zu aufwendig erachten, kann als einfaches Konzept zur Risikomessung das Earnings-Volatility-Model (EVM) herangezogen werden.[2] Im Gegensatz zu den komplexeren Risikomodellen werden beim EVM lediglich die in der Vergangenheit erzielten Gewinne und Verluste bzw. die Volatilität der Erträge betrachtet. Es handelt sich dabei um eine vereinfachte Anwendung des aus dem CAPM abgeleiteten Prinzips, Risiko als die Unsicherheit von Erträgen gemessen mit Hilfe der Standardabweichung zu betrachten.[3] Aus den institutseigenen Daten wird die Wahrscheinlichkeit von Ergebnisschwankungen ermittelt. Wird beispielsweise für ein Geschäftsfeld ein durchschnittliches Ergebnis von 100 Geldeinheiten (GE) beobachtet und mit 90% Wahrscheinlichkeit ein Ergebnis von mindestens 60 GE, so beträgt das als Earnings-at-Risk (EaR) bezeichnete Risiko in diesem Geschäftsfeld 40 GE mit einer Wahrscheinlichkeit von 90%. Das Risikokapital[4] wird im EVM aus diesen Angaben ermittelt, indem das Volumen der risikolosen Anlage bestimmt wird, deren risikolose Verzinsung zu einem Ergebnis in Höhe des EaR führt.

---

[1] Ausführlicher hierzu Abschnitt 4.2.6.2. dieser Arbeit.
[2] Vgl. im folgenden auch Lister, M. [1997], S. 34 f.
[3] Vgl. Matten, C. [1996], S. 101 ff.
[4] Zur Definition von Risikokapital vgl. Abschnitt 2.3.3.

Risikokapital$_{EVM}$ = EaR / risikoloser Zinssatz

Diese EaR direkt wie beim VAR mit dem Risikokapital gleichzusetzen, ist nicht angebracht, da diese Ertragsschwankungen nur einen Teil der Risiken darstellen, die das Kapital abdecken muß.[1]

In dem o.g. Beispiel beträgt das Risikokapital bei einem angenommenen risikolosen Zinssatz von 5% somit 800 GE. Kapital in Höhe von 800 GE als Deckungsmasse für einen potentiellen Verlust in Höhe von 40 GE vorzuhalten, erscheint unangemessen. Die Versicherungsprämie sollte grundsätzlich nicht höher sein als der maximal ausfallende Betrag. Gleichwohl kann aus den EaR eine Aussage über das Gesamtbankrisiko abgeleitet werden, sofern sämtliche Ergebniskomponenten in die Berechnung einfließen. Das hier kalkulierte Risikokapital ist im Sinne einer Versicherung so zu interpretieren, daß dieser Betrag risikolos anzulegen ist, um einen Ertrag zu generieren, der die potentiellen Ergebnisschwankungen ausgleicht.[2]

Die EaR-Kennzahl kann auf unterschiedliche Weise in eine risikoadjustierte Steuerung eingebaut werden.[3] Vorteil dieser Kennzahl (neben ihrer guten Kommunizierbarkeit) ist, daß sie direkt das Risiko einzelner Geschäftsfelder mit dem Gesamtrisiko verknüpft. Allerdings ist es schwierig, diese Kennzahl weiter zu zerlegen und etwa auf Einzelgeschäfte herunterzubrechen.[4] Problematisch ist die implizite Annahme der Normalverteilung der Ertragsschwankungen. Das EVM ist ein stark ex-post orientierter Ansatz, der Änderungen der Risikostruktur vernachlässigt. Auch lassen sich keine Handlungsanweisungen aus dieser Kennzahl generieren, mit Ausnahme der allgemeinen, die Risiken zu reduzieren. Abschließend läßt sich festhalten, daß diese Vorgehensweise

- nur sehr grobe Anhaltspunkte für die Ermittlung des Risikogehaltes der Geschäfte geben kann,
- stark abhängig ist von den jeweiligen individuellen Umständen der Bank,

---

[1] Vgl. Matten, C. [1996], S. 117 f.
[2] Vgl. Matten, C. [1996], S. 106 f.
[3] Vgl. Matten, C. [1996], S. 125 ff.
[4] Vgl. Bessis, J. [1998], S. 240 ff.

- nur Informationen liefert auf übergeordneter Ebene von Geschäftsfeldern oder Organisationseinheiten und
- keine Handlungsanweisungen für eine effiziente Steuerung der Risiken abgeleitet werden können.

2.3.3. Grundüberlegungen zur Bedeutung des Eigenkapitals als Risikoträger im Bankgeschäft

Die Risikotragfähigkeit von Banken wird durch die jeweilige Eigenkapitalausstattung determiniert und ist begrenzt. Einerseits hat die Bankenaufsicht Kreditinstituten Mindeststandards der Eigenkapitalausstattung auferlegt, um die Wahrscheinlichkeit von Bankzusammenbrüchen zu verringern und Systemkrisen zu vermeiden. Andererseits wären Banken auch ohne regulatorische Auflagen gut beraten, bestimmte Eigenkapitalquoten einzuhalten. Eine ausreichende Eigenkapitalbasis ist wesentlicher Bestimmungsfaktor der Bonität einer Bank, die sich z.B. in dem Rating einer anerkannten Rating-Agentur widerspiegelt und von entscheidender Bedeutung für die Refinanzierung und für die Teilnahme am Handel insbesondere von außerbörslichen Finanzinstrumenten ist[1]. Das Eigenkapital erfüllt somit eine Risikobegrenzungsfunktion, da sowohl aus bankaufsichtlichen, als auch aus betriebswirtschaftlichen Gründen die maximale Höhe der Risikoübernahme durch die Höhe des Eigenkapitals beschränkt wird.

Neben einem professionellen Risikomanagement ist eine angemessene Eigenkapitalbasis zum Ausgleich noch nicht identifizierter zukünftiger Risiken als strategischer Erfolgsfaktor im Bankgeschäft anzusehen.[2] Das Eigenkapital sollte so ausreichend bemessen sein, daß auch in sehr unwahrscheinlichen Szenarien die entstehenden

---

[1] Vgl. Matten, C. [1996], S. 94 ff. sowie Berger, A.N./Herring, R.J./Szegö, G.P. [1995]. Besonders deutlich wird dies bei den verschiedenen für das Derivategeschäft speziell gegründeten DPCs (Derivative Product Companies), für die die Rating-Agenturen für verschiedene Rating-Einstufungen entsprechend abgestufte Eigenkapitalerfordernisse definieren. Vgl. Paul-Choudhury, S. [1996b], S. 29.

[2] Vgl. Flesch, J.R./Gerdsmeier, S. [1995], S. 113. Diese Funktion eines Verlustpuffers zur Begrenzung von Insolvenzrisiken hat Eigenkapital nicht nur in Finanzinstituten, sondern grundsätzlich in Unternehmen. Vgl. Schneider, D. [1992], S. 42 ff.

Verluste aufgefangen werden können und die Bank ihre Geschäftätigkeit auf einem möglichst unveränderten Niveau fortsetzen kann.[1]

Haft-summen-zuschlag für genossen-schaftliche Kredit-institute	Betriebswirtschaftliches Eigenkapital		Stille Reserven
	Bilanzielles Eigenkapital		
	Kernkapital	Ergänzungskapital	
	• Gezeichnetes Kapital • Kapitalrücklage • Gewinnrücklage • Fonds für allgemeine Bankrisiken	• Vorsorgereserven • Genußrechtskapital • Neubewertungs-reserven • Kumulative Vorzugsaktien • Nachrangige Verbindlichkeiten	
	Haftendes Eigenkapital (gem. § 10 KWG)		

Abb. 8: Abgrenzung verschiedener Eigenkapitalbegriffe[2]

Eigenkapital ist keine eindeutig abgegrenzte Größe, die Unterscheidung von Eigen- und Fremdkapital fällt in der Praxis mitunter schwer.[3] Allgemein ist mit Eigenkapital eine Eigentümerposition an dem jeweiligen Unternehmen verbunden. Eigenkapital kann auf unterschiedliche Weise definiert und abgegrenzt werden. Bilanzielles Kernkapital umfaßt neben dem Gezeichneten Kapital insbesondere die offenen Rücklagen. Für Kreditinstitute von besonderer Bedeutung ist die Definition des haftenden Eigenkapitals[4] (gem. § 10 KWG), das im wesentlichen das Kernkapital, das

---

[1] Vgl. Matten, C. [1997], S. 9. Maßstab für die notwendige Höhe des Eigenkapitals zur Erfüllung der Risikobegrenzungs- und Verlustausgleichsfunktion können sowohl bankaufsichtliche Vorgaben als auch interne VAR-Berechnungen sein, wobei VAR-Berechnungen für die interne Steuerung der Vorrang zu geben ist. Die angemessene Höhe des Eigenkapitals ist neben der erwähnten Risikobegrenzungs- und Verlustausgleichsfunktion noch von der Erfüllung weiterer Funktionen abhängig. Hierzu zählen die Garantie- und Haftungsfunktion, die Funktion der Schaffung von Vertrauen, die Finanzierungsfunktion, die Gründungsfunktion, die Ausschüttungsbemessungsfunktion und die Einlagensicherungsfunktion. Vgl. Büschgen, H.E. [1998], S. 1084 ff.

[2] Vgl. auch Schierenbeck, H. [1994c], S. 689 und 339 ff.; Schierenbeck, H. [1997], S. 275 ff. sowie Biener, H. [1995], Sp. 468 ff.

[3] Vgl. Spremann, K. [1996], S. 94 sowie Schneider, D. [1992], S. 44 ff.

[4] Ausführlicher hierzu Schulte-Mattler, H./Traber, U. [1995], S. 17 ff. sowie Schierenbeck, H. [1997], S. 275 ff.

Ergänzungskapital sowie in begrenztem Umfang stille Reserven umfaßt.[1] Die Abgrenzung des Eigenkapitals nach rein betriebswirtschaftlichen Gesichtspunkten weicht insbesondere durch die Höhe der zu berücksichtigenden stillen Reserven vom haftenden Eigenkapital ab.[2]

Für eine am Shareholder-Value ausgerichtete Steuerung ist von einer engen Kapitaldefinition, also dem Kernkapital, auszugehen.[3] Für Anteilseigner ist die Verzinsung des von ihnen bereitgestellten Eigenkapitals entscheidend. Eigenkapitalsurrogate und stille Reserven sind in diesem Sinne lediglich Instrumente zur Steuerung der bilanziellen Eigenkapitalrendite.[4]

Von den o.g. Definitionen ist der Begriff des Risikokapitals bzw. des ökonomischen Kapitals[5] abzugrenzen als die Summe an Eigenkapital, die aus ökonomischen Überlegungen gehalten werden muß, um auch bei Übernahme von Risiken den Weiterbestand der Bank zu gewährleisten. *„Risikokapital ist der kleinstmögliche Betrag, der investiert werden muß, damit die Rückzahlung des übrigen bereitgestellten Kapitals, ggf. unter Berücksichtigung einer erwarteten Mindestrendite, mit einer bestimmten vorgegebenen Wahrscheinlichkeit sichergestellt ist. Damit stimmt das Risikokapital mit dem Value-at-Risk überein"*[6]. Es handelt sich um das für die Risikoübernahme notwendige Kapital, das durch potentielle, mit einer bestimmten Wahrscheinlichkeit

---

[1] Für genossenschaftliche Kreditinstitute ist zusätzlich noch ein Haftsummenzuschlag anzusetzen. Vgl. Schierenbeck, H. [1994c], S. 690. Für eine detaillierte Darstellung der bankaufsichtlichen Definition der verschiedenen Eigenkapitalkomponenten vgl. Schierenbeck, H. [1997], S.275.

[2] Vgl. Biener, H. [1995], Sp. 468 ff.

[3] Vgl. z.B. Matten, C. [1997], S. 9 f. sowie Schierenbeck, H. [1994c], S. 339.

[4] Vgl. Schierenbeck, H. [1994], S. 339. Die Eigenkapitalrendite definiert sich als das Verhältnis von Ergebnis zu Eigenkapital. In der praktischen Umsetzung verwendete Formeln können sich jedoch im Detail der Definition von Zähler und Nenner erheblich unterscheiden, wie eine Umfrage der ZfgK ergeben hat. Vgl. ZfgK [1997], S. 1207 ff.

[5] Der Begriff „ökonomisches Kapital" ist etwas irreführend, wird jedoch in der Literatur vielfach insbesondere zur Abgrenzung zum gem. aufsichtlichen Bestimmungen zu haltenden Eigenkapital verwendet. Da wiederum auch dieses „aufsichtliche" Eigenkapital mitunter als Risikokapital bezeichnet wird, wird in dieser Arbeit mit dem Begriff „ökonomisches Kapital" gearbeitet. Auch die Deutsche Bundesbank hat diesen Begriff aufgegriffen. Vgl. Deutsche Bundesbank [1998], S. 70. Als ökonomisches Kapital wird mitunter auch das „betriebswirtschaftliche Eigenkapital" bezeichnet, das sich als Nettovermögenswert im Rahmen einer (Markt-) Bewertung aller Aktiva und Passiva eines Unternehmens ergibt. Da diese Größe wenig operationalisierbar ist, wird sie im folgenden hier nicht in diesem Sinne verwendet.

[6] Schierenbeck, H. [1997], S. 38. Vgl. auch Merton, R.C./Perold, A.F. [1993], S. 17.

eintretende Verluste gefährdet ist. Es ist abzugrenzen vom regulatorischen Kapital (haftenden Eigenkapital), das infolge aufsichtlicher Regelungen als Mindeststandard zu halten ist, sowie vom investierten Kapital, das zur Finanzierung von Aktivitäten benötigt wird.

Auf Gesamtbankebene sind die verschiedenen Risikopotentiale unter Berücksichtigung von Interdependenzen zusammenzufassen und dem zur Verfügung stehenden Risikotragfähigkeitspotential der Bank gegenüberzustellen. Die Risikoübernahme darf immer nur in Abhängigkeit von der Risikotragfähigkeit erfolgen. Das definierte Risikotragfähigkeitspotential wird begrenzt durch das gesamte Risikokapital, das in Form von VAR-Limiten auf Geschäftsbereiche und Geschäfte allokiert werden kann. Innerhalb der Geschäftsbereiche werden diese VAR-Limite durch Geschäfte ausgenutzt. Durch permanente VAR-Berechnungen wird sichergestellt, daß das Limit je Geschäftsbereich/Risikoklasse und somit insgesamt das Risikotragfähigkeitspotential nicht überschritten wird.

Die Bankleitung muß in Abhängigkeit von ihrer Risikoneigung definieren, mit welcher Wahrscheinlichkeit das Risikopotential in Zukunft die Risikodeckungsmassen nicht übersteigen soll. Dabei sollte für die verschiedenen Bestandteile der Risikodeckungsmasse mit unterschiedlichen Sicherheitsniveaus gearbeitet werden. Als unterschiedliche Risikodeckungspotentiale sind in dieser Reihenfolge zu unterscheiden:[1] Der über den Mindestgewinn hinaus erwirtschaftete Übergewinn, stille Reserven, Mindestgewinn, Fonds für allgemeine Bankrisiken, andere offene Reserven, Gezeichnetes Kapital sowie das Ergänzungskapital, deren Verzehr durch schlagend werdende Risiken jeweils steigende Bedeutung für den Weiterbestand der Unternehmung hat.

Für die Festlegung des Risikotragfähigkeitspotentials können z.B. der Normalfall, ein Negativszenario sowie der Maximalbelastungsfall unterschieden werden. Das Risikotragfähigkeitspotential kann dann in Abhängigkeit von der Risikoneigung z.B. so definiert werden, daß im Maximalbelastungsfall stille Reserven und der Jahres-

---

[1] Vgl. Schierenbeck, H. [1997], S. 39 ff.

überschuß aufgezehrt werden, die anderen Eigenkapitalbestandteile jedoch nicht angegriffen werden. Die Deckungsmassen müssen grundsätzlich auch im Worst-Case ausreichen, die Existenz zu sichern.[1]

---

[1] Vgl. Oelrich, F. /Stocker, G. [1998], S. 39 sowie Schierenbeck, H./ Lister, M. [1997], S. 494 f., die einen stufenweisen Abstimmungsprozeß zwischen Risikodeckungsmassen und Risikopotentialen vorschlagen.

3. Messung und Steuerung von Ausfallrisiken

3.1. Einzelkredit- versus Portfoliosicht

Von einer Einzelkreditvergabeentscheidung kann gesprochen werden, wenn zum Zeitpunkt der Kreditvergabe die Chancen und Risiken eines Kredites ausschließlich an den vorliegenden Informationen über den Kreditnehmer bzw. die zu messende Kreditposition gemessen werden und das übrige Entscheidungsfeld der Bank nur mit Pauschalannahmen etwa über alternative Anlagemöglichkeiten am Geld- und Kapitalmarkt oder bankaufsichtliche Restriktionen in das Kalkül eingeht.[1] Banken haben traditionell ihr Kreditportefeuille auf der Basis einer Einzelgeschäftsbetrachtung gesteuert. Dies drückt sich in den Organisationsstrukturen und dem Werdegang der Kreditberater aus, die sorgfältig in der Kreditprüfung, -bearbeitung, -bewilligung und -überwachung geschult sind. Die explizite Betrachtung von Beziehungen der Kreditrisiken untereinander und von Konzentrationsrisiken in bestimmten Branchen im Gesamtportfolio ist jedoch erst kürzlich in das Blickfeld geraten.

Anders als bei der Einzelkreditentscheidung sind bei Kreditportefeuilleentscheidungen die Chancen und Risiken eines Kredites an der Entwicklung des Gesamtkreditportefeuilles der Bank zu messen und prinzipiell im Hinblick auf alle von der Bank übernommenen Risiken und Chancen zu bewerten. Dabei sind die bestehenden, sinnvollerweise aber auch die Chancen und Risiken des zukünftig geplanten Kreditportefeuilles zu berücksichtigen[2]. In der Konsequenz bedeutet dies, daß entsprechend den Prinzipien der Portfoliotheorie Einzelgeschäfte nicht losgelöst vom Portfoliozusammenhang beurteilt werden können und ein Geschäft, das isoliert betrachtet den Risiko-Return Ansprüchen nicht genügen würde, im Portfoliozusammenhang anders zu beurteilen ist, weil die Gesamtbank Risiko-Return-Relationen möglicherweise positiv beeinflußt werden.[3]

---

[1] Vgl. Rudolph, B. [1995], S. 889 ff.

[2] Vgl. Rudolph, B. [1995], S. 889.

[3] Vgl. Reyniers, P./Sorg, L. [o.J.], S. 7 sowie Bennett, P. [1984], S. 154 f.

Die Steuerung des Ausfallrisikos auf Konzernebene muß daher weniger an einzelnen Geschäftsabschlüssen als vielmehr an der aktiven Gestaltung des Kredit- und Wertpapierportefeuilles ansetzen. Die sorgfältige Kreditwürdigkeitsprüfung ist zwar ein unverzichtbares Instrument zur Risikosteuerung im Kreditbereich, jedoch muß die Steuerung des Ausfallrisikos an der strukturellen Ebene ansetzen. Grundsätzlich kommt der Bankleitung die Aufgabe zu, über die angestrebte Risikostruktur des Kredit- und Wertpapierportefeuilles zu entscheiden. Die Begrenzung des strukturellen Ausfallrisikos erfolgt über eine angemessene Risikoverteilung und Risikodiversifikation. Während dies derzeit in der Praxis noch überwiegend durch qualitative Vorgaben oder eher willkürlich festgelegte Volumenslimite umgesetzt wird,[1] werden zunehmend Möglichkeiten für die Messung und Steuerung dieser Effekte entwickelt.

Im folgenden werden zunächst die sich in erster Linie auf das Einzelgeschäft beziehenden Komponenten und Methoden der Kreditrisikomessung dargestellt. Auf dieser Basis erfolgt dann die portfoliobezogene Betrachtung, die im nachfolgenden Abschnitt erläutert wird.

3.2. Einzelrisikobezogene Betrachtung

3.2.1. Einflußfaktoren bei der Messung von Ausfallrisiken

Die klassische Kreditentscheidung war in der Vergangenheit allzuhäufig eine ja/nein-Entscheidung, ohne den Risikogehalt differenziert nach Laufzeit, Bonität und Besicherung hinreichend konsequent und quantitativ unterstützt zu berücksichtigen. Wenn dies berücksichtigt wurde, dann nur intuitiv durch das Erfahrungswissen der Kreditspezialisten, aber nicht auf der Basis aussagefähiger historischer Daten in Verbindung mit einer angemessenen Methodik zur Quantifizierung der Risiken. Ergebnis der Kreditanalyse war ein Urteil, ob ein Kreditengagement vertretbar ist

---

[1] Vgl. z.B. Moser, H./ Quast, W. [1994], S. 679.

oder nicht. Als vertretbar galt ein Kredit, wenn angenommen werden konnte, daß dieser planmäßig zurückgezahlt wird.

Implizit wird damit unterstellt, daß eine Ausfallwahrscheinlichkeit für den Kredit nicht existiert. Kreditausfälle werden damit als außerordentliche Ereignisse angesehen und nicht als normales Ergebnis des Bankgeschäftes. Da es selbst bei bester Kreditanalyse, -bearbeitung und -überwachung jedoch immer wieder zu Kreditausfällen kommt, ist es nur folgerichtig, auch bei Kreditnehmern erstklassiger Bonität immer noch mit einem grundsätzlich möglichen, wenn auch recht unwahrscheinlichen Ausfall zu rechnen. Diese Möglichkeit des Ausfalls bzw. den damit verbundenen Verlust gilt es möglichst genau zu quantifizieren. Dabei sind folgende Faktoren zu berücksichtigen:[1]

- **(Kredit-)Ausfall und Ausfallwahrscheinlichkeit**

    Zunächst ist zu definieren, wann ein Kredit als ausgefallen angesehen wird. Hierfür stehen mehrere Alternativen zur Verfügung. Als Ausfall kann definiert werden, wenn Zahlungsverzug eingetreten ist, Vertragsklauseln nicht eingehalten worden sind, konkrete Rechtsfolgen wie Eröffnung eines Konkursverfahrens oder Vergleichsantrag stattgefunden haben oder wenn ökonomische Überschuldung eingetreten ist, d.h. der Wert der Aktiva unter den Wert der Verbindlichkeiten gesunken ist. In der Bankpraxis bietet es sich an, die erstmalige Bildung einer Einzelwertberichtigung (EWB) als Ausfall zu definieren. Diese Definition ist sehr weitgehend, da EWB ggf. schon sehr frühzeitig vor einem tatsächlichen Zahlungsausfall gebildet werden. Vorteil ist, daß man die Auswirkungen unmittelbar in der Gewinn- und Verlustrechnung ablesen kann und diese Daten i.d.R. verfügbar sind.[2] Nachteilig ist, daß EWB durch Bilanzpolitik verfälscht sein und in der Höhe von den späteren effektiven Verlusten deutlich abweichen können. Die betriebswirtschaftlich eindeutigere Lösung, Ausfall dann als eingetreten zu

---

[1] Vgl. für einen Überblick z.B. Nelson, L. [1997], S. 11 ff.
[2] Vgl. Lehrbaß [1999b], S. 39.

betrachten, wenn ein effektiver Ausfall eingetreten ist, hat insbesondere den Nachteil, daß dies ggf. erst mit erheblicher Zeitverzögerung erfolgt.

Da die Definition von Ausfall großen Einfluß auf die Höhe der ex post ermittelten Ausfallrate hat (i.d.R. höhere Ausfallrate, wenn EWB-Bildung zugrundegelegt wird, niedrigere Ausfallrate, wenn effektiver Ausfall zugrundegelegt wird), sind Ausfallstatistiken nur dann vergleichbar, wenn die Ausfalldefinition übereinstimmt. Darüber hinaus ist zu berücksichtigen, daß diese Definitionen von derjenigen der Rating-Agenturen abweicht, so daß statistische Daten nur eingeschränkt vergleichbar sind. Moody's definiert Ausfall als jede ausgebliebene oder verzögerte Auszahlung von Zins- und/oder Nominalbetrag, Insolvenz und Vergleich sowie Stundungs- oder Umschuldungsvereinbarungen.[1]

Wenn der Tatbestand des Ausfalls definiert worden ist, muß diesem Ereignis noch eine Wahrscheinlichkeit zugeordnet werden. Die Ausfallwahrscheinlichkeit (erwartete Ausfallrate, EAR) eines Einzelkredites kann nicht direkt gemessen werden. Es gibt aber verschiedene Ansätze, die Ausfallwahrscheinlichkeit von Krediten bzw. ausfallrisikobehafteten Forderungen zu schätzen. Voraussetzung für jede Schätzung der Ausfallwahrscheinlichkeit ist die detaillierte Analyse der Bonität des Schuldners. Auf der Grundlage dieser Analyse werden alle Kreditnehmer jeweils einer Bonitätsklasse zugeordnet. Innerhalb dieser Klassen wird allen Kreditnehmern implizit oder explizit eine einheitliche Ausfallwahrscheinlichkeit zugeordnet.[2]

---

[1] „Moody's defines default as any missed or delayed disbursement of interest and/or principal, bankruptcy, receivership, or distressed exchange where (i) the issuer offered bondholders a new security or package of securities that amount to a diminished financial obligation (such as preffered or common stock, or debt with lower coupon or par amount) or (ii) the exchange had the apparent purpose of helping the borrower avoid default." Keenan, S.C./ Carty, L.V./ Shtogrin, J. [1998], S. 12.

[2] Vgl. auch die nachfolgenden Ausführungen zu Bonitäts- bzw. Risikoklassensystemen sowie zu optionstheoretischen Methoden und die dort erfolgende Ableitung von Ausfallwahrscheinlichkeiten.

- **Ausfallbedrohter Betrag (Exposure)**

Weiterhin ist zu bestimmen, welcher Betrag im Falle der Insolvenz potentiell ausfallbedroht ist.[1] Ausfallrisiken betreffen unterschiedliche Produkte, die ein unterschiedliches Risikoprofil aufweisen. Bei Krediten und Anleihen ist im Falle einer Insolvenz i.d.R. der Nominalbetrag sowie wenigstens eine Zinszahlung ausfallbedroht. Diese Beträge lassen sich mit einiger Sicherheit im voraus bestimmen, da sie determiniert sind. Bei anderen Produkten wie z.B. Kontokorrentkrediten oder extern zugesagten Kreditlinien kann die Inanspruchnahme und somit auch der ausfallbedrohte Betrag (Exposure) nicht mit Sicherheit im voraus bestimmt werden. Hier können Erfahrungswerte über durchschnittliche Inanspruchnahmen herangezogen werden, um das zukünftige Exposure zu prognostizieren. Die Bestimmung dieser Beträge ist auch deswegen kompliziert, weil das Verhalten des Kreditnehmers berücksichtigt und i.d.R. bei sich verschlechternder Bonität mit ansteigenden Ausnutzungen der Kreditlinien gerechnet werden muß.[2]

Noch komplexer ist die Bestimmung dieses ausfallbedrohten Betrages bei Derivaten wie Swaps und Optionen (in diesem Zusammenhang auch als Kreditäquivalent bezeichnet). Diese Produkte weisen immer dann einen positiven ausfallbedrohten Betrag auf, wenn ihr Marktwert positiv ist, im Falle eines Ausfalls also Kosten für die Wiederbeschaffung eines gleichwertigen Geschäftes im Markt entstehen. Die Modellierung dieser Kreditäquivalente ist sehr komplex. Man unterscheidet das aktuelle und das potentielle Exposure. Letzteres kann wiederum unterschieden werden in ein erwartetes und ein maximales potentielles Exposure.[3] Zu Möglichkeiten der Schätzung und Modellierung dieser Größen liegt umfangreiche Literatur vor,[4] so daß auf diese Problematik im folgenden nicht

---

[1] Dieser Betrag umfaßt zumindest konzeptionell die gesamte ökonomische Wirkung des Ausfalls. D.h. er beinhaltet sowohl direkt mit dem Ausfall zusammenhängende Effekte wie den Ausfall oder die verspätete Zahlung (Terminrisiko) von Zins- und Tilgungsleistungen als auch Wiedereindeckungsrisiken.

[2] Vgl. Bessis, J. [1998], S. 256 ff. sowie Asarnow, E. [1995], S. 25 ff.

[3] Vgl. Bürger, P. [1995], S. 253 ff.

[4] Vgl. Cooper, I.A./Mello, A.S. [1991]; Duffee, G.R. [1996a]; Gluck, J.A. [1994]; Jarrow, R./Turnbull, S. [1997]; JP Morgan [1997a], S. 17 u. 47 ff.; Kealhofer, S. [1995], S. 49 ff.;

weiter eingegangen, sondern unterstellt wird, daß Daten zu diesen Exposures vorliegen. Die Methoden zur Schätzung von Kreditäquivalenten lassen sich grundsätzlich auch auf Kredite übertragen, da deren Exposure ebenfalls von der jeweiligen Zinssituation beeinflußt wird.

- **Wiedereinbringungsrate (Recovery Rate)**

In einem weiteren Schritt ist zu schätzen, welcher Prozentsatz des Forderungsbestandes bzw. des ausfallbedrohten Betrages (Exposure) im Insolvenzfall noch wiedererlangt werden kann (Wiedereinbringungsrate, Recovery Rate). Die Höhe des eingetretenen Verlustes, also die Differenz zwischen ausfallbedrohtem Betrag (Exposure) und dem wiedereingebrachten Betrag (Recovery Rate), kann mit Verlustintensität (Severity oder Loss Given Default (LGD)) bezeichnet werden.[1]

- **Erwarteter Verlust**

Aus den genannten Faktoren wird der erwartete Verlust (EV) ermittelt. Unter dem Begriff erwarteter Verlust (expected Loss) ist der Betrag zu verstehen, der auf der Basis von historischen Daten oder anderen Kalkülen mit durchschnittlicher Wahrscheinlichkeit bezogen auf einen bestimmten Zeitraum ausfällt. Statistisch betrachtet ist es der Erwartungswert der Verteilung der Verluste in der Zukunft. Er läßt sich ausdrücken als Produkt aus Exposure (Exp), Ausfallwahrscheinlichkeit (EAR) und Verlustintensität (1 - Recovery Rate).[2]

EV = EAR x Exp x (1-Recovery Rate)

König, A./Maurer, R./Schradin, H.R. [1997]; Lawrence, D. [1996], S. 23 ff.; Lucas, D. J. [1995b]; Mark, R. M. [1995]; Moore, A. [1996]; Rowe, D.M. [1996], S. 13 ff.; Sorensen, E.H./ Bollier, T.F. [1994]; dieselben [1995]; Thiel, T. [1993] sowie Zangari, P. [1997a].

[1] Zur Ermittlung von Recovery Rates vgl. Abschnitt 3.2.6.2. dieser Arbeit.

[2] Vgl. Allen, M./Rodrigues, M. [1997], S. 44; CSFP [1997], S. 23 sowie Gilibert, P.L. (1997), S. 51. Bei einigen Ansätzen wird auf die Verlusthöhe im Insolvenzfall abgestellt, die mit Loss given Default (LGD) bezeichnet wird. Diese Größe ergibt sich aus dem Produkt aus Exposure und Verlustintensität. LGD=Exp.*(1-Recovery Rate). Vgl. Bessis, J. [1998], S. 99 f.

- **Unerwarteter Verlust**

  Der tatsächlich eintretende Verlust wird mit hoher Wahrscheinlichkeit von den erwarteten Verlusten abweichen. Die tatsächlichen Verluste sind in hohem Maße unsicher. Diese Unsicherheit kann als das eigentliche Risiko bei der Übernahme von Ausfallrisiken angesehen werden und muß daher gemessen werden. Die Höhe der (negativen) Abweichung vom erwarteten Verlust wird als unerwarteter Verlust (UV) bezeichnet. Der potentielle, maximal mögliche (unerwartete) Verlust ist analog der Vorgehensweise bei Marktpreisrisiken zu quantifizieren. Er entspricht dem eigentlichen Risiko der Übernahme von Ausfallrisiken, da die erwarteten Verluste regelmäßig mit dem Geschäft verbunden sind, daher als Kosten angesehen werden können und somit im Rahmen der Preisbildung in Gestalt von Risikoprämien kalkuliert und abgedeckt werden können.[1]

3.2.2. Beurteilung der Einzelbonität

Grundlage und Ausgangspunkt jeder Ausfallrisikosteuerung und Voraussetzung für die Ermittlung von Ausfallwahrscheinlichkeiten ist eine genaue Analyse und die richtige Einschätzung der Bonität des Schuldners bzw. Kontrahenten, d.h. seiner Fähigkeit, vertraglich vereinbarte Leistungen termingerecht und vollständig zu erbringen. Wenn diese Analyse fehlerhaft oder unvollständig ist, ist auch jede darauf aufbauende Risikomessung oder Portfoliosteuerung wenig nutzbringend.[2] Der Umfang und die Heterogenität der bei einem umfassenden Ansatz der Bonitätsanalyse notwendigen Informationen führt dazu, daß es kein einheitliches Modell gibt, wie Bonitätsrisiken zu beurteilen sind.[3] Die Ansätze reichen von der stark von subjektiven Einschätzungen geprägten klassischen Kreditwürdigkeitsprüfung in Banken über statistische Verfahren und Expertensysteme bis hin zur Anwendung neuronaler Netze sowie optionstheoretischen Ansätzen. Diese Vorgehensweisen werden hier nur überblickartig skizziert.[4] Auf das Optionspreismodell wird wegen seiner theoretischen

Erklärungskraft und seiner aktuellen Bedeutung in Kapitel 3.2.4. ausführlicher eingegangen.

Die Kreditwürdigkeitsprüfung unterscheidet sich bei den unterschiedlichen Kundengruppen, die Analyseverfahren sind jedoch ähnlich. Da die Ergebnisse nicht nur der Bewertung des Einzelrisikos dienen, sondern auch die Basis für die Portfoliosteuerung bilden, ist eines der in der Praxis zu lösenden Probleme, diese unterschiedlichen Kundengruppen mit ihren unterschiedlichen Risikoprofilen vergleichbar zu machen.

3.2.2.1. Traditionelle Kreditwürdigkeitsprüfung

Basis der Ausfallrisikosteuerung in Banken stellt die traditionelle Kreditwürdigkeitsprüfung dar, die durch eine laufende Kreditüberwachung ergänzt wird.[5] Unter Kreditwürdigkeitsprüfung wird der komplexe Informationsprozeß verstanden, an dessen Ende ein Urteil über die Kreditwürdigkeit bzw. Bonität des Kreditnehmers steht. Sie prüft, ob die rechtlichen und wirtschaftlichen Verhältnisse des Kreditnehmers sicherstellen, daß das Kreditrisiko einen zu bestimmenden Grenzwert nicht überschreitet. Das Kreditrisiko ist durch die Wahrscheinlichkeit bestimmt, daß der Kreditnehmer nicht in der Lage ist, den Kredit fristgerecht zu tilgen und zu verzinsen.[6]

---

[1] Zu unerwarteten Verlusten vgl. Abschnitt 3.3.1. ff. dieser Arbeit.

[2] Siehe auch Altman, E.I. [1997b], S. 4.

[3] Gleichwohl besteht ein großer Bedarf für eine Weiterentwicklung der Methoden und Instrumente in Richtung einer systematischen, umfassenden und nachvollziehbaren Kreditwürdigkeitsanalyse. Vgl. Betsch, O./Brümmer, E. et.al. [1997], S. 154 f.

[4] Einen Überblick über den Stand der Anwendung der verschiedenen Instrumente zur Kreditwürdigkeitsanalyse in deutschen Kreditinstituten geben Betsch, O./Brümmer, E. et.al. [1997], S. 153 ff.

[5] Eine detaillierte Darstellung der Bonitätsbeurteilung in der bankbetrieblichen Praxis liefert z.B. Dinkelmann, R. [1995], S. 37 ff.

[6] Vgl. Hauschildt, J./Leker, J. [1995], Sp. 1323.

Als Informationsquellen kommen interne Quellen in Frage, die z.b. Auskunft über das bisherige Zahlungsverhalten des Kreditnehmers liefern, sowie externe Quellen, zu denen bei Firmenkunden insbesondere der Jahresabschluß gehört.[1] Die so gewonnenen Informationen werden dann einer einzelfallbezogenen Prüfung unterzogen. Die traditionelle Kreditwürdigkeitsprüfung versucht zunächst, aus der Vielzahl der Informationsquellen die im individuellen Fall relevanten Informationen zu ermitteln. Lange Zeit stand dabei die ausschließlich verbale, qualitative Beschreibung von Kreditnehmereigenschaften im Vordergrund. Qualität und Richtigkeit der Aussagen wurden durch mehrstufige interpersonelle Überprüfungen als gewährleistet angesehen. Mit der Aufbereitung von Zahlenmaterial der Vergangenheit wurde eine gleichgerichtete zukünftige Entwicklung unterstellt, was der ex ante Annahme von Zeitstabilität in bezug auf bestimmte Ursache-Wirkungsbeziehungen entspricht. Die Bonitätsbeurteilung erfolgt bei den auch als sachlich-logisch bezeichneten Verfahren der Jahresabschlußanalyse in Form einer Kennzahlenanalyse mit Zeit- und Branchenvergleich.[2] Grenzen liegen vor allem in der Vergangenheitsbezogenheit sowie dem teilweise unzureichenden Informationsgehalt des Jahresabschlusses. Sie wird daher häufig um qualitative Bonitätsmerkmale, z.B. das Management, die Produktion, das Marktumfeld, die Branche oder die Produktpalette betreffend, ergänzt.[3]

Der Prozeß der Bonitätsbeurteilung ist trotz aller wissenschaftlicher Arbeiten auf diesem Gebiet immer noch sehr stark von subjektiven, menschlichen Entscheidungsprozessen geprägt.[4] Die Analysequalität kann, wenn genügend gut ausgebildete Kreditspezialisten vorhanden sind, durchaus sehr gut sein. Sie ist jedoch durch einen hohen Personalaufwand und einen hohen Grad der Subjektivität der Entscheidungen geprägt, die zu starken Unterschieden in der Prüfungspraxis und -dauer durch unterschiedliche Filialen und Sachbearbeiter führen kann.

---

[1] Detaillierter z.B. Hauschildt, J./Leker, J. [1995], Sp. 1323-1335.
[2] Vgl. Nolte-Hellwig et.al. [1991], S. 83 ff.
[3] Vgl. Fritz, M.G./Wandel, T. [1991], S. 620 ff.
[4] Vgl. Sperber, H./Mühlenbruch, M. [1995], S. 199 ff.

Die Defizite der traditionellen Verfahren haben das Bedürfnis nach Methoden, die eine rationellere, homogenere und somit objektivere Kreditwürdigkeitsprüfung erlauben, geweckt. Diese neuen Methoden können jedoch bislang die traditionelle Vorgehensweise noch nicht gänzlich ersetzen, auch wenn sie in der Praxis teilweise sehr erfolgreich eingesetzt werden.[1]

3.2.2.2. Moderne Verfahren der Kreditwürdigkeitsprüfung

Bonitätsbeurteilungen sind in der Praxis insbesondere für schlechte Bonitäten tendenziell zu optimistisch, was auch durch die i.d.R starke Stellung des Kundenbetreuers verursacht wird.[2] Um Ausfallrisiken konsistent zentral steuerbar zu machen, ist es notwendig, den Beurteilungsprozeß zu objektivieren und intersubjektiv nachprüfbar zu machen. Das Problem der Subjektivität zu lösen, ist folglich ein explizites Ziel vieler Arbeiten an neuen Instrumenten zur Bonitätsbeurteilung bzw. Insolvenzprognose.[3] Es wird daher in Zukunft immer mehr zum Einsatz von Analysemodellen kommen, um die Einzelbonität objektiviert und nachvollziehbar zu beurteilen und sich vom subjektiven Erfahrungswissen einzelner Kundenbetreuer unabhängiger zu machen.

Für den Firmenkunden-Bereich werden in der Literatur[4] verschiedene Verfahren zur Insolvenzprognose, insbesondere Verfahren der uni- und multivariaten Diskriminanzanalyse, diskutiert und empfohlen. Die Diskriminanzanalyse ist ein mathematisch-statistisches Verfahren, das Unternehmen anhand realer Daten zu bestimmten

---

[1] Vgl. Baetge, J./Thiele, S. [1995], Sp. 256.

[2] Vgl. Manz, F. [1998], S. 150 f.

[3] Vgl. Hüls D. [1995], S. V. Ein weiteres wichtiges Ziel stärker automatisierter Verfahren der Kreditwürdigkeitsprüfung ist, die Analysekosten zu begrenzen. Vgl. z.B. Bußmann, J. [1996], S. 174 ff.

[4] Vgl. Altmann, E. I. [1968], S. 589 ff.; Baetge, J.[1995], S. 191 ff.; Baetge, J./Benter, B./Feidicker, M. [1992], S. 749 ff.; Dinkelmann, R. [1995]; Fahrmeir, L./Frank, M./Hornsteiner, U. [1994]; Hüls D. [1995]; Leker, J. [1994a]. S. 599 ff.; Leker, J. [1994b], S. 167 ff. sowie Oser, P. [1996], S. 367 ff. Zur Anwendung der Diskriminanzanalyse auf Länderrisiken vgl. Baxmann, U. G. [1985], S. 209 ff.

Merkmalen mittels einer vorab entwickelten Zuordnungsregel zu einer oder mehreren Gruppen von Unternehmen zuordnet. Zunächst werden eine Reihe von Jahresabschlußkennzahlen für Gruppen von solventen (kreditwürdigen) und insolventen (nicht kreditwürdigen) Unternehmen mit ex ante bekannter Gruppenzugehörigkeit berechnet. Aus der Gegenüberstellung der Jahresabschlußkennzahlen der solventen und der insolventen Unternehmen werden anschließend mit Hilfe der Diskriminanzanalyse diejenigen Kennzahlen ausgewählt, die sich als besonders trennfähig im Hinblick auf das Kriterium solvent/insolvent erwiesen haben. Darüber hinaus können die ausgewählten Kennzahlen gewichtet werden und zu einem Gesamtkennzahlenwert, dem sog. Diskriminanzwert, zusammengefaßt werden. Es kann dann ein kritischer Diskriminanzwert (Trennwert) bestimmt werden, anhand dessen die Unternehmen in solvente und insolvente getrennt werden können.[1] Die so ermittelten Kennzahlen haben sich in der Praxis als so stabil erwiesen, daß durch Kombination von Soll-Ist Vergleich und Zeitvergleich ein zuverlässiges Urteil über die wirtschaftliche Lage eines Unternehmens abgegeben werden kann und negative Unternehmensentwicklungen frühzeitig erkannt werden können. Sie werden daher bereits erfolgreich in der Bankpraxis eingesetzt.[2]

Für eine risikoadjustierte Steuerung ist - wie noch zu zeigen sein wird - eine Risikomessung erforderlich, für die wiederum die Einteilung der Risiken in unterschiedliche Risiko- oder Bonitätsklassen[3] notwendig ist. Die modernen Verfahren der Insolvenzprognose wie z.B. das System „Risk" der Bayerischen Vereinsbank haben so auch als Hauptziel: *„Das Gesamtportefeuille soll durch die objektivierte Bildung von Risikoklassen strukturiert werden können, um Ansätze für das Risikomanagement zu gewinnen sowie die Kompetenzordnung und die Bearbeitungsabläufe risikogerecht auszugestalten".*[4] Die Diskriminanzanalyse kann über die dichotomische Trennung

---

[1] Vgl. Hüls D. [1995], S 19 ff.

[2] Vgl. Baetge, J./Thiele, S. [1995], S. 255 f.

[3] Bonitätsklassen beziehen sich ausschließlich auf die Bonität des Kontrahenten während Risikoklassen auch gestellte Sicherheiten bzw. die Wiedereinbringungsrate im Insolvenzfall mit berücksichtigen. Vgl. auch Abschnitt 3.2.3.2.3.

[4] Dinkelmann, R. [1995], S. 86.

von solventen und insolventen Unternehmen hinaus Grundlage eines differenzierten Bonitätsklassensystems sein,[1] auf dessen Basis die weiteren Schritte einer risikoadjustierten und portfoliobezogenen Steuerung durchgeführt werden können.

Durch den Einsatz solcher statistischer Verfahren auf die Jahresabschlußkennzahlen wird eine Verdichtung der Bilanzzahlen und eine einheitliche Sicht auf die Engagements ermöglicht und die subjektive Kreditentscheidung objektiviert. Da die Diskriminanzanalyse zumeist auf Jahresabschlußdaten beruht, unterliegt sie dem grundsätzlich z.B. durch mögliche Bilanzpolitik eingeschränkten Informationsgehalt und ist aus dem gleichen Grund vergangenheitsbezogen und daher nur bedingt zu Prognosezwecken geeignet. Da es i.d.R. einen Überschneidungsbereich zwischen solventen und insolventen Unternehmen gibt, können Fehlklassifizierungen nur minimiert, jedoch nicht gänzlich vermieden werden.

Als weitere Kritikpunkte an der Diskriminanzanalyse werden angeführt,

- daß die Jahresabschlußanalyse mit Kennzahlen theoretisch nicht hinreichend fundiert sei und Trennfunktionen häufig Variablen enthielten, deren Entscheidungswert vielfach ökonomisch nicht interpretierbar sei,[2]
- daß die Diskrimininanzfunktion nur für ein bestimmtes Land bzw. eine bestimmte Region, eine Auswahl von Branchen sowie weiterhin nur für einen vergangenen Zeitraum gilt und von einer für die Zukunft vorliegenden Stabilität der Diskriminanzfunktion nicht notwendigerweise ausgegangen werden darf und
- daß darüber hinaus nicht unumstritten sei, den Diskriminanzwert im Sinne eines kontinuierlichen Bonitätsindex zu interpretieren.[3]

Als Weiterentwicklung der Diskriminanzanalyse kann die Verwendung neuronaler Netze angesehen werden, bei denen versucht wird, die Funktionsweise von vernetzten Nervenzellen zu simulieren. Sie sind grundsätzlich in der Lage, quantitative und

---

[1] Vgl. Hüls D. [1995], S. 282 ff. Zu Rating-Einstufungen, die auf Verfahren der Diskriminanzanalyse aufbauen vgl. Baetge, J./Sieringhaus, I. [1996]; S. 221 ff.; Baetge, J. [1998], S. 21 ff. sowie Leker, J. [1994a], S. 607 ff.

[2] Vgl. Perridon,L./Steiner, M. [1997], S. 575.

[3] Vgl. Hüls D. [1995], S. 274 ff. Weiterhin sind ggf. Optimalitätsvoraussetzungen (Normalverteilung der Kennzahlen, Gleichheit der Varianz-Kovarianz-Matrix) zur Ermittlung der optimalen Diskriminanzfunktion verletzt. Vgl. ebenda.

qualitative Daten zu verarbeiten. Die Modelle werden mit Beispielen und vorgegebenen Lösungen solange trainiert, bis auch neue Fälle mit hinreichender Genauigkeit richtig klassifiziert werden.[1]

Neuronale Netze trennen auf ähnliche Weise wie die multivariate Diskriminanzanalyse. Allerdings wird mit einer nicht-linearen Funktion getrennt. Das Besondere an neuronalen Netzen ist, daß sie in der Lage sind zu lernen, d.h. das neuronale Netz erkennt anhand einer sehr großen Zahl von Beispieldaten Muster bzw. bestimmte Merkmale, die geeignet sind, Unternehmen als solvent oder als insolvenzgefährdet zu klassifizieren. Probleme bestehen z.B. in der Gefahr des Overtraining, so daß das neuronale Netz Strukturen von Trainingsdaten zu genau lernt und nicht mehr in der Lage ist, fremde Unternehmen, die nicht Teil der Trainingsdaten sind, richtig zu beurteilen.[2] Wenn es gelingt, ein stabiles neuronales Netz zu entwickeln, das auf ein breit diversifiziertes Portfolio angewendet werden kann, dann kann diese Methode sowohl zu Trennung von solventen und insolventen als auch zur Einteilung in Bonitätsklassen verwendet werden. Es liegen jedoch erst wenig empirische Erfahrungen vor und die Umsetzung in den Kreditinstituten befindet sich noch in der Versuchsphase.[3]

Vor allem für das Firmenkundengeschäft wurden weiterhin sog. wissensbasierte bzw. Expertensysteme entwickelt.[4] Ausgelöst durch Ergebnisse der Krisenforschung im Kreditgeschäft, die aussagen, daß sich bei Unternehmen, die in eine Krise geraten, bestimmte Typen von Unternehmenskrisen unterscheiden lassen, versuchen diese Systeme, aus der Vielzahl der zur Verfügung stehenden Informationen entsprechende

---

[1] Vgl. Baetge, J./Uthoff, L. [1996], S. 56 ff.; Burger, A./Buchhart, A. [1998], S.409 ff.; Erxleben, K./Baetge, J./Feidicker, M./et.al. [1992], S. 1237 ff.; Goede, K./ Weinrich, G. [1996], S. 420 ff. sowie Bauer, W./ Füser, K./ Schmidtmeier, S. [1997], S. 281 ff.

[2] Vgl. Baetge, J. [1998], S. 7 ff.

[3] Ursache für die mangelnde Akzeptanz in der Praxis ist auch der 'Black Box-Charakter' dieser Verfahren. Anwender zögern, eine so verantwortungsvolle Entscheidung wie die Kreditvergabe einem System anzuvertrauen, das sie nicht durchschauen. Vgl. Leker, J. [1994a], S. 605.; Baetge, J./Sieringhaus, I. [1996], S. 231 ff. stellen ein auf der Anwendung neuronaler Netze beruhendes Rating-System von Unternehmen vor.

[4] Vgl. Bodendorf, F. [1995], Sp. 542 ff.; Stromer T. [1995], S. 19; Nolte-Hellwig, H.U. [1990], S. 100 ff. sowie Bittner, U./Dräger, U. et.al. [1988], S. 229 ff.

Schlußfolgerungen zu ziehen.[1] Abgespeichertes spezifisches Expertenwissen im Bereich der Kreditwürdigkeitsprüfung bildet im Idealfall den Prüfungsprozeß des oder der besten Experten ab. Der Nutzer wird im Computerdialog angeleitet, alle Aspekte zu bedenken, die auch diese Experten heranziehen würden. Auch die Beurteilung relativ vager Zusammenhänge wird dadurch ermöglicht. Neben den traditionellen Finanzdaten werden auch qualitative Beurteilungen in die Analyse einbezogen. Expertensysteme sind als eine computergestützte Weiterentwicklung der traditionellen Kreditwürdigkeitsprüfung anzusehen und werden in Deutschland im Kreditgewerbe bisher noch recht wenig eingesetzt.[2] Grundsätzlich sind mit diesen Systemen eine differenzierte und systematische Bonitätsanalyse sowie eine entsprechend differenzierte Einteilung in Ratingklassen möglich.

Die aufgeführten Verfahren sind v.a. für das Firmenkreditgeschäft entwickelt worden. Länderrisiken stellen eine weitere wichtige Komponente des Ausfallrisikos dar. Sie sind analog zu den Risiken im Firmenkundengeschäft zu analysieren und in die Bewertungssystematik zu integrieren.[3] Dies gilt auch für Risiken aus dem Privatkundengeschäft, wo z.B. statistische Verfahren in Form von Scoring-Systemen[4] eingesetzt werden.

---

[1] Vgl. Leker, J. [1994a], S. 599 ff.

[2] Vgl. Bodendorf, F. [1995], S. 545; Leker, J. [1994a], S. 602. Die Commerzbank setzt ihr Codex-Expertensystem für die Analyse ihrer Geschäftskunden ein. Vgl. Commerzbank [1998], S. 15.

[3] Zu Länderrisiken vgl. z.B. Baxmann, U. G. [1985] sowie Büschgen, H.E. [1993].

[4] Vgl. Rossen, J. [1996], S. 31 ff.; Schöler, S. [1993], S.335 ff. Einen kurzen Überblick über die Verfahren geben Nolte-Hellwig, H.U. et.al. [1991], S. 96 ff.

3.2.3. Traditionelle Kalkulation von Risikokosten in der Bankpraxis

3.2.3.1. Definition von Risikokosten

Die von Banken von ihren Kreditkunden zu fordernde Risikomarge läßt sich gedanklich in zwei Komponenten trennen:[1]

- Die Risikokosten (Ausfallkosten, Default Premium, Bonitätsprämie) decken den erwarteten Zahlungsausfall ab. Sie entsprechen der Differenz aus dem Barwert des vereinbarten Zahlungsstromes (ohne Berücksichtigung des Risikos) und dem Barwert des erwarteten Zahlungsstromes.

- Die Risikoübernahmekosten (Risk Premium) sind die Kompensation für das übernommene Risiko der Unsicherheit des Ausfalls, also für die unerwarteten Verluste[2]. Sie entsprechen der Differenz aus dem Barwert der erwarteten Zahlungen und dem Barwert des – bewerteten – risikobehafteten Zahlungsstromes. Die Höhe der Risikoübernahmekosten ist abhängig von der Risikopräferenz des Gläubigers und der zur Diskontierung verwendeten Zinsstruktur. Bei Risikoneutralität sind die Risikoübernahmekosten Null, bei Risikoaversion positiv und bei Risikofreude negativ (in diesem Fall ist die verrechnete Risikomarge geringer als die Risikokosten).

Risikokosten werden in den Banken für auf das Einzelgeschäft zurechenbare Risiken kalkuliert, also für Ausfall- und Länderrisiken[3] (Zinsänderungs- und Währungsänderungsrisiken werden gesteuert, aber nicht als Kosten verrechnet, da sie nicht durch den einzelnen Kontrahenten verursacht werden). Im Rahmen der Marktzinsmethode werden Risikokosten im Zusammenhang mit dem aktivischen Konditionsbeitrag betrachtet, d.h. es wird sowohl von der Refinanzierung auf der Passivseite als auch von Interdependenzen mit anderen Erfolgsquellen, insbesondere dem Strukturbeitrag, abstrahiert[4].

---

[1] Vgl. Flannery, M.J. [1985], S. 460 f. sowie auch Gaida, S. [1997], S. 22. Döhring bezeichnet die Ausfallkosten mit materieller Ausfallrisikoprämie und die Risikoübernahmekosten mit formeller Ausfallrisikoprämie. Vgl. Döhring, J. [1996a], S. 23 ff. und S. 101 ff.; Döhring, J. [1996b], S. 416 ff.

[2] Die unerwarteten Verluste werden nach der Kapitalmarkttheorie durch zwei Komponenten determiniert. Eine Komponente sind systematische Faktoren in der Gesamtwirtschaft, bzw. Marktfaktoren, die durch den Marktpreis des Risikos kompensiert werden. Unsystematische Faktoren des individuellen Unternehmens selbst sind diversifizierbar und werden daher im kapitalmarkttheoretischen Modell nicht in der Risikoprämie kompensiert. Vgl. Vasicek, O.A. [1997], S. 7 ff.

[3] Vgl. Schierenbeck, H. [1994c], S. 231 ff.

[4] Vgl. Rudolph, B. [1994], S. 894 f.

Anstelle einer expliziten Ermittlung der Risikoübernahmekosten sind in der Vergangenheit i.d.R. die Kosten des aufgrund aufsichtlicher Regelungen zu haltenden Eigenkapitals auf die Geschäfte verrechnet worden. Für eine konsequente risikoadjustierte Steuerung ist jedoch die möglichst exakte Ermittlung dieser Risikoübernahmekosten erforderlich.[1]

3.2.3.2. Standard-Risikokosten

3.2.3.2.1. Ermittlung der Ist-Risikokosten

Traditionelle Methoden der Ermittlung von Ausfallwahrscheinlichkeiten finden implizit Anwendung bei den traditionellen Verfahren der Risikokostenkalkulation von Ausfallrisiken.[2] Bei all diesen Verfahren wird das bestehende Kreditportfolio in Segmente[3] unterteilt. Auf der Basis dieser Segmentierung werden für jede Risikoklasse unabhängig voneinander die dort festzustellenden Ist-Ausfälle bzw. Ist-Risikokosten ermittelt. Diese Ist-Ausfälle werden dann zum gesamten Kreditvolumen dieses Segmentes bzw. dieser Risikoklasse in Beziehung gesetzt und so risikoklassenspezifische Risikoraten bzw. Ausfallraten, die auch als Ausfallwahrscheinlichkeiten interpretiert werden können, ermittelt.

Ist-Risikokosten sind die Differenz zwischen vereinbarten und den tatsächlich geleisteten, effektiven Zahlungen.[4] Die Ermittlung dieser Größe ist in der Praxis nicht immer eindeutig. Folgende Anforderungen sollten Ist-Risikokosten erfüllen:[5]

---

[1] Die Kalkulation dieser Größe wird in Abschnitt 4.3.3. erläutert.

[2] Vgl. Schierenbeck, H. [1994c], S. 237 ff. Ziel dieser Verfahren ist die Ermittlung einer individuellen Risikoprämie, die neben dem Opportunitätszins die kurzfristige Preisuntergrenze im Kreditgeschäft determiniert.

[3] Z.B. verschiedene Kreditarten, Bonitätsklassen oder Geschäftsfelder.

[4] Vgl. Hölscher, R. [1987], S. 90.

[5] Vgl. Schierenbeck, H. [1994c], S. 232 f.

- Sie sollten quantitativ exakte Informationen über die Höhe des tatsächlichen Ausfalls in der Betrachtungsperiode liefern.
- Die aktuelle Ausfallsituation der Bank muß zeitnah verfolgt werden können, um potentielle Risikoursachen zu identifizieren und Risiken optimieren zu können.
- Risikokosten müssen auf die zentralen Ergebnis- und Verantwortungsbereiche der Bank zurechenbar sein.

Basis der Risikokostenberechnung bilden i.d.R. Vergangenheitswerte der Kreditausfälle der Bank, die Ausgangsbasis sind für die Prognose zukünftiger Ausfälle und die wie folgt in die Berechnung der Ist-Risikokosten einfließen:[1]

Netto-Zuführung zu Einzelwertberichtigungen eines Jahres (Zuführung ./. Auflösung)[2]
+ Direktabschreibungen auf Forderungen
+ Zinsverzichte
./. Eingänge auf abgeschriebene Forderungen
= Ist-Risikokosten des Jahres (Gesamtausfallsumme)

Da mit den Einzelwertberichtigungen bereits an den wertmäßigen Auswirkungen der Forderungsausfälle angesetzt wird, werden bei der Standardrisikokostenberechnung die in Kapitel 3.2.1. genannten Faktoren Ausfallwahrscheinlichkeit, Exposure und Recovery Rate implizit berücksichtigt, ohne im einzelnen zu spezifizieren, welche Werte diese Faktoren annehmen.

---

[1]   Vgl. z.B. Brakensiek, T. [1991], S. 154 ff.; Schierenbeck, H. [1994c], S. 234 sowie Villiez, C.v. [1990], S. 225 ff.

[2]   Der Gesamtaufwand kann auch umfassend definiert werden: Abschreibungen, Einzelwertberichtigungen, Pauschalwertberichtigungen dem allgemeinen Vorsichtsprinzip entsprechend, Vorsorgereserven sowie der Sonderposten für allgemeine Bankrisiken. Vgl. Gaida, S. [1997], S. 33. Nach Schierenbeck erfüllen jedoch nur die Einzelwertberichtigungen (EWB) die Anforderungen, da sie das effektive Ausfallrisiko berücksichtigen und den Ausfall exakt quantifizieren. Vgl. Schierenbeck, H. [1994c], S. 234. Die Bildung von EWB unterliegt i.d.R. auch bilanzpolitischen Aspekten. Alternativ zu EWB können, theoretisch exakter, effektive Ausbuchungen als die richtige Größe zur Bestimmung der Ist-Ausfallrisikokosten angesehen werden. Ausbuchungen haben jedoch den großen Nachteil, daß sie i.d.R. erst einige Jahre nach Ende des Konkursverfahrens und der Sicherheitenverwertung etc. erfolgen. Sie lassen so häufig keinen Verursachungszusammenhang erkennen und entwickeln, wenn auch erst mit der Ausbuchung die Marktbereiche belastet werden, wegen der starken Verzögerung auch keine Steuerungswirkung mehr. Vgl. Flechsig, R./Rolfes, B. [1987], S. 375. Kreditinstitute sind ggf. aus steuerlichen Gründen nicht bereit, alle auflösbaren EWB auch tatsächlich aufzulösen. Lentes schlägt daher vor, die Risikokosten um nicht realisierte EWB-Auflösungen zu korrigieren. Vgl. Lentes, T. [1997], S. 120.

3.2.3.2.2. Standardisierung der Risikokosten

Risikokosten sollten grundsätzlich möglichst genau, objektiv und verursachungsgerecht kundenindividuell ermittelt werden und am Markt durchsetzbar sein. Die Informationen müssen bereits bei der Vorkalkulation der Geschäfte vorliegen, da nur so die entsprechenden Risikomargen vereinbart werden können. Die zu kalkulierenden Risikomargen müssen weiterhin in die Controllingsystematik integrierbar sein. Sie müssen einen Regelkreis von Planung und Kontrolle ermöglichen. Dabei sind insbesondere die Verwendung objektiver Marktdaten anstelle institutsinterner Daten sowie die Einzelzurechenbarkeit wichtige Kriterien.

Weiterhin sollten Risikokosten den unterschiedlichen Risikogehalt von Forderungen mit unterschiedlich langen Laufzeiten widerspiegeln. Ausfallwahrscheinlichkeiten sind stark abhängig von dem gewählten Betrachtungszeitraum. Banken tragen diesem Umstand regelmäßig Rechnung, indem abgestuft nach Risikoklassen die Einräumung von Kreditlinien bzw. die Bewilligung von Krediten nur bis zu einer maximalen Laufzeit erfolgt. Es ist daher nur folgerichtig, wenn die kalkulierten Risikomargen nach Laufzeiten differenziert werden.

Die Ist-Risikokosten werden je Risikosegment bzw. Risikoklasse berechnet und durch die Bildung von Mehr-Jahres-Durchschnitten standardisiert, um Ausschläge zu glätten. Gleichzeitig kann durch die Wahl geeigneter Gewichtungsfaktoren die jüngere Vergangenheit stärker gewichtet werden als weiter zurückliegende Zeiträume, um aktuelle Tendenzen besser erfassen zu können.[1] Durch Bezug der Standard-Risikokosten auf Durchschnittsvolumina können Standard-Risikokostenspannen in % p.a. ermittelt werden, die von den Krediten des jeweiligen Risikosegmentes erwirtschaftet werden müssen.[2]

---

[1] Vgl. auch Villiez, C.v. [1990], S. 228.

[2] Das Ausfallvolumen ist vom gesamten Volumen abzuziehen, da es keine Beiträge zur Deckung der Ausfallkosten erbringen kann.

Standard-Ausfallmarge = $\dfrac{\text{Normal-Ausfallkosten}}{\text{Nominalvolumen (ohne Ausfallvolumen)}}$

Bei der Berechnung von Risikokosten wird in der Bankpraxis auf das Versicherungsprinzip zurückgegriffen.[1] Voraussetzung dafür ist, aus der Grundgesamtheit der Engagements homogene Teilgruppen zu segmentieren, die eine ausreichende Anzahl von Einzelengagements umfassen müssen, da nur so die Risikokosten aus einer durchschnittlichen Betrachtung der Gruppe abgeleitet werden können.[2] Im Sinne dieses Versicherungsprinzips müssen alle Forderungen eines Segmentes bzw. einer Risikoklasse die Ausfälle dieser Risikoklasse entsprechend den historischen Ausfallraten abdecken, bzw. als Soll-Anspruch sind sie so zu bemessen, daß die Summe der über alle Ausfallrisiken vereinnahmten Standard-Risikokosten die tatsächlich eingetretenen Ist-Risikokosten abdeckt.

3.2.3.2.3. Einteilung in Bonitäts-/Risikoklassen

Grundsätzlich sind Bonitätsklassen und Risikoklassen zu unterscheiden.[3] Bonitätsklassen beziehen sich ausschließlich auf die Kreditwürdigkeit der Kontrahenten, d.h. sie geben nur Aufschluß über die entsprechende Ausfallwahrscheinlichkeit, während Risikoklassen zusätzlich auch gestellte Sicherheiten, d.h. die o.g. Recovery Rate bzw. Wiedereinbringungsrate mit berücksichtigen.[4] Die nach dem oben dargestellten Schema ermittelten Ist-Risikokosten entsprechen der Ermittlung über die Bildung von Risikoklassen, da am Ergebnis, dem effektiven Ausfall, angesetzt wird und nicht

---

[1] Vgl. Hölscher, R. [1996], S. 233 f. Risikokosten werden auch als Standardversicherungssatz für Forderungsausfälle und Zinsverluste der Berichtsperiode definiert.

[2] Da für Großkredite ggf. keine ausreichende Anzahl homogener Engagements vorliegt, kann für diese Kundengruppe diese Vorgehensweise nur eingeschränkt Anwendung finden.

[3] Vgl. im folgenden auch Schierenbeck, H./Rolfes, B. [1988], S. 234 ff. Im folgenden wird der Begriff Rating umfassend für Bonitäts- und Risikoklassensysteme verwendet.

[4] Vgl. Schmoll, A. [1993b], S. 69 f.

an den Teilkomponenten Ausfallwahrscheinlichkeit, Exposure und Wiedereinbringungsrate.

Die Bildung von Risikoklassen erfolgt dabei i.d.R. so,

- daß die Engagements in einer Klasse ex ante hinsichtlich der relevanten Kriterien möglichst homogen sind und
- zwischen den Risikoklassen eine möglichst große Heterogenität bzgl. der Kriterien herrscht.

Für die Aufteilung der Kredite in Klassen kommen verschiedene Segmentierungskriterien in Frage, wie insbesondere die Bonität, das Produkt bzw. Geschäftsfeld sowie das Länderrisiko, das durch ein Länderratingsystem dargestellt werden kann. Da ohne Berücksichtigung der Bonität (der Kunden fällt aus, nicht das Produkt oder das Geschäftsfeld) keine wirkungsvolle Steuerung möglich ist, wird zunächst nach der Bonität selektiert. Durch Berücksichtigung weiterer Kriterien wie Branche, Besicherung oder Produktart ist eine weitere Differenzierung möglich.

Die Anzahl der in der Praxis verwendeten Klassen ist unterschiedlich. Die konsistente Eingruppierung der Einzelengagements hängt in hohem Maße von der Qualität der Kreditwürdigkeitsprüfung in den Banken und den dort angewendeten Verfahren zur Kreditwürdigkeitsprüfung ab.

Die Einordnung der Kreditnehmer in Ratingklassen ist als Weiterentwicklung einer nur auf qualitative Aussagen beschränkten Beurteilung anzusehen und erfordert eine differenziertere Entscheidung als die Wahl nur zwischen den Alternativen positive oder negative Kreditentscheidung. Sie zwingt zu einer genaueren Auseinandersetzung mit der Bonität des Kunden und erleichtert die Kontrolle von Kreditvergabeentscheidungen, da eine differenzierte Beurteilung verlangt wird.[1]

---

[1] Vgl. Arbeitskreis Tacke [1981], S. 123 ff. Ausführlicher zu in der Praxis verwendeten Ratingsystemen vgl. Schmoll, A. [1993], S. 79 ff.

3.2.3.2.4. Schwachstellen der Standardrisikokostenkalkulation

Ziel der traditionellen Verfahren der Risikokostenermittlung ist, ratingklassenspezifische Risikoraten zu ermitteln, um diese dann den einzelnen Engagements dieser Klasse zurechnen zu können. Die zu verrechnenden Risikokosten jeder Ratingklasse müssen ausreichen, die Ist-Ausfälle dieser Klasse abzudecken. An dieser Stelle entsteht das erste Problem dieser Verfahrensweise. Wenn jede Klasse ihre eigenen Ausfälle trägt, stellt sich die Frage, ob dann die Klasse mit einwandfreien Forderungen keinerlei Risikokosten zu tragen hat. Da die schlechten Klassen in vollem Umfang belastet werden, entstehen Sätze, die am Markt nicht durchsetzbar sind und nicht berücksichtigen, daß sich Engagements im Laufe der Zeit verschlechtern und die Ratingklasse wechseln können. Der Ausfall ist nicht ausschließlich der letzten Ratingklasse anzulasten, in der sich der Kredit vor dem Ausfall befand, sondern auch derjenigen bei Abschluß des Geschäftes. Die Wanderung (Migration) der Kredite über die Ratingklassen ist explizit zu berücksichtigen.

Eine Verschlechterung eines Krediles führt zu einer Herunterstufung, ohne daß höhere Risikokosten verrechnet werden könnten. Daher ist auch eine Planung der Risikokosten problematisch, da eine Orientierung der Risikokosten-Planung an dem aktuellen Zustand des Engagements, der sich ebenfalls ändern kann, nicht geeignet ist.[1] Diese Änderungsmöglichkeit muß berücksichtigt werden.

Ein weiteres Problem ist die Orientierung an internen Daten als Kalkulationsgrundlage. Die Risikokosten werden aufgrund interner Statistiken ermittelt, was insbesondere das Kriterium Objektivität nicht erfüllt. Es handelt sich somit nicht um Marktdaten, die z.B. in Form von am Markt beobachteten Insolvenzquoten berücksichtigt werden könnten. Die interne Datenbasis ist zudem häufig unzulänglich, da die verwendeten Ratingsysteme unzureichend sind.

---

[1] Vgl. Schierenbeck, H. [1994c], S. 238.

Aufgrund der Segmentierung kommt es zu einer Durchschnittsbildung, die strenggenommen eine Einzelgeschäftssteuerung nicht mehr zuläßt. Die Verrechnung tatsächlich eintretender Ausfallkosten auf einzelne Engagements ist nur ex post möglich, eine ex ante Quantifizierung und verursachungsgerechte Zuordnung von Ausfallrisikokosten ist nicht möglich.[1] Eine konsistente Portfoliosteuerung ist auf dieser Grundlage ebenfalls nicht möglich. Im System der Standard-Risikokosten ist nur eine intuitive, an qualitativen Kriterien ausgerichtete Portfoliosteuerung möglich.

3.2.3.3. Marktdeduzierte Risikokosten

Wegen der verschiedenen Nachteile der traditionellen Ermittlung der Risikokosten, insbesondere der mangelnden Marktorientierung und der stark subjektiv geprägten Einteilung in Ratingklassen, sind in einem weiteren Schritt Verfahren entwickelt worden, um aus Marktstatistiken Risikokosten abzuleiten.[2] Ziel ist, aus am Markt beobachteten Kreditausfällen einen objektiven, nicht institutsspezifischen Maßstab zu finden, so daß bezogen auf das Firmenkundengeschäft branchenbezogene Marktausfallraten[3] für das jeweils relevante Marktgebiet ermittelt werden.

Prämissen dieser Vorgehensweise sind, daß jeder Ausfall eine Teilmenge der am Markt beobachtbaren Gesamtausfälle ist und diese Gesamtausfälle nicht durch Bankverhalten determiniert werden. Auf der Basis historischer Daten können Verteilungen für die Ausfallraten in den verschiedenen Branchen entwickelt werden. Über eine Zuordnung der einzelnen Kreditnehmer zu den Branchen und unter Berücksichtigung der individuellen Besicherungssituation werden dann diese segmentspezifischen Standard-Risikoraten in einzelgeschäftsbezogene Margenbestandteile transformiert.[4]

---

[1] Vgl. Brakensiek, T. [1991], S. 71 f. sowie Gaida, S. [1997], S. 33 f.

[2] Vgl. Brakensiek, T. [1991] und Schierenbeck, H. [1993], S. 241 ff.

[3] Ermittelt aus der Insolvenzstatistik des Statistischen Bundesamtes. Vgl. Schierenbeck, H. [1994c], S. 252 ff.

[4] Vgl. Schierenbeck, H. [1994c], S. 257.

Durch Bezugnahme der statistisch erfaßten Insolvenzen auf die Anzahl der Kreditnehmer in den Segmenten werden sog. segmentspezifische Krisenquoten[1] ermittelt, die ausdrücken, welcher Teil aller Kreditnehmer des relevanten Marktgebietes in dem jeweiligen Risikosegment insolvent geworden ist. Diese Krisenquoten werden als Ausfallwahrscheinlichkeiten der Kreditnehmer interpretiert.

Für die Ermittlung der Wertkomponente wird weiterhin das gesamte Kreditvolumen im Marktgebiet quantifiziert, um über die Bestimmung segmentspezifischer Durchschnittskreditbeträge das durchschnittliche segmentspezifische Ausfallvolumen zu ermitteln. Weiterhin müssen die am Markt beobachtbaren Ausfallraten ermittelt werden, die Auskunft über die tatsächlichen Volumensausfälle in den einzelnen Segmenten geben. Dazu müssen die Ist-Risikokosten, vor allem die Einzelwertberichtigungen, erhoben und segmentspezifisch differenziert werden. Weiterhin kann noch eine Besicherungsquote für die einzelnen Segmente ermittelt werden. Diese Informationen werden in segmentspezifische Standardrisikokostensätze transformiert. Wegen der Schwankungsbreite der am Markt beobachtbaren Insolvenzquoten kommt man dabei nicht ohne subjektive Schätzungen aus. Die Übertragung in kundenindividuelle Risikomargen erfolgt unter Berücksichtigung weiterer Faktoren, insbesondere der Besicherungssituation.[2]

Die Transformation der Marktentwicklungen auf die individuelle Risikosituation der Bank kann als großer Schwachpunkt dieses Systems angesehen werden.[3] Als Determinante der Bonität des einzelnen Kreditnehmers wird ausschließlich auf das Segment bzw. die Branche des Kreditnehmers abgestellt und somit unterstellt, daß dessen Ausfallwahrscheinlichkeit ausschließlich von systematischen Marktfaktoren abhängt und die individuelle Situation des Kreditnehmers keinen Einfluß hat. Alle Kreditnehmer eines Segmentes tragen die gleiche Ausfallwahrscheinlichkeit. Dies

---

[1] Vgl. Schierenbeck, H. [1994c], S. 249.
[2] Vgl. Schierenbeck, H. [1994c], S. 257 ff.
[3] Vgl. Gerdsmeier, S./Kutscher, R. [1996], S. 40 ff.

entspricht nicht der Realität, wo auch innerhalb einer Branche die Bonität einzelner Kreditnehmer sehr unterschiedlich sein kann.[1] Marktdeduzierte Risikokosten sind daher nicht geeignet, den erwarteten Verlust einzelner Kreditnehmer verläßlich zu quantifizieren.

3.2.3.4. Beurteilung der dargestellten Verfahren im Hinblick auf eine risikoadjustierte Steuerung

Die Berechnung einer Prämie für die Übernahme des Risikos unerwarteter Verluste ist in den dargestellten Verfahren der Berechnung von Standard-Risikokosten nicht vorgesehen. Es werden somit keine Risikoübernahmekosten kalkuliert.[2] Die Standard-Risikokosten sollen die, wie oben dargestellt, ermittelten durchschnittlichen Ausfälle (erwartete Verluste) abdecken. Sie werden als Kosten bezeichnet, da in dieser Höhe zukünftig durchschnittlich Verluste zu erwarten sind. Die Vorgehensweise, nur Ausfallkosten zu kalkulieren, ist nur bei Annahme eines risikoneutralen Investors angebracht. Banken, die grundsätzlich risikoavers agieren sollten, um regelmäßig mehr als den risikolosen Zinssatz zu erwirtschaften, müssen zusätzlich Risikoübernahmekosten kalkulieren.[3]

Auch die Objektivität ist bei den Verfahren eingeschränkt. Bei den institutsinternen Daten ist die Objektivität durch die subjektiven Einflüsse bei der Kreditwürdigkeitsprüfung und die Einteilung in Ratingklassen nicht gewährleistet. Die marktdeduzierten Risikokosten sind ebenfalls nicht frei von subjektiven Einflüssen, da die Zuordnung der Engagements zu bestimmten Branchen subjektiv beeinflußt ist.

---

[1] Die Branche ist jedoch ein wichtiges Kriterium für die Bonitätsbeurteilung. Weiterhin wird die Branchenzugehörigkeit in Portfoliomodellen herangezogen, um Korrelationen bzw. Risikoverbundeffekte zwischen Kreditnehmern zu erfassen. Vgl. Abschnitt 3.3. Die Branche ist somit ein relevanter Parameter sowohl zur Bonitätsbeurteilung als auch zur Risikomessung, jedoch nicht der einzige und auch nicht zwangsläufig der entscheidende.

[2] Die verrechneten Eigenkapitalkosten auf das entsprechend den aufsichtsrechtlichen Vorschriften zu haltende Eigenkapital zur Unterlegung von Ausfallrisiken können jedoch als solche Risikoübernahmekosten interpretiert werden, da dieses Eigenkapital zur Abdeckung von Risiken gehalten werden muß. Vgl. auch Abschnitt 4.2.3.

[3] Vgl. auch Gaida, S. [1997], S. 41 ff.

Weiterhin sind als wesentliche Probleme die zu grobe Ratingklassen-Einteilung und die i.d.R. nicht ausreichend statistisch aufbereiteten Daten anzusehen. Eine Differenzierung der Risikokosten nach Laufzeiten und Bonitätsklassen ist i.d.r. aufgrund der mangelnden Datenbasis nicht oder nicht in ausreichendem Umfang möglich. Da das Risikopotential über die erwarteten Verluste hinaus nicht ermittelt wird, fehlt eine wesentliche Eingangsgröße für eine risikoadjustierte Steuerung. Auch für eine konsistente quantitativ gestützte Portfoliosteuerung liefern die dargestellten Verfahren weder eine ausreichende Datenbasis noch eine adäquate Methodik.

3.2.4. Bewertung von Ausfallrisiken mit optionstheoretischen Methoden

3.2.4.1. Anwendung der Optionstheorie auf Ausfallrisiken

In jüngerer Vergangenheit werden optionstheoretische Modelle als sogenannte kundenindividuelle Verfahren zur Bestimmung von Ausfallrisikoprämien im Firmenkundengeschäft von Banken vorgeschlagen.[1] Neben der Ermittlung fairer Risikoprämien sollen diese Modelle auch zur laufenden Bestandsbewertung sowie zur Portfoliosteuerung verwendet werden können.[2] Im folgenden wird sowohl der Anspruch der Ermittlung kundenindividueller Ausfallrisikoprämien auf seine Realisierbarkeit in der Praxis hin untersucht, als auch als weitere Anwendungsmöglichkeit der Ansatz der Ermittlung kundenindividueller Ausfallwahrscheinlichkeiten dargestellt.

Die Optionstheorie kann auf eine Vielzahl von finanzwirtschaftlichen Bewertungsproblemen angewendet werden.[3] Bereits Black/Scholes weisen in ihrem auf diesem Gebiet grundlegenden Artikel auf die Möglichkeit der Anwendung auf Ausfallrisiken

---

[1] Vgl. u.a. Gerdsmeier, S./Krob, B. [1994], S. 469 ff. sowie Kirmße, S. [1996].

[2] Vgl. Flesch, J.R./Gerdsmeier, S. [1995]:, S. 111 ff., Gerdsmeier, S./Krob, B. [1994], S. 469 ff.

[3] Zur Anwendung auf Investitionsentscheidungen von Unternehmen vgl. z.B. Luehrman, T.A. [1998].

hin: *„In particular, the formula can be used to derive the discount that should be applied to a corporate bond because of the possibility of default ".*[1]

Das Optionspreismodell zur Bewertung von Ausfallrisiken basiert auf einem Theorem aus der Finanztheorie, nach dem der Kreditgeber dem Verkäufer einer Verkaufsoption auf das Unternehmen gleichzusetzen ist.[2] Die Beschaffung von Eigen- und Fremdkapital einer Unternehmung kann unabhängig von der Art der Finanzierung als Verkauf von Ansprüchen auf Teile der zukünftigen Erträge der Unternehmung interpretiert werden. Die Optionstheorie liefert einen Weg, den Wert dieser verschiedenen Ansprüche unabhängig von individuellen Präferenzen und Erwartungen arbitragefrei zu messen. Ausgangspunkt des Modells ist die Überlegung, daß eine Krisensituation eintritt, wenn der Marktwert der Aktiva des Unternehmens[3] unter den (ökonomischen Wert) des Fremdkapitals fällt. Somit liegt ökonomische Überschuldung vor und das erzielte Ergebnis reicht nicht mehr aus, die Ansprüche der Fremdkapitalgeber zu befriedigen.[4]

Das Optionspreismodell versucht, allein aufgrund der individuellen betriebswirtschaftlichen Lage des Firmenkunden und seines Umfeldes das Kreditrisiko zu bewerten.[5] Es handelt sich um ein kausalanalytisches Modell, das im Gegensatz zu em-

---

[1] Black, F./Scholes, M. [1973], S. 637. Zur Anwendung des Optionspreismodells auf Länderrisiken vgl. Klein, M. [1991], S. 484 ff. sowie Varnholt, B. [1997], S. 111 ff. Die Literatur zur Anwendung optionstheoretischer Methoden für die Bewertung von Ausfallrisiken ist mittlerweile sehr umfangreich. Vgl. u.a. Crouhy, M./Galai, D./Mark, R. [1998], S. 40 ff.; Gaida, S. [1997]; Gaida, S. [1998]; Geske, R. [1977], S. 541 ff.; Hütteman, P. [1997], S. 70 ff.; Jones E.P./Masen S.P./Rosenfeld E. [1984], S. 611 ff.; Jurgeit, L. [1989]; Kirmße, S. [1996]; Lehrbaß, F.B. [1997a], S. 365 ff.; Longstaff, F.A./ Schwartz, E.S. [1995b], S. 789 ff.; Maden, D.B./Unal, H. [1996]; Merton, R.C. [1974], S. 449 ff.; Moers, H./ Schnauß, M. [1996], S. 428 ff., die insbesondere auf die Eignung von Binomialmodellen zur Bewertung komplexer Strukturen eingehen; Pechtl, A. [1998] sowie Vasicek, O.A. [1997]; Manz bezeichnet diese Modelle auch als kognitive Modelle, vgl. Manz, F. [1998], S. 138 ff.

[2] Vgl. Brealey, R.A./Myers, S. [1991], S. 582; Gerdsmeier, S./Krob, B. [1994], S. 470; Gerdsmeier, S./Kutscher, R. [1996], S.42 sowie Vasicek, O.A. [1997], S. 2 ff.

[3] Dieser entspricht dem Gesamtwert der Unternehmung, der im folgenden auch mit Unternehmenswert bezeichnet wird, sich aber von dem Ergebnis einer Unternehmensbewertung insofern unterscheidet, als er auch den Wert des Fremdkapitals umfaßt.

[4] Vgl. Kirmße, S. [1996], S. 76. Die Fremdkapitalposition wird auch als 'Contingent Claim' bezeichnet, weil die Rückzahlung von zukünftigen Umweltzuständen, in diesem Falle dem möglichen Eintreten einer Insolvenz, abhängt.

[5] Vgl. Gerdsmeier, S./Kutscher, R. [1996], S. 40.

pirisch induktiven Ansätzen[1] wie z.B. der Diskriminanzanalyse einen Kausalzusammenhang zwischen der Bilanzstruktur, der Entwicklung des Unternehmenswertes und dem Ausfallrisiko entwickelt. Während die empirisch induktiven Ansätze zur Bonitätsanalyse ausschließlich an der Prognose von Kreditausfällen orientiert sind, erklären kausalanalytische Modelle auch deren Ursachen, eine Eigenschaft, die besonders in einer dynamischen, sich wandelnden Umwelt wertvoll ist, in der die Vergangenheit nur bedingt geeignet ist, Prognosen für die Zukunft zu stützen. Der Kausalzusammenhang sagt insbesondere aus, daß der Wert des Fremdkapitals direkt von der erwarteten, stochastischen Verteilungsfunktion der Bilanzaktiva abhängt.[2] Die Zusammenhänge werden in der folgenden Abbildung verdeutlicht.

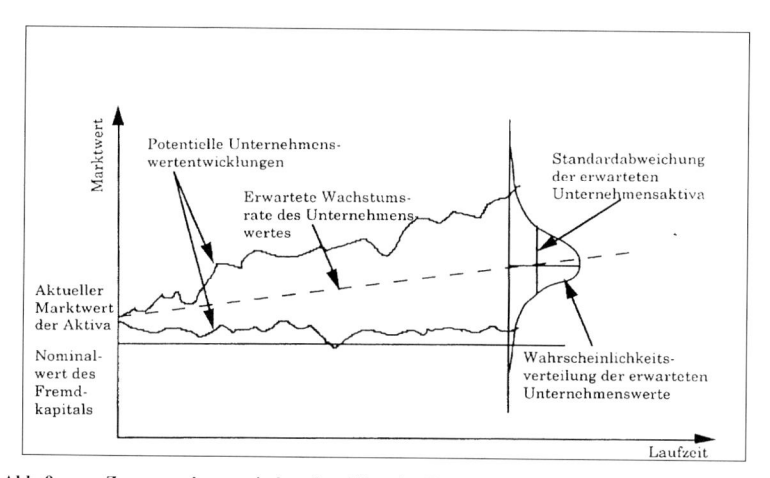

Abb. 9: **Zusammenhang zwischen dem Wert des Fremdkapitals und der Marktwertverteilung der Unternehmensaktiva**[3]

---

[1] Vgl. Perridon,L./Steiner, M. [1997], S. 567 ff.

[2] Vgl. Varnholt, B. [1997], S. 97 f.

[3] Quelle: Varnholt, B. [1997], S. 98. Die eingezeichneten potentiellen Unternehmenswertentwicklungen sind nur als Beispielentwicklungen, nicht aber als äußere Grenzen der möglichen Entwicklungen zu interpretieren.

Für die konkrete Berechnung stehen aufbauend auf den Arbeiten von Black/Scholes[1] und Merton[2] verschiedene Modelle[3] zur Verfügung. Die Modelle basieren teilweise auf unterschiedlichen Prämissen und sind für die richtige Bewertung von Ausfallrisiken unterschiedlich gut geeignet. Die folgenden Aussagen beziehen sich auf die grundsätzliche Anwendbarkeit optionstheoretischer Ansätze. Auf die Details der Modelle wird an dieser Stelle nicht eingegangen.[4]

Das Optionspreismodell ist ein Gleichgewichtsmodell. Es ermittelt bei Geltung der Prämissen präferenzfrei die faire, zur Marktzinsmethode und Kapitalmarkttheorie kompatible Risikoprämie für die Übernahme des Ausfallrisikos eines Einzelgeschäftes[5]. Diese Risikoprämie kompensiert den Risikonehmer für erwartete Verluste. Sie kompensiert darüber hinaus für die durch allgemeine Marktbewegungen verursachten (systematischen) unerwarteten Verluste. Nicht kompensiert wird der diversifizierbare unerwartete Verlust, der durch die individuellen Umstände des Kreditnehmers selbst verursacht wird[6]. Diese diversifizierbaren Risiken sind nach der Kapitalmarkttheorie für die Bestimmung des fairen Preises nicht relevant.

---

[1] Vgl. Black, F./Scholes, M. [1973].

[2] Vgl. Merton, R.C. [1974].

[3] Vgl. u.a. Gerdsmeier, S./Krob, B. [1994]; Geske, R. [1977]; Jarrow, R.A./Turnbull, S.M. [1995]; Longstaff, F.A./Schwartz, E.S. [1995b].

[4] Zum Vergleich der Modelle von Black/Scholes und Longstaff/Schwartz vgl. z.B. Gaida, S. [1997]; Hütteman, P. [1997] geht im Zusammenhang mit der Bewertung von Kreditderivaten sowohl auf klassische Optionspreismodelle als auch auf die neueren Ansätze der Contingent Claims Analysis ein, der sie die Ansätze von Longstaff/Schwartz und Jarrow/Turnbull zuordnet sowie auf das Rating-Modell von Jarrow/Lando/Turnbull und das Asset-Class-Modell von Lando.

[5] Vgl. Kirmße, S. [1996], S. 95.

[6] Vgl. Vasicek, O.A. [1997], S. 8 ff. Je nach der verwendeten Optionspreisformel hat die ermittelte Risikoprämie einen unterschiedlichen Informationsgehalt. Für einen Vergleich bankbetrieblicher Kreditrisikokosten und modellendogener Risikoprämien im Modell von Longstaff und Schwartz vgl. Gaida, S. [1997], S. 236 ff. Da im Longstaff/Schwartz-Modell auch ein Zinsprozeß modelliert wird, enthalten die Risikoprämien z.B. auch eine Komponente für die Risikoverbundeffekte zwischen Zins- und Ausfallrisiko.

3.2.4.2. Grundmodell
3.2.4.2.1. Darstellung des Grundmodells

Im Grundmodell[1] zur optionspreistheoretischen Bewertung von Krediten wird ein Unternehmen betrachtet, das zur Finanzierung seiner Investitionen nur zwei Arten von Wertpapieren ausgegeben hat, Aktien und Zerobonds. Der Marktwert des Unternehmens V ist wegen des angenommenen vollkommenen Kapitalmarktes gleich dem Marktwert der Aktien EK und dem Marktwert des Fremdkapitals FK[2].

(1) $V = EK + FK$

Die Zerobonds sind in Zeitpunkt T fällig und haben einen Rückzahlungsbetrag von F. Auf die Aktien werden bis zu diesem Zeitpunkt keine Dividenden gezahlt. Die Aufteilung des Unternehmensvermögens auf die Eigenkapitalgeber EK_T und die Fremdkapitalgeber FK_T läßt sich wie folgt darstellen (mit F als dem vereinbarten Rückzahlungsbetrag für den Zerobond, der im Zeitpunkt T fällig ist):

(2) $EK_T = \max [V_T - F, 0]$ für die Eigenkapitaltitel

(3) $FK_T = \min [V_T, F]$ für die Fremdkapitaltitel

---

[1] Als Grundmodell werden auf den Arbeiten von Black/Scholes und Merton basierende Ansätze bezeichnet.

[2] Vgl. im folgenden Black, F./Scholes, M. [1973], S. 673 ff.; Gaida, S. [1997], S. 59 ff. sowie Rudolph, B. [1994], S. 887 ff.

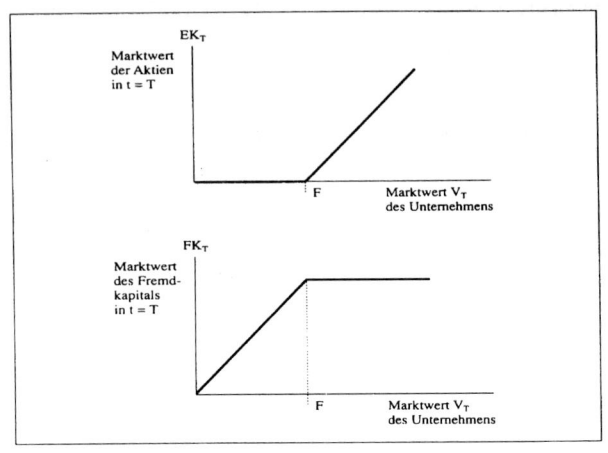

Abb. 10: Marktwert von Eigen- und Fremdkapital in Abhängigkeit vom Unternehmenswert[1]

Aus den Gleichungen (2) und (3) sowie dem Diagramm in Abb. 10 wird deutlich, daß die Funktionsverläufe der Marktwerte von Aktien und Fremdkapital dem Verlauf einer gekauften Kaufoption (Long Call) bzw. einer verkauften Verkaufsoption (Short Put) entsprechen.

Der derzeitige Marktwert des Fremdkapitals läßt sich wie folgt darstellen:

(4) $FK_0 = F(1+i)^{-T} - P_0(V_0,F,T)$,   bzw. bei kontinuierlicher Verzinsung:

(5) $FK_0 = Fe^{-iT} - P_0(V_0,F,T)$

mit $F(1+i)^{-T}$ bzw. Fe^{-iT} als Barwert des Rückzahlungsbetrages F und i als risikofreiem Zinssatz. P ist der Wert einer europäischen Put-Option auf den Marktwert des Unternehmens mit dem Basispreis F und dem Verfall T. Der Kredit kann also als Portefeuille aus einem risikofreien Fremdkapitaltitel und einem Short Put auf das Unternehmensvermögen dargestellt werden. *„Die Put-Option drückt die begrenzte Haftung der Aktionäre aus, für die die Gläubiger eine „Stillhalterposition" einnehmen."*[2]

---

[1] Quelle: Rudolph, B. [1994], S. 899.

[2] Rudolph, B. [1994], S. 900. Dies ergibt sich durch Ableitung aus der Put-Call-Parität, die besagt,

Im Grundmodell wird auf die für Marktpreisrisiken bewährte Black/Scholes-Formel[1] zurückgegriffen. Parameter dieses Modells sind:[2]

- Die erwartete Entwicklung der Ertragslage für die Ermittlung des Marktwertes der Aktiva,
- die erwartete Stabilität bzw. Volatilität dieser Ertragslage,
- der Marktwert des Fremdkapitals bzw. der Gesamtverschuldung des Unternehmens sowie
- der Planungshorizont.

Der Marktwert des Unternehmens (V_0) folgt einem kontinuierlichen und stationären Zufallsprozeß. Die Rendite des Marktwertes der Aktiva ist logarithmisch normalverteilt. Das Eigenkapital EK kann als eine Call-Option (C_0) auf den Marktwert des Unternehmens interpretiert werden.

(6) $EK_0 = C_0 (V_0, F, T)$

$$= V_0 N(d) - F e^{-iT} N(d - \sigma \sqrt{T}) \qquad \text{mit:} \qquad N(d) = \frac{\ln(V_o / F) + (i + \frac{\sigma_V^2}{2})T}{\sigma_V \sqrt{T}}$$

N(d) steht für die kumulierte Dichte der Normalverteilung. Der Marktwert des Fremdkapitals (FK_0) ist die Differenz zwischen Marktwert des Unternehmens (V_0) und Marktwert des Eigenkapitals (EK_0).

(7) $FK_0 = V_0 - EK_0$

$$= V_0 - V_0 N(d) + F e^{-iT} N(d - \sigma \sqrt{T})$$

$$= V_0 *(1 - N(d)) + F e^{-iT} N(d - \sigma \sqrt{T})$$

---

daß man den Marktwert einer Aktie durch den Kauf einer Kaufoption (Call) und den Verkauf einer Verkaufsoption (Put) sowie den Zufluß des Barwertes des Basispreises (Fe^{-iT}) replizieren kann. Vgl. Rudolph, B. [1994], S. 900 sowie Hull, J.C. [1993], S. 163 ff.

[1] Vgl. Black, F./Scholes, M. [1973], S. 644 sowie Rudolph, B. [1994], S. 901 ff. Die Anwendung der Black/Scholes-Formel ist nur unter recht restriktiven Annahmen möglich, insbesondere, daß das Fremdkapital aus nur einer Null-Kupon-Anleihe besteht. Bei einer sachgerechten Interpretation der Eigen- und Fremdkapitalpositionen als komplexe Compound Options auf den Unternehmenswert ist die Black/Scholes-Formel nicht mehr geeignet. Vgl. Kealhofer, S. [1995], S. 60 sowie Kirmße, S. [1996], S. 162 ff.

[2] Vgl. Flesch, J.R./Gerdsmeier, S. [1995], S. 117 sowie Gerdsmeier, S./Krob, B. [1994].

Bzw. allgemein:

(8) $FK_0 = FK_0(V_0, F, T, \sigma, i)$

Es gelten folgende Ableitungen für den Marktwert des Fremdkapitals FK:

$\delta FK/\delta V > 0$, FK steigt mit steigendem Marktwert des Unternehmens,
$\delta FK/\delta F > 0$, FK steigt mit zunehmendem Rückzahlungsbetrag des Fremdkapitals,
$\delta FK/\delta T < 0$, FK sinkt mit zunehmender Laufzeit des Kredites,
$\delta FK/\delta i < 0$, FK sinkt mit steigendem Marktzinssatz i und
$\delta FK/\delta \sigma < 0$, FK sinkt mit steigender Volatilität σ.[1]

Durch Umformung der Gleichung (7) und Einsetzen von $L=Fe^{-iT}/V_0$ als Quasi-Verschuldungsgrad erhält man:[2]

$$(9)\ RP_0 = \frac{1}{T} \log \left[N(h_1) + \frac{1}{L} N(h_2) \right]$$

Die Risikoprämie RP_0 läßt sich dann darstellen als:

(10) $RP_0(L, \sigma, T)$

D.h. die Risikoprämie hängt nur ab von der Kapitalstruktur, der Risikoklasse des Unternehmens (repräsentiert durch den Volatilitätsparameter σ) und der Laufzeit des Kredites.[3] Sowohl Verschuldungsgrad als auch Unternehmensrisiko führen zu höheren Risikoprämien, während die Laufzeit keinen eindeutigen Effekt hat.

Über die in diesem Grundmodell betrachtete Bewertung von Zerobonds hinaus kann die Methode erweitert werden und eine Vielzahl komplexer Strukturen wie Tilgungsdarlehn, Kündigungsrechte oder besicherte Forderungen bewertet werden.[4]

Die folgenden Ausführungen, insbesondere zu den Eingabeparametern, gelten im wesentlichen unabhängig von dem konkreten Modell bzw. der Struktur der zu bewertenden Forderung, da alle Optionspreismodelle zur Anwendung auf Ausfall-

---

[1] Vgl. Rudolph, B. [1994], S. 902 sowie Kirmße, S. [1996], S. 95.
[2] Vgl. Rudolph, B. [1994], S. 902 sowie Kirmße, S. [1996], S. 104.
[3] Vgl. Rudolph, B. [1994], S. 902.
[4] Vgl. Rudolph, B. [1994], S. 903.

risiken auf identischen Grundprinzipien basieren und z.b. den Unternehmenswert als stochastische Zufallsvariable modellieren, so daß im folgenden nicht differenziert wird, auch wenn hiermit in Einzelfällen ein Verlust an Genauigkeit verbunden ist.

3.2.4.2.2. Kritische Prämissen und ihre Beurteilung

Die optionstheoretische Bewertung von Ausfallrisiken basiert grundsätzlich auf den gleichen Prämissen[1] wie die Bewertung von Optionsgeschäften auf Marktpreisrisiken. Sie beruht somit auf akzeptierten kapitalmarkttheoretischen Methoden und ist theoretisch in der Lage, den arbitragefreien fairen Preis für das Ausfallrisiko zu bestimmen. Die Anwendung dieser Ansätze auf Ausfallrisiken bringt jedoch besondere Probleme mit sich. Als kritisch im Zusammenhang mit der Bewertung von Ausfallrisiken sind insbesondere die folgenden Annahmen zu beurteilen:

- Es herrscht ein vollkommener Markt, auf dem Unternehmensaktiva, die beliebig teilbar sind, gehandelt werden. Leerverkäufe sind zulässig.
- Es wird angenommen, daß der Marktwert des Unternehmens einem kontinuierlichen und stationären Zufallsprozeß folgt, wobei die Rendite des Marktwertes des Unternehmensvermögens und die zukünftigen Unternehmenswerte logarithmisch normalverteilt sind[2].
- Die Volatilität des Unternehmenswertes ist konstant für die Laufzeit des Kredites und allen Marktteilnehmern bekannt.
- Der risikolose Zinssatz ist konstant über die Laufzeit des Kredites.
- Wird die Rückzahlung des Fremdkapitals nicht geleistet, so geht das Unternehmen aufgrund des eintretenden Konkurses an die Fremdkapitalgeber über.
- Der Schuldner kann während der Laufzeit des Fremdkapitals keine weiteren Kredite aufnehmen; Dividendenzahlungen an die Eigenkapitalgeber sind nicht zugelassen.
- In aktuellen Anwendungen[3] wird darüber hinaus angenommen, daß ein Kuponkredit in einzelne Zerobonds zerlegt werden kann, die separat bewertet und deren einzelnen Risikoprämien aufaddiert werden können (vgl. Abb. 11). Analog der

---

[1] Für eine ausführliche Prämissenkritik vgl. auch Gaida, S. [1997], S. 57 ff. sowie S. 82 ff.
[2] Vgl. Rudolph, B. [1994], S. 901; Merton, R.C. [1974], S. 450 sowie Gaida, S. [1997], S. 58.
[3] Vgl. Gerdsmeier, S./Krob, B. [1994], S. 469 ff.

Ermittlung einer Zinsstrukturkurve kann so eine Risikostrukturkurve ermittelt werden, die die Risikoprämie in Abhängigkeit von der Kreditlaufzeit anzeigt. Für einen normalen Tilgungskredit wird jede einzelne Zahlung als Zerobond interpretiert und die Ausfallrisikoprämie des Kredites als Summe der Risikoprämien der einzelnen Zerobonds berechnet. Die Risikoprämien der einzelnen Zerobonds werden ermittelt, indem jede risikobehaftete Zahlung mit der laufzeitentsprechenden Risikorate der Risikostrukturkurve bewertet wird.[1]

	t_0	1	2	3	4	5
1. Zahlungsreihe des Kredites (in TEuro) ↓x	-3.000	+ 300	+ 300	+ 300	+ 300	+ 3.300
2. Risikostrukturkurve des Kunden (in %) ↓=		0,02853%	0,3087%	1,07538%	1,95322%	2,91879%
3. Risikoprämien der einzelnen Zahlungen (in TEuro)		0,08559	1,14261	3,22614	5,85966	96,32007
						106,63407

Abb. 11: **Risikoprämienermittlung für ein endfälliges Darlehn mit jährlicher Zinszahlung (Risikostrukturkurve in Prozentwert, Nominalwerte der Zahlungen)**[2]

Die Prämisse, daß die Unternehmensaktiva aktiv gehandelt werden, trifft in der Realität nur auf wenige Unternehmen zu. In allen anderen Fällen ist auf alternative Bewertungsverfahren zurückzugreifen.[3] Durch solche alternativen Modelle kann jedoch nicht derselbe Informationsgehalt wie der von Marktpreisen erreicht werden.

Auch die Prämisse der Leerverkaufsmöglichkeit kann in der Realität nicht als erfüllt angesehen werden. Transaktionskosten sind wegen fehlender Markttransparenz im Kreditmarkt wesentlich höher als im Wertpapiermarkt. Die Annahme eines effizienten Marktes kann somit im Gegensatz zu Aktien oder Devisen nicht als erfüllt angesehen werden.[4] Grundvoraussetzung aller Gleichgewichtsmodelle ist die Kapital-

---

[1] Vgl. Gerdsmeier, S./Krob, B. [1994], S. 472 und Kirmße, S. [1996], S. 156.

[2] Quelle: Kirmße, S. [1996], S. 158.

[3] Vgl. Gaida, S. [1997], S. 83.

[4] Vgl. Hüttemann, P. [1997], S. 85.

markttheorie über effiziente Märkte.[1] Da das Ziel der Optionspreisbewertung darin liegt, die Optionspreise derart festzulegen, daß risikolose Arbitragegeschäfte keinen Gewinn ermöglichen,[2] ist mit der mangelnden Handelbarkeit des zugrundeliegenden Instrumentes und somit der praktischen Unmöglichkeit der Konstruktion eines risikolosen Hedge-Portefeuilles eine zentrale Voraussetzung für die Anwendung der Optionstheorie nicht erfüllt. Der theoretische Anspruch, daß die ermittelte Risikoprämie als der Beitrag, der für das Hedgen des Ausfallrisikos aufgewendet werden muß, interpretiert werden kann, kann zumindest für nicht börsennotierte Unternehmen nicht gelten.

Für alle Anwendungen von Optionspreismodellen zur Kalkulation von Kreditgeschäften muß stets eine konstante Volatilität der Unternehmenswerte des Kreditnehmers unterstellt werden. Es ist jedoch zu beobachten, daß vor dem kritischen Ereignis Insolvenz die Volatilität regelmäßig stark ansteigt. Das Optionspreismodell fängt also z.B. keine unterschiedlichen Interessenlagen und Anreize seitens des Kreditnehmers ein, das Risiko nach Kreditbereitstellung zulasten der Kreditgeber und zugunsten der Unternehmenseigner zu verändern.[3] Bei sich verschlechternder Bonität ist regelmäßig mit zunehmender Verschuldung und ansteigender Volatilität zu rechnen, so daß hier eine weitere wesentliche Schwäche des Modells liegt.

Die Bestimmung des Ausfallzeitpunktes ist nicht nur im theoretischen Modell ein Problem. In der Realität ist die Insolvenz von vielfältigen Faktoren abhängig, und sie tritt nicht zwangsläufig ein, wenn der Marktwert der Aktiva unter einen bestimmten Wert fällt.[4] Es ist durchaus möglich, daß das Unternehmen weiterarbeiten und sich

---

[1] Vgl. Hauck, W. [1991], S. 164 sowie Manz, F. [1998], S. 27. Zur Theorie effizienter Märkte vgl. z.B. Brealey, R.A./ Myers, S.C.[1991], S. 290 ff. sowie Copeland, T. E./Weston, J. F. [1992], S. 330 ff.

[2] Vgl. Hauck, W. [1991], S. 162.

[3] Vgl. Rudolph, B. [1995], S. 903.

[4] Ein elementares Problem der Anwendung der Formel von Black/Scholes ist, daß dort ausschließlich Konkurse im Fälligkeitszeitpunkt der Null-Kupon-Forderung auftreten können. Folge ist insbesondere eine i.d.R. zu hohe Risikoprämie, da bei frühzeitig eintretendem Konkurs der Kreditnehmer von einer weiteren Verschlechterung des Unternehmenswertes abgeschnitten wird. Bei Longstaff/Schwartz tritt Konkurs ein, wenn der Unternehmenswert einen festgelegten Schwellenwert unterschreitet, unabhängig davon, wann die Zahlungen fällig werden. Vgl.

erholen kann, ebenso wie Konkurs allein aufgrund von Illiquidität auftreten kann, ohne daß faktisch Überschuldung eingetreten ist. Die Konkursschwelle bzw. der Ausfallpunkt sind somit wesentlich weniger eindeutig als dies im Modell definiert ist.[1] Darüber hinaus macht das Modell keine Aussage, wie im Falle der Insolvenz der Firmenwert auf die Gläubiger aufgeteilt wird.

Die modelltheoretische Annahme, daß Konkurs eintritt, sobald der Wert der Unternehmensaktiva unter den Wert des Fremdkapitals bzw. eines festgelegten Schwellenwertes fällt, führt zu relativ hohen impliziten Recovery Rates, da auch im Insolvenzfall noch von einem Going Concern der Unternehmung ausgegangen wird. Wie Rolfes/Bröker zeigen, fallen Optionsprämien dadurch teilweise deutlich zu niedrig aus.[2]

Kritisch zu beurteilen ist auch die Annahme, daß Schuldner keine weiteren Kredite aufnehmen können. Dies ist in der Praxis unrealistisch und bedeutet auf das Modell bezogen praktisch, daß der Käufer der Option den Ausübungspreis willkürlich verändern kann. Aufgrund der für Kreditverhältnisse typischen asymmetrischen Informationsverteilung zwischen Schuldner und Gläubiger ist dies ein besonderer Schwachpunkt. Aus Informationsasymmetrien resultierende Risiken können im Optionspreismodell nicht berücksichtigt werden. Darüber hinaus ist die Annahme eines einheitlichen Informationsstandes der Marktteilnehmer in der Praxis unzutreffend. Sowohl das Risiko der Fehlinformation vor der Kreditvergabe als auch das der Risikoverlagerung zulasten der Kreditgeber wird modelltheoretisch nicht abgebildet.[3] Die ermittelten Risikoprämien sind statisch, d.h. immer nur für einen bestimmten Zeitpunkt gültig, so daß bei jeder neuen Kreditvergabe bzw. -aufstockung - auch

---

Hartmann-Wendels, T./Spörk, W./Vievers, C. [1997], S. 1, 2. Zwischenbericht.

[1] Vgl. auch z.B. o.V. [1998b] mit Ausführungen zum neuen Insolvenzrecht und dem erwarteten deutlichen Anstieg der Insolvenzzahlen aufgrund geänderter rechtlicher Rahmenbedingungen.

[2] Realistische Ausfallprämien können aber durch Berücksichtigung empirisch ermittelter erwarteter Recovery Rates ermittelt werden. Vgl. Rolfes, B./Bröker, F. [1999], S. 176 ff.

[3] Vgl. Rudolph. B. [1994], S. 903 sowie Kirmße, S. [1996], S. 205 (Fußnote) und S. 283 f.

wenn diese durch andere Banken erfolgt - theoretisch eine Neuberechnung der Risikoprämie erforderlich wird.[1]

Die Annahme, daß der risikolose Zinssatz über die Laufzeit des Kredites konstant ist, ignoriert den engen Zusammenhang zwischen Ausfallrisiken und Zinsänderungsrisiken, der in der Realität zu beobachten ist.[2]

Die Zerlegung der Kredite in einzelne Zerobonds und Ermittlung der Risikoprämie durch Aufaddieren der Einzelprämien[3] vernachlässigt, daß das Ausfallrisiko der einzelnen Zerobonds nicht separat bewertet werden kann. Das Ausfallrisiko einzelner Zahlungen kann nicht von dem der vorangehenden Zahlungen getrennt werden.[4] Die Folgezahlungen sind insofern bedingt, als sie nur geleistet werden, wenn auch die vorangehenden Zahlungen geleistet worden sind. Problematisch ist somit die Unterteilung der Kredite in Zerobonds sowie die separate Berechnung von individuellen Risikoprämien für diese einzelnen Zerobonds. Diese Vorgehensweise unterstellt Unabhängigkeit zwischen den einzelnen cash-flows, die jedoch bei der Betrachtung des Ausfallrisikos nicht gegeben ist. Zur Berücksichtigung dieser Abhängigkeiten sind komplexere Modelle notwendig, wie sie zur Bewertung von Compound Options verwendet werden.[5]

Die aufgezeigten Verletzungen der Prämissen machen darüber hinaus ein kritisches Element in der Kapitalmarkttheorie deutlich. Wenn Kreditmärkte nicht effizient sind und Risiken nicht gehedgt werden können, dann muß die Bank für alle Risiken im Preis entschädigt werden, auch wenn die Theorie dies für unsystematische Risiken nicht vorsicht, weil sie vollkommene Märkte annimmt. Eine der fundamentalen

---

[1] Vgl. Kirmße, S. [1996], S. 152.

[2] Vgl. auch Locke, J. [1998], S. 43.

[3] Vgl. Gerdsmeier, S./Krob, B. [1994], S. 469 ff.

[4] Vgl. Merton, R.C. [1974], S. 467 sowie Kirmße, S. [1996], S. 161.

[5] Vgl. Geske, R. [1977], S. 541 ff.; Kirmße, S., [1996], S. 162; Kealhofer, S. [1995], S. 60. sowie Moers, H./Schnauß, M. [1996], S. 429, die ein Binomialmodell zur Erfassung dieser komplexen Bedingungen vorstellen.

Funktionen von Banken besteht gerade darin, in Anlagen zu investieren, die wegen zu hoher Informationskosten nicht liquide gehandelt werden.[1]

3.2.4.3. Ermittlung kritischer Inputparameter

Unter der Annahme, daß die Black/Scholes-Formel bzw. eine der anderen zur Verfügung stehenden Optionspreisformeln zur Bewertung von Fremdkapitalrisiken geeignet ist, sind noch die Inputgrößen für das Optionspreismodell zu ermitteln.

Das Modell kann nur dann den Wert des aktuellen Fremdkapitals richtig bewerten, wenn mit aktuellen Werten, d.h. Marktwerten, gearbeitet wird. Wo diese nicht vorliegen, ist zu untersuchen, ob Werte so ermittelt werden können, daß sie den gleichen Aussagegehalt wie Marktwerte haben. Folgende Größen müssen als Inputparameter vorliegen, um die faire Risikoprämie für das Ausfallrisiko berechnen zu können.

1.) Der aktuelle Marktwert der Aktiva (Unternehmensgesamtwert)
2.) Die Volatilität des Marktwertes der Aktiva
3.) Der Marktwert des Fremdkapitals bzw. der Gesamtverschuldung
4.) Der Planungshorizont bzw. die Laufzeit des Krediges
5.) Der risikolose Zinssatz für die Laufzeit des Kredites

Die Parameter Laufzeit des zu bewertenden Fremdkapitaltitels und risikoloser Zinssatz liegen i.d.R. vor.[2] Sie werden im weiteren vernachlässigt. Die anderen Eingangsgrößen sind nicht direkt am Markt beobachtbar. Sie müssen mit Hilfe unterschiedlicher Vorgehensweisen geschätzt werden.[3]

---

[1] Vgl. Froot, K./Stein, J. [1996], S. 1 ff.

[2] Wo eine feste Laufzeit des Fremdkapitals nicht vorliegt, wie etwa bei Kontokorrentkrediten, ist das Ausfallrisiko nicht exakt zu ermitteln. In der Praxis sind z.B. Ablauffiktionen analog der Vorgehensweise bei der Zinsrisikosteuerung anzusetzen.

[3] Vgl. Gerdsmeier, S./Krob, B. [1994], S. 471 f., die eine stufenweise Vorgehensweise bei der Ermittlung der Inputparameter vorschlagen. In einer ersten Stufe werden aus der Unternehmenshistorie quantitative Werte für die Eingangsparameter ermittelt. Um mögliche Trendveränderungen einzufangen, wird in einer zweiten Stufe eine qualitative, zukunftsweisende Markt- und Unternehmensanalyse durchgeführt. Die so adjustierten Größen gehen dann im dritten Schritt in das Optionspreismodell ein.

3.2.4.3.1. Marktwert der Aktiva

Der zu ermittelnde Marktwert des Unternehmens ergibt sich als Summe der Marktwerte von Eigen- und Fremdkapital und entspricht dem Marktwert sämtlicher Aktiva des Unternehmens. Der Marktwert aller Aktiva stellt dabei den Barwert aller künftig erwarteten Ertragszahlungen, die dem Unternehmen aus heutigen Investitionen zufließen und die zur Abdeckung der Schulden zur Verfügung stehen, dar.[1] Zur Ermittlung kommen grundsätzlich die Verfahren der Unternehmensbewertung sowie für börsennotierte Unternehmen die Ableitung aus dem Aktienkurs in Frage.

Ableitung aus dem Aktienkurs

Bei börsennotierten Gesellschaften kann der Marktwert über den Aktienkurs ermittelt werden.[2] *„There is considerable evidence that stock prices quickly and correctly reflect available information about the value of a firm's stock – i.e., they are the best indicator of a firm's fortunes."*[3] Die Übertragung von Aktienkursen bzw. deren Veränderung auf den Marktwert der Aktiva ist jedoch mit großen Problemen verbunden. Die relativen Veränderungen des Aktienkurses, welche als Approximation des Unternehmenswertes verwendet werden können, entsprechen nur bei sehr restriktiven Prämissen den relativen Veränderungen des Unternehmenswertes. Um den Wert des Eigenkapitals zu ermitteln, ist die Anzahl der umlaufenden Aktien festzustellen und mit dem Aktienkurs zu multiplizieren. Zusätzlich muß der Marktwert des Fremdkapitals addiert werden, um den Gesamtwert des Unternehmens zu errechnen. Ferner ist kritisch, ob der Marktwert des zu bewertenden Fremdkapitaltitels bereits im Unternehmensgesamtwert enthalten ist. Weiterhin treten Komplikationen auf, wenn das Fremdkapital nicht marktgängig ist und folglich kein Marktwert des Fremdkapitals vorliegt. Hier ist ein Mechanismus zu finden, den Unternehmenswert aus dem marktgängigen Eigenkapital abzuleiten. Nur wenn Eigen- und Fremdkapital marktgängig sind (und der zu bewertende Kredit vorhandenes Kapital ersetzt), kann

---

[1] Vgl. Gerdsmeier, S./Krob, B. [1994], S. 471.

[2] Vgl. Lehrbaß, F.B. [1997], S. 368.

[3] Kealhofer, S. [1995], S. 61.

der Marktwert des Unternehmens sofort ermittelt werden. Genau in diesem Fall ist dies nicht mehr erforderlich. Vielmehr kann dann direkt aus dem Marktwert des Fremdkapitals der Wert des Krediets abgeleitet werden.[1]

Ermittlung über Verfahren der Unternehmensbewertung

Für nicht börsennotierte Unternehmen kommen in der Praxis die verschiedenen Methoden der Unternehmensbewertung in Frage.[2] Die Qualität der Unternehmensbewertung hat entscheidenden Einfluß auf die Möglichkeiten zur Anwendung des Optionspreismodells. Als Eingangsgrößen in das Optionspreismodell sind mit Hilfe von Einzelbewertungsmethoden (Liquidationswertermittlung, Substanzwertverfahren) ermittelte Werte nicht geeignet, weil sie mit Prämissen arbeiten - Liquidation bzw. Rekonstruktion des Unternehmens -, die unzutreffend sind, da die zukünftige Fähigkeit zur Erbringung von Zins- und Tilgungsleistungen das entscheidende Kriterium ist.[3]

Eine weitere Alternative ist die Ermittlung des Unternehmenswertes in Anlehnung an die Gesamtbewertungsverfahren der traditionellen Unternehmensbewertung. Als Gesamtbewertungsverfahren kommen das Ertragswertverfahren und die Discounted-Cash-Flow-Methode in Frage.[4] Bei beiden erfolgt eine Diskontierung der zukünftigen Cash-Flows auf den barwertigen Unternehmenswert V_0. Bei Vorliegen eines einheitlichen Kalkulationszinsfußes i ergibt sich:

$$V_0 = \sum_{t=1}^{n} \frac{R_t}{(1+i)^t} \quad \text{bzw. bei identischen periodischen Rückflüssen:} \quad V_0 = \frac{R}{i}$$

---

[1] Vgl. Hartmann-Wendels, T./Spörk, W./Vievers, C. [1997], 2. Zwischenbericht, S.29. Wenn für das Fremdkapital ein Marktwert vorliegt, wird das Optionspreismodell nicht mehr benötigt, um diesen Wert zu ermitteln. Der Wert des Kredites kann dann direkt am Markt beobachtet werden.

[2] Vgl. Ballwieser, W. [1995b], Sp. 1867 ff. Aus der Unternehmensbewertung abgeleitete Verfahren kommen grundsätzlich bei der Bonitätsanalyse v.a. von Großkrediten in Frage. Vgl. Dombert, A./Robens, B. H. [1997], S. 527 ff.

[3] Vgl. Kirmße, S. [1996], S. 111.

[4] Vgl. Ballwieser, W. [1995b], S. 1867 ff.

Problematisch ist die Ermittlung der zukünftigen Cash-Flows R_t, des Diskontierungsfaktors i und des Zeitraums t. Die zukünftigen Cash-Flows bzw. die für die Zukunft erwarteten nachhaltigen Erträge stammen idealerweise aus der internen Finanzplanung bzw. aus internen liquiditätsbezogenen Kapitalflußrechnungen der Unternehmen. Da diese jedoch i.d.R. entweder nicht vorliegen oder den Kreditgebern nicht zur Verfügung stehen, muß auf Angaben aus den Jahresabschlüssen zurückgegriffen werden. Dabei ist das Betriebsergebnis zu bereinigen: Je nach Abschreibungspolitik sind erhöhte Abschreibungen über einen Faktor ertragserhöhend zu berücksichtigen.[1] Außerdem sind die Zinsaufwendungen für das Fremdkapital und ggf. die Zuführungen zu den langfristigen Rückstellungen zum Betriebsergebnis zu addieren, so daß sich folgendes Schema ergibt:

Betriebsergebnis vor Einkommen- und Ertragsteuern
+ Abschreibungen (x Gewichtungsfaktor)
+ Zinsaufwand
= operatives Ergebnis als Basis der Ermittlung des Marktwertes des Unternehmens[2]

Der Diskontierungsfaktor kann als Benchmark für die Beurteilung des unternehmerischen Cash-Flows angesehen werden. Er ist theoretisch als risikoangepaßter Zinssatz gemäß dem CAPM zu ermitteln.[3] In der Praxis wird auf den allerdings theoretisch wenig überzeugenden risikolosen Kapitalmarktzins zurückgegriffen, da eine kapitalmarkttheoretische Ableitung der Kapitalkosten insbesondere für nicht börsennotierte Unternehmen kritisch zu beurteilen ist und die benötigten Informationen häufig auch bei börsennotierten Gesellschaften nicht vorliegen. Eine Möglichkeit besteht in der Verwendung eines empirisch ermittelten, historischen Durchschnittswertes des langfristigen risikolosen Kapitalmarktzinses.[4]

---

[1] Vgl. Gerdsmeier, S./Krob, B. [1994], S. 120 sowie Kirmße, S. [1996], S. 114.

[2] Vgl. Kirmße, S. [1996], S. 114.

[3] Vgl. Ballwieser, W. [1995a], S. 122 ff. In der Discounted-Cash-Flow-Methode wird auch mit einem gewogenen Kapitalkostensatz gearbeitet. Vgl. Ballwieser, W. [1995b], Sp. 1878.

[4] Vgl. Gerdsmeier, S./Krob, B. [1994], S. 472.

Als letzter Parameter für die Ermittlung des Marktwertes ist noch der Betrachtungszeitraum zu wählen. Da eine detaillierte Schätzung der zukünftigen Cash-Flows i.d.R. unpraktikabel ist, wird in der Praxis aus Vereinfachungsgründen z.B. auf eine ewige Rente abgestellt.

Zukünftige Erwartungen bezüglich der Entwicklung der Cash-Flows werden durch ein Scoring-Modell mit qualitativen Faktoren berücksichtigt. Dieses Scoring-Modell basiert auf der Kreditwürdigkeitsanalyse. Die Festlegung der Faktoren kann auf der Basis von Erfahrungen, Expertensystemen oder neuronalen Netzen erfolgen und sollte Kriterien berücksichtigen, die eine möglichst gute Abschätzung der zukünftigen Zahlungsfähigkeit des Kreditnehmers ermöglichen.[1]

Die Genauigkeit eines in Anlehnung an die Gesamtbewertungsverfahren ermittelten Unternehmenswertes hängt davon ab, welche Informationen über die Aktiva der jeweiligen Unternehmung zur Verfügung stehen. Eine unternehmensinterne Bewertung wird i.d.R. zu aussagekräftigeren Ergebnissen kommen als eine unternehmensexterne. Die mit einer Unternehmensbewertung regelmäßig verbundenen Informationsprobleme lassen auch diese Verfahren für die praktische Umsetzung des Optionspreismodells nur als eingeschränkt einsetzbar erscheinen.[2]

3.2.4.3.2. Marktwert des Fremdkapitals

Der Marktwert des Fremdkapitals ist der Basispreis für die Berechnung der Optionsprämie und stellt den Barwert des künftigen Kapitaldienstes aus heutigen Finanzierungen dar.[3] Je nach Modell geht entweder der Marktwert des Fremdkapitals oder der Barwert der Rückzahlungsbeträge[4] in die Optionsbewertung ein. Bei einer

---

[1] Vgl. Kirmße, S. [1996], S. 118 ff.

[2] Vgl. Gaida, S. [1997], S. 172 ff.

[3] Vgl. Gerdsmeier, S./Krob, B. [1994], S. 471.

[4] Der Unterschied dieser Werte liegt in der Art der Ermittlung.

exakten Berechnung entspricht der Barwert des Rückzahlungsbetrages dem kumulierten Barwert sämtlicher zukünftigen Zins- und Kapitaldienstleistungen.[1] Dieser Parameter ist i.d.R. für das gesamte Fremdkapital einer Unternehmung, das sich aus einer Vielzahl von Finanzierungstranchen mit unterschiedlichen Laufzeiten und Rückzahlungsmodalitäten bei verschiedenen Kreditgebern zusammensetzen kann, nicht am Markt beobachtbar. Er geht auch nicht aus dem Jahresabschluß hervor. Theoretisch müßten alle Verbindlichkeiten des Unternehmens, die im Insolvenzfall vor- oder gleichrangig mit der zu bewertenden Forderung bedient würden, simultan bewertet werden, was jedoch zu erheblichen Rechenproblemen führt.[2] In der praktischen Umsetzung wird daher vereinfachend der Nominalwert der Gesamtverschuldung aus der Bilanz, bereinigt um Rückstellungen, angesetzt.[3]

Die Vereinfachung, das Fremdkapital mit seinem Nominalwert anzusetzen, ist nicht unproblematisch. Auch Fremdkapitaltitel unterliegen im Zeitablauf Wertschwankungen, wie etwa bei am Sekundärmarkt gehandelten Länderrisiken deutlich wird. Gerade bei Verschlechterung der Bonität des Kreditnehmers erscheint diese Vorgehensweise daher nicht mehr angemessen. Der Kredit könnte nur mit erheblichen Abschlägen am Sekundärmarkt gehandelt werden. Das Optionspreismodell impliziert dies auch, werden doch mit zunehmender Insolvenzgefahr höhere Risikoprämien berechnet.

In dem Fall, daß ein Unternehmen zwar öffentlich gehandeltes Eigenkapital besitzt, aber keine gehandelten Anleihen emittiert hat, kann über ein iteratives Vorgehen der Marktwert des Fremdkapitals bestimmt werden. Eine erste Annäherung kann durch die Addition des Marktwertes des Eigenkapitals zum Buchwert des Fremdkapitals ermittelt werden. Diese Schätzungen werden für die zurückliegenden Jahre wieder-

---

[1] Vgl. Gerdsmeier, S./Krob, B. [1994], S. 471 sowie Kirmße, S. [1996], S. 128.

[2] Vgl. Jarrow, R.A./Turnbull, S.M. [1995], S. 53 ff.

[3] Alternativ zum Marktwert des Fremdkapitals ist im Longstaff/Schwartz-Modell ein Schwellenwert für den Marktwert der Aktiva zu bestimmen, der nicht unterschritten werden darf, der jedoch ebenso schwierig zu ermitteln ist wie der Marktwert des Fremdkapitals. Vgl. Gaida, S. [1997], S. 122 sowie Kirmße, S. [1996], S. 123 ff., der auch im einzelnen auf die einzubeziehenden Bilanzpositionen eingeht.

holt, soweit Daten verfügbar sind. Aus dieser Zeitreihe wird die geschätzte, historische Marktwertvolatilität der Unternehmensaktiva berechnet. Diese Volatilitätsschätzung dient zur Berechnung einer aus der Sicht des Optionsmodells dem Ausfallrisiko angemessenen Risikoprämie. Mit Hilfe dieser Risikoprämie kann eine neue Annäherung an den Wert des Fremdkapitals erstellt werden, indem dieser Wert vom mit dem risikolosen Zinssatz diskontierten Barwert des Fremdkapitals subtrahiert wird. Als Resultat ergibt sich folgende erste Annäherung des um das Ausfallrisiko berichtigten Marktwertes des Fremdkapitals:

Marktwert des Fremdkapitals = Risikoloser Barwert des Fremdkapitals − Ausfallprämie.

Mit dem neuen Wert des Fremdkapitals sind die historische Unternehmensrendite und deren Volatilität solange wiederholt zu berechnen, bis die Resultate gegen einen stabilen Wert konvergieren.[1]

3.2.4.3.3. Volatilität des Marktwertes der Aktiva

Unter Volatilität wird in der Optionstheorie die Schwankungsbreite von Marktwerten um den Mittelwert verstanden.[2] Bei der Bewertung von Ausfallrisiken können die erwarteten Ertragsschwankungen[3] bzw. die Volatilität des Marktwertes der Aktiva der Unternehmung als Maß für das Risiko einer Kreditvergabe interpretiert werden, da mit steigender Volatilität die Wahrscheinlichkeit steigt, daß der Marktwert unter den Wert des Fremdkapitals sinkt und der Kredit nicht zurückgezahlt werden kann.[4] Die ermittelte Optionsprämie reagiert um so sensibler auf Änderungen der Volatilität, je länger die Laufzeit des Kredites ist, je schlechter die Bonität und insbesondere je höher der Verschuldungsgrad des Unternehmens ist. Die Volatilität ist daher einer der kritischen Inputparameter. Da sie i.d.R. nicht direkt beobachtbar ist, muß zur Ab-

---

[1] Vgl. Varnholt, B. [1997], S. 104.
[2] Vgl. z.B. Hauck, W. [1991], S. 96 ff.
[3] Vgl. Flesch, J.R./Gerdsmeier, S. [1995], S. 118.
[4] Vgl. Kirmße, S. [1996], S. 127.

schätzung der Volatilität auf verschiedene andere beobachtbare Größen zurückgegriffen werden.

Zur Ermittlung der Volatilität des Marktwertes des Unternehmens ist zwischen börsennotierten und nicht börsennotierten Unternehmen zu unterscheiden. Bei börsennotierten Unternehmen kann die Volatilität der Aktie[1] zugrunde gelegt und in die Volatilität des Gesamtunternehmenswertes transformiert[2] werden. Außer in der Situation einer hundertprozentigen Eigenkapitalfinanzierung des Unternehmens wird die Volatilität des Aktienkapitals immer höher sein als diejenige des Unternehmenswertes. Diese zusätzliche Volatilität wird durch den Hebeleffekt ausgelöst, der das Eigenkapital bei zunehmender Fremdfinanzierung riskanter macht.[3] Auch ist anzunehmen, daß die Volatilität des Aktienkurses aufgrund der kurzfristigen Orientierung des Aktienmarktes die Volatilität des eher langfristig orientierten Unternehmenswertes übersteigt.

Bei am Markt gehandelten Anleihen börsennotierter Unternehmen kann die Volatilität aus dem am Markt beobachteten Bonitäts-Spreads zwischen den Preisen der Anleihe und dem risikolosen Zins ermittelt werden. Da die Spreads als Optionsprämie interpretiert werden können, kann die implizite Volatilität ihres Basiswertes (des Unternehmenswertes) als einzige Variable des ansonsten vollständig spezifizierten Optionsmodells berechnet werden.[4] Problematisch an dieser Vorgehensweise ist, die Markt-Spreads ausschließlich als Risikoprämie zu interpretieren und somit andere Einflußfaktoren wie beispielsweise eine Liquiditätsprämie zu vernachlässigen.

---

[1] Zur Ermittlung vgl. z.B. Hauck, W. [1991], S. 98 ff. und 265 ff. sowie Hull, J.C. [1993], S. 214 ff.

[2] Zur Transformation der Volatilität des Eigenkapitals σ_s in eine Volatilität des Gesamtvermögens σ_V kann folgende Formel angewendet werden:

$$\sigma_V = \frac{EK_0}{V_0 N(d_1)} \sigma_s \quad \text{mit} \quad d_1 = \frac{\ln\left(\frac{V_0}{F}\right) + \left(i + \frac{\sigma_V^2}{2}\right)T}{\sigma_V \sqrt{T}}.$$

Vgl. Kirmße, S. [1996], S. 129 f.

[3] Vgl. Varnholt, B. [1997], S. 100 f.

[4] Vgl. Varnholt, B. [1997], S. 101 ff.

Bei nicht börsennotierten Unternehmen kann diese Größe nicht direkt ermittelt werden,[1] sondern sie muß unter Rückgriff auf Daten börsennotierter Unternehmen abgeleitet werden. Dies kann durch direkte Übernahme der Volatilität eines Unternehmens mit ähnlicher Risikostruktur erfolgen. Unter der Annahme, daß alle Unternehmen, die einer Branche zuzuordnen sind, eine identische Volatilität aufweisen, kann die Verwendung einer Branchenvolatilität eine sinnvolle Lösung sein.

3.2.4.4. Exkurs: Portfoliosteuerung mit dem Optionspreismodell

Flesch/Gerdsmeier bzw. Gerdsmeier/Krob[2] schlagen vor, daß aufbauend auf der Einzelbewertung mit dem Optionspreismodell eine Portfoliosteuerung implementiert werden kann, die eine aktive Steuerung des Bestandes und eine permanente Risiko- und Performance-Messung des Bestandes ermöglicht. Die zentrale Portfoliosteuerung übernimmt das Kreditrisiko von den dezentralen Bereichen zur Risikoprämie, die damit die Funktion eines Verrechnungspreises erhält, und verantwortet entstehende Ausfälle aus dem Portfolio in der Folgezeit. Da sich die Risikolage einzelner Kreditnehmer über die Zeit ändern kann, ist über Regelbeurteilungen des Kunden eine laufende Risikobewertung des Portfolios vorzunehmen. Diese Risikobeurteilung ermöglicht die laufende Ermittlung des Risikopotentials, für das Risikovorsorge getroffen werden kann. Die Performance-Messung des Kreditportfolios erfolgt über die Veränderung des Risikoergebnisses der Teilperiode, die sich aus der Bewertungsänderung des Kreditportefeuilles ergibt. Diese Bewertungsänderung stellt eine eigenständige Erfolgskomponente des Kreditportefeuilles dar und ergibt zusammen mit

---

[1] Der Ansatz, die Volatilität des Unternehmenswertes über eine regelmäßige Unternehmensbewertung in kurzen Abständen (z.B. täglich) zu schätzen, indem die Volatilität aus der Verteilung der Ergebnisse dieser Berechnung ermittelt wird, ist jedoch nur eine theoretische Möglichkeit, da diese erstens bei weitem zu aufwendig und kostenintensiv für die Kreditbearbeitung in der Praxis wäre und zweitens selbst dann wegen der mangelnden Objektivität der Unternehmensbewertung nicht verläßlich für eine richtige Volatilitätsschätzung wäre.

[2] Vgl. Flesch, J.R./Gerdsmeier, S. [1995], S. 111 ff.; Gerdsmeier, S./Krob, B. [1994], S. 469 ff.

den tatsächlichen Ausfällen einer Periode die Performance des Portefeuilles.[1] Das (unerwartete) Risikopotential wird durch Variation der Eingangsparameter des Optionspreismodells ermittelt. Eine solche Art der laufenden Performance-Messung macht deutlich, daß auch das „Halten" einer Position eine Geschäftsentscheidung mit Konsequenz darstellt und zwingt zu einer laufenden Auseinandersetzung mit dem Bestandsrisiko und zum Nachdenken über ein aktives Risikomanagement.[2]

Auch wenn diese Vorgehensweise gegenüber der traditionellen Betrachtung von Ausfallrisiken einen großen Fortschritt darstellt, insbesondere weil eine dynamische Betrachtung angestrebt wird, so werden doch bestimmte Eigenheiten von Ausfallrisiken vernachlässigt. Wie in Abschnitt 3.3. dargestellt wird, können Ausfallrisiken erst im Portfoliozusammenhang sinnvoll gesteuert werden. Entgegen Flesch/Gerdsmeier[3] ist eine aktive Portfoliosteuerung nur möglich, wenn auch die Diversifikationseffekte deutlich werden. Aufgrund der Annahmen des Optionspreismodells bzw. der Kapitalmarkttheorie werden Korrelationen entsprechend dem optimal diversifizierten Marktportfolio in diesem Modell implizit berücksichtigt.[4] Die Kapitalmarkttheorie setzt als Prämisse das Marktportfolio, d.h. die Bank müßte ihr Portfolio entsprechend dem Marktportfolio konstruieren.[5] Die Aussage, daß Diversifikationseffekte bei der Kalkulation berücksichtigt werden, ohne daß Korrelationen angegeben werden müssen,[6] bezieht sich ebenfalls auf das Marktportfolio, nicht aber auf das konkrete Bankportfolio. Aus Sicht der Bank, die Anhaltspunkte für eine optimale Portfoliodiversifikation sucht, ist dieser Umstand wenig relevant. Folglich ist ohne eine Berücksichtigung von Korrelationen auch in diesem Modell eine effi-

---

[1] Vgl. Gerdsmeier, S./Krob, B. [1994], S. 473.

[2] Vgl. Gerdsmeier, S./Krob, B. [1994], S. 474.

[3] Vgl. Flesch, J.R./Gerdsmeier, S. [1995], S. 111 ff.

[4] Sie sind implizit im Marktwert der Aktiva enthalten, in den definitionsgemäß alle am Markt verfügbaren Informationen einfließen.

[5] Dies entspricht dem Separationstheorem von Tobin, das in dieser Form jedoch nicht auf die Realität der Bankpraxis anwendbar ist. Dieses Theorem besagt, daß jeder Marktteilnehmer das Marktportfolio hält. Die Risikoneigung wird durch unterschiedliche Kombinationen dieses Marktportfolios mit risikolosen Anlagen ausgedrückt. Vgl. Perridon,L./Steiner, M. [1997], S. 259.

[6] Vgl. Hartmann-Wendels, T./Spörk, W./Vievers, C. [1997], S. 6.

ziente Portfoliosteuerung nicht möglich. Weiterhin läßt sich zeigen, daß bei Anwendung des Optionspreisansatzes ohne Berücksichtigung von Portfoliozusammenhängen langfristig ein wenigstens ausgeglichenes Risikoergebnis nicht sichergestellt ist. Hierfür ist ein Portfolioansatz notwendig.[1]

3.2.4.5. Risikomessung bei Anwendung des Optionspreismodells

Die mit dem Optionspreismodell ermittelte Risikoprämie deckt annahmegemäß sowohl den mittleren erwarteten Ausfall, als auch den durch systematische, marktbedingte Faktoren verursachten unerwarteten Verlust ab.[2] Banken tragen darüber hinaus noch unerwartete Verluste, die durch unsystematische Faktoren verursacht werden und grundsätzlich diversifizierbar sind. Für die Risikosteuerung in Banken ist es unverzichtbar, diese Verlustpotentiale mitabzudecken. Das Optionspreismodell ist ein Bewertungsmodell, das keine Informationen zur Quantifizierung der Risiken im Sinne von unerwarteten Verlusten und zur Kapitalunterlegung liefert. Dafür muß über die Risikoprämie hinaus noch das potentielle Risiko, bzw. die unerwarteten Verluste der Ausfallrisiken ermittelt werden. Es ist daher zu überprüfen, wie Informationen aus dem Optionspreismodell für eine Portfoliosteuerung genutzt werden können. Für eine VAR-Berechnung kommen die folgenden Möglichkeiten in Betracht.

---

[1] Vgl. Treptow, T. M. [1999], S. 547 ff.
[2] Vgl. Vasicek, O.A. [1997], S. 8.

3.2.4.5.1. Analytische Berechnung des Value-at-Risk bei Anwendung des Optionspreismodells

Die Ermittlung des VAR ist bei Optionen grundsätzlich problematischer als bei Produkten mit linearem Wertverlauf, da zusätzlich zum Delta-Risiko[1] noch weitere Komponenten, insbesondere das Gamma-[2] und das Volatilitätsrisiko,[3] berücksichtigt werden müssen. Dies führt bei Marktpreisoptionen zu aufwendigen Simulationsrechnungen. Mit dem Szenario-Matrix-Verfahren bzw. dem Delta-Plus-Verfahren stehen hier jedoch bankaufsichtlich anerkannte, vereinfachte Ansätze zur Verfügung.[4]

Analog der Vorgehensweise bei Marktpreisrisiken kann als naheliegenste Lösung das Risiko unerwarteter Verluste (der VAR) durch entsprechende Simulation der kritischen Inputparameter Marktwert der Aktiva und Volatilität des Marktwertes der Aktiva ermittelt werden.[5]

Eine Variation des Marktwertes der Aktiva gemäß:

$dMWA = MWA * \sigma * 1{,}65$ *(bei 95% Konfidenzniveau)*

mit MWA = Marktwert der Aktiva

σ = Volatilität

dMWA = Veränderung des Marktwertes der Aktiva

ermöglicht die Berechnung der Veränderung der Risikoprämie (dRP)

---

[1] In der Optionstheorie wird das Verhältnis zwischen Veränderungen des Preises des Basistitels und des Optionspreises mit Delta bezeichnet. Mathematisch bestimmt sich das Delta aus der ersten Ableitung des Optionswertes nach dem Kassakurs. Vgl. Hauck, W. [1991], S. 247 f.

[2] Mit Gamma wird die Veränderung des Delta einer Option bei Veränderung des Preises des Basistitels bezeichnet. Analytisch ist Gamma die zweite Ableitung des Optionswertes nach dem Preis des Basistitels. Vgl. Hauck, W. [1991], S. 248 f. sowie Tompkins, R. [1994], S. 66 ff.

[3] Der Einfluß von Volatilitätsänderungen auf den Optionswert wird allgemein mit Vega bezeichnet. Mathematisch ist dies die partielle Ableitung des Optionspreises nach der Volatilität. Vgl. Hauck, W. [1991], S. 254 f. sowie Tompkins, R. [1994], S. 69 ff.

[4] Vgl. z.B. Kesting, H. [1996], 848 ff.; Klaus, M. [1997], S. 375 ff.; Schulte-Mattler, H. [1996a], S. 500 ff.; Schulte-Mattler, H. [1996b], S. 758 ff.

[5] Vgl. auch Suyter [1997].

$dRP = RP_{neu} - RP_{alt}$

als VAR des Einzelkredites. Analog ist für die Varianz der Volatilität zu verfahren.

Entsprechend z.B. dem Delta-Plus- bzw. dem Szenario-Matrix-Verfahren bei Marktpreisrisiken kann der Gesamt-VAR des Einzelgeschäftes errechnet werden, der dann in die Portfoliobetrachtung unter zusätzlicher Berücksichtigung des Korrelationskoeffizienten zum Gesamt-VAR des Portfolios aggregiert werden kann.

Die Umsetzung dieses Verfahrens zur VAR-Berechnung ist theoretisch möglich. Durch Simulation der Parameter können Wertveränderungen kalkuliert werden, die grundsätzlich die Ermittlung eines VAR analog der Vorgehensweise bei Marktpreisrisiken ermöglichen. Für den Firmenwert läßt sich die Veränderung durch Annahme der Normalverteilung direkt aus der o.g. Formel bestimmen.

Problematisch für die Umsetzung in die Praxis ist die Qualität der zur Verfügung stehenden Inputdaten, die es zweifelhaft erscheinen läßt, daß ein VAR mit annähernd vergleichbarer Genauigkeit wie bei Marktpreisrisiken ermittelt werden kann. Eine Wahrscheinlichkeitsverteilung für den Marktwert der Aktiva ist empirisch nicht beobachtbar. Die Modellierung z.B. mit Hilfe von Unternehmensbewertungen ist in der Praxis zu aufwendig und nicht hinreichend genau, zumal für die Generierung einer Verteilung sehr lange Zeiträume betrachtet werden müßten, da Ausfälle nur sehr selten auftreten. Eine Wahrscheinlichkeitsverteilung für den ggf. sehr entscheidenden Parameter Volatilität anzugeben, ist ebenfalls nicht möglich. Die Umsetzung dieser Methoden mit dem Anspruch, eine VAR-Aussage machen zu können, erscheint daher nicht möglich. Die Einbeziehung der Ausfallrisiken in interne Risikomodelle bzw. VAR-Modelle durch Sensitivitätsanalysen bezogen auf die einfache Addition der mit dem Optionspreismodell ermittelten Risikoprämien zum Gesamtrisiko ist somit weniger einfach, als in einigen aktuellen Quellen dargestellt.[1]

---

[1] Vgl. Gaida, S. [1997], S. 244 ff. sowie Kirmße, S. [1996], S. 266 ff.

3.2.4.5.2. Schätzung der Ausfallwahrscheinlichkeit mit optionstheoretischen Methoden

Die amerikanische Unternehmensberatung KMV[1] setzt einen auf der Optionstheorie basierenden Ansatz - in diesem Zusammenhang auch Asset Value Model genannt - ein, um indirekt über die Ermittlung von Ausfallwahrscheinlichkeiten das Ausfallrisiko quantifizieren zu können.[2] Da das Modell Ausfallwahrscheinlichkeiten direkt generiert, ist für diese Zwecke keine Einteilung in Bonitätsklassen erforderlich. Diese Ausfallwahrscheinlichkeiten können jedoch in beliebig fein unterteilte Klassen eingeteilt werden, um statistische Auswertungen durchzuführen. Sie können auch analog der Einteilung der Rating-Agenturen unterteilt werden, um vergleichende Analysen durchführen zu können. Für diese Ratingklassen können dann analog zu der Vorgehensweise bei Portfoliomodellen[3] Berechnungen durchgeführt und entsprechende VAR-Werte ermittelt werden. Diese Vorgehensweise ermöglicht grundsätzlich, das Optionspreismodell zur Bewertung der Ausfallrisiken mit Portfoliomodellen als Instrument zur Risikoermittlung und Portfoliosteuerung zu verbinden.

Ausgehend von dem oben dargestellten Grundmodell[4] der optionstheoretischen Bewertung von Ausfallrisiken werden die kumulierten Fremdkapitalverpflichtungen als konzeptioneller Ausfallpunkt (vgl. Abb. 12) interpretiert, unter den der Marktwert der Aktiva nicht fallen darf, da ansonsten Konkurs eintritt. Ausgehend von der Wahrscheinlichkeitsverteilung der Marktwerte der Aktiva (2) und dem Ausfallpunkt (4) wird die erwartete Ausfallrate (EAR) als die Häufigkeit definiert, mit der der Marktwert der Aktiva bezogen auf einen festgelegten Zeithorizont (6) unter die kumulierten Fremdkapitalverpflichtungen fällt.

---

[1] Vgl. Crosbie, P. [1997], S. 95 ff.; Kealhofer, S. [1995], S. 4 ff.; KMV Corporation [1992]; KMV Corporation [o.J.] sowie McQouwn, J.A. [1995]. Dieses Modell wird sowohl von einigen der größten US-Banken als auch von Schweizer Großbanken zum Management ihrer Ausfallrisiken verwendet. Vgl. Manz, F. [1998], S. 138 sowie Saunders, A. [1997], S. 209.

[2] Vgl. Kealhofer, S. [1995], S. 49 ff.

[3] Vgl. Abschnitt 3.3.3.

[4] Die von KMV verwendete Optionspreisformel wird in den diversen Quellen nicht offengelegt.

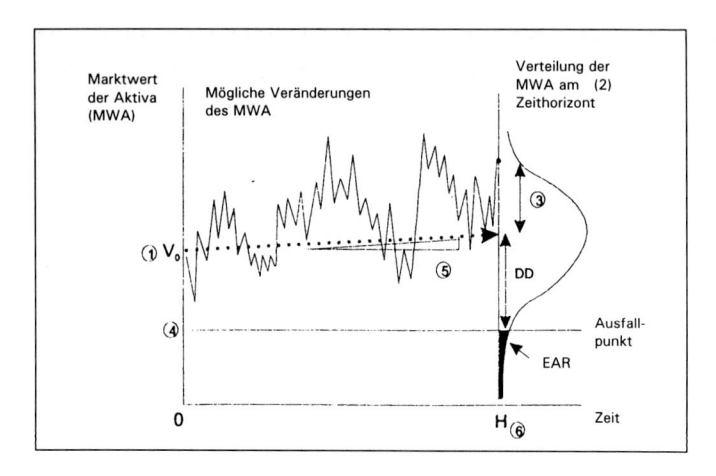

Abb. 12: **Ermittlung der Distance to Default als Maß für die Ausfallwahrscheinlichkeit im Optionspreismodell[1]**

Die Bestimmung des Ausfallpunktes ist nicht einfach, da Unternehmen nicht zwangsläufig in Konkurs gehen, wenn der Marktwert der Aktiva den Buchwert der Verbindlichkeiten unterschreitet. Während einige Unternehmen tatsächlich in Konkurs gehen, wirtschaften andere weiter und erholen sich möglicherweise wieder. Der tatsächliche Ausfallpunkt liegt zwischen dem Wert der Gesamtverbindlichkeiten und dem der kurzfristigen Verbindlichkeiten.[2] In der praktischen Anwendung wird das Modell daher entsprechend modifiziert.

Voraussetzung für die Ermittlung der EAR ist die Kalkulation des Marktwertes der Aktiva (1) und seiner Volatilität (3), die Kalkulation der kumulativen Fremdkapitalposition am Zeithorizont (4) sowie die Bestimmung der Verteilungsfunktion für die Marktwerte der Aktiva (2).[3] Für die Marktwerte der Aktiva wird auf die Marktpreise börsennotierter Gesellschaften abgestellt.[4]

---

[1] Quelle: Crosbie, P. [1997], S. 108.

[2] Vgl. Crosbie, P. [1997], S. 98.

[3] Vgl. Kealhofer, S. [1995], S. 59.

[4] Die Methodik läßt sich allerdings mit höherem Aufwand auch auf nicht börsennotierte Unternehmen übertragen vgl. Kealhofer, S. [1995], S. 60; KMV Corporation [o.J.a] sowie Rose, S. [1991], S. 2. Details über die Vorgehensweise von KMV werden nicht publiziert.

Das Ausfallrisiko der Unternehmung läßt sich bei gegebenem Marktwert der Aktiva, dessen Volatilität sowie dem Wert des Fremdkapitals determinieren. Der Abstand zwischen dem Marktwert der Aktiva und dem Ausfallpunkt gibt ein ordinales Maß für das Ausfallrisiko. Dieses wird ausgedrückt in der Anzahl Standardabweichungen, die ein Unternehmen vom Ausfall entfernt ist, und wird bezeichnet mit Distance to Default (DD). Diese Distance to Default ist ein Maß der impliziten Volatilität der Unternehmensaktiva, die aus dem Modell unter Input weiterer Parameter ermittelt wird.

Diese deduktive Vorgehensweise der Ermittlung von Ausfallwahrscheinlichkeiten mit dem Optionspreismodell nutzt die kausalanalytische Erklärungskraft des Optionspreismodells zur Erzeugung ordinaler Kennzahlen für die Einschätzung der Einzelbonität ohne den Anspruch, eine kardinale exakte Quantifizierung im Sinne von Risikoprämien vorzunehmen. Einige der theoretischen Probleme des Optionspreismodells werden damit umgangen. Die Implementierung eines solchen Systems hängt wesentlich von der akkuraten Bestimmung der Eingangsparameter Marktwert der Aktiva, Volatilität, Wahrscheinlichkeitsverteilung der Aktiva sowie dem Wert der zu bedienenden Verbindlichkeiten bzw. der Bestimmung des Ausfallpunktes ab.

Da weder die genaue Verteilung der Marktwerte noch die Ausfallpunkte genau bekannt sind, werden in einem weiteren Schritt den Werten für die DD-Werte noch explizite Ausfallwahrscheinlichkeiten zugeordnet. Diese Ausfallwahrscheinlichkeiten werden mit Expected Default Frequency (EdF) bzw. erwartete Ausfallrate (EAR) bezeichnet und aus historischen Daten generiert, indem den DD-Werten empirisch beobachtete Ausfallraten zugeordnet werden. *„Since all differences in default risk are captured by the DD statistic, the historical default rate for firms with DD values in a given range is an accurate indicator of future default rates for such firms."*[1]

---

[1] Kealhofer, S. [1995], S. 61.

Die Verteilung der Marktwerte der Aktiva ist schwierig zu messen. Die üblichen Annahmen der Normal- bzw. Lognormalverteilung können nicht angewendet werden.[1] Für die Ermittlung der Ausfallwahrscheinlichkeiten wird daher eine empirische Verteilung der DD-Kennzahl ermittelt, so daß diesbezüglich keine Verteilungsannahme getroffen werden muß. Aus der generierten Verteilung, die die für Ausfallrisiken typische schiefe Form aufweist, können dann die EAR abgelesen werden.

Im Gegensatz zu Rating-Einstufungen sind die hier generierten EAR´s Ausfallwahrscheinlichkeiten, die auf einer kontinuierlichen Skala von 0,02% bis 20% in Schritten von einem Basispunkt (0,01%) gemessen werden, so daß insgesamt 1.999 unterschiedliche Abstufungen möglich sind.[2] Für Zwecke der statistischen Auswertung können diese kontinuierlichen Werte in diskrete Klassen eingeteilt werden.[3] Am Zeithorizont ergibt sich eine Verteilung des Firmenwertes, in die Schwellen für die Rating-Stufen gelegt werden können. Mit der Einteilung der EAR-Kennzahlen in Bandbreiten erfolgt praktisch eine Eingruppierung in Bonitätsklassen, die Grundlage für die weiteren empirischen Auswertungen sind. Der zukünftige Firmenwert determiniert das Rating wie in Abb. 13 verdeutlicht wird.

---

[1] Vgl. Crosbie, P. [1997], S. 109 sowie McQouwn, J.A. [1995], S. 4. Diese Annahme liegt allen verwendeten Optionspreismodellen zugrunde (vgl. z.B. Gaida, S. [1997], S. 57 ff.) und wird i.d.R. nicht als kritisch angenommen. Vgl. Gaida, S. [1997], S. 82 ff. Daß die Annahme der Normalverteilung für den Marktwert der Aktiva nicht angemessen ist, läßt sich auch folgendermaßen verdeutlichen: Da dieser Marktwert sich per definitionem aus dem Marktwert des Eigenkapitals zuzüglich des Marktwertes des Fremdkapitals ergibt, und der Marktwert des Eigenkapitals zwar als normalverteilt angenommen werden kann, nicht aber derjenige des Fremdkapitals, der im Gegenteil immer eine sehr schiefe Verteilung aufweisen wird, kann der Gesamtwert des Unternehmens nur dann auch normalverteilt sein, wenn das Unternehmen nur mit Eigenkapital finanziert worden ist. Je stärker sich das Unternehmen mit Fremdkapital refinanziert, um so schiefer wird auch die Verteilung der Marktwerte der Aktiva sein.

[2] Vgl. Miller, R. [1998], S. 97.

[3] Vgl. J.P. Morgan [1997a], S. 69.

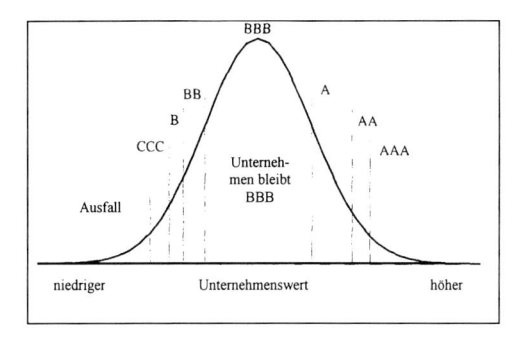

Abb. 13: **Entwicklung des Unternehmenswertes mit Rating-Schwellen**[1]

Als Beispiel sei ein Unternehmen mit einem Marktwert des Eigenkapitals von DM 50 Mio. und Buchverbindlichkeiten von DM 20 Mio., einem Marktwert der Aktiva von DM 64 Mio. und einer jährlichen Volatilität von 15% angenommen. Dies bedeutet grob, daß eine Veränderung im Unternehmenswert um eine Standardabweichung ungefähr eine Schwankung um 15% ausmacht. Aus den Verbindlichkeiten von DM 20 Mio. wird der Ausfallpunkt mit DM 16 Mio. ermittelt. Der Unternehmenswert muß also von DM 64 Mio. um 75% auf DM 16 Mio. fallen, um Konkurs zu verursachen. Bei 15% Volatilität entspricht dies einer Bewegung von fünf Standardabweichungen im Wert des Unternehmens. Aus den historischen Daten ist ablesbar, daß eine Veränderung um fünf Standardabweichungen oder mehr mit einer jährlichen Häufigkeit von 0,20% auftritt. Die Wahrscheinlichkeit eines Ausfalls innerhalb eines Jahres ist somit 0,20%. Diese Größe kann noch in das Verhältnis zu öffentlichen Ratings der Rating-Agenturen gesetzt werden und entspricht dann etwa einem BBB-Rating.[2] Wesentliche Unterschiede zwischen EAR und Ratings sind, daß EAR auf Marktwerten börsennotierter Unternehmen beruhen und nicht auf Jahresabschlußzahlen und daß es sich um ein kausalanalytisches Modell handelt. Auch werden sie auf einen spezifischen Zeithorizont, i.d.R. ein Jahr, berechnet.

---

[1] Quelle: Eigene Darstellung in Anlehnung an J.P. Morgan [1997a], S. 37.

[2] Vgl. KMV Corporation [o.J.a].

EAR-Kennzahlen können, wenn das Modell eingerichtet ist, zumindest für börsennotierte Unternehmen mit relativ geringem Aufwand neu berechnet werden. Die Anwendung auf nicht börsennotierte Unternehmen wird nicht im einzelnen erläutert, so daß hierzu keine Aussagen möglich sind.[1] Da das Modell insgesamt nicht näher spezifiziert wird, ist es in der Praxis erst nach eingehender Prüfung anwendbar. Nach Angaben von KMV ist die EAR-Kennzahl weit besser geeignet, Ausfälle vorherzusagen, als dies herkömmliche Ratings der Rating-Agenturen vermögen.[2] Auch die von Miller durchgeführte Studie ergibt, daß die aus Aktienkursen abgeleiteten EAR-Kennzahlen mehr Informationen beinhalten und bis zu 36 Monaten vor dem Ausfall eine höhere Prognosekraft aufweisen als Ratings.[3]

3.2.4.6. Beurteilung der Anwendung der Optionstheorie auf Ausfallrisiken

Die Vorteile des Optionspreismodells lassen sich wie folgt charakterisieren:

- Die Übertragung der Optionstheorie auf Ausfallrisiken würde bei Geltung der Modellprämissen die Möglichkeit der Ermittlung einer präferenzfreien, einzelengagementbezogenen Risikoprämie bedeuten, die problemlos in das übliche Kalkulationsschema der Marktzinsmethode integriert werden könnte.
- Da keine wie immer geartete Durchschnittsbildung erfolgt, ist eine feinere Differenzierung in der Preiskalkulation möglich als mit Ratingsystemen. Es erfolgt eine Verstetigung des Preises gegenüber diskreten Ratingnoten. Ratingsysteme führen zu dem Effekt, sich innerhalb der Ratingklassen tendenziell für die schlechteren Risiken zu entscheiden (Adverse Selection).[4]
- Das Risiko wird dynamisch und zukunftsorientiert betrachtet.
- Der Marktwert des Bankportfolios läßt sich unter den zugrunde gelegten Prämissen additiv aus den Risikoprämien ermitteln.
- Besonderheiten, wie Kündigungsrechte, Tilgungen und Sicherheiten können grundsätzlich in dieses Modell integriert werden.

---

[1] Eine oberflächliche Beschreibung des Modells gibt KMV Corporation [o.J.b].

[2] Vgl. KMV Corporation [1992].

[3] Vgl. Miller, R. [1998], S. 97 ff.

[4] Die mangelnde Differenzierung der Risikoprämien innerhalb einer Ratingklasse führt dazu, daß die Risikoprämien für die relativ guten Bonitäten innerhalb einer Ratingklasse zu hoch sind und diese Kunden daher zu Konkurrenzinstituten abwandern.

- Ein weiterer Vorteil des Optionspreismodells ist, daß die verschiedenen Einflußparameter zur Beurteilung der Ausfallrisiken theoretisch sehr klar herausgearbeitet werden und sogar die Sensitivität der Risikoprämie bzgl. dieser Einflußfaktoren bestimmt werden kann.[1] Auch wenn es wegen der zwangsläufigen subjektiven Schätzfehler (noch) nicht in der Lage ist, einen objektiven Maßstab zur Beurteilung von Ausfallrisiken zu liefern, so zwingt es doch zu einer genauen Auseinandersetzung mit dem Kreditnehmer und schult so das Urteilsvermögen der Nutzer.

Wie gezeigt, bilden die im Bewertungsmodell gemachten Prämissen die Realität nicht adäquat ab. Die errechneten Prämien stellen keine aus Arbitrageüberlegungen ableitbaren Preise für das individuelle Risiko des Kreditnehmers dar. Die errechnete Risikoprämie ist eine Näherungslösung, die auf der Basis einer Einschätzung der individuellen Risikosituation abgeleitet wird. Der Ansatz, Optionspreismodelle für die Bewertung von Ausfallrisiken zu verwenden, kann daher aufgrund der o.g. zahlreichen Verletzungen der Annahmen zumindest für nicht börsennotierte Unternehmen als nicht valide angesehen werden.

Neben den rigiden Prämissen sind die Inputgrößen als Hauptproblem dieses Modells anzusehen,[2] weshalb es bislang noch keine breite Akzeptanz gefunden hat.[3] Alle potentiellen Vorteile, die eine optionstheoretisch gestützte Kalkulation verspricht, insbesondere die präferenzfreie Ermittlung der Risikokosten, bleiben nur dann erhalten, wenn auch der Unternehmenswert präferenzfrei und marktorientiert ermittelt werden kann. Da der Unternehmenswert nicht am Markt gehandelt wird und wegen der praktischen Probleme, alternativ durch eine Unternehmensbewertung einen eindeutigen Unternehmenswert zu ermitteln, kann diese Voraussetzung in der Praxis als

---

[1] Vgl. Moers, H./Schnauß, M. [1996], S. 431.

[2] Vgl. Flesch, J.R./Gerdsmeier, S. [1995] S. 123.

[3] Vgl. z.B. Groß, H./Knippschild, M. [1995], S. 99. Dem Autor ist keine Bank bekannt, in der dieser Ansatz zur Kalkulation von Risikoprämien konsequent umgesetzt ist. Die Methode wird jedoch permanent weiterentwickelt, so daß eine Umsetzung in abgewandelter Form zukünftig nicht ausgeschlossen werden kann. Vgl. auch Crouhy, M./Galai, D./Mark, R. [1998], S. 40 ff. Aktuell wird das Modell vor allem zur Generierung von Ausfallwahrscheinlichkeiten, wie in Abschnitt 3.2.4.5.2. dargestellt, verwendet.

nicht erfüllt angesehen werden. Darüber hinaus ist auch der überaus sensitive Parameter Volatilität nicht beobachtbar.[1]

Weitere Probleme können bei der Implementierung durch mangelnde Akzeptanz in den Firmenkundenbereichen entstehen. Dort müssen die Inputparameter geschätzt werden. Da die Risikokosten sehr sensibel auf veränderte bzw. nicht korrekt ermittelte Eingangswerte reagieren, ist in der Praxis mit erhöhtem Argumentationsbedarf zu rechnen.[2] Erst in Kombination mit der Erfahrung und dem Marktgespür von Bankern könnten diese Modelle eine Hilfe bei der Kalkulation von Ausfallrisikomargen sein.[3]

Bezogen auf eine risikoadjustierte Steuerung ist festzuhalten, daß das Optionspreismodell direkt keine Informationen zur Risikoquantifizierung im Sinne unerwarteter Verluste der Bank liefert, sondern zunächst ein Bewertungsinstrument ist, so wie auch bei Marktpreisrisiken die VAR-Berechnung nachgelagert zur eigentlichen Bewertung und Preisfindung erfolgt. Zum Aufbau einer VAR-Steuerung für Ausfallrisiken ist eine Klassifizierung der Ausfallrisiken in Ratingklassen daher nach wie vor notwendig, da nur so die notwendigen statistischen Daten generiert werden können. Das Optionspreismodell kann jedoch als Asset Value Model bei der Klassifizierung der Risiken bzw. der Ermittlung theoretischer Ausfallwahrscheinlichkeiten (EAR) Verwendung finden und auch eine feinere Differenzierung der Bonitäten ermöglichen, als dies mit herkömmlichen Ratingsystemen möglich ist.

---

[1] Vgl. Saunders, A. [1997], S. 212 f.
[2] Vgl. Gerdsmeier, S./Kutscher, B. [1996], S. 44.
[3] Vgl. Lehrbaß, F.B. [1997a], S. 365 und 370.

3.2.5. Rating und Bonitätsklassen als Grundlage der Messung von Ausfallrisiken

3.2.5.1. Ratingdefinition

Standard & Poor's		Fitch-IBCA		Moody's	
Short-term	Long-term	Short-term	Long-term	Short-term	Long-term
A-1+	AAA	A1+	AAA	P-1	Aaa
	AA+		AA+		Aa1
	AA		AA		Aa2
	AA-		AA-		Aa3
A-1	A+	A1	A+		A1
	A		A		A2
A-2	A-	A2	A-	P-2	A3
A-3	BBB+	A3	BBB+	P-3	Baa1
	BBB		BBB		Baa2
	BBB-		BBB-		Baa3
Investment grade ratings					
Speculative grade ratings					
	BB+		BB+		Ba1
	BB		BB		Ba2
	BB-		BB-		Ba3
B		B			
	B+		B+		B1
	B		B	Not Prime	B2
	B-		B-		B3
C	CCC	C	CCC		Caa
	CC		CC		Ca
D	C	D	C		C
	D		D		
D=Default					

Abb. 14: Vergleich der Rating-Einteilung von Standard & Poor's, Moody's und Fitch/IBCA[1]

Rating bedeutet allgemein eine Beurteilung durch die Vergabe von Zensuren. Übertragen auf Ausfallrisiken versteht man unter Rating die durch spezielle Symbole ausgedrückte Meinung einer auf Bonitätsanalysen spezialisierten Agentur bzgl. der Fähigkeit und rechtlichen Bindung eines Emittenten, die mit einem bestimmten

---

[1] Quelle: UBS [o.J.].

Schuldtitel verbundenen Zins- und Tilgungsverpflichtungen vollständig und rechtzeitig zu erfüllen.[1] Sie treffen keine Aussage über sonstige Risiken, die bei der Investition in die untersuchten Finanztitel auftreten können, wie z. B. das Risiko von Marktwertveränderungen.

Die Beurteilung des Zahlungsverzugs- und Zahlungseinstellungsrisikos bei Schuldtiteln wird in einer einzigen Bewertungsgröße wiedergegeben. Länderrisiken, Branchenrisiken sowie unternehmens- und titelspezifische Risiken werden auf der Basis einer i.d.R. qualitative und quantitative Auswertungen umfassenden Fundamentalanalyse der jeweiligen Einflußfaktoren in einem komprimierten Urteil dargestellt[2].

Ratings von Agenturen wie Moody's, Standard&Poor's oder Fitch/IBCA haben sich an den Kapitalmärkten als Vergleichsinstrument für die Beurteilung von Kreditrisiken weitgehend durchgesetzt. Die Agenturen veröffentlichen Ratings für einzelne Emissionen sowie auch für Emittenten, jeweils unterteilt nach lang- und kurzfristig. Eine Übersicht über die Ratingklassen-Einteilung der Agenturen Standard & Poor's, Fitch/IBCA und Moody's gibt Abb. 14. Die Bedeutungen der einzelnen Rating-Einstufungen sind beispielhaft für die langfristigen Emissionsratings von Standard & Poor's und Moody's in Abb. 15 wiedergegeben.

Bankexterne Ratings von Agenturen sind mit bankinternen Ratingsystemen vergleichbar. Auf externe Ratings der Agenturen wird im folgenden näher eingegangen, weil für sie Datenmaterial öffentlich verfügbar ist. Grundsätzlich sind Risikomeßverfahren, die auf Ratings aufbauen, auch auf die internen Ratingsysteme anwendbar, auf die im nachfolgenden Abschnitt eingegangen wird.

---

[1] Vgl. Everling, O. [1995], Sp. 1601; Steiner, M. [1992], S. 509. Rating-Einstufungen können außer für Bonitätsrisiken auch für andere finanzielle Ansprüche wie Versicherungen oder Investmentfonds erstellt werden, die jedoch hier nicht relevant sind. Für eine umfassende Behandlung des Themas (Credit-) Rating vgl. Büschgen, H.E./Everling, O. [1995] sowie Everling, O. [1991b].

[2] Vgl. z.B. Everling, O. [1991], S. 608 ff.; Meyer-Parpart, W. [1996], S. 120 ff.

Standard & Poor's	Moody's	Bedeutung der Symbole
AAA	Aaa	Extrem starke Zinszahlungs- und Tilgungskraft des Emittenten
AA	Aa	Sehr starke Zinszahlungs- und Tilgungskraft
A	A	Gute Zinszahlungs- und Tilgungskraft (Schuldner ist aber anfälliger für negative Wirtschaftsentwicklungen als mit AAA oder AA bewertete Emittenten.)
BBB	Baa	Ausreichende Fähigkeit, Zins- und Tilgungszahlungen zu leisten. (Ungünstige Wirtschaftsentwicklungen oder ein verändertes Umfeld können jedoch die Fähigkeit zur Schuldenbedienungskraft stärker beeinträchtigen als in höheren Ratingkategorien)
BB	Ba	Noch ausreichend, aber Gefährdungselemente vorhanden, die zu ungenügender Einstufung führen können.
B	B	Derzeit noch ausreichend, aber starke Gefährdungselemente vorhanden.
CCC		Starke Tendenz zu Zahlungsschwierigkeiten
CC		Symbole werden für nachrangige Verbindlichkeiten verwendet,
C		wenn der Emittent z.B. mit CCC bewertet wird.
	Caa	Zinszahlungen eingestellt oder
	Ca	Stark gefährdet
CI		Zinszahlungen eingestellt
D	C	Emittent zahlungsunfähig
+/-	1,2,3,	Feinabstufungen innerhalb der Ratingkategorien, z.B. BB+ (Ba1) ist besser als BB- (Ba2 oder Ba3)

Abb. 15: **Bedeutung der Symbole des langfristigen Emissionsratings von Standard & Poors und Moody's**[1].

3.2.5.2. Rating und Finanztheorie

Das Vorhandensein und die Akzeptanz von Rating läßt sich kapitalmarkttheoretisch nicht erklären, da in der Kapitalmarkttheorie Informationseffizienz angenommen wird.[2] Rating kann daher erst erklärt werden, wenn Informationsineffizienz bzw. verschiedene Grade von Informationseffizienz vorliegen. Rating führt dann zu einer sinnvollen Komplexitätsreduktion bei der Beurteilung des Ausfallrisikos und trägt damit zu einer Erhöhung der Informationsstreuung bei. Da Rating-Agenturen häufig auch Zugang zu vertraulichen Informationen haben, die über die Angaben im Jahresabschluß hinausgehen, liefern sie darüber hinaus auch neue Informationen und erhö-

---

[1] Quelle: Steiner, M. [1992], S. 510. Die genauen Ratingdefinitionen finden sich z.B. bei Standard & Poor's [1997a]; Berblinger, J. [1996], S. 91 ff.; Meyer-Parpart, W. [1996], S. 170 ff.; Monro-Davies, R. [1996], S. 191 ff.

[2] Vgl. im folgenden Steiner, M./Heinke, V. G. [1996], S. 579 ff.

hen damit die Transparenz und die Effizienz der Märkte, verringern Transaktionskosten und sind geeignet, die im Kreditmarkt ausgeprägten Informationsasymmetrien abzumildern.

Unabhängig davon, wie Ratingurteile gefällt werden, beziehen sie sich auf das gesamte Bonitätsrisiko und nicht nur auf die systematischen Komponenten. Sie enthalten somit auch Informationen zu diversifizierbaren Risiken, die nach der Kapitalmarkttheorie nicht relevant sind. Wie schon gezeigt worden ist, sind Investoren in der Realität nicht in der Lage, das gesamte Marktportfolio zu halten. Auch Informationen zu diversifizierbaren Risiken sind daher für den Investor relevant.

3.2.5.3. Problembereiche des Rating

- Die Risikoeinstufung in Ratingklassen erfolgt über Symbole, die keine kardinale, sondern immer nur eine ordinale Messung der Bonität darstellen. Die Risikomaßstäbe bzw. die Abstände zwischen den Klassen sind somit vermutlich nicht äquidistant.[1] Dies hat zur Folge, daß die Ableitung kardinaler Ausfallwahrscheinlichkeiten über weitere Auswertungen erfolgen muß. Aus der Ordinalität des Credit Rating folgt u.a., daß auch eine mit dem höchsten Rating bewertete Anleihe nicht absolut sicher ist und immer noch eine Ausfallwahrscheinlichkeit größer Null aufweist.[2]

- Rating-Agenturen sind i.d.R. wirtschaftlich von ihren Kunden, d.h. den Emittenten abhängig, was immer die Gefahr der subjektiven Beeinflussung des Urteils mit sich bringt.[3] Dies könnte die Objektivität der Ratings beeinträchtigen, zumal die Unternehmen das ermittelte Rating nicht akzeptieren müssen und dann kein

---

[1] Vgl. Steiner, M. [1992], S. 514; Jahn, E. [1995], S. 513.
[2] Vgl. Hoffmann, P. [1991], S 92.
[3] Vgl. Jahn, E. [1995], S. 513.

Rating veröffentlicht wird.[1] Diesem Vorwurf steht der Wettbewerb und die Notwendigkeit für die Agenturen gegenüber, ihre Glaubwürdigkeit und die Qualität ihrer Ratings aufrechtzuerhalten, was sogar zu dem gegenteiligen Effekt einer tendenziell zu schlechten Einstufung führen kann.[2]

- Einer der schwerwiegendsten Kritikpunkte ist, daß Rating-Agenturen oft erst verzögert auf Neuinformationen reagieren. Sie haben einen bevorzugten Überprüfungsturnus von einem Jahr, so daß unterjährige Bonitätsveränderungen erst verspätet aufgezeigt werden. Ratings sind daher nur beschränkt aktuell.[3] Besonders deutlich wird dies auch bei Finanzkrisen, für deren Vorhersage Ratings wenig geeignet sind.[4]

- Rating-Agenturen veröffentlichen auch nicht beauftragte Ratings. In diesen Fällen verfügen sie i.d.R. nicht über die vertraulichen Informationen, die sie durch intensive Gespräche und Einblick in nichtöffentliche Unterlagen bei den üblichen beauftragten Ratings erhalten. Diese Ratings haben möglicherweise nicht den

---

[1] Vgl. Ballwieser, W. [1989], S. 216.

[2] In den USA waren die Rating-Agenturen auch wiederholt politischem Druck ausgesetzt. Als S&P in den 70er Jahren das Rating für die Stadt New York aussetzte, wurde die Agentur beschuldigt, die Finanzkrise verschuldet, zumindest aber verschlimmert zu haben. Moody´s, die ihr A-Rating für die Stadt beibehalten hatten, wurden hingegen beschuldigt, die Qualität der Anleihen, die letztendlich in Zahlungsverzug gerieten, falsch beurteilt zu haben. Vgl. Leftwich, R. [1997], S. 3.

[3] Vgl. Jahn, E. [1994], S. 19; Jahn, E. [1995], S. 513. Kealhofer, S. et.al. empfehlen die Ableitung von Ausfallwahrscheinlichkeiten aus Marktpreisen mit Hilfe optionstheoretischer Methoden, da „...equity markets are faster than rating agencies in reflecting information on the conditions of firms." Darüber hinaus kommen sie zu dem Schluß, daß auf Ratings basierende Ausfallwahrscheinlichkeiten tendenziell das Risiko für Fälligkeiten nahe dem Risikohorizont überzeichnen, während das Risiko für längerfristige Fälligkeiten unterschätzt wird, da Wanderungswahrscheinlichkeiten zu niedrig angesetzt werden. Vgl. Kealhofer, S./Kwok, S./Weng, W. [1998], S. 49 ff., die eine Studie über die Qualität der Ausfallraten von Rating-Agenturen vorlegen.

[4] Vgl. o.V. [1998a], S. 24. Eine Studie des Entwicklungszentrums der Pariser OECD kommt zu dem Ergebnis, daß die weltweit führenden Rating-Agenturen bei der Früherkennung von Finanzkrisen versagen. Vgl. Engelen, K.C. [1998] sowie o.V. [1998d], S. 14 f. Insbesondere für Emerging Markets werden Ratings als nicht ausreichend für das Risikomanagement angesehen. „*Take the recent Asian squeeze,... For certain emerging markets you have to use these systems as a basis and then superimpose certain scenarios of event risk or structural shock.*" Paul-Choudhury, S. [1997], S. 35.

gleichen Qualitätsstandard wie die beauftragten, was statistische Auswertungen verfälschen könnte.

- Wenn sich die Agenturen auf öffentlich verfügbare Informationen stützen, wird meist ein computergestütztes mathematisch-statistisches Beurteilungsverfahren angewendet. Da auf alle Beurteilungskandidaten die gleichen Kriterien und Gewichte angewendet werden, ist es weitgehend frei von subjektiven Bewertungskomponenten. Der subjektive Charakter des Ratings wird jedoch um so stärker, je mehr qualitative Faktoren in die Bewertung einfließen. Da sich die Tendenz abzeichnet, die Qualität des Managements zunehmend stärker zu gewichten und von der Kennzahlenanalyse abzurücken, unterliegen Ratings verstärkt subjektiven Einflüssen und sind nicht das Ergebnis rein technisch-mathematischer Verfahren.[1] Diese subjektiven Beurteilungsprozesse sind ein Grundproblem aller Bonitätsanalysen, das kaum lösbar ist. Die Beurteilung von Erfolgspotentialen und die Zukunftsorientierung bleiben ein schwer quantifizierbares Element der Bonitätsbeurteilung. Dieses Argument wird abgeschwächt durch die Urteilsfindung in einem Ratingkomitee auf Konsensbasis und durch die Berücksichtigung des Erfahrungswissens der Beurteilenden.[2]

- Ratings beinhalten i.d.R. nicht die Möglichkeit sog. Event-Risks, also außerordentlicher Veränderungen in der finanziellen oder operativen Situation des Emittenten. Abhängig von den Anleihebedingungen kann sich die Qualität einer Anleihe dramatisch ändern, wenn z.B. der Emittent massiv die Verschuldung erhöht oder von einem anderen Unternehmen mit schlechterer Bonität übernommen wird.[3]

---

[1] Vgl. Bunemann, M.L. [1989], S. 204. Zu den Kriterien, die z.B. S&P für das Rating von Firmen anwendet, vgl. Standard & Poor's [1996].

[2] Vgl. Serfling, K./Badack, E./Jeiter, V. [1996], S. 649 ff.

[3] Vgl. Leftwich, R. [1997], S. 3. Rating-Agenturen sind daher auch bestrebt, die in den Anleihebedingungen enthaltenen Schutzbestimmungen gegen solche Bonitätsverschlechterungen in ihre Ratingurteile einfließen zu lassen. Vgl. Everling, O. [1991a], S. 610 f. Darüber hinaus veröffentlicht z.B. Standard & Poor's ein zusätzliches Rating, mit E1-E5 bezeichnet, das die Anfälligkeit für Event-Risks beziffern soll.

- Ratings sind zwangsläufig ungenau, weil ihre Erstellung immer einen Kompromiß zwischen Reduktion der Kosten für eine eingehende Informationsbeschaffung und der aus dem Bonitätsurteil abgeleiteten Informationstiefe darstellt.[1] Rating bedeutet darüber hinaus zwangsläufig einen Informationsverlust. Die komplexen Sachverhalte, die die Bonität eines Kontrahenten beeinflussen und determinieren, werden in einer Note komprimiert.[2] Nur auf diese Weise lassen sich unterschiedlichste Kontrahenten vergleichbar machen, Datenbanken statistisch auswerten und quantitative Aussagen bzgl. Ausfallwahrscheinlichkeiten ableiten.

- Für eine Risikosteuerung auf der Basis von Ratings müssen diese vergleichbar sein. Die Vergleichbarkeit von Ratingergebnissen kann sich auf die horizontale Ebene (zwischen Agenturen, insbesondere aber zwischen Emissionen) und auf die zeitliche, vertikale Dimension beziehen. Die zeitliche Vergleichbarkeit ist nur gewährleistet, wenn eine Ratingeinstufung (z.B. AAA) von heute z.B. der von vor zehn Jahren entspricht. Da Ratingdefinitionen selten und wenig gravierend geändert werden, kann dies grundsätzlich angenommen werden.[3] Ratings beziehen sich auf unterschiedliche Risikoarten, unterschiedlichste Emittenten sowie auf unterschiedliche Emissionen. Folge ist eine Heterogenität der Ratings auch innerhalb der jeweiligen Ratingklasse, die eine absolute Vergleichbarkeit aller gerateten Risiken einschränkt. Es stellt sich daher die Frage, ob hinreichende Konsistenz des Rating gewährleistet ist. Die durch die Verwendung einer standardisierten Ratingsymbolik suggerierte Vergleichbarkeit der bewerteten Titel ist so nicht vollständig gegeben.[4]

---

[1] Vgl. Jahn, E. [1995], S. 511.

[2] Vgl. Jahn, E. [1994], S. 19.

[3] Vgl. Serfling, K./Badack, E./Jeiter, V. [1996], S. 650.

[4] Vgl. Serfling, K./Badack, E./Jeiter, V. [1996], S. 651. Wie Cantor et.al. [1999] ausführen, wird Moody's zukünftig mehr Gewicht auf den erwarteten Verlust als Vergleichsmaßstab legen, um eben diese bessere Vergleichbarkeit von Ratings zu gewährleisten. Da jedoch auch andere Risikoparameter wie die Ausfallwahrscheinlichkeit und das Migrationsrisiko abhängig von der gerateten Produktart eine große Rolle spielen, werden wohl auch zukünftig selbst die Ratings einer Agentur nicht nach einem einfachen Konzept vollständig vergleichbar sein. Vgl. Cantor, R./ Fons, J.S./ Mahony, C.T./ Pinkes, K.J.H. [1999], S. 3 ff.

- Externe wie auch interne Ratings sind nur ein unvollkommenes Substitut für echte Marktinformationen und immer nur so gut wie der zugrundeliegende Beurteilungsprozeß, der aufgrund der Komplexität zwangsläufig fehlerhaft ist. Dieses Urteil trifft jedoch auf alle Verfahren der Beurteilung und Messung von Ausfallrisiken zu. Ausgehend von der Prämisse, daß die Beurteilung der Bonität und die entsprechende Eingruppierung in Ratingklassen mit hinreichender Richtigkeit erfolgt ist, bieten Ratings jedoch eine gute Ausgangsbasis, um sich über die Risikosituation eines Portfolios hinsichtlich der Ausfallrisiken ein verläßliches Bild zu verschaffen. Die Qualität von Ratings ist Gegenstand verschiedener Untersuchungen.[1] Der signifikante Zusammenhang zwischen Ratingstufen und effektiven Ausfällen unterstützt die Sicht, daß Ratings eine verläßliche Einschätzung der Wahrscheinlichkeit und des Ausmaßes eines Zahlungsverzuges liefern. Auf Ratings basierende Modelle haben darüber hinaus die Vorteile, intuitiv leicht nachvollziehbar und - soweit die Daten vorliegen - leicht implementierbar zu sein. Ratings sind als wertvoller Kompromiß der vielfältigen Anforderungen anzusehen. Mit zunehmender Verfeinerung der Risikomanagement-Prozesse werden jedoch auch an die Rating-Qualität ansteigende Anforderungen gestellt werden.

3.2.5.4. Verwendung externer und interner Ratings

Von entscheidender Bedeutung für ein wirkungsvolles Ausfallrisikomanagement ist ein aussagefähiges und klar definiertes Rating-System.[2] Damit ein Rating-System bzw. ganz allgemein ein Kreditrisiko-Bewertungssystem aussagekräftig ist, muß es möglich sein, das gesamte Portfolio auf der Basis dieser Ratings sachgerecht darzustellen.[3] Die in den folgenden Kapiteln dargestellten Verfahren der Risikomessung

---

[1] Vgl. Jahn, E. [1995], S. 511; Carty, L.V./Lieberman, D. [1997]; Kealhofer, S./Kwok, S./Weng, W. [1998] mit einer kritischen Stellungnahme zu aus Ratings abgeleiteten Ausfallwahrscheinlichkeiten sowie Leftwich, R. [1997], S. 4.

[2] Vgl. Grafstrom, J. [1996], S. 56.

[3] Vgl. Santomero, A. M. [1997], S. 13.

und Portfoliosteuerung von Ausfallrisiken basieren ganz entscheidend auf der richtigen Eingruppierung des jeweiligen Kontrahentenrisikos in Ratingklassen.

Soweit externe Ratings vorliegen, können Banken diese in ihre Entscheidung einfließen lassen. Ratings können dann eine schnellere und unbürokratischere Kreditentscheidung erleichtern.[1] Da die Rating-Agenturen den Kreis gerateter Wertpapieremissionen permanent ausweiten und seit einigen Jahren auch Kredite, bisher v.a. syndizierte Kredite in den USA, analysieren, betrifft dies einen wachsenden Teil des Kapitalmarktes.[2] Die Rating-Agenturen verfügen häufig wegen der uneingeschränkten Bereitschaft des Kunden zur Zusammenarbeit über tiefergehende Informationen. Banken haben demgegenüber oft exklusiven Zugang zu Informationen über die Kontoführung des Kunden, die insbesondere in Phasen der Bonitätsverschlechterung ein wichtiger Frühindikator sein kann. Großer Vorteil der externen Ratings ist, daß für sie umfangreiche Datenbanken zu Ausfallrisiken zur Verfügung stehen. Grundsätzlich können sie jedoch nur ein Element der Risikobeurteilung für Banken sein, nicht aber ein Substitut für eine eigene Beurteilung. Dies folgt schon aus der mangelnden Transparenz, wie Ratings der Agenturen zustande kommen.

In der Regel ist nur für einen Bruchteil der Bankkunden von Agenturen ein Rating vergeben worden. Für den größten Teil des Portfolios dürfte dies regelmäßig nicht gelten. Für eine umfassende Risikosteuerung sind Banken daher gezwungen, für alle Kontrahenten, für die kein externes Rating vorliegt, selbst ein entsprechendes internes Ratingsystem aufzubauen. Um Portfoliomodelle[3] vollumfänglich nutzen zu können, müssen darüber hinaus historische Daten zu Ausfallwahrscheinlichkeiten und Recovery Rates sowie ggf. zu Wanderungsbewegungen zwischen den Ratingklassen und zu Risikomargen generiert werden, so daß diesbezüglich umfangreiche Datenbanken aufgebaut werden müssen.

---

[1] Vgl. Jahn, E. [1995], S. 512; Müller, H. [1996], S. 338.

[2] Vgl. Marshella, T.J., et.al. [1997]. Moody's hat 1995 begonnen, auch Bankkredite zu analysieren und hat bis Mai 1997 494 Schuldner vorwiegend in den USA eingestuft. Auch der europäische Mittelstand wird zunehmend Zielgruppe der Rating-Agenturen. Vgl. o.V. [1997k], S. 18.

[3] Vgl. Abschnitt 3.3.3.

In den meisten Banken wird schon seit geraumer Zeit mit internen Ratingsystemen gearbeitet. Die Anwendung bestehender Bonitäts- oder Risikoklassensysteme zur Risikomessung ist jedoch häufig mit vielfältigen Problemen verbunden. Die interne Systematik ist möglicherweise in der Vergangenheit verändert worden oder es existieren verschiedene Methoden in unterschiedlichen Abteilungen, so daß eine Vergleichbarkeit der Ratingeinstufungen nicht gewährleistet ist. Die vorhandenen internen Systeme sind meist nicht im Hinblick auf detaillierte statistische Auswertungen entwickelt worden. Sie verfügen häufig nur über eine geringe Anzahl von Ratingstufen, und diese Stufen sind weiterhin häufig nicht oder nicht konsistent statistisch ausgewertet worden. Die Daten sind zwar grundsätzlich in Kreditakten vorhanden, aber i.d.R. nicht in aufbereiteter Form.

Da der Aufbau umfangreicher interner Datenbanken erst über einen langen Zeitraum möglich ist, bietet es sich an, die eigenen Ratingklassen analog zu den Ratingklassen der externen Rating-Agenturen aufzubauen[1] (auch Rating-Parallelisierung genannt), um so die statistischen Merkmale - insbesondere Ausfallwahrscheinlichkeiten, Recovery Rates und Migrationswahrscheinlichkeiten - für nicht geratete Kreditnehmer bzw. Kontrahenten übernehmen zu können. Die Überführung externer Ratingkategorien auf die interne Systematik, z.B. über Transformationstabellen, ist jedoch in jedem Falle nur eingeschränkt möglich, weil Einstufungen zwangsläufig von denen der Agenturen abweichen.[2] Da die internen Systeme i.d.R. über weniger Stufen verfügen als die Systeme der Agenturen, muß definiert werden, wie die Ratings den internen Risikostufen zugeordnet werden, wobei eine Komprimierung der Informationen erfolgt.

Selbst unter der Annahme, daß die Rating-Parallelisierung gelingt, ist fraglich, ob die statistischen Merkmale der Agentur-Ratings auf die intern vergebenen Ratings übertragbar sind, ob also Ausfallwahrscheinlichkeiten, Recovery Rates und Migrati-

---

[1] Vgl. Altman, E.I. [1996], S. 9.
[2] Vgl. Kealhofer, S./Kwok, S./Weng, W. [1998], S. 50.

onsbewegungen, die auf der Auswertung von Anleihen vor allem amerikanischer Schuldner beruhen, auf die deutschen, in jedem Fall aber mehrheitlich europäischen Bankkunden anwendbar sind.[1] Wie Machauer/ Weber für eine Auswahl deutscher mittelständischer Firmenkunden feststellen, sind die bankinternen Rating-Einstufungen dieser Bankschuldner z.b. wesentlich volatiler als Anleihe-Ratings, d.h. die Wahrscheinlichkeit einer Rating-Änderung ist deutlich ausgeprägter.[2] Dem Aufbau einer Datenbank für die Charakteristika von Bankkrediten kommt daher eine große Bedeutung zu. Einzelne Banken stehen jedoch vor dem Problem, daß ihr eigenes Portfolio nicht groß genug ist, um zu statistisch signifikanten Aussagen zu kommen. Der Rückgriff auf Statistiken der Agenturen ist daher schon aus diesem Grund ggf. erforderlich.

Für eine Rating-Parallelisierung interner und externer Ratings ist neben der Verwendung identischer Ratingklassen und Kriterien weiterhin folgendes zu beachten: Rating-Agenturen vergeben Ratings für einzelne Emissionen sowie auch für einzelne Emittenten. Die allgemeine Zahlungsfähigkeit des Emittenten kommt im Emittentenrating zum Ausdruck, das jedoch nicht als eigenständig zu betrachten ist, da es aus dem Rating der einzelnen Emission abgeleitet ist und einen Zwischenschritt im Ratingverfahren bildet.[3] Insbesondere das Emissions-Rating ist der Bonitätsprüfung durch Banken nicht gleichzusetzen. Bei den Emissionsratings spielt die rechtliche Ausgestaltung der Anleihen hinsichtlich Sicherheiten, Rangstellung im Konkurs sowie der weiteren Anleihebedingungen (Pari Passu, Negativklauseln etc.) eine entscheidende Rolle.[4] Unterschiedlich besicherte Anleihen eines Unternehmens können so unterschiedliche Ratings aufweisen. Es handelt sich somit um Risikoklassen. Dies ist bei der Übertragung auf die internen Analysen zu berücksichtigen.

---

[1] Dieses Argument wird im Zeitablauf an Bedeutung verlieren, da die Agenturen zunehmend auch in Europa aktiv sind. Es wird jedoch einige Zeit dauern, sowohl bis sie die Marktdurchdringung erreicht haben wie in den Vereinigten Staaten, als auch bis die verfügbare Historie vergleichbare Auswertungen erlaubt.

[2] Vgl. Machauer, A./Weber, M. [1998], S. 23 ff. Eine umfängliche Untersuchung dieser Zusammenhänge scheitert derzeit noch an der ungenügenden Datenbasis.

[3] Vgl. Serfling, K./Badack, E./Jeiter, V. [1996], S. 633.

[4] Vgl. Gründling, H./Everling, O. [1994], S. 730.

Angesichts der schlechten Qualität der derzeit zur Verfügung stehenden Daten dürften die Ergebnisse der Risikomessung, insbesondere bei Anwendung auf das Kerngeschäft der deutschen kommerziellen Banken, d.h. die mittelständische Firmenkundschaft, anfangs nur eingeschränkt aussagefähig sein. Notwendig ist daher der konsequente Aufbau entsprechender Datenbanken, um auch die Steuerung von Ausfallrisiken auf ein befriedigendes Niveau zu heben und mit den Marktpreisrisiken vergleichbar zu machen.[1] Trotz der vielfältigen Schwierigkeiten ist es darüber hinaus für eine umfassende Risikosteuerung unerläßlich, ein die gesamte Bank umfassendes leistungsfähiges internes Ratingsystem aufzubauen, um bankweit Ausfallrisiken konsistent messen zu können.[2]

3.2.5.5. Aufbau eines internen Ratingsystems

Beim Aufbau eines internen Ratingsystems empfiehlt es sich, bestimmte Anforderungen zu berücksichtigen, um die Risikosteuerung möglichst effizient zu gestalten. Sautter/Droste formulieren vier Anforderungen von deren Erfüllung die Leistungsfähigkeit eines Rating-Systems abhängt:

- Die portfolioweite Anwendbarkeit auf alle Kreditrisiken vom Retail-Kredit bis zum Großkunden,
- die Vollständigkeit der Risikodeterminanten, um den Risikogehalt eines Kredites objektiviert zu bestimmen,
- die empirische Untermauerung z.B. durch Methoden der Diskriminanzanalyse sowie
- die Überleitbarkeit zu öffentlich verfügbaren Ratingsystemen.[3]

Der erste Schritt in der Konstruktion eines bankweiten Ratingsystems ist die Kategorisierung sämtlicher Kreditnehmer aufgrund individueller Ausfallwahrscheinlich-

---

[1] In einer Studie zu Risikomanagement in kommerziellen Banken kommt Santomero auch für die Vereinigten Staaten zu der gleichen Schlußfolgerung. Vgl. Santomero, A. M. [1997], S. 25.

[2] Vgl. auch McKinley, J.E. [1998], S. 28 ff. sowie Sautter, M.T./Droste, K.D. [1998], S. 220. Das Rating-System ist als Grundlage für die wesentlichen Risikomanagement-Prozesse eines modernen Kreditrisikomanagements anzusehen.

[3] Vgl. Sautter, M.T./Droste, K.D. [1998], S. 220 f.

keiten.¹ Um eine effiziente Risikosteuerung zu gewährleisten, sollte das interne Ratingsystem analog zu den Ratings der Agenturen auf die erwartete Ausfallrate (EAR) kalibriert sein² und dies auch regelmäßig überprüft werden. Zu beachten ist, daß es auf Ausfallraten und nicht auf Verlustraten aufbaut, um für alle Risikoquellen separat Auswertungen durchführen zu können. Es sollte sich also um ein Bonitätsklassensystem handeln. Um die Bonitätsklassen auf die Ausfallwahrscheinlichkeit zu kalibrieren, wird jeder Klasse eine durchschnittliche Ausfallrate als „Basis-EAR" vorgegeben. Garside et.al. empfehlen, jeweils eine Verdoppelung der EAR mit jeder weiteren Rating-Stufe, ausgehend von 0,15% in der besten Stufe bis zu 20% in der schlechtesten Einstufung, die noch nicht Insolvenz anzeigt. Durch diese Definition einer Basisskala von Bonitätsstufen, denen jeweils eine spezifische EAR zugewiesen wird, wird die Voraussetzung geschaffen, unterschiedlichste Geschäftssegmente in der Risikomessung vergleichbar zu machen.³ Hierfür ist erforderlich, daß das Bonitätsklassensystem auf alle Kundengruppen angewendet wird.

Um zu gewährleisten, daß Risiken möglichst zeitnah in die jeweils adäquate Ratingklasse eingestuft werden, ist eine konsequente Risikoüberwachung notwendig.⁴ Durch regelmäßige Schulungen der Kreditspezialisten und eine strenge Kontrolle ist sicherzustellen, daß die Einteilung in die Bonitätsklassen im ganzen Konzern einheitlich erfolgt. Definitionsgemäß sind die EAR konjunkturzyklus-neutral und repräsentieren die durchschnittlichen Ausfälle innerhalb eines vollständigen Konjunkturzyklusses. Durch laufende Beobachtung der historischen Ausfallraten der einzelnen Bonitätsklassen sollte eine regelmäßige Überprüfung (Backtesting) durchgeführt werden, um sicherzustellen, daß die geschätzten EAR auch die Realität widerspiegeln und die Risikomessungen verläßliche Ergebnisse erzielen.⁵

---

[1] Vgl. Varnholt, B. [1997], S. 135 ff.
[2] Vgl. insbesondere Garside, T./Stott, H./Strothe, G. [1998], S. 6 ff.
[3] Vgl. Garside, T./Stott, H./Strothe, G. [1998], S. 7.
[4] Vgl. Grafstrom, J. [1996], S. 57.
[5] Vgl. Garside, T./Stott, H./Strothe, G. [1998], S. 15.

Weiterhin muß die Bonitätsskala hinreichend differenziert sein, um unterschiedliche Kundenbonitäten möglichst genau trennen zu können. Die optimale Anzahl von Stufen ist nicht exakt zu definieren. Garside et.al. empfehlen mindestens 10 bis 14 Klassen für akzeptable bzw. nicht gefährdete Risiken.[1] Das RAROC-System der Bank of America basiert auf 6 Stufen,[2] UBS arbeitet mit 10,[3] der SBV mit 12 Stufen.[4]

Zur besseren Kommunizierbarkeit sowohl internen als auch externen Adressaten gegenüber sollte das Rating 1:1 den Skalen öffentlicher Rating-Agenturen zuordenbar sein. Da es unter den Rating-Agenturen signifikante Unterschiede gibt, sowohl in der Benotung einzelner Schuldner als auch in der Zuordnung von Ausfallwahrscheinlichkeiten zu Ratingstufen, ist die Kalibrierung auf eine Agentur empfehlenswert.[5]

Für die Generierung der Ratingurteile können verschiedene Methoden herangezogen werden, wie das auf der Optionstheorie basierende oben beschriebene Asset Value Model,[6] die Diskriminanzanalyse, Scoring-Modelle sowie weitere Methoden.[7] Dabei können die objektiven Werte aus Modellen in unterschiedlichem Maße durch qualitative Urteile der Kreditbearbeiter ergänzt werden. Die Einstufung kann auch ganz ohne Modelle allein aufgrund von qualitativen bzw. intuitiven Urteilen erfolgen. Dies dürfte jedoch einer sauberen Kalibrierung des Rating-Systems entgegenstehen. Allein durch das „Vieraugenprinzip" kann noch keine hinreichende Genauigkeit, Konsistenz und Vergleichbarkeit gewährleistet werden.[8]

---

[1] Vgl. Garside, T./Stott, H./Strothe, G. [1998], S. 7.
[2] Vgl. James, C. [1996], S. 24.
[3] Vgl. UBS [1998], S. 8.
[4] Vgl. Schweizerischer Bankverein [1998], S. 28.
[5] Vgl. Manz, F. [1998], S. 148 ff.
[6] Vgl. Abschnitt 3.2.4.5.2.
[7] Vgl. die Abschnitte 3.2.2.1. und 3.2.2.2. zu traditionellen und modernen Verfahren der Kreditwürdigkeitsprüfung.
[8] Vgl. auch Manz, F. [1998], S. 150 f.

Ein weitentwickeltes internes Ratingsystem ist für ein professionelles Ausfallrisikomanagement von entscheidender Bedeutung. Zusätzliche Relevanz werden interne Ratingsysteme durch die anstehende Neuregelung der angemessenen Eigenkapitalausstattung von Banken bekommen.[1] Banken, die über ein hinreichend professionelles internes Ratingsystem verfügen, werden künftig nach Prüfung und Anerkennung durch die Bankenaufsicht diese internen Ratings für die Bemessung der erforderlichen Eigenkapitalunterlegung heranziehen können. Es wird daher zukünftig für alle Banken von herausragender Priorität sein, über ein internes Ratingsystem zu verfügen, das den Anforderungen der Bankenaufsicht genügt und von dieser anerkannt worden ist.

Obgleich die nähere Ausgestaltung der Anforderungen für die Anerkennung interner Ratingsysteme noch erfolgen muß, ist schon jetzt absehbar, daß diese internen Ratings bestimmte Mindeststandards erfüllen müssen, die ohnehin für ein wirkungsvolles internes Risikomanagement Bedingung sind:
- Die Richtigkeit der Ratingeinstufung ist durch eine regelmäßige Überprüfung der Einstufung und ein regelmäßiges Backtesting der EAR anhand der Ausfallhistorie sicherzustellen.
- Ratingeinstufungen müssen möglichst objektiv sein und dürfen daher nicht manipulierbar sein, so daß es erforderlich ist, Rating und Kundenbetreuung organisatorisch voneinander zu trennen.
- Die Ratingklassen müssen über die gesamte Bank sowie auch über verschiedene Banken vergleichbar sein. Hierfür bietet sich, wie oben ausgeführt, die Kalibrierung auf die EAR an, die als Vergleichsmaßstab herangezogen werden kann.[2]
- Um eine hinreichende Differenzierung der Bonitäten zu ermöglichen, sollten interne Ratingsysteme wenigstens sechs bis acht Klassen umfassen.

---

[1] Vgl. Basler Ausschuß für Bankenaufsicht [1999d], insbesondere S. 33 ff.

[2] Über die EAR sind allerdings nur Bonitätsklassensysteme miteinander vergleichbar. In manchen Geschäftsfeldern wie etwa bestimmten besicherten Krediten oder Projektfinanzierungen sind Risikoklassensysteme angemessener. Hier wäre zu prüfen, inwieweit der erwartete Verlust als Vergleichsmaßstab geeignet ist.

Noch offen ist derzeit, wie diesen internen Ratings Eigenkapitalgewichtungssätze zugeordnet werden. Möglichkeiten reichen von starren Prozentsätzen bis hin zu Ergebnissen komplexer Modellierungen aufgrund von Portfoliomodellen. In jedem Fall jedoch ist eine weitentwickeltes internes Ratingsystem unerläßlich, da es Voraussetzung ist für die weiteren Schritte der Bemessung des erforderlichen Risikokapitals.

3.2.6. Erwartete Verluste

3.2.6.1. Ausfallwahrscheinlichkeit

3.2.6.1.1. Ausfallraten

Wenn ein aussagefähiges Ratingsystem und eine entsprechende Datenbasis vorliegen, können, wie dies bereits seit einigen Jahren von den großen Rating-Agenturen durchgeführt wird,[1] über statistische Auswertungen Ausfallwahrscheinlichkeiten für die Ratingklassen differenziert nach Laufzeiten ermittelt werden. Dafür werden alle in einem bestimmten Zeitraum festgestellten Ausfälle einer Ratingklasse allen Forderungen dieser Ratingklasse gegenübergestellt. Voraussetzung für diese Vorgehensweise ist die Annahme, daß alle Ausfälle unabhängig voneinander sind.[2]

Ausfall wird definiert als jede ausgefallene oder verzögerte Zahlung von Zins- oder Tilgungsbeträgen, Konkurs und Vergleich sowie Maßnahmen, die den Wert der Forderungen vermindern, um den Konkurs zu vermeiden.[3] Grundlage ist der

---

[1] Vgl. z.B. Standard & Poor's [1997b] sowie Carty, L.V./Lieberman, D. [1997]. Von den Rating-Agenturen werden diese Ausfallwahrscheinlichkeiten insbesondere deswegen ermittelt, um den engen Zusammenhang von gutem/schlechtem Rating mit niedriger/hoher Ausfallwahrscheinlichkeit nachzuweisen und so die Qualität ihrer Einstufungen zu untermauern.

[2] Unabhängigkeit ist im Sinne von Unkorreliertheit zu verstehen. Eine durchschnittliche Ausfallrate unterstellt eine Korrelation von Null auch innerhalb einer Ratingklasse. Korrelationen größer Null ergeben volatile Ausfallraten, wie sie in den Portfoliomodellen (vgl. Abschnitt 3.3.) modelliert werden.

[3] Vgl. Carty, L.V./Lieberman, D. [1997], S. 5; Fons, J.S./Carty, LV. [1995], S. 35.

Schuldner und nicht die emittierten Anleihen oder deren Volumina, da sich Ausfallraten auf die Schuldner beziehen und unabhängig von der Anzahl oder dem Volumen der ausstehenden Forderungen sein sollen.[1]

Ausgehend von der Bildung von Gruppen, die an einem Ursprungsdatum ein bestimmtes Rating aufweisen,[2] können für diese Gruppen Ausfallraten für die folgenden Jahre bestimmt werden.[3] Durch die Zusammenführung der Ergebnisse dieser Gruppen können verschiedene Mehr-Jahres-Analysen durchgeführt werden. Anders als bei einer reinen Durchschnittsbetrachtung können so unterschiedliche Ausfallraten für verschiedene Fristen ermittelt werden, die eine differenzierte Bewertung von ausfallrisikobehafteten Forderungen erlauben.

Für die weiteren Untersuchungen werden marginale und kumulative Ausfallraten unterschieden.[4] Die marginale Ausfallrate $d_t(R)$ kann beschrieben werden als die Wahrscheinlichkeit, daß ein Kredit mit einem bestimmten ursprünglichen Rating in einem bestimmten Jahr ausfällt, vorausgesetzt, er ist nicht bereits vorher ausgefallen. Die kumulative Ausfallrate $D_t(R)$ beschreibt die Wahrscheinlichkeit, daß ein Schuldner bis zu einem bestimmten Zeitpunkt ausfällt und beschreibt damit die Ausfallwahrscheinlichkeit bis zu einem bestimmten Zeithorizont. Die marginale Ausfallrate läßt sich folgendermaßen darstellen.[5]

---

[1] Das Volumen der Forderungen bzw. die Unternehmensgröße des Schuldners hat einen möglicherweise sogar großen Einfluß auf die Bonität des Schuldners und folglich auf die Ausfallrate. Dieser Effekt wird jedoch bereits im Rating berücksichtigt. Große Unternehmen werden tendenziell eine bessere Ratingeinstufung bekommen als kleine und mittlere Unternehmen. Die höchsten Ratingstufen (AAA, AA) werden für kleine Unternehmen nur in Ausnahmefällen erreichbar sein.

[2] Bei Moody's Cohorts, bei Standard & Poor's Static Pool genannt. Die Begründung für diese Vorgehensweise ist, daß über alle Ratingstufen relativ weniger Unternehmen in der Zeit unmittelbar nachdem sie geratet worden sind ausfallen. Statistische Analysen wären daher beeinflußt von der unterschiedlichen Rating-Aktivität in verschiedenen Perioden. Vgl. Standard & Poor's [1997b], S. 6.

[3] Wesentlicher Unterschied zur Vorgehensweise bei der Standardrisikokostenberechnung ist, die Ausfälle der Risikoklasse zuzuordnen, in der die Kredit ursprünglich bei erstmaliger Beurteilung eingeordnet worden ist und nicht in diejenige, in der er sich zum Zeitpunkt des Ausfalls befinden.

[4] Vgl. Fons, J.S. [1994], S. 25; Fons, J.S./Carty, LV. [1995], S. 38 ff.

[5] Vgl. Fons, J.S. [1994], S. 25 f.; Fons, J.S./Carty, LV. [1995], S. 38 ff.

$m_t^Y(R)$ ist die Anzahl der Kreditnehmer mit dem Rating R (R=AAA, AA, ...), die ursprünglich Teil der Auswahl von Kreditnehmern mit dem Rating R am Anfang des Jahres Y waren und die im Jahr t nach dem Jahr Y ausgefallen sind.

$n_t^Y(R)$ ist die Anzahl von Kreditnehmern mit dem Rating R am Anfang des Jahres Y, die nicht ausgefallen sind bis zum Beginn des Jahres t.

Die **marginale Ausfallrate** $d_t(R)$ ist die durchschnittliche gewichtete Ausfallrate für Kreditnehmer mit dem Rating R im Jahr t nach dem Jahr Y (hier 1970):

$$d_t(R) = \frac{\sum_{Y=1970}^{T} m_t^Y(R)}{\sum_{Y=1970}^{T} n_t^Y(R)}$$

d_5(BBB) ist dann die Wahrscheinlichkeit, daß ein Kredit mit dem Rating BBB im fünften Jahr ausfallen wird, nachdem er das Rating BBB erhalten hat. Die marginale Ausfallrate gibt somit an, welcher Prozentsatz der Schuldner, die bis zum Jahr t überlebt haben, im Jahr t ausfällt.[1]

Ebenso können eine **marginale** sowie eine **kumulative Überlebensrate** ermittelt werden, die die Wahrscheinlichkeit ausdrücken, daß ein Kredit nicht in einem bestimmten Jahr ausfällt bzw. bis zu einem bestimmten Jahr ausgefallen ist. Die Wahrscheinlichkeit, daß ein Kredit mit dem Rating (R) im Jahr t nicht ausfällt ist die marginale Überlebensrate $1-d_t(R)$. Die kumulative Überlebensrate $S_t(R)$ ist das Produkt der marginalen Überlebensraten.[2] Die kumulative Überlebensrate $S_t(R)$ läßt sich somit definieren als:

$$S_t(R) = \prod_{i=1}^{t} [1 - d_i(R)]$$

---

[1] Es gilt daher $0 \leq d_t \leq 1$.

[2] Vgl. Fons, J.S. [1994], S. 26.

Die **kumulative Ausfallrate** ist die Wahrscheinlichkeit, daß ein Kredit bis zum Jahr t ausfällt und wird folgendermaßen dargestellt: $D_t(R)=1-S_t(R)$.[1] Entsprechende Werte für marginale und kumulative Ausfallraten, die sich auf Ratings von Moody's beziehen, lassen sich den folgenden Tabellen entnehmen:

Zeithorizont	1	2	3	4	5	6	7	8	9	10	11	12	13	14	15
Aaa	0,00	0,00	0,00	0,04	0,09	0,09	0,11	0,12	0,14	0,15	0,17	0,19	0,21	0,11	0,13
Aa	0,03	0,02	0,05	0,15	0,15	0,17	0,16	0,18	0,13	0,09	0,10	0,12	0,14	0,31	0,10
A	0,01	0,06	0,15	0,17	0,18	0,19	0,20	0,22	0,26	0,29	0,31	0,33	0,31	0,25	0,34
Baa	0,12	0,27	0,37	0,51	0,45	0,51	0,59	0,59	0,65	0,65	0,71	0,76	0,73	0,77	1,50
Ba	1,36	2,44	2,62	2,76	2,95	2,60	2,11	2,21	2,04	2,12	2,40	2,63	2,80	2,34	2,33
B	7,27	7,12	7,05	6,36	5,90	5,40	4,61	4,19	4,00	4,88	3,16	2,21	1,97	1,64	2,05

Abb. 16: **Gewichtete durchschnittliche marginale Ausfallraten**[2]

---

[1] Da sich die marginalen Ausfallraten jeweils nur auf das überlebende Portfolio im Jahr t beziehen, nicht aber auf alle im Basisjahr bestehenden Kredite mit dem gleichen Rating (R), kann die kumulative Ausfallrate nicht durch einfache Addition der marginalen Ausfallraten gefunden werden, sondern wird indirekt ermittelt. Unter marginaler Ausfallwahrscheinlichkeit kann auch die mit der ursprünglichen Grundgesamtheit gewichtete Wahrscheinlichkeit, im Jahr t auszufallen, verstanden werden. Während die marginalen Ausfallraten dann andere Werte annehmen, als in der hier gewählten Vorgehensweise, sind die kumulativen Ausfallraten identisch. Die hier gewählte Definition berücksichtigt, daß in Periode t nur ausfallen kann, wer bis dahin nicht ausgefallen ist. Berechnungen auf dieser Basis sind dadurch genauer und erlauben z.B. auch die Kalkulation der Ausfallraten von Forward-Positionen.

[2] Da für die hier vorliegenden Daten nur die kumulativen Ausfallraten vorlagen, wurden die marginalen Ausfallraten aus den kumulativen gemäß der folgenden Formel ermittelt:

$$d_t = 1 + \frac{D_t - 1}{\prod_{i=1}^{t-1}(1-d_i)}$$

Zeit-horizont	1	2	3	4	5	6	7	8	9	10	11	12	13	14	15
Aaa	0,00	0,00	0,00	0,04	0,13	0,22	0,33	0,45	0,59	0,74	0,91	1,10	1,31	1,42	1,55
Aa	0,03	0,05	0,10	0,25	0,40	0,57	0,73	0,91	1,04	1,13	1,23	1,35	1,49	1,80	1,90
A	0,01	0,07	0,22	0,39	0,57	0,76	0,96	1,18	1,44	1,73	2,03	2,35	2,65	2,89	3,22
Baa	0,12	0,39	0,76	1,27	1,71	2,21	2,79	3,36	3,99	4,61	5,29	6,01	6,70	7,42	8,81
Ba	1,36	3,77	6,29	8,88	11,57	13,87	15,69	17,55	19,23	20,94	22,84	24,87	26,97	28,68	30,34
B	7,27	13,87	19,94	25,03	29,45	33,26	36,34	39,01	41,45	44,31	46,07	47,26	48,30	49,15	50,19

Abb. 17: **Gewichtete durchschnittliche kumulative Ausfallraten**[1]

Marginale und kumulative Ausfallraten lassen sich in Diagrammen abtragen (vgl. Abbildungen 18 und 19). Für die hier verwendeten Zahlen von Moody's zeigt sich, daß gute Ratings – Investment Grade - eine ansteigende marginale Ausfallrate mit zunehmender Laufzeit aufweisen, während schlechte Bonitäten tendenziell abnehmende marginale Ausfallraten haben. Hier kommt zum Ausdruck, daß spekulative Risiken zwar am Anfang eine deutlich höhere Ausfallwahrscheinlichkeit aufweisen, wenn dieser Ausfall ausbleibt aber auch die Möglichkeit zur Bonitätsverbesserung besitzen, so daß die marginale Ausfallwahrscheinlichkeit mit zunehmender Laufzeit abnimmt.

Weiterhin wird aus den Diagrammen deutlich, daß sich die Risikosituation beim Übergang von Baa auf Ba sprunghaft verschlechtert und die Ausfallraten um ein Vielfaches über denjenigen der Investment Grades liegen. Dadurch kommt auch die ordinale Struktur der Ratingklassen zum Ausdruck. Weiterhin macht der unterschiedliche Verlauf der Kurven deutlich, daß die in der Praxis häufig anzutreffende Durchschnittsbetrachtung bzw. die Annahme gleichbleibender Ausfallraten die Risikosituation falsch wiedergibt. Ausfallraten variieren in der Zeit und zwar unterschiedlich je nach Risikoklasse, so daß allein die Ermittlung jährlicher durchschnittlicher Ausfallraten und Umrechnung auf die gesamte Laufzeit das Ausfallrisiko nicht adäquat abbildet.

---

[1] Vgl. Carty, L.V./Lieberman, D. [1997], S. 17. Diese Zahlen werden von den Rating-Agenturen auch für die mit 1,2,3 bzw. +/- gekennzeichneten Feinabstufungen ermittelt, so daß noch detailliertere Auswertungen möglich sind. Da es sich um historische Zahlen handelt, können in den Tabellen Inkonsistenzen auftreten (vgl. z.B. die marginale Ausfallrate für das Rating B im Jahr 10, die mit 4,88 deutlich höher ist als die Werte für Jahr 9 und 11).

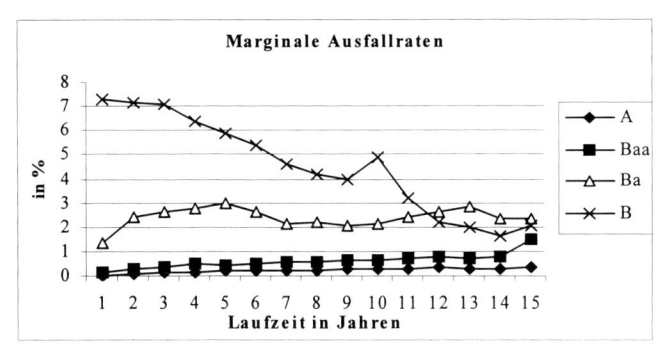

Abb. 18: Marginale Ausfallraten

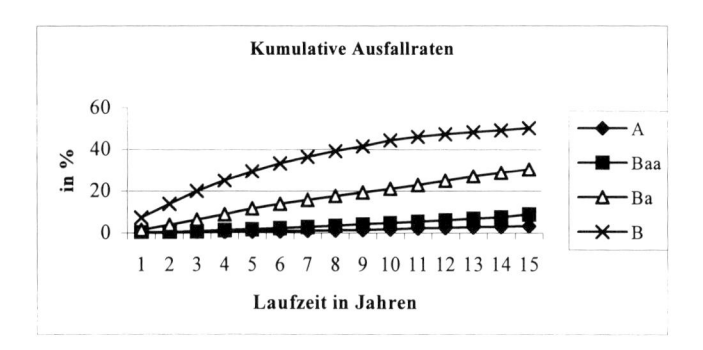

Abb. 19: Kumulative Ausfallraten

3.2.6.1.2. Mortalitätsraten

Ein an die Versicherungsmathematik zur Kalkulation von Lebensversicherungen angelehntes Konzept ist die Berechnung von Mortalitätsraten von Anleihen und Krediten und die Ermittlung von Ausfallwahrscheinlichkeiten aus diesen Mortalitätsraten.[1] Mortalitätsraten sind eine andere statistische Methode der Berechnung von Ausfallwahrscheinlichkeiten. Wesentlicher Unterschied zu der oben dargestellten Vor-

---

[1] Vgl. im folgenden Altman, E.I. [1989], S. 909 ff. sowie Saunders, A. [1997], S. 205 ff.

gehensweise ist, daß hier nicht die Anzahl der ausgefallenen Gläubiger für die Berechnung der Ausfallwahrscheinlichkeiten herangezogen wird, sondern der Gesamtwert der (ausgefallenen) Forderungen.

Ausgehend von einer bestimmten Kohorte, einem Basisbestand an Krediten unterteilt in Ratingklassen, wird die Performance dieser Kredite für verschiedene Zeithorizonte beobachtet. Da Kredite aus unterschiedlichen Gründen untergehen können, werden Mortalitäten im bezug zum Wert der überlebenden Kredite dieses Basisbestandes betrachtet und dann die Ausfälle herangezogen, um Mortalitätsraten zu bestimmen. Die marginale Mortalitätsrate (MMR) ist die individuelle Mortalitätsrate für jedes Jahr, sie wird berechnet durch:[1]

$$MMR_t = \frac{Gesamtwert\ der\ ausgefallenen\ Kredite\ mit\ Rating\ R\ in\ Jahr_t}{Gesamtwert\ der\ Kredite\ mit\ Rating\ R\ am\ Anfang\ von\ Jahr_t}$$

Die kumulative Mortalitätsrate (CMR) über eine bestimmte Zeitperiode wird wie folgt ermittelt, wobei S_t für die marginale Überlebensrate steht:

$$CMR_T = 1 - \prod_{t=1}^{T} S_t$$

$$S_t = 1 - MMR_t$$

Die Mortalitätsrate ist eine wertgewichtete Rate für das jeweilige Jahr nach Emission bzw. Kreditvergabe und kein ungewichteter Durchschnitt. Durch diese Gewichtung werden statistische Verzerrungen durch einzelne Jahre ausgeglichen.

3.2.6.1.3. Migrationsanalyse

Migrationsanalysen[2] umfassen die Untersuchung von Ratingveränderungen und Verlusten in einem Kreditportfolio und die Verwendung der gewonnenen Daten zur

---

[1] Vgl. Altman, E.I. [1989], S. 912; Altman, E./Haldemann, R. [1992], S. 3 f.

[2] Umfragen unter Banken in den Vereinigten Staaten haben ergeben, daß verschiedene Ausprägungen solcher Analysen in der Mehrzahl der Banken bereits durchgeführt werden. Bei 70% der

Risikomessung.¹ Sie sind grundsätzlich um so aussagefähiger je differenzierter das Ratingsystem ist und je konsistenter die Einstufung der Kredite in die Ratingklassen erfolgt. Man unterscheidet grob drei Ausprägungen.

- In der einfachsten Form werden Verluste über eine definierte Periode beobachtet und dann dem Rating der Basisperiode, dem Beginn der Risikomessung, zugeordnet.
- Weitaus komplexer sind sog. Markov-Modelle, die die Wanderung von Krediten durch bestimmte Ratingstufen bis hin zum Ausfall messen. Das Resultat ist eine Wanderungsmatrix, die die Wahrscheinlichkeiten enthält, mit der ein Kredit von einem Ausgangsrating in andere Ratingklassen wandert bzw. ausfällt. Damit diese Ein-Jahres-Wanderungswahrscheinlichkeiten auf die Folgejahre hochgerechnet werden können, muß ein Markov-Prozeß angenommen werden. Bei der Anwendung ist zu beachten, daß hierfür die folgenden Voraussetzungen gelten:
  - Die Wanderungswahrscheinlichkeiten müssen unabhängig von den vorhergehenden Rating-Einstufungen,
  - zeitstabil sowie
  - für alle Kredite in einer Kategorie identisch und unabhängig von der Wanderung anderer Kredite sein.²
- Wegen der Komplexität und der restriktiven Annahmen kann als dritte Alternative ein Model angewendet werden, daß die durchschnittliche Ausfallrate rollierender Zeitperioden für die verschiedenen Ratingklassen ermittelt.³

Wenn aufgrund der Datenlage über einen längeren Zeitraum keine Zahlen zu marginalen und kumulativen Ausfallraten vorliegen, können mit Hilfe des Markov-Modells der Migrationsanalyse aus den durchschnittlichen Werten für ein Jahr die kumulativen Ausfallraten für die Folgejahre geschätzt werden. Die Vorgehensweise wird an folgendem Beispiel verdeutlicht. Dargestellt ist jeweils die Wahrscheinlich-

---

befragten Banken nach der Studie von Oleksiw, I.M. [1997], S. 50, bei 51% nach der von Shearer, M.A./Christensen, R. [1998], S. 52.

1 Vgl. Oleksiw, I.M. [1997], S. 49.
2 Vgl. Shearer, M.A./Christensen, R. [1998], S. 54.
3 Vgl. im einzelnen Oleksiw, I.M. [1997], S. 52 ff.; Shearer, M.A./Christensen, R. [1998], S. 54 ff.

keit mit der ein Kredit mit einem bestimmten Ausgangsrating am Ende der Periode in eine andere Ratingklasse gewandert bzw. ausgefallen ist.

Rating am Anfang	Rating am Ende der Periode			
	A	B	C	D
A	70,0%	20,0%	10,0%	0,0%
B	15,0%	65,0%	15,0%	5,0%
C	10,0%	20,0%	60,0%	10,0%
D	0,0%	0,0%	0,0%	100,0%

Abb. 20: Vereinfachte Wanderungsmatrix für eine Periode.[1]

Indem die Annahme getroffen wird, daß für die jährliche Wanderungsmatrix ein Markov-Prozeß angenommen werden kann, sie also konstant und zeitstabil ist, können Pfade entwickelt werden, die die Veränderung der Bonität ausgedrückt im Rating in der Zeit darstellen. In Abb. 21 werden ausschließlich die Pfade zum Ausfall bis Periode drei weiterentwickelt. Der Kredit wird in dieser Periode zurückgezahlt, so daß hier abgebrochen werden kann. Auf diese Weise lassen sich sowohl marginale als auch kumulative Ausfallwahrscheinlichkeiten ableiten.

In der Bankpraxis können diese Analysen herangezogen werden, um die erwarteten Verluste für das gesamte Portfolio der Bank zu bestimmen. Dafür sind für die Risikoklassen der Bank entsprechende Wanderungsbewegungen zu ermitteln. Da sich das Portfolio im Zeitablauf ändert, sind regelmäßig entsprechend der veränderten Portfoliostruktur neue Auswertungen durchzuführen. Die tatsächlichen Verluste der Bank werden über oder unter den erwarteten Werten liegen. Wenn die Schätzungen richtig sind, werden sich diese Abweichungen aber im Durchschnitt aufheben. Für die Banken besteht allerdings das Problem, nie genau zu wissen, ob Abweichungen auf einer grundsätzlich falschen Schätzung der erwarteten Verluste beruhen oder ob es sich lediglich um Abweichungen handelt, die im Rahmen der Unschärfe der Schätzung bzw. innerhalb der Verteilung liegen und sich in Folgeperioden wieder ausgleichen. Wurden also in schlechten Jahren nur schlechte Zustände aus der Grundgesamtheit

---

[1] Quelle: Eigene Darstellung. Die Werte für die Wanderungswahrscheinlichkeiten dienen als Beispiel und wurden willkürlich gewählt.

	Zeitpunkt 0	Zeitpunkt 1	Zeitpunkt 2	Zeitpunkt 3
		A	A	A
	B	B	B	B
		C	C	C
		D	D	D

Pfeile (Übergangswahrscheinlichkeiten):
- B → A: 0,15; B → B: 0,65; B → C: 0,15; B → D: 0,05 (Zeitpunkt 0 → 1)
- Zeitpunkt 1 → 2: 0,20; 0,10; 0,65; 0,15; 0,6; 0,20; 0,05; 0,10
- Zeitpunkt 2 → 3: 0,05; 0,10

Pfade zum Ausfall		
	B>D= 0,05	B>B>D=0,65*0,05=0,0325
		B>C>D=0,15*0,10=0,0150
		Summe: 0,0475

Zeitpunkt 2 → 3 Pfade:
- B>A>B>D=0,15*0,20*0,05=0,00150
- B>A>C>D=0,15*0,10*0,05=0,00150
- B>B>B>D=0,65*0,65*0,05=0,02113
- B>B>C>D=0,65*0,15*0,10=0,00975
- B>C>B>D=0,15*0,20*0,05=0,00150
- B>C>C>D=0,15*0,60*0,10=0,00900

Summe: 0,04438

Marginale Ausfallwahrscheinlichkeit	0,05	0,05	0,0491745
Marginale Überlebenswahrscheinlichkeit	0,95	0,95	0,9508254
Kumulative Ausfallwahrscheinlichkeit	0,05	0,0975	0,14188
Kumulative Überlebenswahrscheinlichkeit	0,95	0,9025	0,8581198

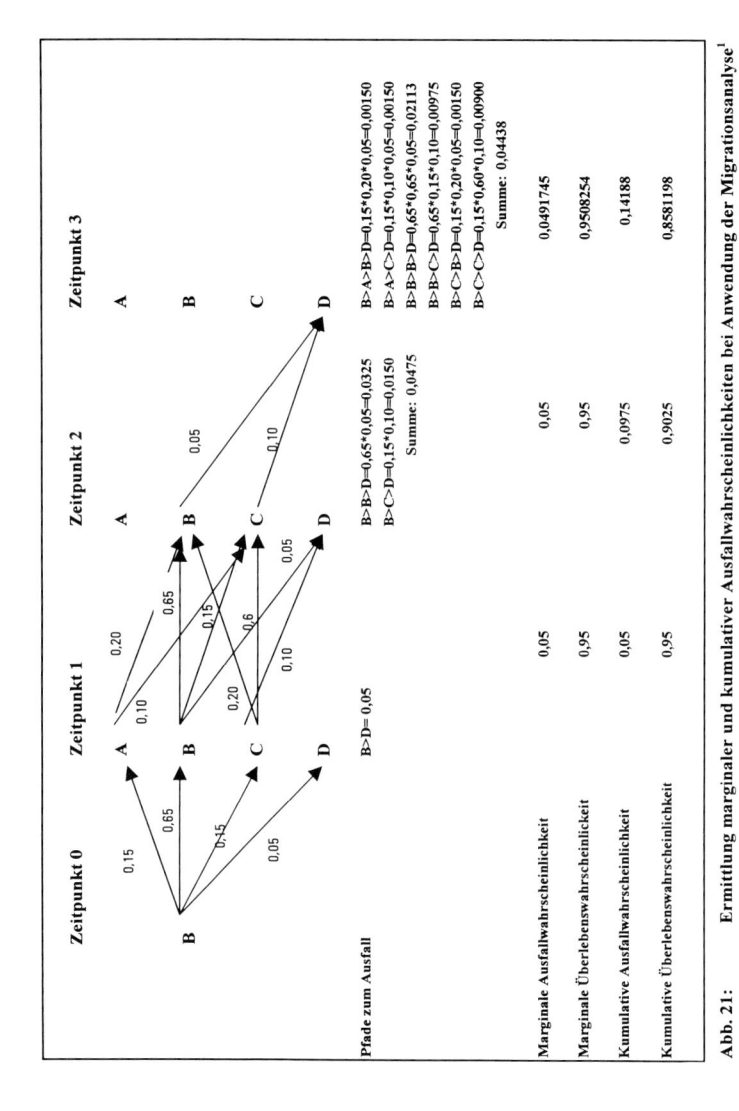

Abb. 21: Ermittlung marginaler und kumulativer Ausfallwahrscheinlichkeiten bei Anwendung der Migrationsanalyse[1]

Quelle: Eigene Darstellung in Anlehnung an Wakeman, L.M. [1997].

gezogen, oder hat sich die Risikostruktur des Portfolios grundlegend verändert? In diesem Fall wären die Migrationswahrscheinlichkeiten falsch geschätzt und müßten an die neuen Umstände angepaßt werden.[1] Dies führt in der Bankpraxis zu dem Verhalten einer laufenden Revision der Migrationswahrscheinlichkeiten und in der Folge in schlechten Jahren zu tendenziell höheren Rückstellungen und in guten Jahren zu geringeren Rückstellungen, und somit zu einer Verstärkung von Zyklen in der Bildung von Rückstellungen.[2]

3.2.6.2. Wiedereinbringungsraten (Recovery Rates)

Ein weiterer wesentlicher Aspekt von Zahlungsstörungen ist neben der Wahrscheinlichkeit eines Zahlungsausfalls auch dessen Intensität. I.d.R. wird die Forderung nicht komplett ausfallen, sondern die Investoren bzw. Kreditgeber werden in Höhe einer bestimmten Wiedereinbringungsrate (Recovery Rate) befriedigt (partieller Kreditausfall). Diese Raten können auf das Nominalvolumen oder den Marktwert der Forderungen bezogen werden und sind abhängig von mehreren Faktoren. Haupteinflußfaktor auf die Recovery Rate sind die Sicherheiten, die der Bank zur Verwertung im Insolvenzfall zur Verfügung stehen.[3] Der Wert dieser Sicherheiten ist u.a. stark von der jeweiligen Phase im Konjunkturzyklus und der zu erwartenden Marktliquidität abhängig.[4] Weiterer Bestimmungsfaktor ist die Rangstellung einer Forderung im Insolvenzfall (Seniorität), wie sie in Abb. 22 deutlich wird.

---

[1] Vgl. Varnholt, B. [1997], S. 66 ff.

[2] Durch die Zeitdifferenzen in der Anpassung der Erwartungen kommt es zu einem glättenden Effekt auf die Bankergebnisse. Geglättete Ergebnisse lassen sich also nicht nur auf den Wunsch nach einem stabilen Gewinnausweis zurückführen, sondern haben ggf. auch methodische Ursachen. Vgl. Varnholt, B. [1997], S. 74 f., der auch detaillierter beschreibt, wie die Anpassung der Migrationsmatrix erfolgt.

[3] Bei der praktischen Ermittlung kann noch zwischen der Verwertungsquote von Sicherheiten und der Einbringungsquote von unbesicherten (Blanko-) Kreditanteilen unterschieden werden.

[4] Vgl. Berblinger, J. [1996], S. 54 ff.; Carty, L.V./Lieberman, D. [1997], S. 11 sowie Nelson, L. [1997], S. 11 ff.

Die Bestimmung der Recovery Rates ist in der Praxis nicht einfach. Die Diskontierung aller dem Gläubiger noch zufließenden Zahlungen ist die theoretisch richtige Vorgehensweise. Weil jedoch eine Bewertung erst nach vollständiger Abwicklung aller Zahlungen vorgenommen werden kann, die Wahl eines Diskontierungsfaktors nicht unproblematisch ist und Zahlungen auf unterschiedliche Weise erfolgen können, wählen die Rating-Agenturen den Marktwert der Schuldverschreibungen einen Monat nach Eintreten der Zahlungsstörung als Schätzung für den Barwert der noch eingehenden Zahlungen.[1] Für nicht fungible Kredite besteht diese Möglichkeit nicht, so daß dort die nach einem Ausfall noch eingehenden Zahlungen abgewartet und auf den Ausfallzeitpunkt diskontiert werden müssen.[2]

Recovery Rates für Ausfälle von 1989 – 1996		
	Durchschnittliche Recovery Rate	Standardabweichung
Senior Secured Bank Loans	71,18	21,09
Senior Secured Bonds	63,45	26,21
Senior Unsecured Bonds	47,54	26,29
Senior Subordinated Bonds	38,28	24,74
Subordinated Bonds	28,29	20,09
Junior Subordinated Bonds	14,66	8,67

Abb. 22:   Recovery Rates für Ausfälle von 1989-1996, Moody´s Investors Service[3]

In der zitierten Statistik werden besicherte Bankkredite vor allen anderen Schulden mit einer durchschnittlichen Realisierungsquote von über 71% angeführt. Der Median liegt bei 77%, die Standardabweichung bei 21% und die Werte reichen von 15% bis 98%. Eine weitere Studie, die sich auf Zahlungen nach dem Ausfall kleiner und mittelständischer Unternehmen in den USA beziehen, kommt zu einem Durchschnitt von 79%, einem Median von 92%, einer Standardabweichung von 29% und die Werte reichen von 1% bis zu 110% des Nominalwertes. Die Zahlen bestätigen die

---

[1]   Vgl. Fons, J.S./Carty, L. [1995], S. 36. Diese Vorgehensweise ist insofern ungenau, als sie implizit unterstellt, daß nur der Nominalwert ausfallbedroht ist. In der Praxis ist i.d.R. noch wenigstens eine Zinszahlung in den Verlust mit einzubeziehen. Auch können höhere Marktwerte als pari zu Wiedereindeckungsrisiken und höheren Verlustpotentialen führen.

[2]   Für die Vorgehensweise vgl. Asarnow, E./Edwards, D. [1995], S. 29 ff. sowie Eales, R./Bosworth, E. [1998], S. 58 ff.

[3]   Quelle: Carty, L.V./Lieberman, D. [1997], S. 15.

grundsätzliche Aussage relativ hoher Recovery Rates für Bankkredite sowie die ebenfalls grundsätzliche Feststellung, daß diese Werte sehr breit streuen und daher mit einer großen Unsicherheit behaftet sind.[1]

Höhere Wiedereinbringungsraten als bei Anleihen sind als ein wesentlicher Grund anzusehen, weshalb Kreditmargen insbesondere bei schlechten Bonitäten unter den Spreads gehandelter Anleihen liegen.[2] In den o.g. Studien wird keine Begründung für die höheren Realisierungsquoten von Bankkrediten geliefert. Grundsätzlich sind Banken in einer vorteilhafteren Position als Anleiheinvestoren, weil sie bei sich verschlechternder Bonität reagieren und Sicherheiten herein nehmen können. In der Regel beobachten Banken die Bonität der Schuldner genauer und haben besseren Zugang zu Informationen als Investoren in Anleihen. Auch haben Bankkredite möglicherweise schärfere Klauseln zugunsten der Bank als Anleihebedingungen dies vorsehen. Darüber hinaus können Banken aufgrund der direkten Kundenbeziehung ggf. frühzeitig Einfluß auf den Schuldner ausüben, was anonymen Investoren nicht möglich ist.[3]

Da für Bankkredite ansonsten keine vergleichbaren Marktdaten vorliegen, gilt auch hier, daß die Banken für ihr eigenes Portefeuille Recovery Rates abgestuft nach Kundengruppen, Besicherungsgraden oder z.B. Produktgruppen ermitteln müßten, um vergleichbare Analysen vornehmen zu können.[4] Um sich angesichts der Mannigfaltigkeit der unterschiedlichen Ausgestaltung von Kreditbeziehungen nicht nur auf

---

[1] Vgl. Carty, L.V./Lieberman, D. [1996b], S. 1 ff. Asarnow, E./Edwards, D. [1995], S. 23 sowie auch Grossman, R.J./Brennan, W.T./Vento, J. [1998], S. 29 ff. Werte von über 100% für die Recovery Rate entstehen in der oben zitierten Studie, weil sich die Werte von den Nominalbetrag der Forderung beziehen und ggf. auch aufgelaufene Zinsen wiedererlangt werden konnten.

[2] Vgl. Fons, J.S. [1994], S. 29.

[3] Vgl. Asarnow, E./Edwards, D. [1995], S. 23; JP Morgan [1997a], S. 78.

[4] Vgl. Eales, R./Bosworth, E. [1998], S. 58 ff. Sie stellen eine interne Studie der Westpec. Corp. über Verlustintensitäten im Geschäft mit kleinen Geschäftskunden und großen Firmenkunden vor, die auch Hausfinanzierungen umfaßt. Sie weisen darauf hin, daß Verluste über 100% des Exposures betragen können, wenn Rechtsfolgekosten entstehen oder neue Kredite gewährt werden in der Hoffnung, das Unternehmen noch retten zu können, und diese Strategie fehlschlägt. Für unbesicherte Kredite ermitteln sie als häufigstes Ergebnis einen Verlust, der den Nominalwert übersteigt. Vgl. Eales, R./Bosworth, E. [1998], S. 61.

Statistiken verlassen zu müssen, kann in der Bank auch der Weg erwählt werden, Verlustintensitäten für die unterschiedlichen Sicherheitenarten zu schätzen, wobei historische Auswertungen ebenso herangezogen werden können wie die Erfahrung der Experten. So können für hypothekarisch besicherte Kredite[1] z.B. Recovery Rates von 90% und für durch Umlaufvermögen eines Unternehmens besicherte Kredite abhängig vom Verkaufswert der Bestände z.B. 60% oder auch nur 40% angesetzt werden. Darüber hinaus sind mögliche Zinsverzichte bzw. Wiedereindeckungskosten im Insolvenzfall sowie Abwicklungskosten mit in die Berechnung der Verlustintensitäten einzubeziehen.[2]

Bei der Analyse der Daten ist zu beachten, daß die Art der Sicherheitenerfassung und -bewertung, die Kundenstruktur sowie die jeweils gewählte Definition von Ausfall und die Strategie in der Abwicklung von ausgefallenen Krediten erheblichen Einfluß auf die bankspezifischen Werte von Verlustintensitäten haben können. In Abhängigkeit des Aufwandes, mit dem Kunden beraten werden, und der Vorgehensweise, ob Forderungen eher schnell abgewickelt und Verluste frühzeitig realisiert werden oder ob langwierige Sanierungsbemühungen angestrengt werden, werden sowohl Daten zu Exposures als auch zu Recovery Rates unterschiedlich ausfallen.[3] Recovery Rates müssen daher soweit möglich für jedes Kreditinstitut individuell ermittelt werden.

Bei der Einbeziehung von Personensicherheiten (Bürgschaften, Garantien) kommt zusätzlich die Bonität des Bürgen/Garanten sowie die konkrete Ausgestaltung dieser Sicherheiten hinzu. Auch muß der Fall eines gleichzeitigen Ausfalls von Schuldner und Bürge berücksichtigt werden. Hier können die in den Ausführungen zur Untersuchung gemeinsamer Ausfallwahrscheinlichkeiten[4] dargestellten Ansätze herangezogen werden. Eine weitere Differenzierung bringt die Berücksichtigung der Volatilität

---

[1] Für ein Beispiel der Berechnung des Wertes der Sicherheiten im Hypothekengeschäft vgl. Matten, C. [1996], S. 66 ff.

[2] Vgl. Varnholt, B. [1997], S. 146 ff.

[3] Vgl. Eales, R./Bosworth, E. [1998], S. 65.

[4] Vgl. Abschnitt 3.3.3.1.1.

der ermittelten Recovery Rates, die zum Ausdruck bringt, daß diese Quoten sehr unsicher sind und die Gesamtvolatilität erheblich erhöhen.[1]

3.2.6.3. Berechnung der erwarteten Verluste

Wenn durchschnittliche marginale und kumulative Ausfallraten und auch die Recovery Rates gegeben sind, kann daraus direkt der erwartete Verlust ermittelt werden. Die Recovery Rates werden mit η bezeichnet. (1-η) steht dann für die Verlustintensität. Der erwartete Verlust läßt sich darstellen als Produkt aus der Ausfallwahrscheinlichkeit und der erwarteten Verlustintensität. Die durchschnittliche marginale Verlustrate $l_t(R)$ für die Periode t ist das Produkt aus marginaler Ausfallrate und Verlustintensität:

$$l_t(R) = d_t(R)(1-\eta)$$

Durch Anwendung der Definition der durchschnittlichen kumulativen Ausfallrate kann die durchschnittliche kumulative Verlustrate $L_t(R)$ wie folgt ermittelt werden:

$$L_t(R) = 1 - \prod_{i=1}^{t}(1 - l_i(R))$$

Sie repräsentiert den erwarteten Verlust ausgedrückt in Prozent des Nominalwertes bis zur Periode t.[2]

Für eine Barwertsteuerung wird dieser Wert für die jeweilige Kreditlaufzeit diskontiert, um zu einem barwertigen erwarteten Verlust zu kommen. Die Anwendung der hier dargestellten Modelle hängt sehr stark von den Eingabedaten ab. Die Inputdaten für die angegebenen Formeln können prinzipiell auch auf anderem Wege ermittelt werden als oben dargestellt. So können auch Werte aus subjektiven Schätzungen

---

[1] Vgl. Eales, R./Bosworth, E. [1998], S. 65; J.P. Morgan [1997a], S. 77 ff. sowie Federal Reserve System Task Force on Internal Credit Risk Models [1998], S. 27.

[2] Vgl. Carty, L.V./Lieberman, D./Fons, J.S. [1995], S. 19.

oder aus am Markt ermittelten Anleihekursen abgeleitete Werte Verwendung finden.[1] Die Mehrzahl der Banken in Deutschland dürfte derzeit nicht über Informationen zu laufzeitabhängigen Ausfallraten verfügen. Hier kann bzw. muß mit durchschnittlichen bzw. konstanten marginalen Ausfallraten gearbeitet werden.

3.2.6.4. Risikostrukturkurve

Um Ausfallraten für eine Quantifizierung der erwarteten Verluste und für die Preisgestaltung nutzen zu können, kann unter bestimmten Annahmen aus diesen Daten eine Risikostrukturkurve für das Ausfallrisiko abgeleitet werden. Es werden folgende Annahmen getroffen:[2]

- Der Kredit wird zum Nominalwert (pari) bewertet.
- Der Investor hält den Kredit bis zur Fälligkeit bzw. bis dieser ausfällt, je nachdem, was eher eintritt. Dadurch wird vermieden, zwischenzeitliche Bonitätsbzw. Ratingänderungen berücksichtigen zu müssen.
- Investoren sind risikoneutral.
- Kapitalmärkte sind arbitragefrei. Die erwartete risikoadjustierte Rendite ist für alle Anlagen gleich hoch.

Aufbauend auf der Bewertung festverzinslicher Wertpapiere bzw. dem Barwertkonzept kann aus den oben ermittelten Informationen eine Kurve der laufzeitabhängigen Risikomargen gebildet werden, die ein risikoneutraler Investor[3] in einem arbitragefreien Markt als Ausgleich für das übernommene Risiko verlangen würde. Die Rendite des Kredites bzw. des Wertpapiers muß hoch genug sein, um den Investor für das zusätzliche Risiko zu entschädigen. Der Barwert eines Kredites bzw. Wertpapiers läßt sich allgemein darstellen mit:[4]

---

[1] Vgl. Globecon Group, Ltd. [1995], S. 58 ff.; Varnholt, B. [1997], S. 129 ff.

[2] Vgl. Fons, J.S. [1994], S. 27.

[3] Dieser risikoneutrale Investor ist indifferent zwischen dem sicheren Ertrag r_i und einem unsicheren Ertrag mit dem Erwartungswert r_i. In der Realität sind Investoren eher risikoscheu und verlangen für die höhere Unsicherheit mehr, als nur für die Ausfallwahrscheinlichkeit entschädigt zu werden.

[4] Vgl. Fons, J.S. [1994], S. 27; Fons, J.S./Carty, L.V. [1995], S. 44 ff. sowie Varnholt, B. [1997],

$$PV = \sum_{t=1}^{n} \frac{c}{(1+r)^t} + \frac{N}{(1+r)^n}$$

mit c als den Zinszahlungen und dem Nominalbetrag N sowie r als Rendite. Der risikolose Zinssatz ist i, die Risikomarge entspricht (r-i).

Durch Einsetzen der kumulativen Überlebensrate S_t (mit $S_0 = 1$), der marginalen Ausfallrate d_t, der erwarteten Recovery Rate η, dem risikolosen Zinssatz i sowie der Wahrscheinlichkeit S_N der Rückzahlung des Nominalbetrages bei Fälligkeit kann die folgende Gleichung ermittelt werden:

(1) $$PV = \sum_{t=1}^{n} \frac{S_t c + S_{t-1} d_t \eta (c+N)}{(1+i)^t} + \frac{S_N N}{(1+i)^n}.$$

Da es sich annahmegemäß um einen risikoneutralen Investor handelt, wird mit dem risikolosen Zinssatz i abdiskontiert.[1] Die Zinszahlungen sowie der Rückzahlungsbetrag werden mit ihrer jeweiligen Wahrscheinlichkeit der Zahlung (kumulative Überlebensrate) gewichtet. S_t ist die Wahrscheinlichkeit, daß eine Zahlung, die nach t Jahren fällig ist, planmäßig gezahlt wird. Die Nichtzahlung entspricht der Wahrscheinlichkeit $S_{t-1}d_t$, also der Wahrscheinlichkeit, daß der Schuldner das Jahr t-1 überlebt, multipliziert mit der Wahrscheinlichkeit des Ausfalls im Jahr t. Im Insolvenzfall kann der Gläubiger einen Teil der ausstehenden Zins- und Tilgungsleistungen zurück erwarten. Dieser Teil wird durch die Recovery Rate ausgedrückt und mit η bezeichnet.

Wenn der Kredit bzw. die Anleihe zu pari (zu 100%) bewertet wird, marginale Ausfallraten gegeben sind, Schätzungen für die Recovery Rate vorliegen und der risikolose Zinssatz i gegeben ist, determiniert Formel (1) implizit die risikoadjustierte

---

S. 126 ff.

[1] Vgl. Fons, J.S. [1994], S. 28 sowie Fons, J.S./Carty, LV. [1995], S. 45.

Rendite c. Die Risikomarge wird durch $(c-i)^1$ bestimmt. Ein risikoneutraler Investor, der den Kredit bis zur Fälligkeit halten will (buy and hold), ist indifferent zwischen einem so bewerteten Kredit und einer risikolosen Anlage, da er genau für den erwarteten Verlust entschädigt wird.

Banken können mit dieser Bewertung nicht zufrieden sein, sie müssen sich wie risikoaverse Investoren verhalten und zusätzlich eine Kompensation für die Unsicherheit der Ausfälle und das damit verbundene Risiko verlangen.[2] Die hier ermittelten risikoneutralen Risikomargen können daher nur als eine Untergrenze für die anzustrebende Kreditmarge angesehen werden.[3]

Im folgenden Beispiel wird die Vorgehensweise erläutert. Es wird eine flache Zinsstruktur mit einem einheitlichen risikolosen Zinssatz von 6 % angenommen.[4] Bewertet wird folgender Kredit:

    Bonitätsklasse: Baa
    Laufzeit: 3 Jahre
    Recovery Rate η: 71 %

Für die Ratingklasse Baa sind die folgenden kumulativen Überlebensraten S_t und marginalen Ausfallraten d_t ermittelt worden:

---

[1] Die Abweichung zur allgemeinen Darstellung (Risikomarge = r-i) ergibt sich durch die Annahme der Bewertung zu pari, da in diesem Fall Nominalzins und Rendite übereinstimmen.

[2] So stellt auch Fons in seiner Untersuchung fest, daß die so ermittelten Spreads teilweise deutlich niedriger liegen als die am Markt beobachtbaren Spreads der gehandelten Anleihen. Gründe hierfür werden im Grad der Liquidität der Anleihen und in der Risikoaversion der Anleger gesehen, die, da sie keine buy and hold Strategie verfolgen, zusätzlich für zwischenzeitliche Schwankungen entschädigt werden wollen. Ausfallraten schwanken stark im Zeitablauf und sind mit dem Konjunkturzyklus korreliert, so daß hierfür zusätzliche Risikoprämien verlangt werden. Auch steuerrechtliche Aspekte können in empirischen Untersuchungen eine Rolle spielen. Vgl. Fons, J.S. [1994], S. 30 ff.

[3] Ansätze zur Bestimmung der Höhe der Risikoprämie für die Übernahme des Ausfallrisikos, d.h. für die Unsicherheit der effektiven Ausfälle werden in Abschnitt 4.3.3. erläutert.

[4] Aus Vereinfachungsgründen wird hier eine flache Zinsstruktur angenommen. Korrekt ist die Verwendung der jeweiligen Zinsstrukturkurve, deren Einfluß auf die Ausfallmargen hier jedoch vernachlässigt wird.

Laufzeit	S_t	d_t
1	0,9988	0,12%
2	0,9961	0,27%
3	0,9924	0,37%

Abb. 23: Marginale Ausfallraten und kumulative Überlebensraten für Baa-Kredit[1]

Durch Einsetzen in die Formel (1) ergibt sich, daß der risikoadjustierte Zinssatz bei 6,08% liegt und die Ausfallmarge für den Kredit 8 Basispunkte beträgt. Es handelt sich um einen mit Baa relativ gut bewerteten Kredit. Außerdem führt die Recovery Rate von 71% dazu, daß der effektive Ausfall im Konkursfall nicht sehr hoch ist, so daß die Ausfallmarge relativ gering ist.[2]

Unter der Annahme eines konstanten risikolosen Zinssatzes von 6% sowie von Recovery Rates i.H.v. 71% bzw. alternativ 15%[3] lassen sich die folgenden Werte für Risikomargen der unterschiedlichen Ratingklassen für unterschiedliche Laufzeiten errechnen:

Ausfallmargen (in %), Recovery Rate: 71%

Laufzeit	Aaa	Aa	A	Baa	Ba	B
1	0,00	0,01	0,00	0,04	0,42	2,28
2	0,00	0,01	0,01	0,06	0,58	2,26
3	0,00	0,01	0,02	0,08	0,65	2,24
4	0,00	0,02	0,03	0,10	0,70	2,19
5	0,01	0,02	0,03	0,10	0,73	2,14
6	0,01	0,03	0,04	0,11	0,74	2,09
7	0,01	0,03	0,04	0,12	0,73	2,02
8	0,02	0,03	0,04	0,12	0,73	1,97
9	0,02	0,03	0,05	0,13	0,72	1,92
10	0,02	0,03	0,05	0,14	0,72	1,89

Abb. 24: Ausfallmargen, hohe Recovery Rate

---

[1] Quelle: Eigene Berechnungen.

[2] Wie Abb. 25 zu entnehmen ist, steigen diese Margen jedoch für als spekulativ eingestufte Kredite deutlich an. Auch eine geringere Recovery Rate von nur noch 15 % führt zu höheren Ausfallmargen, für den oben bewerteten Kredit werden 0,22% errechnet.

[3] Die Werte für die Recovery Rates wurden so gewählt, um die Auswirkungen auf die Risikoprämien deutlich zu machen. Sie entsprechen dem durchschnittlichen (71%) und dem niedrigsten Wert (15%) der beobachteten Recovery Rates besicherter Bankkredite bei Moody's für die Jahre 1989-1996. Vgl. auch Abb. 22.

Ausfallmargen	(in %),	Recovery Rate: 15%				
Laufzeit	Aaa	Aa	A	Baa	Ba	B
1	0,00	0,03	0,01	0,11	1,24	6,98
2	0,00	0,02	0,03	0,17	1,72	6,91
3	0,00	0,03	0,06	0,22	1,93	6,86
4	0,01	0,05	0,08	0,28	2,07	6,70
5	0,02	0,07	0,10	0,30	2,18	6,53
6	0,03	0,08	0,11	0,32	2,21	6,36
7	0,04	0,09	0,12	0,35	2,18	6,16
8	0,05	0,10	0,13	0,37	2,17	5,98
9	0,05	0,10	0,14	0,39	2,14	5,82
10	0,06	0,10	0,15	0,40	2,13	5,75

Abb. 25: Ausfallmargen, niedrige Recovery Rate

In den Abbildungen 26 und 27 ist beispielhaft der Verlauf der Kurven für die Ausfallmargen dargestellt. Deutlich wird der Sprung in der Höhe der Margen beim Übergang von als Investment Grade eingestuften Krediten (Ba) zu spekulativen Krediten (B). Dieser Umstand macht ein Dilemma deutlich, dem sich Banken mehr und mehr ausgesetzt sehen. Die zunehmende Disintermediation zwingt Banken in schlechtere Risiken, wobei der Wettbewerb verhindert, daß adäquate Margen erzielt werden. Mehr Transparenz über diese Zusammenhänge kann den Banken die Flexibilität wiedergeben, nur noch die Kredite bzw. Ausfallrisiken in die Bücher zu nehmen, die eine faire Prämie für die eingegangenen Risiken abwerfen. In den Fällen, in denen aus Cross-Selling Argumenten heraus weniger als die kalkulierte Marge verlangt wird, wird zumindest aufgezeigt, wieviel Profit aus anderen Geschäften erwirtschaftet werden muß, damit die gesamte Kundenverbindung unter Risikoaspekten profitabel ist.

Auch der große Einfluß der unterschiedlichen Recovery Rates insbesondere bei spekulativen Anlagen wird deutlich. Bei einem B-Kredit z.B. steigt die Ausfallmarge von 1,89% (bei einer Realisierungsquote von 71%) auf 5,75%, wenn die Realisierungsquote auf 15% fällt. Banken berücksichtigen dies implizit, wenn sie bei schlechterer Bonität zusätzliche Sicherheiten verlangen. Der Verlauf der Kurven für die spekulativen Risiken macht deutlich, daß hier der Ausfall relativ früh erwartet wird und die Kurven daher einen flachen bzw. fallenden Verlauf haben, während bei den guten Ratings leichter eine Verschlechterung der Bonität eintreten kann und die

Kurve daher einen ansteigenden Verlauf aufweist. Wie Sarig/Warga feststellen, ist dieser Verlauf der Risikostrukturkurven dem theoretischen Verlauf bei Anwendung des Optionspreismodells sehr ähnlich.[1]

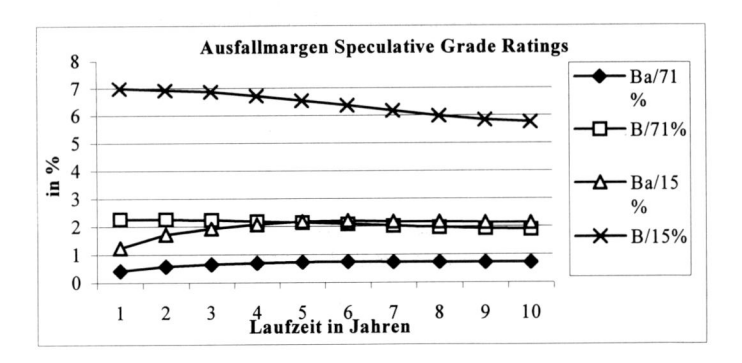

Abb. 26: Ausfallmargen, Speculative Grade[2]

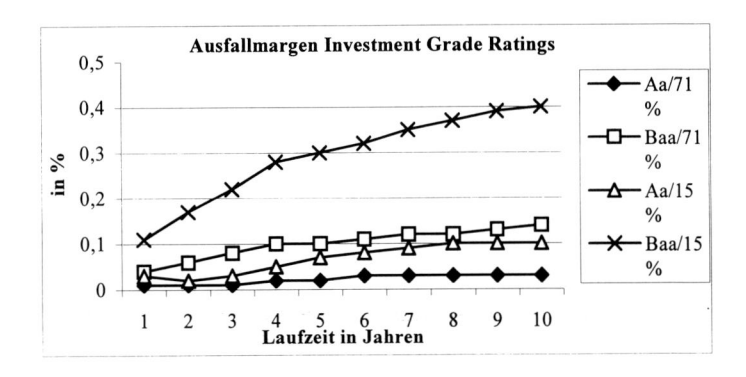

Abb. 27: Ausfallmargen, Investment Grade[3]

---

[1] Vgl. Sarig, O./Warga, A. [1989], S. 1356 ff.

[2] Quelle: Eigene Berechnungen, als Recovery Rate wurden 15% bzw. 71% angesetzt.

[3] Quelle: Eigene Berechnungen, als Recovery Rate wurden 15% bzw. 71% angesetzt.

3.2.6.5. Risikoneutrale Bewertung von Krediten[1]

Die Bewertung eines Kredites unter Berücksichtigung der erwarteten Verluste erfolgt, indem die Zahlungsströme um die zu erwartenden Ausfälle bereinigt werden. Die Vorgehensweise wird in folgendem Beispiel beschrieben. Ein Ba Kredit mit einer Laufzeit von 3 Jahren und einer Nominalverzinsung von 7,93% p.a. wird strukturkongruent bzw. durch Duplizierung der erwarteten Zahlungsströme bewertet,[2] wobei, um auf dem oben gewählten Beispiel aufbauen zu können, wiederum eine flache Zinsstruktur mit einem Zinssatz von 6 % angenommen wird.

Es wird weiterhin angenommen, daß ein Konkurs immer nur zum Ende einer Zinszahlungsperiode auftritt und die Zahlungsströme mit einer den kumulierten Überlebensraten entsprechenden Wahrscheinlichkeit ordnungsgemäß geleistet werden. Im Konkursfall werden der Nominalbetrag sowie die jeweils nächste Zinszahlung in Höhe der Recovery Rate geleistet, für die in dem Beispiel 15 % angesetzt wird. Der Konkursfall tritt mit der marginalen Ausfallwahrscheinlichkeit der jeweiligen Periode ein, gewichtet mit der kumulativen Überlebensrate der Vorperiode. Nur wenn der Kredit in der Vorperiode nicht ausgefallen ist, kann es in der jeweiligen Periode zu einem Ausfall kommen. Formal läßt sich der erwartete Cash-Flow (ECF) wie folgt darstellen, mit c als den Zinszahlungen und N als dem Nominalbetrag des Kredites. In der letzen Periode kommt ein mit der kumulativen Überlebensrate gewichteter Nominalbetrag hinzu:

Erwartete Zinszahlungen:

$$ECF_c = S_t c + S_{t-1} d_t \eta (c + N)$$

---

[1] Risikoneutral hier bezogen auf empirische reale Wahrscheinlichkeitsverteilungen, die nicht zu verwechseln sind mit der bei der arbitragefreien Bewertung von Finanztiteln unterstellten Risikoneutralität, die sich auf eine theoretische, künstliche Verteilung bezieht. Die mit Hilfe finanztheoretischer Modelle wie etwa dem Black-Scholes-Modell ermittelten arbitragefreien Risikoprämien enthalten implizit bereits eine Risikoübernahmeprämie, während sich die hier dargestellte risikoneutrale Bewertung allein auf reale erwartete Verluste bezieht. Vgl. zu den Zusammenhängen auch: Vgl. Keller, T./ Sievi, F. [1999], S. 638 ff. sowie Saunders, A. [1999], S. 67 ff.

[2] Vgl. Schierenbeck, H./Wiedemann, A. [1996], S. 160 ff.; Schierenbeck, H. [1994c], S. 163 ff.

Erwarteter Rückzahlungsbetrag:

$$ECF_N = S_N N$$

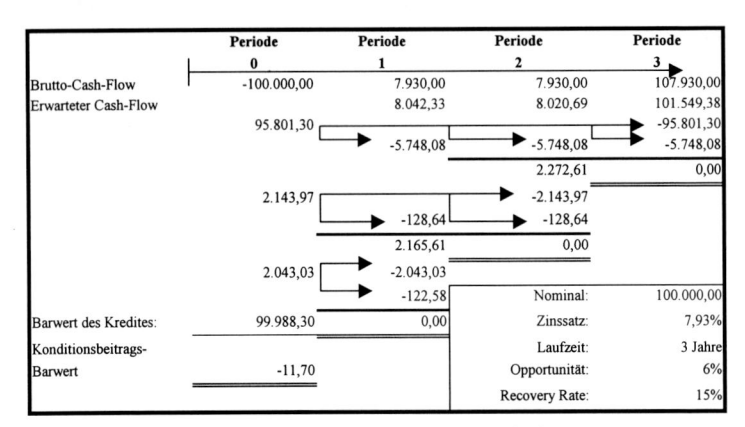

	Periode 0	Periode 1	Periode 2	Periode 3
Brutto-Cash-Flow	-100.000,00	7.930,00	7.930,00	107.930,00
Erwarteter Cash-Flow		8.042,33	8.020,69	101.549,38
	95.801,30 → -5.748,08	→ -5.748,08	→ -5.748,08	-95.801,30 -5.748,08
			2.272,61	0,00
	2.143,97 → -128,64	→ -2.143,97 -128,64		
		2.165,61	0,00	
	2.043,03 → -2.043,03 -122,58		Nominal:	100.000,00
Barwert des Kredites:	99.988,30	0,00	Zinssatz:	7,93%
Konditionsbeitrags-			Laufzeit:	3 Jahre
Barwert	-11,70		Opportunität:	6%
			Recovery Rate:	15%

Abb. 28: Risikoneutrale Bewertung eines Kredites mit Ba Rating

Der Barwert des Kredites mit einem Nominalbetrag von DM 100.000,00 beträgt DM 99.988,30. Durch die Berücksichtigung der erwarteten Verluste weist der Kredit, der mit einer Marge von 1,93% kalkuliert wurde, einen Konditionsbeitragsbarwert von nahe Null, exakt: –11,70 DM, aus. Dieses war zu erwarten, da in dem Beispiel die oben ermittelte Ausfallmarge für einen dreijährigen Ba Kredit herangezogen worden ist. Gleichwohl verdeutlicht das Beispiel, daß erwartete Verluste durchschnittlich mindestens verdient werden müssen, um Ausfälle abzudecken, und daß ein so kalkulierter Kredit noch keinen Konditionsbeitrag (nach Risikokosten) erwirtschaftet.

Die erwarteten Verluste können auch - wie von Geiger[1] vorgeschlagen - berücksichtigt werden, indem die jeweiligen Cash-Flows einfach mit der durchschnittlichen jährlichen Ausfallrate unter Berücksichtigung der Recovery Rate bereinigt werden. Allerdings vernachlässigt diese Vorgehensweise, daß jeweils nicht nur die einzelnen Zahlungsströme ausfallen, sondern immer der gesamte Kredit mit allen Folgezahlungen (und insbesondere dem Nominalbetrag). Bei Zugrundelegen einer durchschnittli-

---

[1] Vgl. Geiger, H. [1997], S. 69 ff.

chen jährlichen Ausfallrate von 2,094%, wie sie sich aus der oben zitierten Untersuchung von Moody's[1] aus der kumulativen Ausfallrate für 10 Jahre ergibt, errechnet sich für dieses Beispiel nur eine geringe Abweichung.[2] Der Konditionsbeitragsbarwert wird mit -64,32 DM errechnet.

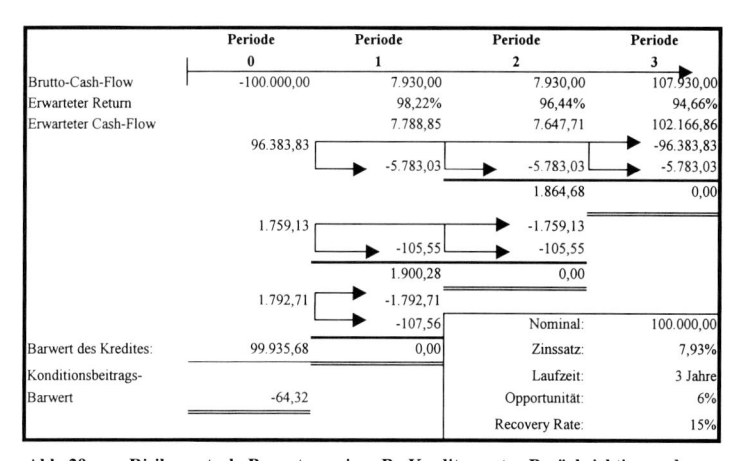

	Periode 0	Periode 1	Periode 2	Periode 3
Brutto-Cash-Flow	-100.000,00	7.930,00	7.930,00	107.930,00
Erwarteter Return		98,22%	96,44%	94,66%
Erwarteter Cash-Flow		7.788,85	7.647,71	102.166,86
	96.383,83			-96.383,83
		-5.783,03	-5.783,03	-5.783,03
			1.864,68	0,00
	1.759,13		-1.759,13	
		-105,55	-105,55	
		1.900,28	0,00	
	1.792,71	-1.792,71		
		-107,56	Nominal:	100.000,00
Barwert des Kredites:	99.935,68	0,00	Zinssatz:	7,93%
Konditionsbeitrags-			Laufzeit:	3 Jahre
Barwert	-64,32		Opportunität:	6%
			Recovery Rate:	15%

Abb. 29: **Risikoneutrale Bewertung eines Ba Kredites unter Berücksichtigung der erwarteten Verluste durch Gewichtung mit der durchschnittlichen jährlichen Ausfallrate**[3]

Werden für Kalkulationszwecke die Barwerte der Risikokosten benötigt, so können diese z.B. - wie bei Schierenbeck/Wiedemann dargestellt - durch Bezug der Ausfallrisikomarge auf das durchschnittlich gebundene Kapital ermittelt werden.[4]

---

[1] Vgl. Carty, L.V./Lieberman, D./Fons, J.S. [1995].

[2] In Abhängigkeit von der Struktur des betrachteten Kredites sowie der Ermittlung der durchschnittlichen jährlichen Ausfallrate - insbesondere des zugrundeliegenden Zeitraumes - können Abweichungen deutlich höher ausfallen, so daß von einer solchen Durchschnittsbetrachtung abzuraten ist.

[3] Quelle: Eigene Darstellung in Anlehnung an Geiger, H. [1997], S. 69 ff.

[4] Vgl. Schierenbeck, H./Wiedemann, A. [1996], S. 434 ff.

3.3. Portfoliobezogene Betrachtung

3.3.1. Unerwartete Verluste

3.3.1.1. Verlustverteilung und Risikokapital

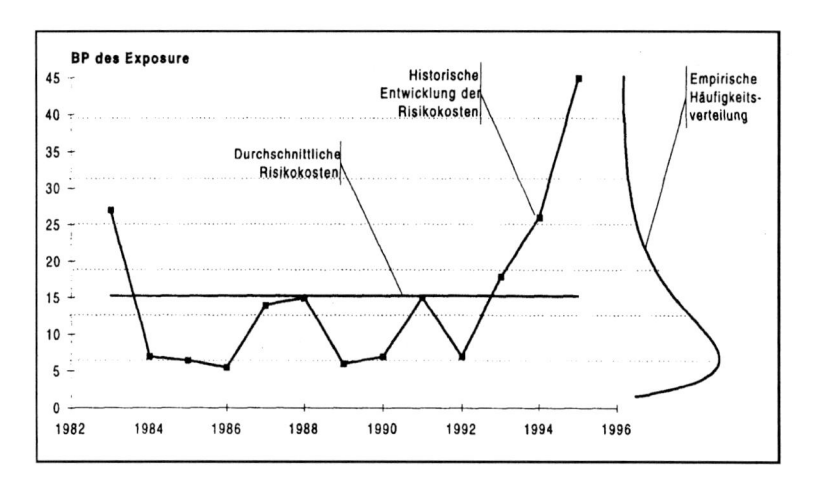

Abb. 30: Zusammenhang zwischen historischen Risikokosten und Verlustverteilung[1]

Im Vergleich zu den erwarteten Verlusten sind die Schwankungen der effektiv eintretenden Verluste als eigentliche Risikoquelle generell schwerer zu schätzen. Analog der VAR-Berechnung bei der Risikosteuerung von Marktpreisrisiken sind auch für Ausfallrisiken diese Risiken über einen angemessenen Zeithorizont zu quantifizieren und in einer Gesamtbankaggregation dem gesamten Risikotragfähigkeitspotential gegenüberzustellen. Die Bezeichnung unerwartete Verluste hat sich als Abgrenzung zu den erwarteten Verlusten eingebürgert. Es wird auch vom Kredit-VAR oder vom Kredit-Risikokapital gesprochen,[2] da unerwartete Verluste durch Risikokapital abzu-

---

[1] Quelle: Eigene Darstellung in Anlehnung an Manz, F. [1998], S. 307. Vgl. auch Zaik, E./Walter, J./Kelling, G./James, C. [1996], S. 89.

[2] Vgl. Wilson, T.C. [1997a], S. 111.

decken sind, so daß diese Begriffe synonym verwendet werden können.[1] Die erwarteten Verluste repräsentieren einen Durchschnitt von historischen Verlusten. Die meiste Zeit werden die tatsächlichen Verluste unter diesem Durchschnitt liegen und nur in wenigen Jahren deutlich höhere Werte aufweisen.

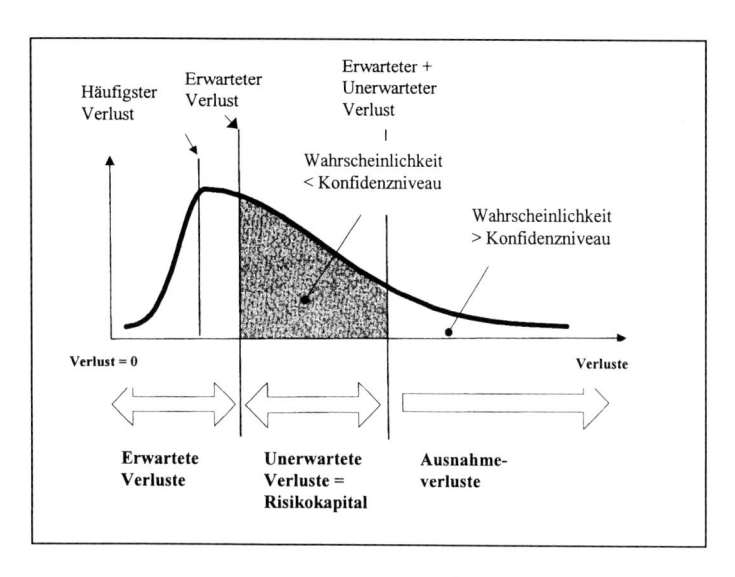

Abb. 31: Unerwarter Verlust, VAR und Risikokapital[2]

Abb. 30 verdeutlicht, wie sich die empirische Verlustverteilung aus der historischen Entwicklung der Risikokosten ableiten läßt. Die Verteilung weist die für Ausfallrisiken typische schiefe Form auf. Analog der Vorgehensweise bei Marktpreisrisiken ist aus der Verlustverteilung unter Zugrundelegen eines Konfidenzniveaus der maximale Verlust abzulesen und die Differenz zum erwarteten Verlust mit Risikokapital zu unterlegen. Risikokapital wird nicht für alle potentiellen Verluste bereitgestellt, da

---

[1] Unerwartete Verluste betreffen insbesondere das Risiko volatiler Ausfallraten. Dieses Risiko kann jedoch erst im Portfolio sinnvoll ermittelt und dann Einzelgeschäften zugerechnet werden. Unerwartete Verluste werden daher unter dem Punkt 3.3. - Portfoliobezogene Betrachtung - behandelt, ungeachtet der Tatsache, daß es Schätzmethoden gibt, diese unerwarteten Verluste direkt den Einzelgeschäften zuzuordnen.

[2] Eigene Darstellung in Anlehnung an Bessis, J. [1998], S. 71. Erwartete Verluste entsprechen bei reinen Verlustverteilungen dem Erwartungswert der Verteilung, bei einer Wertverteilung müssen sie separat analog Abschnitt 3.2.6. ermittelt werden. Vgl. auch Abschnitt 3.3.3.1.2.

dies einer 100%-igen Unterlegung mit Eigenkapital gleichkäme, sondern nur bis zu einem bestimmten, der Risikoneigung entsprechenden Konfidenzniveau. Die Bestimmung dieses Risikokapitals ist von großer Bedeutung für eine risikoadjustierte Rückstellungspolitik und Eigenkapitalallokation und hat auch Auswirkungen auf den angemessenen Preis, den ein Kredit zu erwirtschaften hat, um für das eingesetzte Risikokapital eine angemessene Rendite zu erwirtschaften.

Verluste, die über dem Konfidenzniveau liegen, können als Ausnahmeverluste betrachtet werden, die in die Berechnung der unerwarteten Verluste bzw. des VAR nicht einfließen, weil sie dieses Maß drastisch erhöhen würden. Wirkliche Ausnahmeereignisse können mit statistischen Methoden nicht gemessen werden. Um auch diese Ereignisse steuern zu können, müssen Streß-Szenarien durchgespielt werden.[1] Der Zusammenhang zwischen Verlustverteilung, erwarteten Verlusten, unerwarteten Verlusten und Ausnahmeverlusten wird in Abb. 31 verdeutlicht.

3.3.1.2. Möglichkeiten zur Ermittlung der unerwarteten Verluste

Earnings Volatility[2]

Wählt man als Aggregationsebene das Gesamtportefeuille, so gibt die Volatilität der Periodenerträge ein erstes Bild über mögliche Verlustpotentiale. Diese Maße sind jedoch nur schwer auf Einzelkredite übertragbar.

Schwankung von Risiko-Spreads

Einige von Investmentbanken entwickelte Ansätze stellen auf die Schwankungen des am Markt für die einzelnen Ratingklassen bzw. einzelne Wertpapiere beobachtbaren Risiko-Spreads ab. Die maximale Veränderung dieses Spreads innerhalb eines Jahres bei Anwendung eines bestimmten Konfidenzniveaus wird auf bestehende Exposures

---

[1] Vgl. Bessis, J. [1998], S. 69 f. Zur Quantifizierung der Verlustpotentiale über dem Konfidenzniveau vgl. z.B. Guthoff, A./ Pfingsten, A./ Wulf, J. [1998], S. 111 ff.

[2] Vgl. auch Abschnitt 2.3.2.2.

übertragen.[1] Die kritischen Ereignisse Bonitätsverschlechterung und Ausfall werden bei diesem Ansatz nicht betrachtet. Es handelt sich somit um ein Marktpreisrisikomodell, das nur für liquide Anleihe-Portfolios angemessen ist.[2] Modelle dieser Art werden daher im weiteren vernachlässigt.

Einfache Verteilungsannahmen

Als eine Möglichkeit zur Ermittlung des undiversifizierten Risikos eines einzelnen Schuldners kann die binomialverteilte Standardabweichung[3] herangezogen werden. Unter der Annahme einer Binomialverteilung wird die Standardabweichung der Verluste ($\sigma(L)$) als Maß für den unerwarteten Verlust (UV) eines Einzelkredites vereinfacht wie folgt ermittelt: Der UV entspricht dem Produkt aus dem Verlust im Insolvenzfall (dem Produkt aus Exposure und Verlustintensität (hier mit Loss given Default[4] (LGD) bezeichnet) und der Wurzel aus dem Produkt der erwarteten Ausfallrate (EAR) und 1 minus dieser Ausfallrate:[5]

$$UV = Exp * LGD\sqrt{EAR(1-EAR)}$$

Durch Erweiterung dieses Ansatzes um die Volatilität der Verlustintensität und Berücksichtigung von Zusammenhängen im Portfolio ergibt sich die folgende Formel.[6]

---

[1] Vgl. z.B. Saunders, A. [1997], S. 207 ff. Dieser Ansatz entspricht dem RAROC-Ansatz von Bankers Trust. Vgl. auch Beecroft, J./Richardson, G. [1998], S. 251 ff.

[2] Die Möglichkeit, Volatilitäten aus Marktpreisen abzuleiten, ist i.d.R. auf Kredite nicht anwendbar, weil Sekundärmarktpreise meist nicht vorliegen. Vgl. z.B. Klose, S. [1995], der aus Sekundärmarktpreisen Volatilitäten für Länderrisiken ableitet.

[3] Zur Binomialverteilung vgl. z.B. Bleymüller, J./Gehlert, G./Gülicher, H. [1996], S. 52 ff. Bei Betrachtung von nur zwei möglichen Zuständen – Ausfall und kein Ausfall – kann die Varianz einer Binomialverteilung σ^2_{EAR} = EAR(1-EAR) vereinfachend herangezogen werden, Vgl. auch Ong, M.H. [1999], S. 113 ff.

[4] Die Verlustintensität wird im angelsächsischen Sprachgebrauch allgemein mit Loss given Default (LGD) bezeichnet. Vgl. z.B. Federal Reserve System Task Force on Internal Credit Risk Models [1998], S. 32; James, C. [1996], S. 24 sowie Ong, M.H. [1999], S. 112 ff.

[5] Vgl. Bessis, J. [1998], S. 299 ff., der bei Annahme einer Recovery Rate von Null vereinfacht den ausfallbedrohten Betrag in die Formel einsetzt; Kealhofer, S./Kwok, S./Weng, W. [1998], S. 37 ff. Kealhofer, S. [1998], S. 5 ff. Vgl. auch Manz, F. [1998], S. 168 ff. sowie Ong, M.H. [1999], S. 112 ff. mit einer expliziten Herleitung der Formel.

[6] Vgl. James, C. [1996], S. 24, der diesen Ansatz als den der Bank of Amerika vorstellt, Federal Reserve System Task Force on Internal Credit Risk Models [1998], S. 31 ff. sowie Ong, M.H. [1999], S. 112 ff.

$$UV = Exp * \sqrt{(LGD)^2 * EAR * (1 - EAR) + EAR * \sigma_{LGD}^2} * \sqrt{[w + (1-w)] * \rho}$$

mit :

UV	= Unerwarteter Verlust eines Einzelkredites
Exp	= Exposure (ausfallbedrohter Betrag)
EAR	= Ausfallwahrscheinlichkeit
σ_{LGD}	= Volatilität der Verlustintensität
w	= Faktor für die relative Größe im Portfolio
ρ	= Korrelation mit dem Gesamtportfolio
η	= Recovery Rate
LGD	= Verlustintensität

Der unerwartete Verlust ist in erster Linie abhängig von der EAR und dem LGD sowie deren korrespondierenden Varianzen. Wenn sowohl EAR als auch LGD sicher sind, deren Varianzen also gleich Null sind, dann ergibt sich auch für den UV ein Wert von Null. Nach Ansicht des Basler Ausschusses für Bankenaufsicht stellen diese Gleichungen einen geeigneten Weg dar, das Ausfallrisiko des Gesamtportfolios (bei ausschließlicher Betrachtung des Ausfalls, (vgl. Abschnitt 3.3.3.1.2.) in Abhängigkeit von Ausfallwahrscheinlichkeit (EAR), Verlustintensität (LGD) und der Volatilität dieser Größen zusammenzufassen.[1]

Diese Berechnung der unerwarteten Verluste beinhaltet nur Wertveränderungen in Folge von Ausfällen und trifft stark vereinfachende Annahmen bzgl. der Verteilung der Verlustraten. Außerdem abstrahieren die Vorschläge völlig von der Zeit, die bis zu einem Verlust vergeht. Die Berechnungen sind daher auf den angenommenen Zeithorizont bezogen durchzuführen.

Volatilität der historischen Ausfallrate

Ein weiterer Ansatz ist, die Volatilität der historischen Ausfallrate bzw. der historischen Verlustrate zur Schätzung zukünftiger unerwarteter Verluste heranzuziehen.[2]

---

[1] Vgl. Basler Ausschuß für Bankenaufsicht [1999a], S. 21.

[2] Vgl. Bessis, J. [1998], S. 302 ff.; J.P. Morgan [1997a], S. 60 ff. Alternativ wird von Altman, E.I. [1996], S. 16 ff. die Volatilität der Verluste direkt als Basis für die Bestimmung der unerwarteten Verluste herangezogen.

Bei diesem Ansatz wird angenommen, daß nur der Ausfall einen negativen Einfluß auf den Wert eines Kredites hat. Entweder der Kredit fällt aus, dann ist der Verlust abhängig von der Verlustintensität (z.B. 35%), oder er fällt nicht aus, dann ist der Verlust gleich Null.

Empirische Daten zur Volatilität bzw. Standardabweichung der historischen Ausfallrate liegen insbesondere für die verschiedenen Ratingstufen von den Rating-Agenturen[1] vor. Liegen ebenfalls Daten zu Recovery Rates sowie deren Standardabweichung vor, so können die unerwarteten Verluste durch die Standardabweichung der erwarteten Verluste abgeschätzt werden. Wenn diese Daten darüber hinaus auf annualisierter Basis vorliegen,[2] kann auf dieser Basis ein VAR berechnet werden. Das folgende Beispiel, in dem aus Vereinfachungsgründen mit einer annualisierten Ausfallrate gerechnet wird, verdeutlicht diesen Ansatz.[3] Der VAR ergibt sich als Differenz zwischen erwartetem Barwert und dem Barwert bei Berücksichtigung der Volatilität der Ausfallrate.

Annahmen:
Marktzins: 6% (Flache Zinsstrukturkurve)
Kreditzins: 7% (100% Auszahlung/Endfällige Tilgung)
Laufzeit: 5 Jahre
Erwartete Ausfallrate: 0,45% p.a.
Volatilität der Ausfallrate: 0,20%-Punkte p.a. (Konfidenzniveau: 95% ($\sim 2\sigma$))
Recovery Rate: 0% (Ausfallrate = Verlustrate)

$$Erwarteter\ Barwert = 100 + \frac{7}{1,0645} + \frac{7}{1,0645^2} + \frac{7}{1,0645^3} + \frac{7}{1,0645^4} + \frac{7}{1,0645^5} = 4,17$$

$$Niedrigerer\ Barwert = 100 + \frac{7}{1,0665} + \frac{7}{1,0665^2} + \frac{7}{1,0665^3} + \frac{7}{1,0665^4} + \frac{7}{1,0665^5} = 3,38$$

Value-at-Risk = **0,79**

---

[1] Vgl. z.B. Carty, L.V./Lieberman, D. [1997], S. 11; Altman, E.I./Saunders, A. [1998], S. 1721 ff.

[2] Vgl. Altman, E.I./Saunders, A. [1998], S. 1734 ff.

[3] Vgl. Rolfes, B. [1997]. Die Volatilität der Recovery Rate wird hier nicht gesondert berücksichtigt.

Einbeziehung von Bonitätsveränderungen

Eine weitere Möglichkeit den unerwarteten Verlust zu errechnen, ist nicht nur den Ausfall, sondern bereits jede Verschlechterung der Bonität des Schuldners zu berücksichtigen. Diese Bonität läßt sich in Risikoklassen ausdrücken. Von Schwankungen der Ausfallrate und des Risiko-Spreads je Risikoklasse wird abstrahiert. Wenn jeder Risikoklasse ein Risiko-Spread und somit ein eindeutiger Marktwert zugeordnet werden und die Wahrscheinlichkeit angegeben werden kann, mit der ein bestimmter Kredit in eine andere Risikoklasse wandert, dann kann der VAR des Einzelkredites als Differenz der Marktwerte des Kredites bei Eintreten der verschiedenen Bonitätseinstufungen wie in dem folgenden Beispiel (vgl. Abb. 32) ermittelt werden. Es ergibt sich ein Wert von 3,6 bei einem Konfidenzniveau von 99%, wenn sich die Bonität des Kredites, der ursprünglich mit A eingestuft worden ist, auf BB verschlechtert.

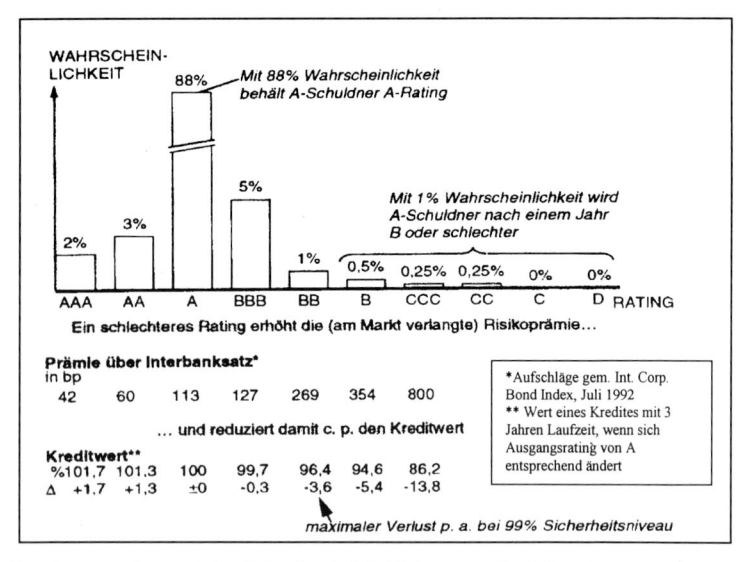

Abb. 32: Unerwarteter Verlust bei Berücksichtigung von Bonitätsveränderungen[1]

---

[1] Quelle: Beispiel entnommen bei Merbecks, A. [1996], S. 133. Für eine detailliertere Darstellung vgl. Abschnitt 3.3.3.2. zu CreditMetrics.

3.3.1.3. Unerwartete Verluste im Portfolio

Unerwartete Verluste können für Einzelgeschäfte bzw. -kreditnehmer allein betrachtet kaum sinnvoll interpretiert werden, da sie kein mögliches Ereignis bzw. ein ausgesprochen unwahrscheinliches Ereignis darstellen. Der Kredit wird entweder ausfallen oder eben nicht. Wenn er ausfällt, ist der Verlust wesentlich höher, fällt er nicht aus, dann tritt kein Verlust ein. Dieser VAR ist nicht einem Marktpreis-VAR vergleichbar, da er für Einzelkredite nicht den bei einem bestimmten Wahrscheinlichkeitsniveau maximalen Verlust angibt. Dieser ist erst im Portfolio sinnvoll darstellbar. Für die Portfoliobetrachtung sind die unerwarteten Verluste der Einzelgeschäfte zu aggregieren. Hierfür stellen neben dem Zerfällungsgrad des Portfolios, ausgedrückt in den Gewichten der Einzelkredite am Portfoliowert, die Korrelationen der Kredite untereinander die wesentliche Grundlage dar. Während die erwarteten Verluste der einfachen Summe der erwarteten Verluste der Einzelgeschäfte entsprechen, erfordert eine genaue Schätzung der unerwarteten Verluste im Portefeuille grundsätzlich die Kenntnis der Ausfallkorrelationen. Formal folgendermaßen darstellbar.[1]

EV_i = Erwarteter Verlust Kredit i
UV_i = Unerwarteter Verlust Kredit i
EV_{PF} = Erwarteter Verlust Portfolio
UV_{PF} = Unerwarteter Verlust Portfolio
w_i = Gewicht von Kredit i am Wert des Portefeuilles
ρ_{ij} = Ausfallkorrelation zwischen Kredit i und j
n = Anzahl Kredite im Portfolio

Der Erwartete Verlust im Portfolio entspricht:

$$EV_{PF} = \sum_{i=1}^{n} w_i * EV_i$$

---

[1] Vgl. Kealhofer, S. [1998], S. 5 ff.; Varnholt, B. [1997], S. 163 ff. Für eine alternative Darstellung vgl. Altman, E.I. [1996], S. 16 ff.; Altman, E.I./Saunders, A. [1998], S. 1732 ff.; Bessis, J. [1998], S. 298 ff.

Die unerwarteten Verluste im Portfolio lassen sich dann folgendermaßen ermitteln:[1]

$$UV_{PF} = \sqrt{\begin{array}{l} w_1 {}^* w_2 {}^* UV_1 {}^* UV_1 {}^* \rho_{11} \\ + w_1 {}^* w_2 {}^* UV_2 {}^* UV_2 {}^* \rho_{12} \\ + w_1 {}^* w_2 {}^* UV_1 {}^* UV_n {}^* \rho_{1n} \\ + \dots \\ + \dots w_n {}^* w_n {}^* UV_n {}^* UV_n {}^* \rho_{nn} \end{array}}$$

Die unerwarteten Verluste im Portefeuille sind eine Funktion der unerwarteten Verluste der Einzelgeschäfte, der Portfoliogewichte und der Ausfallkorrelationen. Um die Risikoverbundwirkungen mehrerer Ausfallrisiken innerhalb eines Portefeuilles von Ausfallrisiken berücksichtigen zu können, werden daher zusätzlich zu der Bewertung eines Einzelgeschäftes gemeinsame Ausfallwahrscheinlichkeiten bzw. Korrelationen zwischen den verschiedenen Krediten benötigt und in die Berechnungen einbezogen.

Wie schon die kurze Aufzählung unterschiedlicher Möglichkeiten, unerwartete Verluste zu quantifizieren, deutlich macht, gibt es verschiedene Ansätze mit unterschiedlichen Komplexitätsgraden zur Messung unerwarteter Verluste. Dies gilt auch für Portfoliomodelle, auf die im Abschnitt 3.3.3. noch näher eingegangen wird. Im nächsten Abschnitt folgen jedoch zunächst einige grundsätzliche Ausführungen zur Anwendung der Portfoliotheorie auf Ausfallrisiken.

---

[1] Der dargestellte Ausdruck entsteht, indem wie in Abschnitt 2.3.2.1. S. 34 f., Formel (3) der Risikovektor mit den unerwarteten Verlusten der Einzelgeschäfte und den Portfoliogewichten mit der Korrelationskoeffizientenmatrix und der Transponte des Risikovektors multipliziert werden und aus dem Ergebnis die Wurzel gezogen wird.

3.3.2. Übertragung der Portfoliotheorie auf Ausfallrisiken
3.3.2.1. Diversifikation als Voraussetzung für eine effiziente Ausfallrisikosteuerung

Ausfallrisiken treten selten auf und sind im Verhältnis zu Marktpreisrisiken relativ wenig miteinander korreliert.[1] Sie verhalten sich daher anders als Marktpreisrisiken. Das Marktpreisrisiko von z.b. zwei DM-Zinsswaps unterschiedlicher Laufzeit ist in hohem Maße positiv korreliert, der Korrelationskoeffizient beträgt z.b. ca. 0,96, so daß das Risiko nicht durch Diversifikation gesteuert werden kann. Diversifikation funktioniert nur, wenn Risiken schwach (bzw. negativ) korreliert sind. Hohe Korrelation bedeutet im Gegenzug auch, daß Marktpreisrisiken durch gegenläufige Positionen unterschiedlicher aber hoch korrelierter Werte (z.B. Aktien der gleichen Branche) gehedgt werden können. Ausfallrisiken hingegen sind i.d.R. nur gering korreliert. Die Wahrscheinlichkeit, daß zwei Schuldner in demselben Zeitraum ausfallen, ist - vor allem für gute Bonitäten - sehr gering. Sie liegt bei etwa 0,01%. Daraus folgt unmittelbar, daß Ausfallrisiken durch Diversifikation gesteuert, aber i.d.R. nicht durch gegenläufige Positionen in anderen Ausfallrisiken gehedgt werden können, auch nicht durch Marktindizes oder Future-Kontrakte.[2] Ausfallrisiken können nur durch Instrumente abgesichert werden, die sich direkt auf das Risiko des jeweiligen Schuldners beziehen, also insbesondere Kreditderivate, die sich auf einen Kredit oder eine andere Verbindlichkeit des Schuldners beziehen.

Auch ein Stockpicking wie bei Aktien ist bei Ausfallrisiken keine wirtschaftlich tragfähige Gewinnstrategie. Die Übernahme von Ausfallrisiken mit der Annahme, diese besser als der Markt beurteilen zu können, ist wenig sinnvoll. Erstens ist eine solche Stockpicking-Strategie selbst für Aktien ausgesprochen schwierig und es gibt wenig Belege, daß dies systematisch mit Erfolg möglich ist. Weiterhin sind für Ausfallrisiken die Gewinnmöglichkeiten deutlich begrenzt. Wenn sich eine Firma gut entwickelt, dann gewinnen die Kreditgeber nur wenig oder gar nichts, außer daß sie ih-

---

[1] Die Korrelation von Krediten und Möglichkeiten ihrer Ermittlung werden in Abschnitt 3.3.3.1.1. noch näher untersucht.

[2] Vgl. Kealhofer, S. [1995], S. 50.

ren Kredit fristgerecht zurückbezahlt bekommen. Ihr Ertrag ist auf die Kreditmarge beschränkt. Häufig erfolgt bei erfolgreichen Unternehmen sogar eine vorzeitige Rückzahlung der Kredite bzw. eine Umschuldung mit Neukonditionierung und geringerer Marge, so daß der Kreditgeber nicht von der verbesserten Situation des Kunden profitieren kann.

Wenn Informationen vorliegen, die eine bessere Einschätzung der Wirtschaftskraft eines Unternehmens als der Markt erlauben, dann empfiehlt sich, soweit dies möglich ist, Aktien bzw. eine Beteiligung an dem Unternehmen zu kaufen, die als Kaufoption auf die Unternehmensaktiva angesehen werden können. Die Kreditvergabe ist als Verkauf einer Verkaufsoption auf die Unternehmensaktiva anzusehen. Bei besserer Kenntnis des Kunden als der Markt ist das Eingehen einer Stillhalterposition in einer Verkaufsoption keine effiziente Strategie, diese Information auszunutzen.[1] Als Ergebnis folgt daraus, daß eine effiziente Kreditportfoliosteuerung nur über eine möglichst gute Diversifikation erfolgen kann.

Diese Überlegungen werden auch unterstützt durch Aussagen, die direkt aus der Portfoliotheorie abgeleitet werden können. Je nach Risikobegriff kann das Risiko des Portfolios durch die Varianz der Portfoliorendite gemessen werden. In diesem Fall läßt sich die Wirkung der Diversifikation verdeutlichen, wenn angenommen wird, daß die Bank eine große Anzahl gleich großer Beträge mit identischen oder wenig variierenden Korrelationskoeffizienten im Portefeuille hat. In diesem Fall gilt:[2]

$$\sigma_P^2 = \tfrac{1}{A}\sigma_i^2 + \tfrac{A-1}{A}\sigma_{ij}$$

mit:

- $\sigma_P^2 =$ Varianz der Portefeuillerendite,
- $A =$ Anzahl unterschiedlicher (aber in etwa gleich großer) Kredite,
- $\sigma_i^2 =$ durchschnittliche Varianz der Renditen eines Kredites und
- $\sigma_{ij} =$ durchschnittliche Kovarianz der Renditen zweier beliebigen Kredite i und j.

---

[1] Vgl. Kealhofer, S. [1995], S. 50.

[2] Vgl. Rudolph, B. [1994], S. 889 ff. sowie Schmidt, H. [1988], S. 250 ff.

Bei nur einem Kredit (A = 1) wird die Portefeuillevarianz allein von der Varianz der Rendite dieses Einzelkredites bestimmt. Mit wachsendem A wird der erste Summand immer kleiner, so daß für eine genügend große Anzahl von Krediten das Portefeuillerisiko schließlich durch die durchschnittliche Kovarianz determiniert wird.[1]

$$\lim_{A \to \infty} \sigma_p^2 = \sigma_{ij}$$

In diesem Fall müßten statt der Varianz die Kovarianzen der Einzelkredite Ausgangspunkt einer Risikokostenkalkulation sein. Wenn die Bank ein gut diversifiziertes Kreditportefeuille mit einer durchschnittlichen Kovarianz von Null steuert, dann folgt aus obiger Formel, daß sie praktisch kein Risiko übernimmt.[2]

Risikokosten sind also unterschiedlich anzusetzen, je nachdem, ob Kreditentscheidungen als Einzel- oder als Portefeuilleentscheidung getroffen werden.[3] Das Einzelausfallrisiko ist strenggenommen nicht losgelöst vom Gesamtportfolio zu beurteilen. Die Varianz (der Renditen) allein ist kein geeigneter Risikomaßstab im Portefeuillezusammenhang. Vielmehr wird in einem effizienten Portefeuille der Risikobeitrag des Einzelkredites zum Gesamtportfolio durch die Kovarianz der Rendite des einzelnen Kredites mit der Portefeuillerendite bestimmt. Ein schwacher Risikozusammenhang zwischen Einzelkredit und Gesamtportefeuille führt zu einer günstigeren Einschätzung und somit tendenziell zu einem höheren Kreditrahmen. Ein ausgeprägter Risikozusammenhang führt zu einer eher restriktiven Kreditvergabepolitik bzw. höheren Risikoübernahmekosten.[4]

Aus den Überlegungen läßt sich unmittelbar ableiten, daß die entscheidende Größe bei der Steuerung von Kreditportfolios neben Konzentrationsrisiken (dem Zerfällungsgrad, also der Anzahl der Einzelkredite und ihrer relativen Größe im Portfolio)

---

[1] Vgl. Schmidt, H. [1988], S. 250.
[2] Vgl. Rudolph, B. [1994], S. 889 ff.
[3] Die portfolioabhängige Preiskalkulation wird in Abschnitt 4.3.3.3. einer kritischen Würdigung unterzogen.
[4] Vgl. Rudolph, B. [1994], S. 890.

die Risikoverbundwirkungen im Portfolio sind, die statistisch durch die Korrelationen ausgedrückt werden. Klumpenrisiken lassen sich den Konzentrationsrisiken subsumieren. Unter Klumpenrisiken versteht man große Einzelrisiken im Portfolio.[1] Sie können auch entstehen durch die Ballung von Risiken bei unterschiedlichen Kreditnehmern, die entstehen, weil die Kreditnehmer wirtschaftlich oder auch rechtlich voneinander abhängen, wobei dies nicht immer offensichtlich ist.[2]

Ziel der Diversifikation ist, die Gesamtvolatilität der Kreditverluste zu reduzieren. Diese Volatilität ist auf zwei Faktoren zurückzuführen – Konzentration und Korrelation.[3] Die Auswirkungen dieser Faktoren auf die Diversifikation eines Portfolios sind in Abb. 33 dargestellt. Durch die zunehmende Anzahl von relativ gleich großen Krediten im Portfolio kann der Zerfällungsgrad erhöht und die Konzentration verringert werden. Werden darüber hinaus Korrelationen explizit in der Steuerung berücksichtigt, so kann auch die Wirkung dieser Risikoquelle reduziert werden mit dem Ziel, alle diversifizierbaren Risiken zu eliminieren. Während Korrelationen, verursacht durch den allgemeinen Zustand der Volkswirtschaft, nicht diversifiziert werden können, können Korrelationen, die auf spezifische Umstände z.B. einer Branche zurückzuführen sind, diversifiziert werden.[4]

Die Grenzen der Diversifikation sind dort erreicht, wo Korrelationen innerhalb des Portfolios nicht mehr weiter abgesenkt werden können. Eine weitere Begrenzung wird durch die knappe Ressource Risikokapital gesetzt,[5] da größere Portfolios leichter und effizienter diversifiziert werden können, für ein größeres Portfolio aber i.d.R. auch mehr Risikokapital benötigt wird.

---

[1] Vgl. Garside, T./Stott, H./Strothe, G. [1998], S. 3.
[2] Ein Praxisbeispiel findet sich bei Schorr, G. [1998], S. 56.
[3] Vgl. zu den folgenden Überlegungen insbesondere Garside, T./Stott, H./Strothe, G. [1998], S. 3.
[4] Vgl. Lucas, D.J. [1995], S. 77.
[5] Vgl. Oelrich, F. /Stocker, G. [1998], S. 42. Zu Möglichkeiten der Berechnung der Diversifikationseffizienz vgl. Ford, J.K. [1998] sowie Varnholt, B. [1997], S. 53 ff.

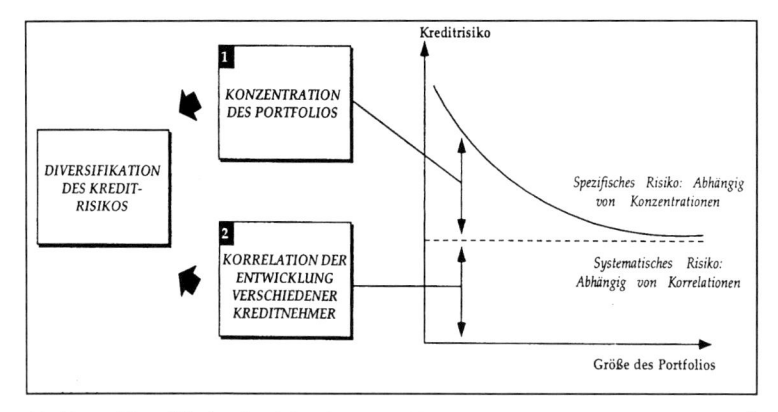

Abb. 33: Diversifikation durch Beachtung von Konzentration und Korrelation im Portfolio[1]

Da Kredite mit guter Bonität grundsätzlich weniger korreliert sind bzgl. des Ausfalls, ist es auch aus diesen Gründen sinnvoll, wenn Banken sich auf erstklassige Kredite beschränken und so automatisch mit zunehmender Anzahl der Kredite im Portfolio eine bessere Diversifizierung erreichen.[2] Nachteil dieser Strategie ist, daß sie nur für viele relativ kleine etwa gleich große Kredite gilt, Klumpenrisiken nicht systematisch ermittelt und Rendite-Gesichtspunkte nicht berücksichtigt werden.

Grundsätzlich sollte beachtet werden, daß Diversifikation nur um ihrer selbst Willen gefährlich ist, wenn die Bank dadurch verleitet wird, Risiken zu nehmen, wo sie keine spezielle Expertise hat und diese Risiken möglicherweise nicht richtig einschätzen kann.[3] Insbesondere eine Diversifikation außerhalb des eigenen Geschäftsgebietes oder z.B. in Emerging Markets[4] birgt die Gefahr, die Risiken falsch einzuschätzen.[5] Wie verschiedene Studien belegen, weisen Banken außerhalb ihres

---

[1] Quelle: Garside, T./Stott, H./Strothe, G. [1998], S. 3. Ähnlich z.B. auch Haumüller, S. [1997], S. 122 ff. sowie Manz, F. [1998], S. 51.

[2] Vgl. Schmidt, H. [1988], S. 251 f.

[3] Vgl. Bennett, P. [1984], S. 156.

[4] Vgl. Schorr, G. [1998], S. 56 ff.

[5] Als Beispiel sei die jüngste Krise der asiatischen Finanzmärkte genannt. Im Zuge dieser Krise Ende des Jahres 1997 waren die Rating-Agenturen deutlicher Kritik ausgesetzt, weil sie noch

Heimatmarktes massiv höhere Risikokosten auf bzw. ausländische Banken erwirtschaften durchschnittlich eine um 5% niedrigere Rendite als die einheimischen Konkurrenten.[1]

Die Vorteile, die Banken in ihrem Heimatmarkt haben, sind vor allem auf die bessere Kenntnis des jeweiligen Marktes sowie die oft engen Kundenbeziehungen zurückzuführen, so daß zum einen das grundsätzliche Problem der asymmetrischen Informationsverteilung bei Kreditbeziehungen gemildert wird und zum anderen der Einfluß bei der Verhandlung von Problemfällen ausgeprägter ist. Weiterhin verfügen, wie Machauer/Weber zeigen, Hausbanken i.d.R. über bessere Sicherheiten.[2]

Diese Überlegungen sind jedoch der Einzelgeschäftssteuerung zuzurechnen. Der bewußte Verzicht auf Risiken außerhalb des Heimatmarktes als Konsequenz birgt die Gefahr hoher Konzentrations- und Klumpenrisiken, denen sich die Bank selbst bei bester Risikoanalyse nicht vollständig entziehen kann. Die meisten Banken sind aufgrund ihres Geschäftsgebietes und ihrer Kundenstruktur automatisch in bestimmten Bereichen spezialisiert und konzentriert.[3] Die Portfoliosicht kann daher nicht unbeachtet bleiben. In jedem Fall sollten Risiken aber nur in vertretbarer Größenordnung eingegangen werden, so daß eine breite Risikostreuung gewährleistet ist.

Um insbesondere die Probleme der asymmetrischen Information und der mangelnden Marktkenntnis zu mildern, bietet es sich an, zu Diversifikationszwecken vor allem auf liquide Marktsegmente auszuweichen, wo Einstufungen von Rating-Agenturen vorliegen und Risiken flexibler gesteuert werden können. Wie J.P. Morgan in einer

---

unmittelbar vor Ausbruch der Krise keine Warnung gegeben hatten und gute Investment Grade Ratings vergeben hatten. Dies wird auch darauf zurückgeführt, daß sie ihre für die Vereinigten Staaten erprobten Methoden auf die asiatischen Märkte übertragen haben, ohne die dortigen Besonderheiten ausreichend zu berücksichtigen. Vgl. Irvine, S. [1998], S. 51 ff.

[1] Vgl. Drzik, J./Strothe, G. [1997a], S. 681 sowie Haumüller, S. [1997], S. 118 ff.

[2] Vgl. Machauer, A./Weber, M. [1998], S. 29 f. Zu Hausbankbeziehungen vgl. auch die aktuelle Studie von Elsas, R./Krahnen, J.P. [1998], die interne Daten von fünf deutschen Großbanken auswerten und zu dem Ergebnis kommen, daß Hausbankbeziehungen einen eigenen Wert auch für den Schuldner haben, so daß sie auch in einem liquideren Kreditmarkt ihre Bedeutung nicht gänzlich verlieren.

[3] Vgl. z.B. auch Santomero, A. M. [1997], S. 26.

Studie dargelegt haben, sollten globale Anleihe-Portfolios selbst dann in Emerging Markets investieren, wenn die jeweiligen Märkte nicht genau verfolgt würden. Unter der Bedingung einer breiten Streuung sei eine rein passive Investitionsstrategie in diese Märkte geeignet, das Gesamtrisiko signifikant zu senken.[1]

Die Aussagen, die sich aus der Portfoliotheorie für Ausfallrisiken ableiten lassen, sind im Grunde genommen nichts anderes als das, was Bankiers von jeher als bewährte Prinzipien eines soliden Kreditgeschäftes angesehen haben. Es gab auch bisher Methoden, den Diversifikationsgrad eines Kreditportefeuilles zu beurteilen. Dabei wird das Portefeuille nach quantitativen (Größenklassen) und qualitativen Kriterien (Bonitätsklassen, Branchen, Zielgruppen, Kreditarten, Fristigkeiten, Regionen etc.) unterteilt, um so das Portfolio in unterschiedliche Schichten nach Risikograden zu strukturieren und eine möglichst gute Diversifizierung zu gewährleisten.[2] Neu an der aktuellen Diskussion um die Anwendung der Portfoliotheorie ist jedoch der Versuch, sie auch quantitativ in die Praxis umzusetzen und zu versuchen, Ausfallrisiken in Abhängigkeit vom Portfolio zu messen und steuerbar zu machen und so gezielt eine bessere Diversifikation des Kreditportfolios zu erreichen.

Zur weiteren Verdeutlichung der Diversifikationseffekte in einem Kreditportfolio folgt im nächsten Abschnitt ein einfaches Beispiel.

---

[1] Vgl. o.V. [1997e] sowie auch Wolf, O. [1998], S. 850 ff., der diese Sicht unterstützt und deutschen Banken empfiehlt, zur Diversifizierung in Emerging Markets Anleihen zu investieren und so eine signifikant bessere risikoadjustierte Rendite zu erwirtschaften.

[2] Vgl. Schmoll, A. [1994], S. 865 ff. Meier, C. [1996], S. 219 ff. sowie Nolte-Hellwig, H.U. et.al. [1991], S. 113 ff.

3.3.2.2. Diversifikationseffekte im Portfolio

Ausgangspunkt ist eine Investition von DM 100. Wird dieser Betrag in einen einjährigen Kredit mit einer Ausfallwahrscheinlichkeit von 1% (und einer Recovery Rate von 0) investiert, so ergibt sich ein erwarteter Verlust von 1 DM. Bei einem Konfidenzniveau von 99% wäre der Kredit mit 99 DM Risikokapital zu unterlegen (vgl. Abb. 34).

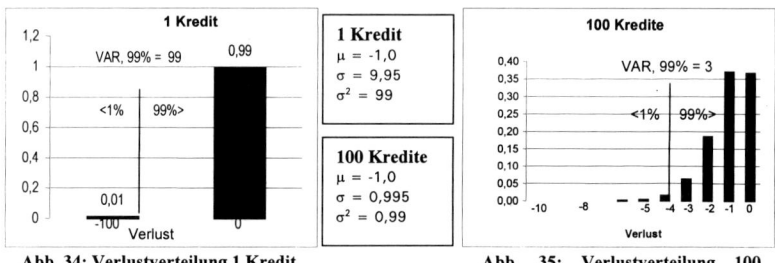

1 Kredit	100 Kredite
$\mu = -1{,}0$	
$\sigma = 9{,}95$	
$\sigma^2 = 99$	
100 Kredite	
$\mu = -1{,}0$	
$\sigma = 0{,}995$	
$\sigma^2 = 0{,}99$	

Abb. 34: Verlustverteilung 1 Kredit

Abb. 35: Verlustverteilung 100 Kredite

Verteilt man die DM 100 gleichmäßig auf 100 identische, voneinander unabhängige Kredite mit einer unveränderten Ausfallwahrscheinlichkeit von 1%, so verbleibt der erwartete Verlust bei DM 1, das Risikokapital sinkt jedoch auf DM 3, und die Varianz sinkt von 99 auf 0,99. Eine weitere Zerfällung des Portfolios auf 250 bzw. 1.000 identische Kredite läßt die Varianz auf 0,4 bzw. 0,1 und das Risikokapital auf DM 1,80 bzw. DM 0,80 sinken, während der erwartete Verlust wiederum bei DM 1 verbleibt (vgl. Abb. 36 und 37).

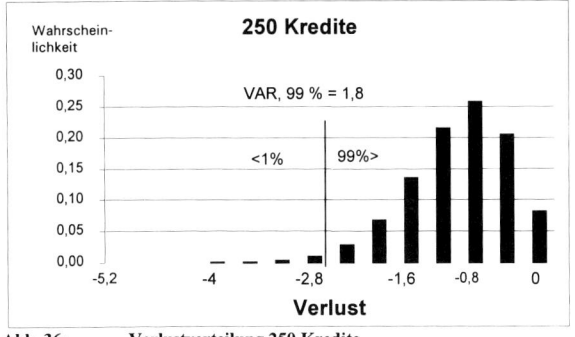

Abb. 36: Verlustverteilung 250 Kredite

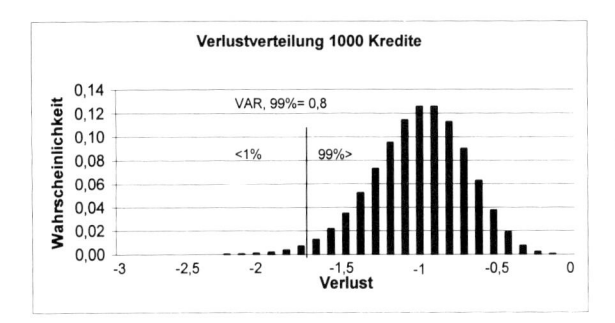

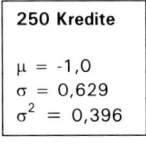

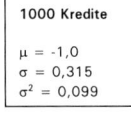

Abb. 37: Verlustverteilung 1000 Kredite

Obwohl das Beispiel unrealistisch einfach ist, macht es doch folgende Aspekte der Ausfallrisikosteuerung deutlich:

- Die Messung des Risikokapitals bzw. der unerwarteten Verluste führt nur im Portfoliokontext zu sinnvollen Ergebnissen.
- Allein die Zerfällung des Kreditportfolios in viele kleine Kredite (ohne systematische Diversifizierung unter Beachtung von Korrelationen) führt in dem Beispiel zu einer deutlichen Reduzierung der unerwarteten Verluste, während die erwarteten Verluste unverändert bleiben, weil sie nicht diversifizierbar sind.
- Portfolios mit einer geringen Anzahl von Krediten tragen ein deutlich höheres Risiko als stärker zerfällte und diversifizierte Portfolios.

Andererseits führt insbesondere die Annahme, daß alle Kreditausfälle vollständig unabhängig sind, zu sehr unrealistischen Schlußfolgerungen. Eine weitere Zerfällung des Portfolios ergäbe eine Verteilung, bei der der erwartete Verlust von DM 1 mit nahezu vollständiger Gewißheit eintreten würde und es gäbe keine unerwarteten Verluste mehr. Der VAR würde gegen Null konvergieren.[1] Diese Ergebnisse decken sich nicht mit der Realität, in der selbst in großen, breitgestreuten Portfolios immer wieder überraschende Verluste auftreten. In der Realität schwanken die Ausfallraten teilweise sehr deutlich und in Abhängigkeit von makroökonomischen Größen. Außerdem sind deutliche Korrelationen der Ausfallwahrscheinlichkeiten z.B. verschiedener Länder feststellbar.[2] Darüber hinaus bestehen Portfolios nicht aus gleich großen Krediten, sondern beinhalten Kredite mit stark abweichenden Volumina, Recovery Rates und Ausfallwahrscheinlichkeiten, so daß sich die Risikostruktur des Portfolios sehr viel komplexer gestaltet.

Bereits die Aufnahme einer geringen Anzahl großer Kredite in das Portfolio mit 1.000 identischen Krediten verändert die Verlustverteilung drastisch. Wenn 500 der 1.000 Kredite ersetzt werden durch 10 jeweils gleich große Kredite über DM 5 mit einer unveränderten Ausfallwahrscheinlichkeit von 1%, so daß das Gesamtvolumen unverändert bei DM 100 bleibt, verändert sich die Verlustverteilung deutlich (vgl. Abb. 38).

---

[1] Vgl. Wilson, T.C. [1997c], S. 8.
[2] Vgl. Wilson, T.C. [1997c], S. 9.

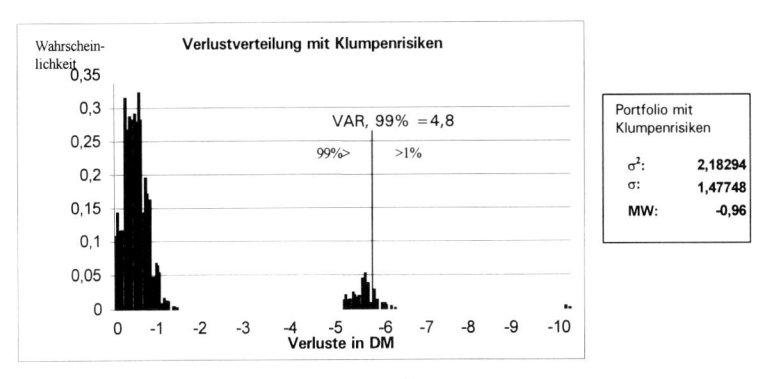

Abb. 38: Verlustverteilung mit Klumpenrisiken[1]

Da in einem solchen Portfolio nicht mehr alle möglichen Kombinationen untersucht werden können, müssen mögliche Wertentwicklungen simuliert werden. In einem Simulationslauf mit 1.000 möglichen Szenarien hat sich die in Abb. 38 dargestellte Verteilung ergeben. Durch die Konzentrationsrisiken haben sich die unerwarteten Verluste bzw. das zu haltende Risikokapital von DM 0,8 auf DM 4,8 erhöht. Die Standardabweichung ist von 0,315 auf 1,48 angestiegen. Der Mittelwert, der sich aus den simulierten Wertentwicklungen ergibt, beträgt -0,96 und weicht damit nur wenig von dem prognostizierten Erwartungswert von -1 ab.

Das Beispiel verdeutlicht eine weitere grundlegende Eigenschaft von Ausfallrisiken: Die typische Kreditverlustverteilung ist schief. In diesem Fall vor allem verursacht durch die Klumpenrisiken, in realistischen Kreditportefeuilles weiterhin verursacht durch die Seltenheit von Ausfällen und Korrelationen zwischen diesen Ausfällen. Eine genaue Bemessung des Risikokapitals muß über direktes Ablesen aus der Verteilung erfolgen. Die Berechnung über Standardabweichungen führt zu ungenauen

---

[1] Simulation mit 1.000 Szenarien eines Portfolios mit 500 Krediten je DM 0,1 und 10 Krediten je DM 5 mit einheitlicher Ausfallwahrscheinlichkeit von 1% und einer einheitlichen Recovery Rate von 0. Der VAR ergibt sich als Differenz zwischen erwarteten Verlusten i.H.v. −1 und den bei einem Konfidenzniveau von 99% eintretenden maximalen Verlusten. Der in der Simulation errechnete Mittelwert weicht leicht von dem theoretischen Erwartungswert ab.

Ergebnissen. Im Beispiel folgt aus der Verlustverteilung eine Unterlegung mit Risikokapital i.H.v. DM 4,8. Das bei Annahme der Normalverteilung einem Konfidenzniveau von 99% entsprechende 2,33-Fache[1] der Standardabweichung beträgt nur 3,44 und unterschätzt damit die unerwarteten Verluste um fast 30%.

Das einem Einzelkredit zuzurechnende Risikokapital ergibt sich anders als sein erwarteter Verlust nicht aus der Einzelgeschäftsbetrachtung, sondern läßt sich erst im Portfoliozusammenhang festlegen. Ausschlaggebend für die Beurteilung der Vorteilhaftigkeit eines zusätzlichen Einzelkredites ist daher seine marginale Wirkung auf das Portfoliorisiko. Die im Beispiel dem Portfolio hinzugefügten 10 Kredite über DM 5 haben den Portfolio-VAR um DM 4 erhöht und müssen daher die Verzinsung dieses zusätzlichen Risikokapitals erwirtschaften.[2] Bei einer Vorsteuer-Rendite von 20% bedeutet dies eine zusätzlich erforderliche Marge zu derjenigen, die die erwarteten Verluste abdeckt, in Höhe von 1,6%. Die Gesamtmarge einschließlich der erwarteten Verluste beläuft sich auf 2,6%.[3]

Aus der schiefen Verteilung ergeben sich weitere Implikationen für das Kreditrisikomanagement. Mehrere Jahre ohne große Verluste verleiten zu der Annahme, das Ausfallrisiko sei insgesamt gesunken, da intuitiv von einer symmetrischen Risikoverteilung ausgegangen wird. Große Kreditverluste hingegen werden so interpretiert, daß der Erwartungswert der Kreditverlustverteilung gestiegen ist.[4] Kreditrisikozyklen müssen daher möglichst frühzeitig erkannt werden, um entsprechende Vorsorge treffen zu können. Die richtige Kreditverlustverteilung kann daher nur über einen relativ langen Zeitraum, mindestens einen vollen Konjunkturzyklus, bestimmt werden.

---

[1] Vgl. Jorion, P. [1996], S. 92.

[2] Das Beispiel ist ungenau, weil Kredite im Nominalwert von DM 50 ersetzt werden und nicht nur hinzugefügt werden. Gleichwohl wird der Effekt der neuen großen Kredite auf die Höhe des gesamten Risikokapitals deutlich und kann hier zur Verdeutlichung der Zusammenhänge als marginaler Effekt interpretiert werden.

[3] 1,6% Marge auf DM 50 Nominalvolumen erwirtschaften genau die 20% Rendite (DM 0,8), die auf das zusätzliche Risikokapital von DM 4 erforderlich sind.

[4] Vgl. Varnholt, B. [1997], S. 39 ff.

3.3.2.3. Probleme bei der Anwendung der Portfoliotheorie auf Ausfallrisiken

Die Anwendung der Portfoliotheorie auf Ausfallrisiken ist aus den folgenden Gründen schwieriger als die Anwendung auf Marktpreisrisiken.[1]

- In der Regel liegen keine Informationen über die Wertveränderungen einzelner Kredite in dem jeweiligen Kreditportfolio vor.
- Die Wertveränderungen von Kreditrisiken sind komplexer als die von Marktpreisrisiken. Sie sind i.d.R. nicht symmetrisch, weil der Gewinn begrenzt ist (auf die Kreditmarge) und Banken nicht zwangsläufig von einer Bonitätsverbesserung des Schuldners profitieren, da dieser dann häufig - zu besseren Konditionen - umschulden oder den Kredit zurückführen kann.
- Das Verlustrisiko eines Kredites ist die entscheidende Größe für die Bank. Wenn sich die Bonität eines Schuldners verschlechtert, wird die Bank dafür nicht entschädigt (ausgenommen Kredite mit entsprechenden Vertragsklauseln). Wenn Zahlungen ausfallen, gehen auch bereits aufgelaufene Stückzinsen verloren und es entstehen nicht selten hohe Abwicklungskosten.
- Kredite sind weniger liquide als z.B. Aktien und es gibt deutlich weniger Daten über den Sekundärmarkt, auch wenn mit der weiteren Entwicklung des Sekundärmarktes und Kreditderivaten sowohl bezüglich der Liquidität als auch der Datenlage in Zukunft eine allmähliche Verbesserung einsetzen dürfte.

Aus Sicht der Banksteuerung werden darüber hinaus die folgenden Argumente gegen die Anwendung der Portfoliotheorie auf Kreditrisiken angeführt.[2]

- Man kann nicht über alle Einzelkredite gleichzeitig entscheiden und somit kein optimales Gesamtengagement bestimmen.
- Die Kompetenz, über Kreditanträge zu entscheiden, ist dezentralisiert und auf einen großen Kreis von Mitarbeitern in verschiedenen Bankstellen verteilt und kann daher nicht bei einem einzigen Disponenten in der Zentrale liegen.
- Die Entscheider kennen weder die Gesamtheit aller gegenwärtigen noch die aller zukünftigen Kreditvergabemöglichkeiten der Bank.
- Die Wirkungszusammenhänge (Korrelationen) zwischen den Krediten sind nicht bekannt.

---

[1] Vgl. im folgenden Gollinger, T. L./Morgan, J. B. [1993], S. 40.

[2] Vgl. Kern, M. [1987], S. 209 ff.; Kirmße, S. [1996], S. 25 f.; Merbecks, A. [1996], S. 182 ff. sowie Schmidt, H. [1988], S. 249.

Die aufgeführten Problempunkte beziehen sich auf die häufig unzureichende Datenlage bei Ausfallrisiken, den im Vergleich zu Marktpreisrisiken höheren Komplexitätsgrad der Ausfallrisiken, auf den weniger liquiden Sekundärmarkt sowie auf organisatorische Probleme, Portfolioinformationen in die Banksteuerung einfließen zu lassen. Alle genannten Punkte sind relevant. Insbesondere die Informationsgrundlage ist in vielen Fällen derzeit noch unzureichend. Es ist jedoch zu erwarten, daß sich dies im Zeitablauf verbessern wird. Die großen Fortschritte bei der Modellierung von Ausfallrisiken zeigen, daß die hohe Komplexität zunehmend beherrschbar wird. Ausfallrisiken werden aufgrund der Vielzahl unterschiedlicher Schuldner immer zu den weniger liquiden Risiken gehören, mit der weiteren Entwicklung des Sekundärmarktes z.b. über Kreditderivate wird jedoch auch dieser Punkt tendenziell an Bedeutung verlieren.

Den die Banksteuerung betreffenden Argumenten ist entgegenzuhalten, daß, auch wenn nicht alle Kredite gleichzeitig entschieden werden, trotzdem die Zusammenhänge im Portfolio untersucht und entsprechende Steuerungsmaßnahmen getroffen werden können. Die Nichtbeachtung von Diversifizierungseffekten vernachlässigt wesentliche Risikozusammenhänge. Auch wenn kein optimales Portfolio konstruiert werden kann, können bestehende Portefeuilles dynamisch einem Optimum angenähert werden. Über einen längeren Zeitraum ist es sowohl möglich als auch notwendig zu entscheiden, welche Kundenbeziehungen bzw. welche Risiken weiter ausgebaut und welche eher abgebaut werden sollen und zu untersuchen, wie die Risikostruktur entsprechend gelenkt werden kann.[1] Die dezentrale Entscheidungskompetenz verhindert nicht eine zentrale Steuerung über die Vorgabe von Limiten, Margen oder z.B. Boni und Mali. Außerdem können zentral Ausgleichsgeschäfte getätigt werden, die der besseren Diversifikation des Portfolios dienen. Letztendlich kann diese Problematik auch dazu führen, grundsätzlich neu zu überlegen, wie Kreditentscheidungen zu fällen sind und wie stark Kreditkompetenzen und Verantwortung dezentralisiert werden können und dennoch eine konsequente Portfoliosteuerung zu ermöglichen.

---

[1] Vgl. Bennett, P. [1984], S. 153 ff.

Das Argument, daß weder die Gesamtheit der gegenwärtigen noch die aller zukünftigen Kreditvergabemöglichkeiten bekannt ist, vernachlässigt, daß die Kreditportfoliosteuerung dynamisch und nicht statisch zu betrachten ist. Die Zyklizität der Ausfallraten im Konjunkturzyklus mit stark schwankenden Ausfallwahrscheinlichkeiten und ansteigenden Ausfallkorrelationen in Rezessionsphasen sind nur einige Gründe für die Notwendigkeit einer dynamischen Steuerung von Kreditportefeuilles.

Korrelationen sind zwar der komplexeste und umstrittenste Punkt in der Portfoliosteuerung von Ausfallrisiken.[1] Es sind jedoch verschiedene Möglichkeiten entwickelt worden, Korrelationen implizit oder explizit zu berücksichtigen, so daß auch das letzte Argument entkräftet werden kann.

3.3.3. Modelle zur Portfoliosteuerung von Ausfallrisiken

Ausfallrisiken können, wie oben dargestellt insbesondere durch Diversifikation effizient gesteuert werden. Gegenwärtig erfolgt dies vor allem über Limite bezogen auf das Kreditvolumen einem Kreditnehmer gegenüber, die Laufzeit, die Risikoklasse oder auch bezogen auf Branchen und Länder, mit dem Ziel, Konzentrationsrisiken zu vermeiden.

Das Portfoliorisiko eines einzelnen Krediets wird durch vier Faktoren bestimmt:[2]

(a) die Höhe des ausfallbedrohten Betrages,
(b) die Laufzeit,
(c) die Ausfallwahrscheinlichkeit und
(d) die Korrelation mit dem Portfolio.

Traditionelle Ansätze versuchen, jeden dieser Faktoren getrennt zu steuern. Zwar kann so i.d.R. ein relativ diversifiziertes Portfolio zusammengestellt werden, es er-

---

[1] Vgl. auch Stevenson, B.G./Fadil, M.W. [1995], S. 7.
[2] Vgl. CSFP [1997], S, 10.

folgt jedoch keine explizite Messung dieser Diversifikation bzw. der Konzentrationsrisiken und auch eine VAR-Größe, die für die Bemessung des notwendigen Risikokapitals, die Kapitalallokation und die Performance-Messung bedeutend ist, kann nicht ermittelt werden.

Es existiert derzeit eine Reihe unterschiedlicher publizierter Ansätze zur Portfoliosteuerung von Ausfallrisiken, die Gemeinsamkeiten, aber auch Unterschiede aufweisen. Im folgenden werden

- wesentliche Aspekte, die bei der Konstruktion eines Portfoliomodells zu berücksichtigen sind, diskutiert,
- die am weitesten entwickelten, öffentlich zugänglichen Modelle dargestellt und
- einige in dem hier betrachteten Zusammenhang wichtige Unterschiede in den Ansätzen herausgearbeitet.

Das Spektrum der Möglichkeiten, die Portfoliosteuerung im Kreditgeschäft der Banken zu verbessern, ist beträchtlich. Es bietet sich an, modular vorzugehen und das Steuerungsinstrumentarium sukzessive auszubauen, um Erfahrung in der Steuerung mit diesen neuen Instrumenten zu sammeln. Es ist zu erwarten, daß eine Vielzahl von methodischen Abwandlungen in der Praxis entstehen wird, die unterschiedliche Komponenten aus den hier diskutierten Konzepten übernehmen werden.

Als Ziele für ein Portfoliomodell können genannt werden:
- Die Ermittlung einer Verteilung der potentiellen Verluste, um erwartete und unerwartete Verluste berechnen und das zur Unterlegung notwendige Risikokapital quantifizieren zu können.
- Die Berechnung des Risikobeitrages eines Einzelgeschäftes zum Portfoliorisiko, um das Portfolio zielgerichtet steuern und Einzelgeschäfte unter risikoadjustierten Gesichtspunkten beurteilen zu können.

3.3.3.1. Grundlegende Aspekte der Konstruktion von Portfoliomodellen

3.3.3.1.1. Berücksichtigung von Korrelationen

Korrelationen sind als der komplexeste und auch kontroverseste Baustein bei der Modellierung von Kreditportfolios anzusehen.[1] Eine Arbeitsgruppe der Federal Reserve nennt vier Typen von Korrelationen, die das Kreditrisiko beeinflussen können:

- Korrelationen zwischen Risikofaktoren, die Ratingveränderungen bzw. Ausfall beeinflussen,
- Korrelationen zwischen Risikofaktoren, die die Verlustintensität beeinflussen,
- Korrelationen zwischen Risikofaktoren, die die Risiko-Spreads beeinflussen und
- Korrelationen zwischen Risikofaktoren, die Ratingveränderungen, Verlustintensitäten und Risikospreads wechselseitig beeinflussen.

Aus Vereinfachungsgründen werden in bestehenden Modellen die drei letztgenannten Korrelationen nicht modelliert.[2] Allein modelliert werden i.d.R. die auf Ratingänderungen (einschließlich Ausfall) bezogenen Korrelationen.

Im folgenden wird nur unterschieden zwischen Ausfallkorrelation (Default Correlation), als der gleichgerichteten Entwicklung zweier Kreditnehmer nur bezogen auf den Ausfall, sowie einer Marktwertkorrelation (Asset Correlation), die sich über die Ausfallwahrscheinlichkeit hinaus auf die gesamte Veränderung des Marktwertes der Aktiva zweier Kreditnehmer bezieht.[3] Zwei oder mehr Kredite sind bzgl. ihrer Ausfälle (positiv) korreliert, wenn die Wahrscheinlichkeit, daß sie gleichzeitig ausfallen, höher als Null ist.[4] Diese Ausfallkorrelation ist regelmäßig deutlich kleiner als die Marktwertkorrelation. Ausfallkorrelationen von z.B. 2 - 4% bedeuten, daß die zugrundeliegende Marktwertkorrelationen zwischen 40% und 60% liegen.[5] Im ein-

---

[1] Vgl. z.B. Irving, R. [1997], S. 22 sowie Schwicht, P./Neske, C. [1997], S. 471.

[2] Vgl. Federal Reserve System Task Force on Internal Credit Risk Models [1998], S. 25 ff.

[3] Vgl. JP Morgan [1997a], S. 91.

[4] Vgl. Garside, T./Stott, H./Strothe, G. [1998], S. 3.

[5] Vgl. J.P.Morgan [1997a], S. 91. Aus der Marktwertkorrelation kann eine gemeinsame Ausfallwahrscheinlichkeit ermittelt werden, aus der wiederum die Ausfallkorrelation ermittelt werden

fachsten Fall werden Korrelationen dadurch verursacht, daß ein Unternehmen Kreditnehmer des anderen ist. Allgemeiner lassen sie sich darauf zurückführen, daß Unternehmen über die gleiche Branche oder die allgemeine Konjunktur von denselben Faktoren abhängen.[1]

Ausfallkorrelationen zwischen Unternehmen unterschiedlicher Branchen nehmen in einer Auswertung von Standard & Poors–Daten Werte zwischen 0% und 6% an, innerhalb einer Branche werden Werte bis 17% erreicht.[2] Die von KMV ermittelten Korrelationen liegen typischerweise zwischen 0,2% und 15%.[3]

Zhou[4] kommt in einer analytischen Untersuchung auf der Basis eines modifizierten optionstheoretischen Ansatzes zu dem Ergebnis, daß Ausfallkorrelationen mit zunehmender Laufzeit sowie abnehmender Bonität signifikant ansteigen. Korrelationen sind daher vor allem im langfristigen Kreditgeschäft von ausschlaggebender Bedeutung sind. Darüber hinaus läßt sich aus diesen Zusammenhängen auch insofern die Notwendigkeit einer aktiven und dynamischen Risikosteuerung ableiten, da mit abnehmender Bonität nicht nur die individuellen Ausfallwahrscheinlichkeiten, sondern zusätzlich die Wahrscheinlichkeiten gleichgerichteter Bonitätsverschlechterungen ansteigen.

---

kann. Vgl. auch den folgenden Abschnitt, insbesondere Abb. 39.

[1] Vgl. Lucas, D.J. [1995a], S. 76. Zwei sehr plastische Beispiele für sowohl positive als auch negative Korrelation von Kreditnehmern liefern Oelrich, F. /Stocker, G. [1998a], S. 41.

[2] Vgl. Ong, M.H. [1999], S. 153.

[3] Vgl. Saunders, A. [1999], S. 119.

[4] Vgl. Zhou, C. [1997], S. 11.

3.3.3.1.1.1. Möglichkeiten der Schätzung von Korrelationen

Ausfallkorrelationen lassen sich nicht direkt beobachten oder messen, da Ausfälle einmalige Ereignisse sind.[1] Sie können daher nur geschätzt werden.[2] Auch dieses ist sehr problematisch, da Ausfallstatistiken i.d.R. nur auf hohem Aggregationsniveau existieren und die nachträgliche Ableitung von Ausfallrisiko-Korrelationen nur wenig verläßliche Ergebnisse liefert. Darüber hinaus können die ermittelten Werte für Korrelationen je nach zugrundeliegendem Beobachtungszeitraum sehr stark voneinander abweichen.[3]

- **Ratingklassenkorrelation**

Die Verwendung von Korrelationen, die aus historischen Informationen der Rating-Agenturen oder anderer Ratingklassensysteme[4] abgeleitet werden, setzt voraus, daß alle Schuldner mit demselben Rating identisch zu betrachten sind und das Rating die entscheidende Determinante für Korrelationen ist. Außerdem ist die zur Verfügung stehende Datenbasis häufig unzureichend.

- **Ableitung aus Zinsaufschlägen**

Korrelationen, die aus den am Markt beobachteten Zinsaufschlägen abgeleitet werden,[5] können als objektiv angesehen werden. Problematisch ist jedoch, daß unterschiedliche Anleihen eines Emittenten zu unterschiedlichen Spreads gehandelt werden können und die Datenqualität häufig eingeschränkt ist. Für Kredite ist diese Alternative gänzlich ungeeignet, da sie i.d.R. nicht liquide gehandelt werden und daher keine Marktdaten vorliegen.

---

[1] Vgl. Garside, T./Stott, H./Strothe, G. [1998], S. 10; Kealhofer, S. [1998], S. 7 f. sowie Varnholt, B. [1997], S. 168.

[2] Ein Überblick über Möglichkeiten zur Schätzung von Korrelationen findet sich auch bei J.P. Morgan [1997a], S. 81 ff. sowie Schwicht, P./Neske, C. [1997], S. 471.

[3] Vgl. Garside, T./Stott, H./Strothe, G. [1998], S. 10.

[4] Vgl. z.B. Gollinger, T. L./Morgan, J. B. [1993], S. 39 ff.; Varnholt, B. [1997], S. 171 ff.

[5] Da die Korrelationen der Zinsaufschläge auch Marktpreisveränderungen beinhalten, sind weitere Schritte notwendig, um die Bonitätskorrelationen zu erhalten.

- **Anwenderschätzung**

Vom Anwender geschätzte Korrelationen sind zwar recht einfach darzustellen, dafür aber unpräzise, so daß je nach Güte der Schätzungen die Vorteile einer konsequenten Portfoliosteuerung, Konzentrationen, Klumpenrisiken und Diversifikationspotentiale aufzuzeigen, verloren gehen.

- **Ableitung aus Aktienkursen**

Aus Aktienkursen abgeleitete Korrelationen beinhalten effiziente und zukunftsgerichtete Marktinformationen. Neben dem hohen Rechenaufwand ist hier die Beschränkung auf börsennotierte Unternehmen das Hauptproblem. Methodisch kommt der optionstheoretische Ansatz (auch Asset Value Model genannt) wieder zur Anwendung. Da das Ziel ist, gemeinsame Rating-Wanderungswahrscheinlichkeiten zu generieren, wird das oben diskutierte optionstheoretische Modell verwendet, um Ratingveränderungen in Abhängigkeit von Unternehmenswertänderungen zu modellieren und aus diesen Ratingveränderungen gemeinsame Wanderungswahrscheinlichkeiten zu konstruieren[1]. Diesem Ansatz liegt die Überlegung zugrunde, daß, wenn die Marktwerte zweier Unternehmen hoch korreliert sind, dies auch in gleichem Maße für die Bonitätsveränderungen bzw. Ausfallwahrscheinlichkeiten gilt[2] (vgl. Abb. 39). Garside et.al. betonen, daß dieses Modell stabilere Werte generiert als Auswertungen statistischer Daten, die sehr stark von dem jeweils gewählten zugrundeliegenden Beobachtungszeitraum abhängen, so daß auf diese Weise Ausfallkorrelationen mit hinreichender Präzision generiert werden können, um eine Kreditportfoliosteuerung zu ermöglichen.[3]

---

[1] Für eine detaillierte Beschreibung der Vorgehensweise vgl. J.P. Morgan [1997a], S. 85 ff.; Garside, T./Stott, H./Strothe, G. [1998], S. 10 ff. sowie Zhou, C. [1997].

[2] Vgl. Kealhofer, S. [1998], S. 7 ff.; Varnholt, B. [1997], S. 166 ff.

[3] Vgl. Garside, T./Stott, H./Strothe, G. [1998], S. 10 sowie McQuown, J.A [1997], S. 33. Siehe auch Matten, C. [1996], S. 84 ff. Die Bestimmung des Beobachtungszeitraumes ist immer mit einer gewissen Willkür verbunden, weil sich eine optimale Zeitspanne nicht determinieren läßt.

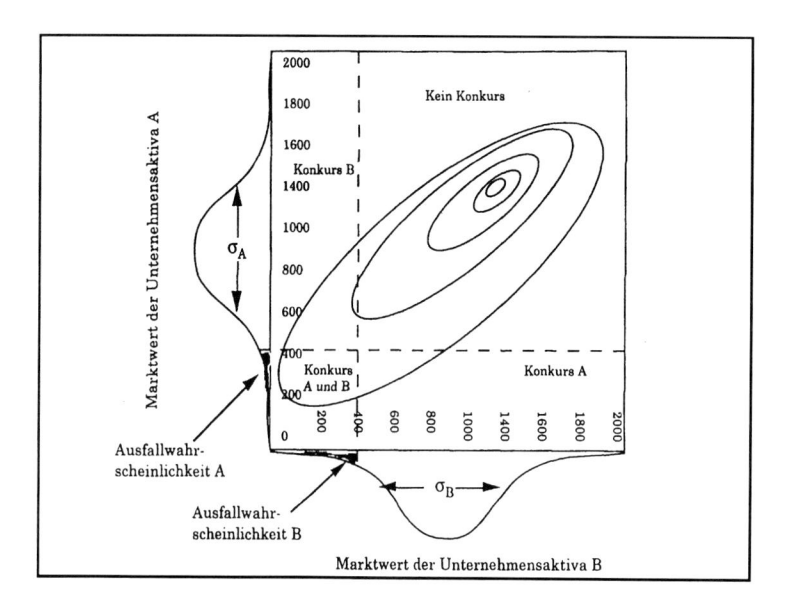

Abb. 39: Marktwertkorrelationen und gemeinsame Ausfallwahrscheinlichkeiten[1]

- **Branchenbezogene Ausfallkorrelationen**

Die häufigste Quelle zur Generierung von Korrelationen ist die Unterteilung der Unternehmen nach unterschiedlichen Branchen. Hierfür liegen i.d.R. am ehesten Daten vor, so daß dies vor allem praktische Gründe hat. Dies entspricht auch dem klassischen Ansatz, Kreditportefeuilles über verschiedene Branchen zu streuen und so zu diversifizieren. Untersuchungen für die Schweiz, England und die USA deuten jedoch darauf hin, daß diese Form der Diversifizierung relativ ineffizient ist.[2]

---

[1] Quelle: Varnholt, B. [1997], S. 167.
[2] Vgl. Varnholt, B. [1997], S. 170.

3.3.3.1.1.2. Faktormodelle

Auch wenn sich empirisch beobachten läßt, daß Kreditausfälle korreliert sind, bedeutet dies nicht, daß es einen direkten kausalen Zusammenhang für gleichgerichtete Ausfälle geben muß. In einer Phase der Rezession werden mehr Kreditnehmer ausfallen als in Phasen der Hochkonjunktur, ohne daß zwischen diesen Ausfällen kausale Zusammenhänge bestehen müssen.[1] Korrelationen beschreiben dann die Sensitivität eines Portfolios hinsichtlich der Veränderungen in zugrundeliegenden makroökonomischen Faktoren.[2] Die Ausfallraten schwanken signifikant von einem Jahr auf das andere und in jedem Jahr werden die Branchen unterschiedlich von den verschiedenen makroökonomischen Faktoren beeinflußt sein. Ausfallkorrelationen sind daher auch nicht stabil in der Zeit, sondern abhängig von der zugrundeliegenden Konjunkturphase.[3]

Diese Abhängigkeit von makroökonomischen Faktoren kann durch Faktormodelle[4] abgebildet werden. Ein einfaches Ein-Faktor-Modell ist das CAPM, bei dem als einziger Faktor das Beta gegenüber dem Gesamtmarkt als Erklärungsvariable herangezogen wird. Für die Berücksichtigung bei Kredit-Portfolio-Modellen kommen Mehr-Faktor-Modelle in Frage, die verschiedene ökonomische Faktoren heranziehen, um Ausfallrisiken zu erklären. Ausgangspunkt ist z.B. eine volkswirtschaftliche Branchenanalyse, wobei verschiedene wertbestimmende makroökonomische Faktoren wie z.B. die Entwicklung des Bruttosozialproduktes, der Wechselkurse, der Immobilienpreise, der Ölpreise oder der Arbeitslosigkeit identifiziert werden.[5]

---

[1] Vgl. CSFP [1997], S. 14.

[2] Vgl. Garside, T./Stott, H./Strothe, G. [1998], S. 3.

[3] Vgl. CSFP [1997], S. 14 f. Darüber hinaus läßt sich feststellen, daß auch die Recovery Rates sehr stark im Konjunkturverlauf schwanken. Vgl. CSFP [1997], S. 14 f.

[4] Einen allgemeinen Überblick gibt Beckers, S. [1996], S. 175 ff., Connor, G. [1995], S. 42 ff. unterscheidet makroökonomische, statistische und fundamentale Faktormodelle. Vgl. auch Overbeck, L./ Stahl, G. [1998], S. 91.

[5] Vgl. Varnholt, B. [1997], S. 180. Ein neues, am Institut für Weltwirtschaft in Kiel entwickeltes Prognosemodell basiert auf den drei Variablen gesamtwirtschaftliche Kapitalrendite, Geldmarktzins und Inflationsrate und prognostiziert z.B. für den Dienstleistungssektor in Westdeutschland für 1998 um 5%, für die Industrie um 4% höhere Insolvenzzahlen als 1997. Vgl. o.V. [1998e], S. 17 sowie o.V. [1998f].

Durch Regressionsanalysen kann geschätzt werden, wie sich die durchschnittlichen Ausfallraten verschiedener Branchen in Abhängigkeit von den gewählten Faktoren verändern. Diese Daten werden in Faktorsensitivitäten übersetzt, die einzelnen Schuldnern zugeordnet werden können, so daß in Abhängigkeit von makroökonomischen Faktoren Ausfallraten bzw. Bonitätsklassen- oder Wertveränderungen von Krediten geschätzt werden können.[1] Diese Vorgehensweise hat den großen Vorteil, Schwankungen der Ausfallraten im Konjunkturverlauf explizit zu erfassen und in Verbindung mit Konjunkturprognosemodellen prognostizierbar zu machen, während die alleinige Berücksichtigung durchschnittlicher historischer Korrelationen diese Schwankungen im Konjunkturzyklus nicht erfaßt. Da Ausfallraten deutlich im Konjunkturverlauf schwanken und schlechtere Bonitäten grundsätzlich sensitiver auf makroökonomische Entwicklungen reagieren als gute Bonitäten, kann die Faktoranalyse auch herangezogen werden, um je nach Konjunkturerwartung die Portfoliostruktur zu verändern und die Bank im Konjunkturzyklus zu positionieren.[2] Auch können Streßtests bzgl. extremer makroökonomischer Szenarios durchgeführt und mögliche Wertveränderungen des Portfolios antizipiert werden. Da sich das Risiko differenziert nach Branchen je nach Konjunkturphase ändert, muß sich auch die Risikoprämie, die vom Kunden zu fordern ist, entsprechend der konjunkturellen Erwartung ändern.[3] Faktoranalytische Modelle ermöglichen sowohl im Hinblick auf die Portfoliostrukturierung als auch die Gestaltung der Risikoprämien eine konjunkturabhängige Steuerung.

---

[1] Smith, L.D./Lawrence, E.C. [1995], S. 959 ff. stellen ein Modell auf der Basis einer Migrationsanalyse vor, in dem makroökonomische Faktoren zur Vorhersage von Ausfallraten herangezogen werden. Jonsson, J.G./Fridson, M.S. [1996], S. 69 ff. geben einen Überblick über US-amerikanische Literatur mit Ansätzen, den Zusammenhang zwischen gesamtwirtschaftlicher Entwicklung und durchschnittlicher Ausfallrate zu bestimmen und stellen auch selbst ein weiteres Modell vor mit dem Ziel, Ausfallraten vorherzusagen, was für die grundsätzlichen Trends auch gelingt.

[2] Da auch Marktpreisrisiken im Konjunkturverlauf schwanken, sind entsprechende Verbundwirkungen möglichst in der Gesamtbanksteuerung zu berücksichtigen.

[3] Vgl. Varnholt, B. [1997], S. 185 ff.

Faktormodelle haben weiterhin den großen Vorteil, intuitiv sehr gut verständlich und nachvollziehbar und auf alle Portfoliosegmente anwendbar zu sein.[1] Ein wegen der problematischen Ermittlung von Korrelationen wesentlicher praktischer Vorteil solcher Modelle ist, daß die Korrelationen nicht explizit geschätzt werden müssen. Sie werden implizit über die unterschiedlichen Faktorsensitivitäten beschrieben und erklärt.[2] Während für ein Portfolio mit 1.000 Kreditnehmern 499.500 Korrelationen geschätzt werden müßten, sind dies bei fünf Faktoren nur 5.000 Schätzungen. Weiterhin ermöglichen Faktormodelle Streßtests des Portfolios bzgl. der Wirkung der Veränderung einzelner Faktoren, z.B. eines Zinsanstiegs um 3% oder eines Falls der Aktienkurse um 15% usw. innerhalb des jeweiligen Planungshorizontes. Untersuchungen haben ergeben, daß die implizit in einfachen Faktormodellen ermittelten Korrelationen den mit Hilfe des Asset-Value-Models ermittelten Korrelationen weitgehend entsprechen, so daß auf diese Weise die Güte des Faktormodells getestet werden kann.[3] Da makroökonomische Entwicklungen häufig entscheidenden Einfluß auf die Werthaltigkeit von Sicherheiten haben – insbesondere im Hypothekengeschäft sind diese Zusammenhänge ausgeprägt – können Faktormodelle auch bei der Modellierung von Recovery Rates eingesetzt werden.

3.3.3.1.2. Ausfall- versus marktwertorientierte Risikobetrachtung

Das Ausfallrisiko kann in seiner Wirkung unterschieden werden in ein Marktwertrisiko, das sich in einem veränderten Markt-Spread ausdrückt und in das eigentliche Ausfallrisiko, das sich in der Unfähigkeit eines Schuldners ausdrückt, seine finanziellen Verbindlichkeiten zu erfüllen.

Das Spread-Risiko wird normalerweise in einem Marktrisiko-Management gesteuert und im Jahresabschluß nur dann erfaßt, wenn eine Marktbewertung angewendet wird,

---

[1] Vgl. auch Garside, T./Stott, H./Strothe, G. [1998], S. 20.
[2] Vgl. Varnholt, B. [1997], S. 178 ff.
[3] Vgl. Garside, T. [1997], S. 11 ff.

wie dies i.d.R. bei Anleihen bzw. allgemeiner beim Handelsbestand eines Kreditinstitutes der Fall ist.[1] In liquide gehandelten Anleihe-Portfolios ist der Fokus weniger auf das Ausfallrisiko und mehr auf den Marktwert der Forderungen gerichtet, die ggf. kurzfristig veräußert werden können. Kreditportefeuilles sind i.d.R. wesentlich weniger liquide und Kredite werden bis zur Fälligkeit gehalten, so daß das Ausfallrisiko eine höhere Bedeutung hat. Da sich Marktwerte bei Krediten aufgrund der Datenlage nur schwer ermitteln lassen, werden diese Forderungen i.d.R. zum Buchwert angesetzt.[2]

Aus den Ausführungen wird deutlich, daß eine Risikomessung von Ausfallrisiken erfolgen kann, indem ausschließlich der mögliche Ausfall betrachtet wird, aber auch indem Auswirkungen auf den Marktwert bzw. den beizulegenden Wert der Forderung untersucht werden.[3] Je nach Ansatz wird somit entweder eine reine Verlustverteilung generiert oder eine Wertverteilung, die auch Bonitätsveränderungen umfaßt. Beide Verteilungen weisen die für Ausfallrisiken charakteristische Schiefe auf, da Gewinnmöglichkeiten in einem Kreditportfolio immer begrenzt sind, während das Verlustpotential theoretisch 100% des Portfoliowertes beträgt.

Die ausschließlich auf den Ausfall bezogene Darstellung des Kreditrisiko entspricht einer buy-and-hold Strategie für den Investor, den zwischenzeitliche Bonitätsverschlechterungen solange nicht interessieren müssen, wie gewährleistet ist, daß er Zins- und Tilgungsleistungen planmäßig erhält.

In der Marktwertbetrachtung werden Ausfallrisiken ähnlich wie Marktpreisrisiken als Kontinuum betrachtet.[4] Auch Wertveränderungen aufgrund von Bonitätsverschlechterungen werden ermittelt bzw. konstruiert und als Risiko betrachtet. Neben

---

[1] Vgl. auch CSFP [1997], S. 7.

[2] Vgl. Garside, T./Stott, H./Strothe, G. [1998], S. 4.

[3] Kommerzielle Banken haben die sich verändernden Bonitäten auch bisher schon genau beobachtet und versucht, ihre Position durch zusätzliche Sicherheiten bzw. andere Vereinbarungen an eine festgestellte verschlechterte Bonität anzupassen. Hier geht es darum, die Möglichkeit dieser Verschlechterung im Vorfeld zu quantifizieren und zu bewerten.

[4] Vgl. JP Morgan [1997a], S. 24 ff.

der reinen Ausfallwahrscheinlichkeit wird als weitere Ausprägung des Ausfallrisikos untersucht, wie sich die Bonität eines Kontrahenten im Zeitablauf entwickelt. Auch Verschlechterungen der Bonität des Schuldners können bereits als Risiko betrachtet werden, da sie die ökonomische Position des Gläubigers beeinträchtigen, selbst wenn noch keine Ausfälle aufgetreten oder Einzelwertberichtigungen vorgenommen worden sind.

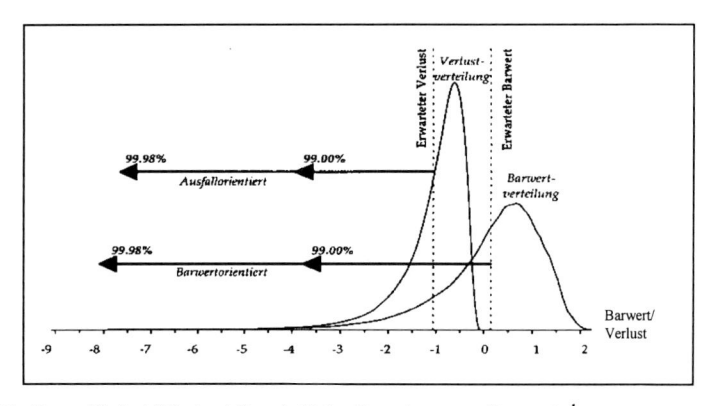

Abb. 40: Verlust-/Wertverteilung in % des Gesamtexposures/Barwertes[1]

Je nachdem ob eine Verlust- oder eine Wertverteilung generiert wird, ist auch der Mittelwert unterschiedlich zu interpretieren. Bei einer Verlustverteilung repräsentiert er den erwarteten Verlust des gesamten Portfolios, bei einer Wertverteilung den erwarteten Barwert des Portfolios. Der erwartete Verlust gemäß der o.g. Definition ist daher bei einer wertorientierten Betrachtung noch separat zu ermitteln.

Bei einer wertorientierten Betrachtung kann der Forderungswert während der Laufzeit schwanken, während bei einer ausfallorientierten Betrachtung der Wert entweder konstant bleibt oder um für diese Forderung gebildete Wertberichtigungen gekürzt wird. Beide Ansätze ergeben eine identische Bewertung zum Laufzeitende.

---

[1] Quelle: Garside, T./Stott, H./Strothe, G. [1998], S. 21.

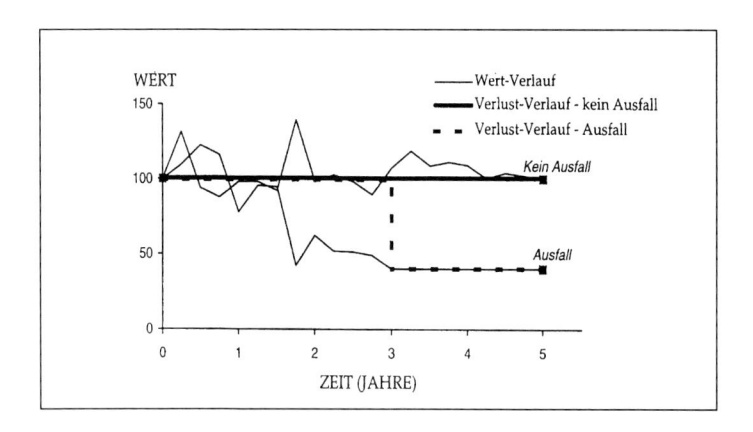

```
WERT                    ——— Wert-Verlauf
150                     ——— Verlust-Verlauf - kein Ausfall
                        - - Verlust-Verlauf - Ausfall

                                    Kein Ausfall
100

 50                                 Ausfall

  0
    0    1    2    3    4    5
             ZEIT (JAHRE)
```

Abb. 41: **Wertveränderung einer Transaktion im Zeitablauf bei wert- und bei ausfallorientierter Betrachtung**[1]

Das Messen der Wertschwankungen eines Kreditengagements über die Laufzeit ist jedoch nur dann sinnvoll, wenn die resultierenden Wertveränderungen auch realisiert werden können, was derzeit nur bei liquide handelbaren Anleihen der Fall ist. Gegenwärtig ist daher festzustellen, daß die ausfallorientierte Methode zur Bonitätsrisikomessung, Kapitalunterlegung, Konditionierung und risikogewichteten Ergebnismessung brauchbar ist. Ausfallorientierte Ansätze benötigen weniger Eingaben und sind i.d.R. einfacher zu berechnen.[2] Diese Ansätze werden daher derzeit auch überwiegend in Banken angewendet. Mit zunehmender Professionalisierung des Portfoliomanagements und einer Weiterentwicklung des Kreditmärkte sowie einer verbesserten Datenlage wird sich voraussichtlich auch das Gewicht von ausfallorientierten zu den wertorientierten Ansätzen verlagern.[3]

In der praktischen Umsetzung scheint es angeraten, das Kreditrisiko so zu messen, wie auch die Erträge aus diesem Kredit gemessen werden. Potentielle Wertverände-

---

[1] Quelle: Garside, T./Stott, H./Strothe, G. [1998], S. 5.

[2] Vgl. auch die Ausführungen zu den verschiedenen Portfoliomodellen in den folgenden Abschnitten. Eine detaillierte Darstellung des ausfallorientierten (Default-Mode) Ansatzes findet sich bei Ong, M.H. [1999], insb. S. 109 ff.

[3] Vgl. Garside, T./Stott, H./Strothe, G. [1998], S. 5.

rungen dieser Kredite vor Ablauf der Laufzeit haben (eventuelle Wertberichtigungen ausgenommen[1]) keine konkreten Auswirkungen, die sich in der Bilanz oder der Gewinn- und Verlustrechnung ablesen ließen. Es stellt sich daher die Frage, welche Informationen diese Auswertungen dem Risikomanager zusätzlich geben. Von einigen Autoren werden daher Migrationsanalysen, wie sie in verschiedenen Portfoliomodellen vorgenommen werden, und die Konstruktion von Marktwerten vor allem dort als wichtig angesehen, wo Prinzipien der permanenten Marktbewertung des gesamten Portfolios angewendet werden, also bei liquiden Anleihe-Portfolios.[2]

Da Kredite i.d.R. nicht am Markt verkauft werden können, wird der Versuch der Marktbewertung bzw. die Konstruktion von Marktwerten kritisiert. Streng genommen ist eine solche Marktbewertung nicht möglich. Nicht liquidierbare oder nicht absicherbare Werte müßten immer noch eine Liquiditätsprämie tragen, die jedoch kaum zu determinieren ist. Die Modellierung einer Verlustverteilung wird diesen Risiken daher eher gerecht. Die Beschränkung allein auf den Ausfall hat allerdings entscheidende Nachteile, wenn z.B. für Zwecke der Risikokapitalallokation mit einem Zeitraum kürzer als der Restlaufzeit der Kredite gearbeitet wird. Alle Risiken, die über diesen Zeitraum hinaus gehen, werden dann bei diesen Modellen vollständig ignoriert, während wertorientierte Ansätze alle Wertveränderungen bis zum Zeithorizont umfassen und so zu angemesseneren Schätzungen des notwendigen Risikokapitals kommen.[3]

Weiterhin hat der VAR aus reinen Ausfall-Modellen bezogen auf die Verwendung im Rahmen einer Gesamtbanksteuerung den Nachteil, mit dem VAR aus Marktpreisrisiken nur begrenzt vergleichbar zu sein. Der VAR aus Marktpreisrisiken beinhaltet immer auch Marktwertveränderungen. Die Zuordnung von Risikokapital im Rahmen

---

[1] Die Möglichkeiten, Wertberichtigungen zu bilden, sind jedoch begrenzt und betreffen nur einen geringen Teil der Wertveränderungen.

[2] Vgl. Altman, E.I. [1997], S. 34 ff.

[3] Vgl. Federal Reserve System Task Force on Internal Credit Risk Models [1998], S. 37. Einige Banken gehen dabei - wie Ong ausführt – so vor, daß sie das Rating in Abhängigkeit von der Laufzeit des Kredites zuordnen. Die Laufzeit wird dann ein implizites Kriterium im Rating-Prozeß. Vgl. Ong, M.H. [1999], S. 122.

der Kapitalallokation auf der Basis solchermaßen unterschiedlicher Risikomeßkonzepte führt somit dazu, daß Maßstäbe für die Kapitalallokation und Performance-Messung nur eingeschränkt vergleichbar sind und eine konsistente Gesamtbanksteuerung somit beeinträchtigt ist.

3.3.3.2. CreditMetrics

3.3.3.2.1. Einführung

CreditMetrics[1] ist ein statistisches Modell, um das Ausfallrisiko i.s. eines Kredit-VAR für verschiedene Varianten von Forderungen (Darlehen, Anleihen, Derivate etc.)[2] nach einer einheitlichen Methode portfolioorientiert zu messen und zu steuern. CreditMetrics ist kein Instrument zur Ermittlung des fairen Preises für das übernommene Ausfallrisiko. Allerdings wird in einigen Preismodellen eine ähnliche Vorgehensweise gewählt und Ergebnisse von CreditMetrics können für bestimmte Preiskalkulationen verwendet werden.[3]

Als Ausfallrisiko wird sowohl

- der potentielle Verlust bei Ausfall eines Geschäftspartners eines originären oder derivativen Geschäftes, der sich aus der Nichterfüllung durch den jeweiligen Kontrahenten ergeben würde, wenn vertragliche Zahlungen nicht geleistet werden (Ausfall, default), betrachtet (Ausfallrisiko i.e.S.), als auch

- die meßbare Verschlechterung des Wertes eines originären oder derivativen Geschäftes, die sich aus der Verschlechterung der Bonität eines Schuldners respektive der Erhöhung der Ausfallwahrscheinlichkeit ergibt (Bonitätsrisiko).[4]

Da eine Marktbewertung aufgrund eines mangelnden Sekundärmarktes für Kreditrisiken nicht möglich ist, werden diese Wertveränderungen konstruiert. Es wird somit nicht eine Verlustverteilung, sondern eine Wertverteilung des betrachteten Portfolios ermittelt. CreditMetrics mißt die Unsicherheit des zukünftigen Portfoliowertes am Risikohorizont, der auf ein Jahr gelegt wird. Auf diesen Zeitpunkt werden mögliche Wertveränderungen des Portfolios modelliert.

---

[1] Vgl. JP Morgan [1997a] und JP Morgan [1997b] sowie Schwicht, P./Neske, C. [1997], S. 470-473.

[2] Vgl. J.P.Morgan [1997a], S. 17 ff.

[3] Vgl. Abschnitt 4.3.3.

[4] Vgl. Reinelt, I./Keller, T. [1998], S. 5.

3.3.3.2.2. Risikomessung eines Einzelgeschäftes

Zunächst sind für jeden Kreditnehmer im Portfolio das Exposure bzw. die zukünftigen Cash-Flows zu bestimmen. Die Analyse der Wertveränderungen eines Krediets wird auf der Basis einer Migrationsanalyse durchgeführt. Hierfür werden die Wahrscheinlichkeiten benötigt, mit denen der Kredit bezogen auf einen bestimmten Zeitraum in eine andere Rating-Kategorie übergeht. Darüber hinaus müssen diesen Zuständen Werte zugeordnet werden können, um eine Wertverteilung konstruieren zu können. In einem ersten Schritt werden, wie in Abb. 42 dargestellt, aufbauend auf den Analysen der Rating-Agenturen[1] die Migrationsbewegungen von einer Ratingklasse in andere einschließlich Ausfall (D = Default) ermittelt.

	Rating am Ende des 1. Jahres (Wahrscheinlichkeit in %)							
Anfangs-Rating	AAA	AA	A	BBB	BB	B	CCC	D
AAA	90,81	8,33	0,68	0,06	0,12	0,00	0,00	0,00
AA	0,70	90,65	7,79	0,64	0,06	0,14	0,02	0,00
A	0,09	2,27	91,05	5,52	0,74	0,26	0,01	0,06
BBB	0,02	0,33	5,95	86,93	5,30	1,17	0,12	0,18
BB	0,03	0,14	0,67	7,73	80,53	8,84	1,00	1,06
B	0,00	0,11	0,24	0,43	6,48	83,46	4,07	5,20
CCC	0,22	0,00	0,22	1,30	2,38	11,24	64,86	19,79

Abb. 42: **Wanderungsmatrix der durchschnittlichen jährlichen Wanderungsbewegungen**[2]

Einem Kredit z.B. mit einem BBB Rating kann so für jede Rating-Stufe eine Wahrscheinlichkeit zugeordnet werden. Mit 86,93% wird er auch in der nächsten Periode ein BBB aufweisen, mit 5,95% auf A hoch gstuft werden, mit 5,3% Wahrscheinlichkeit auf BB herunter gstuft werden usw. Die Ausfallwahrscheinlichkeit (Rating

---

[1] Die Methodik kann jedoch auf jedes vergleichbar aufgebaute Risikoklassensystem angewendet werden.

[2] Quelle: J.P. Morgan [1997a], S. 69. Es wird auf die Darstellung von J.P. Morgan zurückgriffen, weil die Werte bereits um die Kategorie not rated bereinigt sind, was die Analyse erleichtert. S&P ermittelt diese Wanderungsmatrizen auch für mehrere Jahre. Vgl. Standard & Poor's [1997b], S. 18 ff. Wanderungsmatrizen basieren auf statistischen Auswertungen historischer Daten. Sie können daher Inkonsistenzen enthalten, wie z.B. in Abb. 42, in der die Wahrscheinlichkeit, daß ein CCC-Kredit zum AAA-Kredit wird, mit 0,22 deutlich höher ist als die gleiche Entwicklung für B,BB,BBB oder A-Kredite. In CreditMetrics werden die Wanderungsmatrizen so angepaßt, daß diese Inkonsistenzen nicht mehr auftauchen. Vgl. J.P.Morgan [1997a], S. 70 ff. Im Rahmen dieser Arbeit werden die unbereinigten historischen Wanderungsmatrizen zugrunde gelegt, so daß gelegentlich Inkonsistenzen in den Matrizen auftreten können.

D) bezogen auf den Zeithorizont von einem Jahr beträgt 0,18%. Der Ausfall wird als ein absorbierender Zustand angenommen. Ein einmal so klassifizierter Kredit kann nicht mehr in eine andere Klasse kommen. Wirtschaftet das Unternehmen nach der Insolvenz weiter, so wird der Kredit in der Statistik als Neukredit behandelt.[1]

Der Wert des Kredites in der Insolvenz ergibt sich aus den Recovery Rates. Um die Wertveränderungen des Kredites bis zum Risikohorizont ermitteln zu können, die bei den unterschiedlichen Rating-Einstufungen eintreten, müssen die Zahlungsströme der Kredite auf den Risikohorizont diskontiert und so Barwerte für alle Kunden errechnet werden. Zu diesem Zweck werden den einzelnen Ratingklassen risikoadjustierte Forward-Null-Kupon-Zinskurven[2] für den Zeithorizont zugeordnet. Aus diesen Zinssätzen werden für jede Ratingklasse individuelle Forward-Diskontierungsfaktoren entwickelt, mit denen der Kredit auf den Zeithorizont diskontiert und so der zukünftige risikoadjustierte Barwert differenziert nach Ratingklassen ermittelt wird. Um das jeweilige Risiko jeder Ratingklasse abbilden zu können, muß jeder Ratingklasse daher ein Markt-Risikospread zugeordnet werden. Für Anleihen können diese Risikostrukturkurven aus den durchschnittlichen, am Markt beobachteten Spreads gehandelter Anleihen der jeweiligen Ratingklasse abgeleitet werden.[3]

Für einen Kupon von 6% ergeben sich die folgenden Werte für den Wert des Kredites:

---

[1] Vgl. Fons, J.S./Carty, LV. [1995], S. 41.

[2] Zur Ableitung von Null-Kupon-Zinskurven vgl. z.B. Schierenbeck, H./Wiedemann, A. [1994], S. 13 ff.; Hull, J.C. [1993], S. 82 ff.

[3] Vgl. Altman, E.I. [1997a], S. 15 f.

Rating	Forward Value[1]	Total Value[2]	Wahrscheinlichkeit (p) in %	Wahrscheinlichkeitsgewichteter Wert	Differenz zum Mittelwert	Wahrscheinlichkeitsgewichtete Differenz quadriert
AAA	103,37	109,37	0,02	0,02	2,28	0,0010
AA	103,10	109,19	0,33	0,36	2,10	0,0146
A	102,66	108,66	5,95	6,47	1,57	0,1474
BBB	101,55	107,55	86,93	93,49	0,46	0,1853
BB	96,02	102,02	5,30	5,41	-5,06	1,3592
B	92,10	98,10	1,17	1,15	-8,99	0,9446
CCC	77,64	83,64	0,12	0,10	-23,45	0,6598
Default	51,13	51,13	0,18	0,09	-55,96	5,6358
			Mittelwert (μ)	= 107,09	Varianz: Standardabweichung (σ):	8,9477 2,99

Abb. 43: Wertverteilung für einen BBB Kredit nach einem Jahr[3]

Die Bewertungen erfolgen entsprechend den folgenden Formeln für den Mittelwert μ und die Standardabweichung σ, p steht für die Eintrittswahrscheinlichkeiten der Bonitätsveränderungen:

$$\mu_{Total} = \sum_{i=1}^{s} p_i \mu_i$$

$$\sigma_{Total} = \sqrt{\sum_{i=1}^{s} p_i \mu_i^2 - \mu_{Total}^2}$$

Da auch die Recovery Rates unsicher sind, kann bei der Berechnung der Standardabweichung die Volatilität dieser Recovery Rates (σ_n) wie folgt berücksichtigt werden:[4]

---

[1] Die Werte wurden aus der Originalquelle übernommen. Vgl. J.P.Morgan [1997a], S. 10 ff. Die Forward-Werte sind die mit den risikoadjustierten Forward-Null-Kupon-Sätzen diskontierten Zahlungsströme der Beispielkredite. Vgl. J.P.Morgan [1997a], S. 26 ff.

[2] Einschließlich Kupon i.H.v. 6%. Bei (Ausfall) Default wird kein Kupon mehr gezahlt.

[3] Quelle: J.P. Morgan [1997a], S. 10 f. sowie S. 28 ff. Als Recovery Rate in der Insolvenz werden 51,13% angesetzt.

[4] Vgl. J.P. Morgan [1997a], S. 29 ff. Die Berücksichtigung der Unsicherheit der Werte (Markt-Spreads) bei verändertem Rating scheitert derzeit noch an den nicht verfügbaren Daten, sie werden daher Null gesetzt. Es ist jedoch geplant, diese Werte in zukünftigen Versionen von Credit-Metrics hinzuzufügen. Vgl. J.P. Morgan [1997a], S. 29 ff. Altman hat in einer Studie diese Daten erhoben und kommt z.B. für ein AA-Rating für die Jahre 1985-1996 auf einen durchschnittlichen Spread von 60,44 Basispunkten mit einer Standardabweichung von 18,42. Er berechnet durch Multiplikation der Migrationswahrscheinlichkeiten mit den durchschnittlich zu erwartenden Spread-Veränderungen sowie der Duration der jeweiligen Anleihe eine erwartete

$$\sigma_{Total} = \sqrt{\sum_{i=1}^{s} p_i(\mu_i^2 + \sigma_\eta^2) - \mu^2_{Total}}$$

Der Mittelwert der generierten Verteilung repräsentiert den erwarteten Barwert, die Differenz zwischen Mittelwert und dem Wert bei unverändertem Rating die erwartete Barwertänderung. Dieser Wert entspricht nicht dem erwarteten Verlust, da weder die Gesamtlaufzeit des Kredites noch der Vergleich zu einer risikolosen Anlage betrachtet werden.[1] Der erwartete Verlust ist insofern vom erwarteten Barwert zu unterscheiden und ergibt sich für Zwecke der Preiskalkulation und Bildung von Reserven unverändert aus den oben[2] aufgezeigten Berechnungsschritten.

Da für Ausfallrisiken die Annahme der Normalverteilung als nicht angemessen angesehen werden kann, wird alternativ für die Standardabweichung die Angabe von Quantilen als Risikomaß verwendet. Bei einem Konfidenzniveau von 99% müßte aus der obigen Verteilung der Wert abgelesen werden, der in 99% der Fälle nicht unterschritten wird. Ausgehend vom schlechtesten Wert - Ausfall, der mit einer Wahrscheinlichkeit von 0,12% eintritt - wird der Wert gesucht, bei dem erstmals eine 1%ige Wahrscheinlichkeit überschritten wird. Dies ist bei einem Rating von B der Fall, das mit einer Wahrscheinlichkeit von 1,17% eintritt und einem Wert von DM 98,10 entspricht. Dies ist DM 8,99 unter dem Mittelwert und stellt ein Maß für das Risiko unerwarteter Verluste dar, das auch als Kredit-VAR interpretiert werden kann. Allgemein ausgedrückt kann mittels CreditMetrics der Preis/Barwert eines Kredites ermittelt werden, der mit einer Wahrscheinlichkeit von X% (vom Anwender zu bestimmen, z.B. 99%[3]) nicht unterschritten wird, wenn ein Kredit oder ein Portfolio von Krediten nach einem Jahr verkauft wird. Für die hier betrachteten Wertver-

---

Nettoveränderung des Wertes der Anleihe ausgedrückt in Basispunkten. Vgl. Altman, E.I. [1997], S. 17 ff.

[1] Vgl. auch Schnurr, C. [1997], S. 3.

[2] Vgl. Abschnitt 3.2.6.

[3] Bei Marktpreisrisiken ist zur Anwendung interner Modelle bei der Berechnung der Eigenkapitalunterlegung des Handelsbuches dieses Konfidenzniveau von 99% vorgeschrieben. Vgl. Basler Ausschuß für Bankenaufsicht [1996], S. 45.

änderungen wird allein auf Veränderungen der Bonität abgestellt, Marktpreiseinflüsse werden nicht berücksichtigt.

CreditMetrics gibt einen Zeithorizont von einem Jahr vor. Grundsätzlich können beliebige andere Zeithorizonte angesetzt werden. Um auch längere Zeiträume als ein Jahr berücksichtigen zu können, müssen die Wanderungsmatrizen für mehrere Jahre vorliegen bzw. konstruiert werden.[1] Dies kann durch explizite Erhebung der Matrizen aus der Rating-Datenbasis erfolgen. Da häufig eine Mehr-Jahres-Analyse der Wanderungsbewegungen aufgrund der Datenlage problematisch ist, können auch aus der Matrix der durchschnittlichen Migrationswahrscheinlichkeiten für ein Jahr die weiteren Matrizen abgeleitet werden. So kann die Matrix mit den Wanderungsbewegungen für ein Jahr mit sich selbst multipliziert werden und so die Matrix für zwei Jahre bzw. die Folgejahre ermittelt werden.[2] Diese Vorgehensweise hat den großen Vorteil, daß die Wanderungsmatrix nur einmal geschätzt werden muß und anschließend beibehalten werden kann.

Voraussetzung für diese Vorgehensweise ist, daß die Wanderungswahrscheinlichkeiten zeitstabil sind und die Migrationsbewegungen für ein Jahr auf die Folgejahre hochgerechnet werden können.[3] Die Wahrscheinlichkeit, daß sich ein Kredit zu einem bestimmten Zeitpunkt t in einer Ratingklasse befindet, ist dann ausschließlich abhängig von der Ratingklasse, in der er sich zum Zeitpunkt t-1 befand. Statistisch bedeutet dies, daß Unabhängigkeit der Ratingveränderungen in der Zeit, d.h. ein Markov-Prozeß, angenommen werden kann. Empirische Untersuchungen für Ratings der Agenturen Moody's und Standard & Poor's haben jedoch gezeigt, daß diese Ratings autokorreliert sind, d.h. sie sind nicht statistisch unabhängig voneinander. Auf eine Herunterstufung folgt mit größerer Wahrscheinlichkeit eine weitere Herunter-

---

[1] Vgl. Standard & Poor's [1997b], S. 22 ff.

[2] Vgl. J.P. Morgan [1997a], S. 32. Siehe auch die Ausführungen in Abschnitt 3.2.6.1.3. Durch die einfache Multiplikation der Matrix mit sich selbst können für lange Zeiträume – z.B. 10 Jahre – große Abweichungen zu tatsächlichen langfristigen Wanderungsbewegungen auftreten. Der richtigen Schätzung der Wanderungsmatrix kommt daher große Bedeutung zu.

[3] Vgl. Meyer, D.W. [1995], S. 59 ff.

stufung, während auf Hochstufungen häufiger ruhige Perioden folgen.[1] Darüber hinaus läßt sich zeigen, daß Ratingveränderungen und Ausfallraten nicht stabil in der Zeit sind. Sie sind insbesondere nachweisbar abhängig vom Konjunkturzyklus.[2]

Des weiteren ist für die großen Rating-Agenturen festgestellt worden, daß die statistischen Ergebnisse abhängig sind von der Zusammensetzung der Daten. Je nachdem wie die Emittenten behandelt werden, die nicht mehr geratet werden, und wie das „Alter" der Ratings in die Untersuchung einfließt, können sich stark abweichende Ergebnisse ergeben, da die Dauer, für die ein Rating bereits besteht, Einfluß hat auf die Wanderungswahrscheinlichkeiten.[3]

Die i.d.R. begrenzte Anzahl von Daten zu Migrationsbewegungen führt fast zwangsläufig zu Schätzfehlern, so daß Ergebnisse unscharf werden. Je feiner die Auswertung wird, um so weniger zuverlässig sind die Ergebnisse, da die Grundgesamtheit kleiner wird. So können rein technisch, wenn die Grundgesamtheit zu klein ist, keine Aussagen gemacht werden, die auf zwei Stellen nach dem Komma genau sind.[4]

---

[1] Vgl. J.P. Morgan [1997a], S. 32; Altmann, E.I./Li Kao, D. [1992], S. 64 ff. sowie Fons, J.S./Carty, LV. [1995], S. 43.

[2] Vgl. Altman, E.I. [1997a], S. 6 ff. sowie Fons, J.S./Carty, LV. [1995], S. 37.

[3] Vgl. Altman, E.I. [1997a], S. 7 ff. Der Grund hierfür ist nicht eindeutig. Altman vermutet, daß der Rating-Prozeß selbst hierfür verantwortlich ist, da kurz nachdem ein Rating vergeben worden ist, die Bereitschaft, es zu ändern, geringer ist als wenn bereits einige Zeit vergangen ist. Vgl. Altman, E.I. [1997a], S. 13.

[4] Vgl. J.P. Morgan [1997a], S. 70 ff. Für CreditMetrics werden daher die Transitions-Matrizen bereinigt (imputed), um unerwünschte Eigenschaften auszuschließen. Vgl. J.P. Morgan [1997a], S. 70 ff.

3.3.3.2.3. Risikomessung im Portfolio

Risikoverbundwirkungen drücken sich aus in den gemeinsamen Wanderungsbewegungen verschiedener Schuldner. Wenn eine Korrelation von Null unterstellt wird, dann sind die gemeinsamen Wanderungswahrscheinlichkeiten das Produkt der individuellen Wahrscheinlichkeiten. Im Zwei-Kredit-Fall kann dann die in Abb. 44 aufgezeigte Matrix mit den gemeinsamen Wanderungswahrscheinlichkeiten ermittelt werden.

Schuldner 1 (BBB)		Schuldner 2 (A)							
		AAA	AA	A	BBB	BB	B	CCC	Ausfall
Wanderungswahrscheinlichkeit		0,09	2,27	91,05	5,52	0,74	0,26	0,01	0,06
AAA	0,02	0,00	0,00	0,02	0,00	0,00	0,00	0,00	0,00
AA	0,33	0,00	0,01	0,30	0,02	0,00	0,00	0,00	0,00
A	5,95	0,01	0,14	5,42	0,33	0,04	0,02	0,00	0,00
BBB	86,93	0,08	1,98	79,15	4,80	0,64	0,23	0,01	0,05
BB	5,30	0,00	0,12	4,83	0,29	0,04	0,01	0,00	0,00
B	1,17	0,00	0,03	1,06	0,06	0,01	0,00	0,00	0,00
CCC	0,12	0,00	0,00	0,11	0,01	0,00	0,00	0,00	0,00
Ausfall	0,18	0,00	0,00	0,16	0,01	0,00	0,00	0,00	0,00

Abb. 44: Gemeinsame Wanderungswahrscheinlichkeiten zweier Schuldner bei Nullkorrelation[1]

Die gemeinsame Wahrscheinlichkeit, daß beide Kredite ihr ursprüngliches Rating von BBB (Schuldner 1) und A (Schuldner 2) behalten, beträgt in diesem Beispiel 79,15%.

Die hier getroffene Annahme, daß die Kredite in einem Portfolio nicht korreliert sind, also vollständig unabhängig voneinander sind, ist unrealistisch. Vernünftigerweise ist anzunehmen, daß, wenn ein Schuldner ausfällt, auch ein anderer Schuldner eine höhere Ausfallwahrscheinlichkeit hat, entweder weil beide derselben Konjunktursituation ausgesetzt sind oder weil sie aus der gleichen Region bzw. Branche stammen.[2] Die Kredite werden von den gleichen makroökonomischen Faktoren beeinflußt und sind daher positiv korreliert. Diese Korrelation gilt es zu berücksichti-

---

[1] Quelle: J.P. Morgan [1997a], S. 36.
[2] Vgl. Lucas, D.J. [1995a], S. 78.

gen. Liegen Werte für diese Korrelationen vor, dann sind diese wie folgt in die Berechnungen einzubeziehen.[1]

Zunächst müssen über die Spreads für die einzelnen Ratingklassen Zero-Bond-Abzinsungsfaktoren für die gesamte Laufzeit berechnet worden sein,[2] so daß beliebige Cash-Flow Strukturen bewertet werden können. Weiterhin müssen die Wanderungsmatrizen für die einzelnen Ratingklassen bzw. die einzelnen Kredite vorliegen. Diese Schritte entsprechen der Bewertung eines Einzelkredites, für den nunmehr für alle zukünftigen Rating-Zustände ein Wert errechnet werden kann.

Die Korrelationen zwischen allen Einzelkrediten werden in einer Korrelationsmatrix erfaßt. Hierfür liefert CreditMetrics Daten zu Branchenkorrelationen, die über Gewichtungsfaktoren den einzelnen Krediten zugeordnet werden. Liegt diese Schuldnerkorrelationsmatrix vor, so können die möglichen Portfoliowerte errechnet werden. Da dies schon für relativ kleine Portfolios sehr komplex wird (für m Ratingklassen und n Kredite gibt es m^n unterschiedliche Möglichkeiten - selbst wenn Schwankungen der Spreads und der Recovery Rate zunächst außer acht gelassen werden - also z.B. für 5 Kredite und acht Ratingklassen bereits 32.768 verschiedene Lösungen), erfolgt die Ermittlung der Werteverteilung über eine Monte-Carlo-Simulation[3] korrelierter Zufallsvariablen und die Generierung einer Vielzahl von Portfoliowerten, die zu einer Werteverteilung zusammengefaßt werden. Um auch die Unsicherheit der Verlustintensität zu berücksichtigen, wird darüber hinaus die Recovery Rate simuliert.[4]

---

[1] Eine ausführliche Darstellung findet sich in J.P. Morgan [1997a], S. 107 ff.

[2] Die Ratingklassen-spezifischen Spreads werden jeweils auf die risikolose Zinsstrukturkurve aufgeschlagen und aus der sich ergebenden Strukturkurve dann Ratingklassen-spezifische Null-Kupon-Abzinsfaktoren ermittelt.

[3] Vgl. J.P. Morgan [1997a], S. 125 ff. sowie 149 ff.

[4] Vgl. J.P. Morgan [1997a], S. 116.

Die Generierung der Verteilung mit Hilfe der Monte-Carlo-Simulation erfolgt in drei Schritten:[1]

1. **Generierung von Szenarien.** Auf der Basis der zugrundeliegenden Parameter – Wanderungswahrscheinlichkeit, Korrelationen sowie der Verteilungsparameter der Recovery Rate – werden Szenarien generiert. Jedes Szenario entspricht einem möglichen Zustand des Portfolios am Ende des Risikohorizontes. Die Zustände beziehen sich auf die Ratingeinstufung der einzelnen Schuldner sowie auf die Werte für die Recovery Rates bei Ausfall des Schuldners.
2. **Portfolio-Bewertung.** Für jedes der Szenarien wird das Portfolio unter Berücksichtigung der neuen Ratingeinstufungen und der Werte für die Recovery Rates bewertet. Am Ende dieses Schrittes steht eine Vielzahl möglicher Portfoliowerte.
3. **Analyse der Verteilung.** Aus den generierten Portfoliowerten wird die Werteverteilung des Portfolios geschätzt.

Aus der Verteilung können dann die statistischen Werte Mittelwert, Standardabweichung sowie unterschiedliche Quantilswerte errechnet werden. Der VAR ergibt sich je nach Wahl des Konfidenzniveaus durch Ablesen des Wertes aus der Verteilung, bei dem dieses Quantil erstmals erreicht oder überschritten wird.

Da es aufgrund der Datenlage nicht möglich ist, für alle einzelnen Schuldner paarweise Korrelationen vorzuhalten und für viele Unternehmen keine Marktdaten vorliegen, stellt JP Morgan aus Aktienkursen bzw. Indizes abgeleitete Korrelationsdaten gegliedert nach Branchen und Ländern zur Verfügung, die durch individuelle Gewichtungssätze auf einzelne Schuldner (auch auf nicht börsennotierte Unternehmen) übertragen werden können. Hierbei wird unterstellt, daß die Kriterien Branche und Land Haupteinflußfaktoren der Bonitätskorrelationen sind. Bei der Anwendung sind weiterhin, jeweils individuell durch den Anwender, die Gewichtungssätze zu schätzen, mit denen ein Unternehmen einer oder verschiedenen Branchen bzw. einem oder mehreren Ländern zuzuordnen ist. Um auch Risiken abzugreifen, die nicht durch Indizes abgedeckt werden, ist ein Gewichtungssatz für das schuldnerspezifische Risiko zu schätzen.[2] Problematisch in diesem Zusammenhang ist die Annahme

---

[1] Vgl. J.P. Morgan [1997a], 113 ff. Für die genaue Vorgehensweise vgl. die Originalquelle sowie sehr übersichtlich auch Reinelt, I./Keller, T. [1998], S. 5 ff. sowie Schulte-Mattler, H./Stausberg, T. [1998], S. 633 ff.

[2] Vgl. Reinelt, I./Keller, T. [1998], S. 9, die darauf hinweisen, daß dieser schuldnerspezifische

der Stationarität von Branchen- und Länderkorrelationen. Empirisch läßt sich zeigen, daß diese sehr stark mit den Konjunkturzyklen schwanken.

3.3.3.2.4. Marginaler Risikobeitrag

Der marginale Risikobeitrag ist der marginale Effekt auf das Gesamtrisiko eines Portfolios, wenn ein Einzelkredit aus dem Portfolio entfernt bzw. dem Portfolio hinzugefügt wird. Er wird bestimmt von dem Risiko des Einzelgeschäftes, der Größe dieses Einzelgeschäftes und der Korrelation zum restlichen Portfolio. Dieser marginale Risikobeitrag kann auch als Maßgröße für die marginale zusätzliche Belastung des Risikotragfähigkeitspotentials der Bank angesehen werden und hat die folgenden Eigenschaften:[1]

- Die Summe der Risikobeiträge für die einzelnen Schuldner ist i.d.R. kleiner als das Risiko des gesamten Portfolios, entspricht diesem jedoch näherungsweise.
- Über die Risikobeiträge kann der Effekt auf das Portfolio gemessen werden, wenn ein Kredit entnommen oder hinzugefügt wird.

Da bei Verwendung der Monte-Carlo-Simulation Ergebnisschwankungen auftreten, kann auf diesem Wege das marginale Risiko nicht eindeutig ermittelt werden. Daher wird in CreditMetrics als marginaler Risikobeitrag die marginale Standardabweichung des Einzelgeschäftes (σ^{ma}) - ermittelt als die marginale Verringerung der Standardabweichung des Portfolios (σ^{PF}) bei Entfernen eines Einzelkredites - herangezogen.

$$\sigma^{ma} = \sigma^{PF}_{alt} - \sigma^{PF}_{neu}, \text{ mit } PF_{neu} = PF_{alt} - \text{Einzelkredit}$$

Die Abweichung dieses marginalen Risikobeitrages von der Standardabweichung des Einzelgeschäftes kann darüber hinaus als Indikator für den Grad der Diversifikation interpretiert werden. Dieser Effekt ist für gute Bonitäten i.d.R. besser als für

---

Anteil i.d.R. nicht gleich Null gesetzt werden kann, da dies bei identischen Branchen- und Ländergewichten zweier Schuldner vollständige Korrelation bedeuten würde, so daß dann auch identische Ratings vorliegen müssen.

[1] Vgl. CSFP [1997], S. 30; J.P. Morgan [1997a], S. 129 ff. sowie Smithson, C. [1997], S. 40.

schlechte.¹ Auch wenn die marginale Standardabweichung kein Maßstab für das absolute marginale Risiko ist, so ist sie doch in der Lage, das relative Risiko eines Kredites zu messen, so daß auch die relative Profitabilität von Krediten verglichen werden kann.

Der marginale Risikobeitrag kann über verschiedene Ansätze zur Optimierung des Portefeuilles herangezogen werden. In CreditMetrics werden diese marginalen Standardabweichungen in bezug zum Betrag des jeweiligen Geschäftes gesetzt.² Auf diese Weise können die Geschäfte bzw. Bereiche ermittelt werden, die den größten Beitrag zum Portfoliorisiko liefern.

3.3.3.2.5. Beurteilung von CreditMetrics unter Gesichtspunkten der Implementierung im Kreditgeschäft kommerzieller Banken

CreditMetrics arbeitet implizit mit den folgenden Prämissen:³

- Jeder Kontrahent besitzt ein Rating, das die aktuelle Bonität widerspiegelt und sowohl von der Unternehmensgröße als auch von der Kredithöhe unabhängig ist. Eine Veränderung der Bonität drückt sich unmittelbar in einem geänderten Rating aus.
- Die Übergangswahrscheinlichkeiten und Ausfallwahrscheinlichkeiten sind für alle Kredite innerhalb einer Ratingklasse identisch und eindeutig und gelten auch für den konkreten Einzelfall.⁴ Die historischen Bonitätsveränderungen können für die Berechnungen zugrundegelegt werden.⁵
- Es wird von Marktpreisrisiken abgesehen, d.h. es besteht keine Korrelation zwischen Marktpreis- und Ausfallrisiken.

---

[1] Vgl. J.P. Morgan [1997a], S. 130.

[2] Vgl. J.P. Morgan [1997a], S. 131.

[3] Vgl. auch Reinelt, I./Keller, T. [1998], S. 5.

[4] Da Ausfallraten kontinuierlich sind und Ratingklassen zwangsläufig diskrete Einteilungen erfordern, ergibt sich notwendigerweise eine Ungenauigkeit. Vgl. Kealhofer, S./Kwok, S./Weng, W. [1998], S. 45.

[5] Dies impliziert auch, daß der Rating-Prozeß über Jahrzehnte hin stabil ist und vergleichbare Resultate ergibt. Vgl. Kealhofer, S./Kwok, S./Weng, W. [1998], S. 39 ff.

- Auf dem Kapitalmarkt existiert pro Ratingklasse ein durchschnittlicher Aufschlag (Spread) im Vergleich zu einer risikolosen Anleihe. Diese Spreads stellen Marktpreise für das Ausfallrisiko dar und sind unabhängig vom Kreditvolumen.

- Die Wahrscheinlichkeiten von Ratingveränderungen (Migrationswahrscheinlichkeiten) hängen nur vom aktuellen Rating ab (Markov-Eigenschaft des Ratingprozesses).

- Risikoverbundwirkungen zwischen verschiedenen Kreditrisiken lassen sich durch empirisch aus Branchen-/Aktienindizes ermittelte Korrelationen berechnen. Diese Korrelationen sind stabil in der Zeit und können quantitativen Auswertungen zugrundegelegt werden. CreditMetrics stellt aus Aktienindizes ermittelte Korrelationen zur Verfügung. Damit diese verwendet werden können, müssen alle Schuldner diesen Indizes bzw. den zugrundeliegenden Branchen zugeordnet werden. Der Anteil schuldnerspezifischer Einflüsse auf das Risiko läßt sich quantifizieren.

Die wichtigsten Annahmen sind die Einteilung der Schuldner in Risikoklassen und die Zuordnung von Risikomargen. Damit CreditMetrics im Kreditgeschäft kommerzieller Banken angewendet werden kann, ist somit zunächst die konsequente Eingruppierung aller Kreditnehmer in hinreichend differenzierte Risikoklassen erforderlich.

Um von Marktpreisschwankungen zu abstrahieren, wird jeder Risikoklasse genau ein Risiko-Spread zugeordnet. Empirische Beobachtungen zeigen jedoch, daß Spreads innerhalb einer Risikoklasse erheblich schwanken können, und zwar nicht nur im Zeitablauf, sondern auch über verschiedene Schuldner der gleichen Risikoklasse.[1] In diesen Abweichungen kommen Aspekte der Liquidität ebenso zum Ausdruck wie die jeweilige Marktverfassung und die Marktmeinung über die Bonität des Schuldners, die für unterschiedliche Schuldner derselben Ratingklasse erheblich abweichen können. Die Zuordnung genau eines Spreads für jede Risikoklasse ist daher zwangsläufig mit einer gewissen Willkür verbunden.

Die Bewertung aller Kredite einer Ratingklasse mit einem einheitlichen Risikospread vernachlässigt weiterhin, daß diese Kredite sehr unterschiedlich besichert sein und

---

[1] Spreads schwanken z.B. für B-Ratings zwischen 100 und 850 Basispunkten (Bp.), bei AAA-Anleihen immer noch zwischen 25 und ca. 350 Bp. und für BB-Ratings sogar zwischen 25 und 850 Bp. Vgl. Foss, G.W. [1995], S. 29 ff.

z.B. aus diesem Grund deutlich unterschiedliche Recovery Rates haben können. Diesen unterschiedlichen Recovery Rates wird nur im Default-Fall Rechnung getragen, nicht aber bei der Bewertung in allen Nichtdefault-Ratingstufen, obgleich eine höhere Besicherung bzw. allgemeiner eine höhere Recovery Rate in jeder Bonitätsklasse den Wert eines Kredites beeinflußt. Jeder Kredit müßte dann mit seiner eigenen individuellen Risikomarge bewertet werden.[1]

Weitere Probleme ergeben sich für Bankkredite, für die kein liquider Markt besteht, die daher nicht liquide handelbar sind und für die eine buy-and-hold Strategie der Normalfall ist. Für diese Kredite sind i.d.R. keine Marktdaten über die Markt-Risikomarge verfügbar. Die Übertragung der entsprechenden Risikomargen liquider Anleihen auf Kredite vernachlässigt, daß diese Margen neben dem Risiko auch noch weitere Komponenten (Betriebskosten, Steuern, Liquidität etc.) enthalten. Margen von Krediten müßten zum einen eine Liquiditätsprämie enthalten sowie zum anderen die teilweise abweichenden Rechtspositionen der Gläubiger bei Anleihen und Krediten reflektieren. Bei illiquiden Krediten kann daher eine Beschränkung der Betrachtung auf das Risiko des Ausfalles und eine Vernachlässigung zwischenzeitlicher Wertveränderungen durchaus angemessen sein.

Korrelationen werden in CreditMetrics aus der Korrelation von Branchenaktienindizes abgeleitet und Einzelkreditnehmern zugeordnet. Diese Zuordnung ist für börsennotierte Unternehmen nachvollziehbar, auf nicht börsennotierte Unternehmen jedoch nicht ohne subjektive Schätzungen anwendbar. Neben der Zuordnung zu Branchen bzw. den jeweiligen Aktienindizes muß ein Gewichtungssatz für das spezifische Risiko geschätzt werden. Die objektive Bestimmung dieses unsystematischen Anteils am Risiko ist problematisch, weil die Aufteilung zwischen systematischem und unsystematischem Risiko nicht beobachtet werden kann.

---

1   McNulty, A. [1998] weist in einer Publikation von J.P. Morgan selbst auf diesen Punkt hin und schlägt für die von J.P. Morgan entwickelte Software eine Lösung vor, die die Sicherheiten vergleichbar einem Credit Default Swap behandelt. Vgl. McNulty, A. [1998], S. 9 ff., insbesondere S. 10.

Kreditausfälle sind in hohem Maße von makroökonomischen Entwicklungen wie z.B. der Zinsentwicklung abhängig, so daß die jeweilige Konjunkturphase bei der Portfolioanalyse zu berücksichtigen ist. In CreditMetrics wird dieser Zusammenhang nicht explizit modelliert. Er kann jedoch zumindest allgemein berücksichtigt werden, indem verschiedene Wanderungsmatrizen benutzt werden, die in unterschiedlichen Konjunkturphasen historisch beobachtet worden sind.[1]

Für die Umsetzung von CreditMetrics werden umfangreiche Dateninformationen benötigt, die für geratete Anleihen vorliegen, insbesondere für das kommerzielle Kreditgeschäft jedoch nur schwer zu erheben sind und auch nicht ohne weiteres von den Anleihen auf diese Kredite übertragen werden können. J.P. Morgan stellt eine umfangreiche Datenbasis, u.a. Wanderungsmatrizen, die aus den Daten der Rating-Agenturen abgeleitet werden, zur Verfügung. Wenn unterstellt wird, daß diese Daten auf das inländische Kreditgeschäft deutscher Banken übertragen werden kann, dann ist es notwendig, alle Kredite nach der vorgegebenen Systematik in Ratingklassen einzuteilen.[2] Wird aufgrund der spezifischen Verhältnisse in Deutschland oder der Andersartigkeit von Krediten im Vergleich zu Anleihen diese Annahme nicht geteilt,[3] so müssen umfangreiche Daten intern in der Bank selbst erhoben werden. In diesem Fall werden die folgenden Auswertungen benötigt:

- Detaillierte und konsistente Wanderungsmatrizen für die verschiedenen Ratingklassen, die über einen hinreichend langen Zeitraum - mindestens ein Konjunkturzyklus - beobachtet worden sind.
- Detaillierte Daten zu Wiedereinbringungsraten (Recovery Rates) im Insolvenzfall sowie
- durchschnittliche Markt-Spreads für die verschiedenen Ratingklassen.

---

[1] Vgl. Paul-Choudhury, S. [1997], S. 33.

[2] Vgl. auch Haubenstock, M. [1998], S. 59 ff.

[3] Wie Machauer/Weber in ihrer Studie u.a. aufzeigen, weichen z.B. Wanderungsmatrizen von Bankkrediten erheblich von den Matrizen der Rating-Agenturen ab. Vgl. Machauer, A./Weber, M. [1998], S. 23 f. Interne Bank-Ratings verändern sich schneller als Anleihe-Ratings. Die Wahrscheinlichkeit, daß eine Rating-Veränderung eintritt, ist deutlich höher als bei Anleihe-Ratings. Zurückgeführt wird dies zum einen darauf, daß Anleihegläubiger größer und somit breiter diversifiziert sind, sowie zum anderen darauf, daß Banken ggf. bessere Informationen haben und deren Einstufungen daher genauer sind. Ein weiterer Effekt könnte sein, daß Rating-Agenturen wegen der öffentlichen Wirkung ihrer Ratings zögern, Ratings zu ändern und dies nur vornehmen, wenn hinreichende Evidenz für eine veränderte Bonität besteht.

- Für eine konsequente Umsetzung der Portfoliosteuerung sind darüber hinaus Informationen über die Korrelationen zwischen den einzelnen Krediten notwendig, um die gemeinsamen Migrationsbewegungen analysieren zu können.
- CreditMetrics baut auf einer barwertigen Steuerung auf. Voraussetzung ist daher, Barwerte und zukünftige Barwerte für alle Kredite ermitteln zu können.

Für Finanzinstrumente, die auf einem liquiden Markt gehandelt werden, was insbesondere auf Anleihen, aber mit der weiteren Entwicklung des Sekundärmarktes für Kredite zunehmend auf weitere Teile des Kreditgeschäftes der Banken zutrifft, ist eine Marktwertbetrachtung bzw. die Konstruktion von Marktwerten über Migrationsanalysen - wie in CreditMetrics vorgenommen - sinnvoll. In diesem Fall liegen i.d.R. Marktdaten zu Spreads unterschiedlicher Ratingstufen vor. Auch ist in diesem Fall eine Risikomessung auf einen begrenzten Zeithorizont angemessen, da Risiken vor Ablauf veräußert werden können. Für illiquide kommerzielle Kredite hat das Konzept, zwischen erwarteten und unerwarteten Verlusten zu trennen und zwischenzeitliche Wertveränderungen nicht zu modellieren, große Vorteile. Es baut auf der Risikokostensteuerung auf, benötigt relativ wenige Daten und ist intuitiv einleuchtend. Die Bewertung illiquider Kredite an einem hypothetischen Markt, indem den Ratingklassen hypothetische Spreads zugeordnet werden, ist fragwürdig, da diese Kredite de facto nicht wie Marktrisiken gesteuert werden können. CreditMetrics ist daher vor allem für liquide und aktiv gemanagte Bondportfolios geeignet.

3.3.3.2.6. Exkurs: Verwendung risikoadjustierter Margen

Das Problem der fehlenden Markt-Spreads für Kredite läßt sich in der Praxis ggf. dadurch heilen, daß auf der Basis der den Einzelgeschäften zurechenbaren erwarteten (Ausfallprämie) und unerwarteten Verluste (Risikoübernahmeprämie) den einzelnen Ratingklassen eine Risikomarge zugeordnet wird und die Berechnungen dann analog der Methode von CreditMetrics durchgeführt werden.[1] Dies hat den Vorteil, daß man den einzelnen Bonitätsklassen Risikomargen zuordnen kann, die objektiv auf der

---

[1] Vgl. Abschnitte 3.2.6. sowie 4.3.3.3.

Basis interner Risikoberechnungen ermittelbar sind und frei sind vom Einfluß der individuellen Verhandlungsposition der Bank in der Kreditverhandlung oder von Marktschwankungen. Auch können so allen Krediten in Abhängigkeit von unterschiedlichen Besicherungsgraden bzw. Recovery Rates individuelle Risikomargen zugeordnet werden.

Andererseits handelt es sich bei diesen aus dem internen Kalkül abgeleiteten Risikomargen nicht um Marktpreise. Wenn sie ergänzt werden um weitere Margenbestandteile wie Betriebskosten und Steuern sowie ggf. noch um einen Faktor für die Liquidität, dann kommt diese Vorgehensweise einer Marktbewertung relativ nahe. Die Anwendung von CreditMetrics im kommerziellen Kreditgeschäft würde damit wesentlich erleichtert werden. Nicht geheilt wird dadurch jedoch das Fehlen der Möglichkeit, Wertveränderungen auch tatsächlich am Markt zu realisieren und Kreditrisiken liquide zu handeln oder zu hedgen.

3.3.3.3. CreditRisk$^+$

3.3.3.3.1. Risikomodellierung und Datenbedarf

CreditRisk$^+$,[1] das Portfoliomodell der Investmentbank CSFP, nimmt im Gegensatz zu CreditMetrics einen Portfolioansatz, der sich auf in der Versicherungsbranche weit verbreitete Methoden stützt,[2] und wird auch als Volatilitätsmodell bezeichnet. Die Ziele entsprechen den bereits oben formulierten: Kreditrisikomodellierung auf Portfoliobasis für alle ausfallrisikobehafteten Produkte, Messung von Diversifikation und Konzentrationsrisiken und Generierung einer Verteilung, aus der Werte für den Kredit-VAR und entsprechendes Risikokapital abgelesen werden können.

---

[1] Vgl. CSFP [1997].
[2] Vgl. Garside, T./Stott, H./Strothe, G. [1998], S. 20.

CSFP unterscheiden zwischen Credit Spread Risk und Credit Default Risk.[1] Modelliert wird allein das Ausfallrisiko, der mögliche Verlust im Insolvenzfall. Wertveränderungen aufgrund von Bonitätsveränderungen werden nicht berücksichtigt. Das Marktwertrisiko (Credit Spread Risk) liquide gehandelter Anleihen wird in einem Marktrisiko-Zusammenhang gesteuert und hier vernachlässigt. Fokus von CreditRisk$^+$ sind somit Ausfallrisiken, die nicht liquide handelbar sind, für die somit auch keine Marktpreise vorliegen und die i.d.R. bis zum Laufzeitende gehalten werden.

CreditRisk$^+$ macht keine Aussage zu Ursachen von Ausfallraten, sondern modelliert das Risikopotential aufgrund historischer Zeitreihen. Ausgangspunkt des Modells sind die Ausfallraten, die als kontinuierliche Zufallsvariable betrachtet werden. Die Unsicherheit dieser Ausfallraten wird über ihre Volatilität gemessen, wie sie z.B. von den Rating-Agenturen veröffentlicht wird.

Credit Rating	Jährliche Ausfallrate	
	Durchschnitt	Standardabweichung
Aaa	0,00	0,0
Aa	0,03	0,1
A	0,01	0,0
Baa	0,12	0,3
Ba	1,36	1,3
B	7,27	5,1

Abb. 45: Volatilität der Ausfallraten[2]

Der Effekt von Korrelationen wird durch die Volatilität der Ausfallraten sowie den Einfluß von makroökonomischen Faktoren[3] (macroeconomic background factors) modelliert, die über eine Sektoranalyse in das Modell implementiert werden. Wenn die Volatilitäten der Ausfallraten Null gesetzt werden, entspricht dies Unabhängigkeit bzw. einer Korrelation von Null.[4] Die ausfallbedrohten Beträge des Portfolios

---

[1] Vgl. CSFP [1997], S. 7 f.

[2] Quelle: Carty, L.V./Lieberman, D. [1996b].

[3] Diese makroökonomischen Faktoren entsprechen konzeptionell nicht den in Faktormodellen verwendeten makroökonomischen Faktoren.

[4] Vgl. CSFP [1997], S. 19. Korrelationen werden zwar nicht explizit benötigt, das Modell läßt aber zu, aus den Ergebnissen implizite Ausfallkorrelationen zwischen zwei Schuldnern zu er-

werden auf Sektoren aufgeteilt. Die Sektoren bilden die systematischen Elemente des Risikos ab, während schuldnerspezifische Risiken durch einen separaten Sektor abgebildet werden. Ein perfekt diversifiziertes Portfolio ergäbe sich, wenn jeder Schuldner einen eigenen Sektor darstellte, das konzentrierteste Portfolio ergäbe sich, wenn alle Schuldner in nur einen Sektor fallen würden. Sektoren können z.B. verschiedene Länder oder Branchen sein. Wenn zwei Schuldner keinen Sektor gemeinsam haben, bedeutet dies, daß die Korrelation zwischen ihnen Null ist.[1] Daten für diese Sektoranalyse werden von CSFP nicht angeboten. Die Zuordnung der Schuldner bzw. Teilportfolios zu den Sektoren ist von dem jeweiligen Anwender zu schätzen.

Da Korrelationen nicht explizit, sondern über die Sektoranalyse und die Volatilität der Ausfallrate einbezogen und nur Verluste modelliert werden, kommt das Modell mit relativ wenig Daten aus. Die vereinfachten Umsetzungsanforderungen und die Schnelligkeit der Berechnungen sind folglich die Hauptvorteile dieses Modells.[2] Benötigt werden die

- ausfallbedrohten Beträge (Exposures)
- Ausfallwahrscheinlichkeiten der Schuldner
- Volatilitäten der Ausfallraten und
- Recovery Rates.

Diese Daten können individuell vom jeweiligen Anwender vorgegeben werden. Recovery Rates werden mit Durchschnittswerten angesetzt. Durch Streßtests lassen sich Berechnungen für verschiedene Szenarien und verschiedene Recovery Rates durchführen.

Das Modell bietet die Möglichkeit, sowohl mit einem konstanten Zeithorizont von z.B. einem Jahr als auch mit einem Zeithorizont bis zum Laufzeitende zu arbeiten. In diesem Fall werden auch sich im Zeitablauf ändernde ausfallbedrohte Beträge durch

---

mitteln, vgl. S. 57.

[1] Vgl. CSFP [1997], S. 57.
[2] Vgl. Garside, T./Stott, H./Strothe, G. [1998], S. 20.

die Barwerte der jeweils ausstehenden Beträge sowie die jeweiligen auf die Laufzeit bezogenen marginalen Ausfallraten berücksichtigt. Bei der Betrachtung bis zum Laufzeitende kann für ein beliebiges Konfidenzniveau der potentielle kumulative Verlust errechnet werden, bis alle Kredite ausgelaufen sind. Diese Betrachtung ist auch deswegen notwendig, weil die jährlichen Ausfallraten für Investmentgrade-Bonitäten relativ klein sind und erst bei der Betrachtung über einen längeren Zeitraum der wahre Risikogehalt deutlich wird.

Diese Zusammenhänge werden in einem analytischen Modell berechnet, so daß keine Simulation benötigt wird, sondern auch für große Portfolios Werte analytisch berechnet werden können. Die Methode weicht sehr deutlich von der bei CreditMetrics gewählten ab. Da das Modell mathematisch sehr komplex ist, sei bzgl. der einzelnen Rechenschritte auf die Ausführungen von CSFP verwiesen.[1]

Als Ergebnis generiert das Modell eine Verlustverteilung, aus der erwartete Verluste, Standardabweichung und für ein bestimmbares Konfidenzniveau unerwartete Verluste abgelesen werden können. Weiterhin wird der Risikobeitrag (Risk Contribution) jedes Einzelgeschäftes zum Gesamtrisiko ermittelt. Der Betrag entspricht methodisch dem marginalen Risiko bei CreditMetrics und bezeichnet den inkrementalen Effekt eines Einzelgeschäftes auf den Portfolio-VAR bzw. das zur Unterlegung notwendige Eigenkapital.

3.3.3.3.2. Marginaler Risikobeitrag

Der marginale Risikobeitrag wird über die marginale Standardabweichung ermittelt. Die direkte Ermittlung des Risikobeitrages des Einzelgeschäftes zum Risikokapital ist nur schwer möglich. Um den marginalen Beitrag zum Portfolio-VAR bzw. dem

---

[1] Vgl. CSFP [1997], S. 32 ff.

Risikokapital bei einem bestimmten Konfidenzniveau ermitteln zu können, wird folgende Approximation vorgeschlagen:[1]

Mit RB als dem Risikobeitrag gemessen in Standardabweichungen, EV als dem erwarteten Verlust, σ^{PF} als der Standardabweichung der Verlustverteilung, σ^{ma}_j als dem marginalen Beitrag des Einzelrisikos j zur Portfolio-Standardabweichung σ^{PF}, X als dem Gesamtverlust bei einem bestimmten Konfidenzniveau und dem Multiplikator ξ erhält man:

$$EV + \xi \sigma^{PF} = X$$

In diesem Fall kann der Beitrag zum gesamten Portfoliorisiko (RB_j^X) bei einem vorgegebenen Konfidenzniveau angegeben werden mit

$$RB_j^X = EV_j + \xi \sigma_j^{ma}$$

Der marginale Beitrag zum Risikokapital bzw. VAR (RB_j^{VAR}) wird dann durch $\xi \sigma^{ma}_j$ gegeben. Indem die Risikobeiträge in abnehmender Reihenfolge sortiert werden, können die Schuldner mit dem höchsten Risikobeitrag leicht identifiziert werden.[2]

3.3.3.3.3. Beurteilung von CreditRisk+ unter Gesichtspunkten der Implementierung im Kreditgeschäft kommerzieller Banken

Da CreditRisk+ nicht für liquide gehandelte Anleihe-Portfolios, sondern für illiquide Kreditportfolios, die auf einer Buchwert-Basis gesteuert werden,[3] entwickelt worden ist, hat es relativ geringe Datenanforderungen, die überdies in den meisten Banken für das eigene Kreditgeschäft erfüllt werden können. Neben den ausfallbedrohten Beträgen und den Recovery Rates werden nur Ausfallraten und die Volatilitäten dieser Ausfallraten benötigt. Da CreditRisk+ mit der Volatilität der Ausfallrate als zentraler Variable zur Generierung einer Verteilung der Ausfallraten arbeitet, ist eine

---

[1] Vgl. CSFP [1997], S. 53.
[2] Vgl. CSFP [1997], S. 30.
[3] Vgl. Paul-Choudhury, S. [1997], S. 29.

explizite Berücksichtigung von Wanderungsmatrizen nicht notwendig. Die theoretischen und praktischen Probleme, die mit der Verwendung historischer Wanderungsmatrizen entstehen, werden somit hier vermieden.[1]

Aufgrund dieser Daten kann eine Kreditverlustverteilung ermittelt werden, aus der alle wesentlichen Zielgrößen abgelesen werden können. CreditRisk$^+$ bietet die Möglichkeit, Risiken der Geschäfte bis zum Laufzeitende zu modellieren, was insbesondere für illiquide Kredite notwendig ist, wo den Kreditgeber, der i.d.R. den Kredit bis zum Laufzeitende hält, vor allem interessiert, ob der Kredit pünktlich und in voller Höhe zurückgezahlt wird.[2] CreditRisk$^+$ erscheint somit vor allem geeignet für illiquide Kreditportfolios, die nicht auf einer Mark-to-Market Basis bewertet werden können, und weniger geeignet für liquide Anleihe-Portfolios sind, die auf Marktwertbasis gesteuert werden.[3] Es ist im Verhältnis zu CreditMetrics leichter zu implementieren und anzuwenden.[4] Ein weiterer Vorteil gegenüber Simulationsmodellen ist die hohe Schnelligkeit der Berechnungen sowie die Eindeutigkeit der Ergebnisse.[5]

Korrelationen ergeben sich implizit durch die Branchen- (Sektor-) Zuordnung. Wie eine Aufteilung der Schuldner auf die Sektoren erfolgen soll, wird im Detail nicht dargestellt. Hier wird von CSFP nur das analytische Modell zur Verfügung gestellt, nicht aber anhand von konkreten Beispielen dargestellt, wie dieses Modell auf ein konkretes Portfolio angewendet werden kann. Diese Branchenzuordnung sowie die Bestimmung des schuldnerspezifischen Anteils (Zuordnung zu einem spezifischen Sektor) sind in der Praxis nicht trivial, da sich hierzu keine objektiven Daten ermitteln lassen. Die richtige Schätzung dieser Parameter ist jedoch entscheidend für die Qualität der vom Modell implizit erzeugten Korrelationen.[6]

---

[1] Vgl. CSFP [1997], S. 8.

[2] Vgl. Paul-Choudhury, S. [1997], S. 31.

[3] Wie Rolfes/Bröker zeigen, kann CreditRisk$^+$ jedoch so angepaßt werden, daß auch Ratingveränderungen und deren ökonomische Auswirkungen modelliert werden können. Vgl. Rolfes, B./Bröker, F. [1998], S. 72 ff.

[4] Vgl. Bank für Internationalen Zahlungsausgleich [1998], S. 35.

[5] Vgl. Lehrbaß, F.B. [1999], S. 130 ff.

[6] Vgl. Lehrbaß, F.B. [1999], S. 131.

Mit dieser Sektoranalyse ist noch nicht der Einfluß makroökonomischer Faktoren bzw. der jeweiligen konjunkturellen Situation auf das Portfolio explizit einbegriffen. Dieses muß durch Streßtests erfolgen, die die Volatilität der Ausfallraten an die jeweilige wirtschaftliche Situation anpassen.[1] Gesamtwirtschaftliche Einflüsse bzw. Korrelationen zwischen den Kreditnehmern auf die Ausfallraten werden über die Volatilität der Ausfallraten und eine Sektoranalyse modelliert.[2] Ob dieser Ansatz, die Korrelationen in einem Portfolio über die Volatilität der Ausfallraten abzugreifen, zu nachvollziehbaren und richtigen Werten führt, kann erst in praktischen Tests ermittelt werden.[3] Das Modell ist relativ starr und inflexibel. Es kann daher ggf. nicht hinreichend auf anwenderspezifische Bedürfnisse zugeschnitten werden.

3.3.3.4. CreditPortfolioView

3.3.3.4.1. Risikomodellierung und Datenbedarf

Ein weiteres Portfoliomodell für die Steuerung von Ausfallrisiken ist von Wilson[4] veröffentlicht worden. Die Ziele sind wiederum die Generierung einer in diesem Fall diskreten Verteilung für ein Portfolio aus beliebigen ausfallbedrohten Geschäften, aus der erwartete und unerwartete Verluste abgelesen werden können, sowie den marginalen Risikobeitrag eines Geschäftes zu quantifizieren. Wie bei CreditMetrics wird die Monte-Carlo-Simulation verwendet. Je nach Basiswert wird eine Verlust- oder eine Wertverteilung modelliert, aus der bei einem vorgegebenen Konfidenzniveau der VAR bzw. das Risikokapital abgelesen werden kann.

---

[1] Vgl. Paul-Choudhury, S. [1997], S. 35.

[2] Vgl. CSFP [1997], S. 15.

[3] Vgl. Paul-Choudhury, S. [1997], S. 31 sowie Bank für Internationalen Zahlungsausgleich [1998], S. 35.

[4] Vgl. Wilson, T.C. [1997a,b,c]. Das Modell wird unter dem Namen CreditPortfolioView vermarktet. Vgl. McKinsey & Company [1998].

Wilson unterscheidet zwischen Verlusten aus illiquiden Krediten, die auf einer barwertigen Ausfallbasis (Discounted Default Basis) dargestellt werden und liquiden Werten, die auf Marktwertbasis dargestellt werden. Das Modell kann beide Formen von Geschäften darstellen, so daß es sowohl für illiquide Kredite als auch für liquide Anleihen verwendet werden kann.[1]

Ein weiterer wesentlicher Unterschied zu den bisher diskutierten Modellen ist, daß es sich um ein Multi-Faktor-Modell handelt. Die Verlustverteilung wird in Abhängigkeit von der aktuellen konjunkturellen Situation modelliert, um zyklische Schwankungen in den Ausfallraten zu erfassen. Spezifische Länder- oder Brancheneinflüsse werden über die empirisch gemessenen Zusammenhänge berücksichtigt. Korrelationen werden nicht explizit, sondern implizit modelliert unter der Prämisse, daß Ausfallkorrelationen und Korrelationen der Wanderungsbewegungen allein durch systematische Einflüsse makroökonomischer Faktoren erklärt werden können.[2]

Auf der Basis einer empirischen Untersuchung der Zusammenhänge zwischen durchschnittlichen Ausfallraten und makroökonomischen Faktoren wie Wachstum des Bruttosozialproduktes oder Arbeitslosenquoten kann nach Wilson für mehr als 90% der untersuchten Länder die Variation der durchschnittlichen Ausfallraten erklärt werden. Auf diese Weise kann auch gezeigt werden, daß verschiedene Branchen unterschiedlich sensitiv auf makroökonomische Schocks oder Zyklen reagieren.[3]

Um den Einfluß makroökonomischer Faktoren abbilden zu können, werden für spekulative Ratings mit Hilfe einer Regressionsfunktion Ausfallraten geschätzt, bei der die abhängige Variable die Ausfallwahrscheinlichkeit ist und die unabhängige Variable ein segmentspezifischer Index, der abhängig ist von aktuellen makroökonomischen Variablen. Dieser Index mißt den aktuellen Zustand der Wirtschaft und wird durch makroökonomische Größen wie Arbeitslosenquote, Wachstum des Bruttosozi-

---

[1] Vgl. auch Paul-Choudhury, S. [1998], S. 7.
[2] Vgl. Wilson, T.C. [1997b], S. 56.
[3] Vgl. Wilson, T.C. [1997a], S. 112.

alproduktes, Regierungsausgaben oder die Immobilienpreise bestimmt. Mit diesem Multi-Faktor-Modell werden segmentspezifische durchschnittliche Ausfallraten geschätzt. Das systematische Risiko wird durch den gewichteten Einfluß der makroökonomischen Variablen bestimmt. Das segmentspezifische Risiko wird durch einen Abweichungsterm mit einbezogen. Indem diese Untersuchungen auf verschiedene Länder, Branchen und Kundensegmente angewendet werden, werden Funktionen für unterschiedliche Segmente geschätzt.

Ausgangspunkt der weiteren Untersuchung ist eine Wanderungsmatrix mit den Migrationswahrscheinlichkeiten der verschiedenen Ratingklassen. Diese Matrix wird im folgenden als unbedingt bezeichnet, weil sie nur durchschnittliche Wahrscheinlichkeiten enthält. Da sich zeigen läßt, daß diese Wanderungsbewegungen von den spekulativen Ausfallraten abhängig sind,[1] kann diese unbedingte Wanderungsmatrix bedingt gemacht werden in Abhängigkeit von der aktuellen Ausfallrate für spekulative Ratings. Wenn das Verhältnis der tatsächlichen Ausfallrate im Zeitpunkt t (SDP$_t$) zu ihrem unbedingten Durchschnitt (ϕSDP) gleich eins ist, dann entspricht die bedingte Wanderungsmatrix der unbedingten. Ist dieses Verhältnis größer (kleiner) eins, dann steigen die Wahrscheinlichkeiten für Downgrades (Upgrades).

Auf der Basis dieser Ein-Jahres-Markov-Wanderungsmatrix können die kumulativen bedingten Wanderungswahrscheinlichkeiten wie folgt kalkuliert werden:

$$M_t = \prod_{i=1...t} M(SDP_t / \Phi SDP)$$

mit M$_t$ als der bedingten kumulativen Ratingverteilung für das Jahr t für einen gegebenen Pfad der spekulativen Ausfallraten. M(SDPt/ϕSDP) ist die bedingte Ein-Jahres-Wanderungsmatrix abhängig von der spekulativen Ausfallrate.

Auf die beschriebene Weise wird ein Multi-Faktor-Modell für die Entwicklung der Ausfälle und Rating-Wanderungen konstruiert. Zuerst wird der Zustand der Gesamt-

---

[1] Vgl. Wilson, T.C. [1997a], S. 113.

wirtschaft durch Faktoren beschrieben, dann für einzelne Länder und Branchen die jährliche Ausfallrate für spekulative Ratings modelliert und in einem dritten Schritt länder- und branchenspezifische Wanderungsmatrizen ermittelt.

Da Risiken bis zum Laufzeitende betrachtet werden, und um auch nicht-konstante ausfallbedrohte Beträge, wie sie regelmäßig in Derivate-Portfolios vorkommen, berücksichtigen zu können, werden Verluste barwertig ermittelt. Für zukünftige Perioden werden marginale Ausfallraten benötigt bzw. modelliert. Um auch das Risiko liquider Forderungen messen zu können, und um etwa für die Risikokapitalallokation mit einem einheitlichen Zeithorizont über alle Risiken arbeiten zu können, kann auch mit einem von der Endlaufzeit der einzelnen Geschäfte abweichenden Zeithorizont gearbeitet werden. Für Anleihen und andere Produkte, die am Markt bewertet werden können, wird eine vergleichbare Vorgehensweise wie bei CreditMetrics angewendet. Es werden jährliche Wanderungsmatrizen errechnet und für eine Marktbewertung durchschnittliche Spreads je Ratingklasse benötigt, so daß entsprechende Wertveränderungen bei Up- oder Downgrades modelliert werden können.

In einem perfekt diversifizierten Portfolio müßten alle spezifischen Risiken eliminiert sein und nur noch systematische Risiken aufgrund der makroökonomischen Faktoren übrig bleiben. Innerhalb eines Segmentes würde dies bedeuten, daß, wenn eine genügend große Anzahl von Krediten in dem Segment vorhanden ist, das Risiko dieses Segmentes gegen das Risiko des Segment-Indexes konvergieren wird.

Da Recovery Rates nicht konstant sind, werden sie entsprechend der in der Vergangenheit beobachteten Verteilung simuliert. Dabei wird implizit angenommen, daß diese Recovery Rates von den jeweiligen makroökonomischen Faktoren und voneinander unabhängig sind. Obwohl anerkannt wird, daß dies die Realität nicht perfekt abbildet, wird doch dieser Weg gewählt, um die Komplexität des Modells nicht zu stark ansteigen zu lassen. Gleichwohl wird auch von Wilson anerkannt, daß es Fälle gibt, wo es angezeigt sein kann, die Recovery Rates in Abhängigkeit von makroökonomischen Faktoren zu modellieren, z.B. für Hypothekarkredite in Relation zu einem Immobilienpreisindex oder allgemein in Abhängigkeit von der Gesamtwirtschaft.[1]

3.3.3.4.2. Beurteilung von CreditPortfolioView unter Gesichtspunkten der Implementierung im Kreditgeschäft kommerzieller Banken

Da Daten zu Wanderungsbewegungen und Rating-Einstufungen benötigt werden, gelten die diesbezüglichen Ausführungen über die Möglichkeiten der Implementierung sinngemäß wie bei CreditMetrics. Das Modell ist insgesamt flexibler als CreditMetrics ausgestaltet und ermöglicht für kommerzielle Kredite die Steuerung allein aufgrund des Ausfallrisikos, ohne Spread-Daten zu benötigen. Es erscheint daher in dieser Hinsicht leichter im kommerziellen Kreditgeschäft implementierbar. Der entscheidende Vorteil dieses Modells ist, Korrelationen über makroökonomische Faktoren abzubilden. Wenn verläßliche Daten über die Zusammenhänge zwischen Ausfallraten und makroökonomischen Entwicklungen generiert werden können, bietet das Modell damit die Möglichkeit, Ausfallrisiken in Abhängigkeit von der konjunkturellen Entwicklung zu messen und zu steuern. Damit wird die Basis gelegt, um folgende Fragen beantworten zu können:

- Wie entwickeln sich erwartete Verluste und der Gesamtportfolio-VAR in unterschiedlichen Konjunktur-Szenarien?
- Wie entwickelt sich der Risikobeitrag einzelner Segmente/Branchen in Abhängigkeit von makroökonomischen Szenarien?
- Welche Auswirkungen hat dies auf die einzelnen Kreditentscheidungen? Welche Mindestmargen müssen bei unterschiedlichen Szenarien generiert werden?
- Wie kann das Portfolio unter makroökonomischen Gesichtspunkten besser diversifiziert, umstrukturiert und optimiert werden?

Letztendlich ermöglicht dieses Modell, sich bei der Übernahme von Ausfallrisiken entsprechend einer prognostizierten wirtschaftlichen Entwicklung zu positionieren und die Schwerpunkte im Portfolio zukunftsgerichtet, z.B. Phasen der Rezession antizipierend auf weniger sensitive Branchen zu legen und schlechte Bonitäten zu meiden.

---

[1] Vgl. Wilson, T.C. [1997b], S. 60.

Damit die Vorteile der hohen Flexibilität und der Möglichkeit, makroökonomische Entwicklungen explizit zu berücksichtigen, auch in der Praxis genutzt werden können, sind in erheblichem Umfang Daten, insbesondere zum Einfluß der makroökonomischen Faktoren auf das jeweilige Portfolio, erforderlich, so daß der Implementierungsaufwand hoch sein kann.

In den Ausführungen von Wilson[1] wird nur die Methodik beschrieben. Die bei CreditMetrics verfügbaren Daten zu Korrelationen, Recovery Rates und Wanderungsmatrizen für Ratingveränderungen werden nicht mitgeliefert bzw. zu diesem Punkt finden sich bei Wilson keine Hinweise. Weiterhin wird nicht klar, ob das Modell hinreichende Möglichkeiten bietet, Einzelrisiken zu beurteilen.[2] Die Ermittlung des marginalen Risikobeitrages wird nicht erläutert, es wird lediglich erklärt, daß das Modell auch dieses berechnet.[3]

3.3.3.5. Zusammenfassender Vergleich und Eignung der Modelle

Die obige Beschreibung der Modelle sowie der Überblick in Abbildung 46 erwecken den Anschein, als wären die beschriebenen Modelle sehr unterschiedlich. Wie verschiedene Untersuchungen jedoch zeigen, sind die Modelle weder in der Theorie noch in den Ergebnissen, die in der Praxis ermittelt werden, sehr verschieden, vorausgesetzt, die Inputparameter werden konsistent gesetzt.[4] Koyluoglo/Hickman vergleichen die drei beschriebenen Modelle, wobei sie sich auf die Betrachtung des Ausfalls beschränken und von Ratingveränderungen abstrahieren. In allen Modellen haben die Ausfallwahrscheinlichkeit und die Korrelation entscheidende Bedeutung, lediglich die Modellierung dieser Parameter ist unterschiedlich.

---

[1] Vgl. Wilson, T.C. [1997a,b u. c]
[2] Vgl. IIF, [1998], S. 19.
[3] Vgl. McKinsey & Company [1998], S. 17.
[4] Vgl. Koyluoglo, H.U./Hickman, A. [1998], S. 1 ff. sowie Gordy, M.B. [1998], S. 1 ff.

	CreditMetrics	CreditRisk⁺	CreditPortfolioView
Risikobetrachtung	Marktwert über rating-abhängige Markt-Spreads	Nur Ausfall	Flexibel: Marktwert über ratingabhängige Markt-Spreads/ nur Ausfall
Risikodeterminanten	Veränderung der Marktwerte der Aktiva, die Ratingveränderungen bewirkt	Erwartete Ausfallraten	Makroökonomische Entwicklungen
Risikoereignis	Ratingveränderung/ Ausfall	Ausfall	Ratingveränderungen/ Ausfall
Volatilität des Risikoereignisses	Konstant	Zufallsverteilt über Volatilität der Ausfallrate	Zufallsverteilt bedingt durch Zustand der Wirtschaft
Korrelation von Risikoereignissen	Über Korrelation von Aktienindizes	Implizit – über Volatilität der Ausfallrate und Sektorgewichtung	Implizit – über den Einfluß makroökonomischer Faktoren
Recovery Rates	Zufallsverteilt	Konstant	Zufallsverteilt
Berechnungsverfahren	Simulation	Analytisch	Simulation

Abb. 46: Überblick: Vergleich der Modelle CreditMetrics, CreditRisk⁺ und CreditPortfolioView[1]

Obgleich die unterschiedlichen Berechnungsmethoden und Verteilungsannahmen Einfluß auf die Ergebnisse haben, kommen die Autoren zu dem Schluß, daß Unterschiede in den Inputparametern sehr viel größeren Einfluß auf die Ergebnisse haben als die Modellunterschiede. Unterschiede bei empirischen Vergleichen der Modelle anhand von Beispielportfolios sind größtenteils auf inkonsistente Parameter zurückzuführen.[2] Finger[3] kommt in einem Vergleich von CreditRisk⁺ und CreditMetrics bei ebenfalls ausschließlicher Betrachtung des Ausfalls gleichermaßen zu dem Ergebnis, daß, wenn die Parameter Volatilität der Ausfallrate (CreditRisk⁺) und Marktwertkorrelation (CreditMetrics) konsistent gesetzt werden, beide Modelle zu annähernd gleichen Ergebnissen kommen, wobei neben inkonsistenten Parametern als weitere

---

[1] Quelle: Eigene Darstellung. Vgl. auch Shirreff, D. [1998], S. 31 sowie Saunders, A. [1999], S. 101.

[2] Vgl. Koyluoglo, H.U./Hickman, A. [1998], S. 9 ff.

[3] Vgl. Finger, C. [1998].

Quelle für Abweichungen - insbesondere bei hohen Konfidenzniveaus - die unterschiedlichen in den Modellen verwendeten Verteilungsannahmen angeführt werden. Für die praktische Auswahl der Modelle bedeuten diese Untersuchungsergebnisse, daß nicht das Berechnungsmodell, sondern die Verfügbarkeit und die Qualität der Inputdaten sowie die Flexibilität und Eignung bezogen auf die jeweiligen Bedürfnisse Hauptkriterien sein sollten.

Neben modelltheoretischen Unterschieden bestehen weitere Differenzen, vor allem in der Marktwertbetrachtung bei CreditMetrics und CreditPortfolioView und der reinen Ausfallbetrachtung bei CreditRisk$^+$ sowie im mathematischen Verfahren, bei CreditRisk$^+$ ein analytisches Verfahren und bei den beiden anderen Modellen ein Simulationsverfahren. Simulationsgestützte Verfahren generieren keine eindeutigen Ergebnisse, da diese Ergebnisse beeinflußt werden von der Anzahl der Simulationsläufe, dem Startwert des Zufallsgenerators und der Rechengenauigkeit des Computers und somit mehrdeutige Ergebnisse entstehen.[1]

Als Nachteil aller hier beschrieben Modelle ist zu werten, daß Ausfallrisiken separat von Marktpreisrisiken gemessen und gesteuert werden. Wegen der hohen Korrelation von Ausfall- und Zinsänderungsrisiken führt dies zwangsläufig zu Ungenauigkeiten.[2] Bei den Modellen handelt es sich um statistische Modelle, die auf der Basis historischer Daten Risikopotentiale für die Zukunft prognostizieren. Die Modelle betrachten nicht die zugrundeliegenden Ursachen von Ausfällen.[3]

Die Unterschiede der dargestellten Modelle verdeutlichen, daß es für die Steuerung von Ausfallrisiken in stärkerem Maße als bei Marktrisiken verschiedene Ansätze der Risikomodellierung gibt, die je nach zugrundeliegendem Geschäft und Datenlage andere Stärken haben. Jede Bank sollte anhand ihrer Bedürfnisse prüfen, aus welchen

---

[1] Vgl. Lehrbaß, F.B. [1999], S. 132.
[2] Vgl. Locke, J. [1998], S. 40.
[3] Als ein solches, die Ursachen berücksichtigendes, kausalanalytisches Modell wird das auf der Optionstheorie basierende Modell von KMV – Credit Monitor – beschrieben. Vgl. Locke, J. [1998], S. 40 ff.

Komponenten das eigene Risikomanagementsystem bestehen soll. In diesem Sinne ist auch die Empfehlung des IIF zu verstehen: *„The financial industry should be neither expected nor encouraged to adopt one method for analysing risk".[1]* Letztlich läßt sich unabhängig vom Umfeld und Zweck des Einsatzes kein abschließendes Urteil zu den einzelnen Modellen fällen. Angesichts der Tatsache, daß die Modelle gleiche Prozesse modellieren, kann es in der Praxis auch sinnvoll sein, die Modelle parallel einzusetzen und so Inputparameter und Ergebnisse auf Plausibilität zu überprüfen.

Alle Kreditrisikomodelle arbeiten mit stark vereinfachenden Annahmen und Parameterschätzungen und sind aufgrund der wenigen verfügbaren historischen Daten zwangsläufig unpräzise.[2] Alle Modelle sind von richtigen Inputdaten abhängig, die nie absolut richtig sind. So können Ratingurteile nur ein eingeschränkt objektives Urteil der Bonität abgeben und insbesondere korrekte Wanderungsmatrizen sind in der Praxis sehr schwer zu erstellen. Wie die nachfolgende Tabelle belegt, unterliegen auch die sehr gut dokumentierten Ratingurteile der großen Agenturen Schwankungen – wie hier anhand der zehnjährigen kumulativen Ausfallrate beispielhaft aufgezeigt wird -, so daß Wanderungsmatrizen nicht stabil sind im Zeitablauf.

	1970 - 80	1982 - 92	1988 – 98
AAA	0,00%	2,31%	0,00%
AA	0,00%	2,30%	1,14%
A	0,43%	3,69%	1,40%
BBB	3,06%	9,39%	5,05%
BB	9,60%	32,48%	31,37%
B	28,66%	61,11%	51,62%

Abb. 47: **Zehnjährige kumulative Ausfallrate[3]**

---

[1] IIF, [1998], S. 16.

[2] Vgl. ausführlicher Federal Reserve System Task Force on Internal Credit Risk Models [1998], S. 39 ff.

[3] Quelle: Keenan, S.C./ Carty, L.V./ Shtogrin, J. [1998], S. 29ff.

Als Hauptvorteile der Modelle in der Praxis ist anzusehen, daß sie einen Maßstab für die Berechnung des Risikokapitals und zur relativen Beurteilung der Risiken liefern. Die Implementierung von Portfoliomodellen hat, selbst wenn Informationen aus den Modellen erst nach einiger Zeit der Erprobung in Entscheidungsprozesse einfließen, in jedem Falle den positiven Effekt, daß die Determinanten des Risikos klar werden und der gesamte Risikomanagement-Prozeß positiv beeinflußt wird. Voraussetzung für den Einsatz im mittelständischen Kreditgeschäft ist in jedem Fall die Einordnung aller Kreditnehmer in ein abgestuftes Ratingsystem und das konsequente Aufbereiten und Sammeln historischer Daten.

Eine Untersuchung der ISDA, die einen Vergleich der bestehenden aufsichtsrechtlichen Regelungen mit Portfolio-Modellen anhand eines Beispielportfolios umfaßt, kommt für CreditMetrics und CreditRisk$^+$ zu jeweils sehr ähnlichen Ergebnissen, die signifikant von den starren aufsichtsrechtlichen Regelungen abweichen.[1] Diese Berechnungen (vgl. Abb. 48) belegen, daß die Portfoliomodelle in der Lage sind, sowohl Bonitätsunterschiede als auch Konzentrationsrisiken bzw. Diversifikationseffekte in Kreditportefeuilles zu berücksichtigen und das Risikopotential realistischer abzuschätzen als dies durch die gegenwärtigen aufsichtlichen Regelungen erfolgt.

	Eigenkapitalunterlegung (in Mio. DM)		
	Diversifiziert (500 Namen) gute Bonität	Diversifiziert (500 Namen) schlechte Bonität	Konzentriert (100 Namen) gute Bonität
	Portfolio A	Portfolio B	Portfolio C
Aktuelle aufsichtsrechtliche Eigenkapitalstandards	5,304	5,304	5,304
CreditMetrics	1,132	5,718	1,471
CreditRisk$^+$	0,819	5,000	1,287

Abb. 48: **Beispielrechnung: Kapitalunterlegung: Portfoliomodelle und aufsichtsrechtliche Regelungen im Vergleich**[2]

---

[1] Vgl. ISDA [1998], S. 27 ff.

[2] Quelle: ISDA [1998], S. 29. Für eine detaillierte Beschreibung der Beispielparameter vgl. ISDA [1998], S. 27 ff.

Diese Überlegungen werden grundsätzlich auch von der Bankenaufsicht anerkannt. So stellt der Basler Ausschuß für Bankenaufsicht in seinem Bericht zu Kreditrisikomodellen als möglichen Nutzen von Kreditrisikomodellen neben weiteren Vorteilen heraus, daß diese dazu beitragen, daß in einer Bank die Risiken insgesamt besser erkannt, gemessen und gesteuert werden können und daß Kreditrisikomodelle Schätzungen des Kreditrisikos liefern können, die der Zusammensetzung und dem Risikoprofil des Portfolios entsprechen und sie daher das Konzentrationsrisiko besser wiedergeben als Ansätze, die sich nicht auf das konkrete Portfolio beziehen.[1]

---

[1] Vgl. Basler Ausschuß für Bankenaufsicht [1999a], S. 4.

4. Ausfallrisiken im Rahmen einer risikoadjustierten Gesamtbanksteuerung und Kapitalallokation

Im vorangehenden Kapitel ist zunächst die Einzelgeschäftssteuerung und dann die Portfoliosteuerung dargestellt worden. In der Bankpraxis erscheint es sinnvoll, zunächst die Steuerung der Geschäftsbereiche anhand von Risiko-Ertrags-Relationen aufzubauen. Sowohl wegen der praktischen Probleme, portfoliobezogene Risikogrößen mit hinreichender Genauigkeit auf Einzelgeschäfte bzw. –kreditnehmer umzulegen, als auch wegen der nicht unumstrittenen Messung von Einzelgeschäften am Gesamtportfolio erfolgt die Betrachtung der Einzelrisikosteuerung erst nach der Darstellung der Gesamtbanksteuerung. Zunächst jedoch werden risikoadjustierte Kennzahlen erläutert, auf deren Basis sowohl die Bereichs- als auch die Einzelgeschäftssteuerung erfolgen können.

4.1. Kennzahlen zur risikoadjustierten Performance-Messung

4.1.1. Überblick

Um zu Aussagen zur relativen Ergebnisqualität einzelner Geschäftsaktivitäten und -bereiche zu gelangen und zur Unterstützung des aktiven Risikomanagements sind unter dem Begriff Risk adjusted Profitability (oder auch Performance) Measurement (RAPM) Kennzahlen entwickelt worden, mit deren Hilfe eine risikoadjustierte Ergebnismessung und -steuerung durchgeführt werden kann.[1] Es gibt eine Vielzahl unterschiedlicher Konzepte, die die Erträge ins Verhältnis zum eingesetzten Kapital setzen und dabei eine wie auch immer ausgestaltete Adjustierung um die eingegangenen Risiken vornehmen. Diese Risk-Return Kennzahlen messen die Profitabilität einzelner Geschäftsbereiche oder Geschäfte unter Berücksichtigung des Risikos und ermöglichen so, unterschiedliche Geschäftsfelder mit unterschiedlichen Erträgen und Risiken konsistent vergleichbar zu machen. Sie bereiten damit die Grundlage für eine

---

[1] Vgl. Groß, H./Knippschild, M. [1995], S. 100 ff.; Parsley, M. [1995], S. 36 ff. sowie Schierenbeck, H./Lister, M. [1997], S. 495.

effiziente Kapitalallokation und eine wertorientierte Steuerung im Sinne des Shareholder Value.

Schon länger bekannte Kennzahlen zur Erfolgsmessung wie ROA (Return on Assets) oder ROE (Return on Equity) sind entweder schlecht geeignet, Provisions-, Passiv- und Off-Balance-Sheet - Geschäfte zu messen (ROA) oder sind nicht adäquat für den Vergleich verschiedener Geschäftsfelder, da das relative Risiko unberücksichtigt bleibt (ROE). Kennzahlen, die sich auf Assets beziehen wie RORAA (Return on Risk-adjusted Assets) oder RAROA (Risk-adjusted Return on Assets), vernachlässigen, daß sich Geschäfte zunehmend nicht mehr in der Bilanz abspielen und eignen sich nicht für den Vergleich verschiedener Geschäfte bzw. Geschäftsfelder, so daß sie im weiteren nicht vertieft werden.[1]

Als zukunftsbezogen sind insbesondere die Kennzahlen einzuschätzen, die risikoadjustierte Erträge zu risikoadjustiertem Kapital ins Verhältnis setzen, wie etwa RORAC (Return-on-Risk-adjusted-Capital), RAROC (Risk-adjusted-Return-on-Capital) oder RARORAC (Risk-adjusted-Return-on-Risk-adjusted-Capital). Ein allgemeiner Ansatz für RAPM läßt sich folgendermaßen darstellen:[2]

$$(1) RAPM = \frac{Erträge - Kosten - erwartete Verluste}{Risikokapital}$$

Da die Definitionen und Bezeichnungen der Kennzahlen nicht einheitlich verwendet werden, werden zunächst die verschiedenen Größen in Zähler und Nenner beschrieben, um dann auf einige gängige Konzeptionen für risikoadjustierte Kennzahlen einzugehen.

Die im Zähler anzusetzenden Erträge sind um Kosten zu kürzen. Statistisch zu erwartende Verluste aus Kreditausfällen sind ebenfalls in Abzug zu bringen. Erwartete Verluste sind nicht als Risiko, sondern als mit dem Kreditgeschäft regelmäßig verbundene „Kosten" (Risikokosten) anzusehen. Im Zähler steht somit das um erwartete

---

[1] Vgl. Erasmus, M./Tenneson, P./Morrison, S. [o.J.], S. 9 ff. sowie Matten, C. [1996], S. 58 ff.
[2] Vgl. Matten, C. [1996], S. 62 ff.

Verluste bereinigte Nettoergebnis. Alternativ zum Nettoergebnis kann auch der Ertragsbarwert verwendet werden, der im Gegensatz zum Nettoergebnis eine dynamische Betrachtungsweise ermöglicht.[1] Dieser Ertragsbarwert beinhaltet alle erwarteten zukünftigen Zahlungsströme abgezinst auf einen bestimmten Zeitpunkt.[2]

Das Risikokapital im Nenner ist das notwendige Kapital, um unerwartete Kreditverluste, Betriebsrisiken und Marktrisiken abzudecken. Es wird z.b. durch den VAR bestimmt bzw. bei Ausfallrisiken durch die unerwarteten Verluste. Auch die Anwendung der vom Aufsichtsrecht vorgegebenen Eigenkapitalunterlegung kann als risikoadjustierte Steuerung angesehen werden, selbst wenn dort mit sehr groben Risikogewichten gearbeitet wird[3] und die aktuell gültigen aufsichtlichen Vorgaben für eine differenzierte interne Steuerung ungeeignet sind.[4]

Für die Rentabilitätsbetrachtung muß das Gesamtrisiko eines Portefeuilles betrachtet werden.[5] Aber nicht alle Risiken lassen sich mit derselben Genauigkeit statistisch messen. Für Geschäftsfelder kann hier das EVM[6] herangezogen und das Risiko aus der Volatilität der Erträge dieses Geschäftsfeldes in der Vergangenheit abgeschätzt werden. Wenn für Kreditrisiken keines der genaueren aber komplexen Modelle verwendet wird, kann auch vereinfacht ein VAR aus den (negativen) Abweichungen des Risikoergebnisses für Ausfallrisiken berechnet werden, indem Standard-Risikokosten

---

[1] Vgl. Brüning, J.-B./Hoffjan, A. [1997], S. 362 ff. Diese diskutieren auch die Möglichkeit, bei Nichtvorliegen genauerer Daten, Werte aus der GuV für Nettoerlöse und Risikokapital heranzuziehen. Da jedoch aus dem externen Rechnungswesen keine Aussagen über den Risikogehalt der Geschäfte abgeleitet werden können, geben solche Berechnungen zwar Aufschluß über die in den Geschäftsbereichen erwirtschafteten Eigenkapitalrenditen, nicht aber über eine risikoadjustierte Rendite der Geschäfte.

[2] Vgl. z.B. Dermine, J. [1995], S. 2 ff.

[3] Vgl. Matten, C. [1997], S. 59.

[4] Die gegenwärtig im Zusammenhang mit der Überarbeitung der Basler Eigenmittelübereinkunft zu beobachtende stärkere Annäherung bankaufsichtlicher Regelungen an interne Risikomeß- und Steuerungskonzeptionen ist daher zu begrüßen. Vgl. Basler Ausschuß für Bankenaufsicht [1999 b u. d] sowie Abschnitt 5.2.

[5] Die Betrachtung sämtlicher Risiken und nicht nur der systematischen, undiversifizierbaren Risiken ist deswegen sachgerecht, weil die Bank i.d.R. nicht das Marktportfolio hält. Vgl. auch Grübel, O.J./ Kärki, J.P./ Reyes, C.G. [1995], S. 618.

[6] Vgl. Gliederungspunkt 2.3.2.2.

und Ist-Risikokosten gegenübergestellt werden.[1] Für Betriebsrisiken muß ggf. mit einfachen Schätzwerten gearbeitet werden.

4.1.2. Darstellung einzelner Kennzahlen

Das RAPM baut auf portfolio- bzw. kapitalmarkttheoretischen Aussagen auf und stellt den Versuch dar, finanzmathematische Erkenntnisse auf komplexe Bankgeschäfte zu übertragen.[2] Im Rahmen der Portfoliotheorie wird mit Hilfe der Kapitalmarktlinie der Marktpreis je Risikoeinheit ermittelt. Die Differenz zwischen Rendite des Marktes und dem risikolosen Zinssatz stellt den allgemeinen Risikoaufschlag dar, der für die Übernahme der mit dem Marktportfolio verbundenen Risiken gegenüber der alternativen risikolosen Anlage zu zahlen ist. Der Marktpreis des Risikos läßt sich folgendermaßen darstellen:[3]

$$(2) \; Marktpreis \; des \; Risikos \; = \; \frac{Marktrendite - risikoloser \; Zinssatz}{Marktrisiko}$$

Aus dem CAPM läßt sich die Reward-to-Risk-Ratio ableiten:

$$(3) \; Reward\text{-}to\text{-}Risk\text{-}Ratio \; = \; \frac{Rendite_{Investition \; i} - risikoloser \; Zinssatz}{Risiko_{Investition \; i}}$$

---

[1] Vgl. Schierenbeck, H. [1997], S. 55.

[2] Genaugenommen geht RAPM über die klassischen finanzmathematischen Aussagen hinaus, weil das Gesamtrisiko und nicht nur das systematische Risiko berücksichtigt wird. RAPM unterscheidet nicht nach systematischem und unsystematischem Risiko und fügt damit ein kritisches Element in der Risikobetrachtung hinzu, das die klassische Finanzmarkttheorie ausläßt. Wenn man akzeptiert, daß Banken Risiken managen müssen, dann sollten sie sich auch um das gesamte Risiko kümmern und nicht nur um das systematische, das nach der klassischen Theorie mit einem Preis versehen wird. Es spielt keine Rolle, ob das schlagend werdende Risiko, das vielleicht zum Zusammenbruch der Bank führt, ex ante bepreist worden ist oder muß. Aus diesen Überlegungen kann auch deduziert werden, daß alle Risiken, die nicht im Markt gehedgt werden können, bepreist werden müssen. Vgl. Froot, K./Stein, J. [1996], S. 3 ff. sowie James, C. [1996], S. 4 f.

[3] Vgl. Grübel, O.J./Kärki, J.P./Reyes, C.G. [1994], S. 611 ff. sowie Lister, M. [1997], S. 208 ff.

Wird in der ex post-Betrachtung im Zähler das Nettoergebnis eingesetzt und für das Risiko das notwendige Risikokapital, so resultiert daraus die Kennziffer RORAC (Return-on-Risk-adjusted-Capital):[1]

$$(4)\ RORAC = \frac{Nettoergebnis}{Risikokapital}$$

Wird Risikokapital mit dem eingesetzten Eigenkapital gleichgesetzt, so wird durch diese Kennzahl der Beitrag des jeweiligen Geschäftsfeldes - bzw. in der Einzelgeschäftsbetrachtung des jeweiligen Geschäftes - zur Erwirtschaftung eines angemessenen Return on Equity (ROE) gemessen.[2] RORAC läßt zwar eine Beurteilung unterschiedlicher Geschäfte nach ihrer relativen Vorteilhaftigkeit zu, gibt jedoch noch keine Auskunft, ob im Verhältnis zum eingegangenen Risiko Über- oder Unterrenditen erzielt werden.[3]

Das Risikokapital gemessen als VAR ist definitionsgemäß zur Unterlegung potentieller Risiken zu halten. Bezogen auf Ausfallrisiken handelt es sich dabei um die sog. unerwarteten Verluste. Die erwarteten Verluste werden bereits durch die Bonitätsprämie abgedeckt und daher hier nicht mehr als Risiko berücksichtigt. Für die potentiellen unerwarteten Risiken ist jedoch entsprechend der Kapitalmarkttheorie noch eine Risikoprämie anzusetzen, die dem CAPM gemäß dem erwarteten Wert der Reward-to-Risk-Ratio entspricht. Eine Bereinigung der Nettoerträge um eine Risikoprämie entspricht dem aus der Kapitalmarkttheorie bekannten Differential Return, der sich immer dann ergibt, wenn die tatsächliche Rendite einer Investition von dem Erwartungswert abweicht. Dieser Differential Return entspricht somit einem „Risk adjusted Return". Durch Abzug der Risikoprämie vom Nettoertrag erfolgt eine entsprechende Korrektur. Durch Bezug auf das Risikokapital ergibt sich ein Risk adjusted Return on Risk adjusted Capital (RARORAC), der in der Praxis auch ver-

---

[1] Vgl. Schierenbeck, H./ Lister, M. [1997], S. 492 ff.; Lister, M. [1997], S. 208 ff.; Groß, H./Knippschild, M. [1995], S. 101 ff. sowie Brüning, J.-B./Hoffjan, A. [1997], S. 362 ff.

[2] Vgl. Lister, M. [1997], S. 210 ff.

[3] Vgl. Groß, H./Knippschild, M. [1995], S. 101 ff.

$$(9)\ RAROC = \frac{Performance\ (Erlöse-Kosten-Standard-Risikokosten)+kalkulatorischer\ Zinsnutzen}{Marktrisiko}$$

Der Abzug erwarteter Verluste ist noch nicht als Risikoadjustierung anzusehen, weil es sich bei diesen Verlusten praktisch um Kosten handelt. Eine Risikoadjustierung erfolgt erst, wenn eine Risikoprämie für das zur Risikoabdeckung unerwarteter Verluste notwendige Kapital verrechnet wird. Kennzahlen, die eine solche Risikoadjustierung vorsehen, sind daher als überlegen anzusehen[1]. Wegen der uneinheitlichen Verwendung risikoadjustierter Kennzahlen ist jeweils im einzelnen genau zu definieren, was unter den Kennzahlen verstanden wird und wie die einzelnen Größen ermittelt werden. Wenn in dieser Arbeit im weiteren der Begriff RAROC benutzt wird, dann in der Definition gem. Formel (5) bzw. (6).

Der RAROC stellt die Überrendite über einer definierten Mindestverzinsung dar. Dieser Übergewinn kann in absoluten Größen ausgedrückt und als risikoadjustiertes Nettoergebnis (RAR, Risk adjusted Return) bezeichnet werden.[2] Dieser RAR entspricht als Residualgewinn über allen Kapitalkosten den aus Konzepten zur wertorientierten Steuerung bekannten Größen Economic Profit[3] oder EVA[4] (Economic Value Added).

(10) RAR = Nettoergebnis − (ökonomisches Kapital * Zielverzinsung)

Unter der Prämisse, daß die Zielverzinsung eine in Relation zum Risiko marktgerechte Mindestverzinsung für das eingesetzte Eigenkapital darstellt, zeigt der RAR an, ob ein Geschäft bzw. Geschäftsbereich positiv oder negativ auf den Unterneh-

---

[1] Vgl. auch Punjabi, S. [1998], S. 71 ff.

[2] Vgl. auch Lehar, A./Welt, F./Wiesmayr, C./Zechner, J. [1998], S. 952; Matten, C. [1996], S. 176 ff.

[3] Vgl. zum Konzept des Economic Profit insbesondere Copeland, T./Koller, T./Murrin, J.[1996], S. 149 ff.

[4] Der Begriff EVA ist ein eingetragenes Warenzeichen von Stern Steward & Co. und wird definiert als „...operating profits less the cost of all of the capital employed to produce those earnings". Steward, G.B. [1991]: The Quest for Value, New York 1991, S. 2, zitiert nach Pfaff, D./Bärtl, O. [1999], S. 91. Die Begriffe EVA und Economic Profit stehen auch für umfassende Konzepte zur Unternehmenssteuerung und werden im folgenden nicht verwendet.

menswert wirkt. Wird die Zielverzinsung erreicht, also ein positives risikoadjustiertes Nettoergebnis erwirtschaftet, dann wird der Unternehmenswert gesteigert, gelingt dies nicht, dann hat die betrachtete Transaktion eine wertvernichtende Wirkung.[1]

4.2. Risikoadjustierte Gesamtbanksteuerung und Kapitalallokation

4.2.1. Integrierte Risikosteuerung

Für eine umfassende Risikosteuerung müssen nicht nur Markt- und Ausfallrisiken, sondern auch Betriebsrisiken[2] quantifiziert, kontrolliert, gesteuert und mit Risikokapital unterlegt werden. Darüber hinaus ist eine integrierte Steuerung aller Risiken erforderlich.[3] Diversifikationseffekte auf Gesamtbankebene führen zu einer niedrigeren Kapitalunterlegung, als sie sich aus der Summe der auf Einzelgeschäftsebene ermittelten Unterlegungen ergeben würden[4]. Die Risiken müssen daher auf zentraler Ebene zusammengeführt werden, um Diversifikationseffekte voll berücksichtigen zu können.

Kredit- und Marktrisiko-Management sind lange als zwei völlig unterschiedliche Disziplinen betrachtet worden, was sich auch in den Organisationsstrukturen der Banken niedergeschlagen hat.[5] Neuerdings setzt sich jedoch immer mehr die Über-

---

[1] Vgl. auch Schröck, G. [1997], S. 90 ff.

[2] Unter Betriebsrisiken werden hier vereinfachend alle sonstigen Risiken außer Marktpreis- und Ausfallrisiken summiert. Eine einheitliche Definition von Betriebsrisiken hat sich in der Literatur noch nicht etabliert. Auch der Basler Ausschuß für Bankenaufsicht spricht nur von „sonstigen Risiken", ohne diese genauer zu spezifizieren, und kündigt an, auch für diese sonstigen Risiken Eigenkapitalunterlegungssätze zu entwickeln. Vgl. Basler Ausschuß für Bankenaufsicht [1999b], S. 50 ff.

[3] Bereits 1986 durch Keine und 1987 durch eine Professorenarbeitsgruppe wurde die Forderung nach einer umfassenden aufsichtlichen Risikobegrenzungsnorm formuliert und ein entsprechender Vorschlag ausgearbeitet. Diese Überlegungen werden nunmehr nicht aus aufsichtlicher Sicht, sondern aus der Perspektive der internen Steuerung aufgegriffen und über den einheitlichen Begriff Risikokapital zumindest konzeptionell umgesetzt. Vgl. Keine, F.M. [1986]; Professorenarbeitsgruppe [1987]. Zu einem integrierten Risikomanagement vgl. auch Schierenbeck, H. [1995], S, 3 ff.;

[4] Vgl. Schröck, G. [1997], S. 125.

[5] Vgl. Allen, R. [1996], S. 21.

zeugung durch, daß eine integrierte Steuerung nicht nur große Vorteile bringt, sondern auch zunehmend technisch und methodisch machbar ist.[1] Auch für die Quantifizierung von Betriebsrisiken werden zunehmend Ansätze entwickelt.[2]

Folge dieser integrierten Sichtweise der Gesamtbanksteuerung ist, daß Risikomanagement nicht mehr einzelnen dezentralen Spezialisten vorbehalten sein kann, sondern integraler Bestandteil des übergeordneten Managementprozesses sein muß[3]. Voraussetzungen hierfür sind jedoch:

- Einheitliche Methoden und Definitionen zur Risikomessung und -erfassung,
- eine integrierte Datenbank,
- die organisatorischen Voraussetzungen, insbesondere eine zentrale Risikomanagement-Funktion, sowie
- auf die Strategie abgestimmte interne Verrechnungs- und Anreizsysteme.

Die einheitliche Risikomessung kann für die Gesamtbanksteuerung als von so großer Bedeutung angesehen werden, daß ein gewisser Verlust an Genauigkeit im Einzelfall in Kauf genommen werden kann.

---

[1] Vgl. Lam, J.C. [1995], S. 141 ff. Berger postulierte noch 1987, daß es nicht möglich sei, wissenschaftlich abgesicherte Quantifizierungen für die Volumensbegrenzung riskanter Geschäfte sowie das Vorhalten von Auffangreserven zu ermitteln. Vgl. Berger, K.-H. [1987], S. 254. „Eine quantitativ abgeleitete Beweisführung für das ausreichende Maß an Eigenkapital, für die Eintrittswahrscheinlichkeit der Risiken als Funktion des Eigenkapitals und für die Risikowirkung in DM wird nicht angeboten und ist u.E. auch nicht möglich." Berger, K.-H. [1982], S. 96. Trotz aller noch offenen Probleme liegt jedoch mit dem VAR-Ansatz ein Instrument vor, diesem Ziel ein beträchtliches Stück näher zu kommen. Krümmel spricht von einer Politik aktiver risikobewußter Portefeuillegestaltung, die den Imperativ einer perfekten Risikomessung und Risikosteuerung nach sich zieht. Vgl. Krümmel, H.-J. [1989].

[2] Einen Überblick über den aktuellen Stand der Messung, Steuerung und Eigenkapitalunterlegung von Betriebsrisiken in führenden Banken liefert der Sammelband „Operational Risk in Financial Institutions". Vgl. o.V. [1999m]. Betriebsrisiken werden auch als TOB-Risiken (Risiken des technisch-organisatorischen Bereiches) bezeichnet. Ihre Kontrolle erfolgt meist aufgrund subjektiver Schätzungen und z.B. über das Vier-Augen-Prinzip sowie v.a. durch die Interne Revision, die zu unterhalten jedes Kreditinstitut verpflichtet ist. Vgl. Berger, K.-H. [1987], S. 251 ff.; Matten, C. [1996], S. 62 f. sowie einführend zu Betriebsrisiken auch Thompson, J./Frost, C. [1998], S. 23 ff., o.V. [1997i], sowie Wilson, D. [1995], S. 24 f. Der Basler Ausschuß geht davon aus, daß sich Modelle zur Quantifizierung von operationellen Risiken derzeit bei der großen Mehrzahl der Banken erst in einem Anfangsstadium befinden, einzelne Banken jedoch möglicherweise schon über aussagefähige Ansätze verfügen. Vgl. Basler Ausschuß für Bankenaufsicht [1999 b], S. 50 f.

[3] Vgl. o.V. [1997f]. Unterstützt wird diese Sichtweise auch durch die zunehmende Handelbarkeit von Ausfallrisiken, so daß eine Abgrenzung zu Marktrisiken immer schwieriger erscheint.

Die Integration von Markt- und Ausfallrisiken ist auch deswegen erforderlich, weil diese sich gegenseitig beeinflussen und korreliert sind. Insbesondere bei Derivaten mit schwankendem Exposure können Korrelationseffekte nicht ignoriert werden, weil Marktpreis- und Ausfallrisiken von Derivatepositionen i.d.R. negativ korreliert sind.[1] Diese Effekte werden vernachlässigt, wenn die Risiken getrennt voneinander ermittelt und dann aggregiert werden. Das Exposure z.B. eines Zinsswaps ist veränderlich, so daß sich Limitauslastungen mit Marktbewegungen verändern. Für eine saubere Kreditrisikosteuerung können diese Marktbewegungen daher nicht vernachlässigt werden, sondern erfordern eine integrierte Modellierung von Ausfallwahrscheinlichkeit, Recovery Rate und maximalem sowie durchschnittlichem potentiellen Exposure der derivaten Instrumente. Die derzeitige Trennung von Marktpreis- und Ausfallrisiken ignoriert, daß diese Trennung willkürlich ist. So werden derzeit Preisschwankungen einer Verkaufsoption auf eine Unternehmensanleihe in den Marktpreisrisikomodellen erfaßt. In diesen Preisschwankungen kommen aber auch die Auswirkungen einer sich verändernden Bonität des Emittenten zum Ausdruck, so daß das gemessene Marktpreisrisiko auch Ausfallrisikokomponenten enthält, die nicht in der Ausfallrisikosteuerung erfaßt werden.[2]

Die folgenden Betrachtungen beziehen sich nur auf Ausfallrisiken, Probleme der Integration von Marktpreis-, Betriebs- und Ausfallrisiken können an dieser Stelle nicht vertieft werden. Die verschiedenen Risikoarten werden gegenwärtig i.d.R. auch unabhängig voneinander gemessen, gesteuert und mit Risikokapital unterlegt, was aufgrund der Schwierigkeiten bei der Abschätzung der Korrelationen untereinander als pragmatisch und wegen der anzunehmenden unvollständigen Korrelation untereinander auch als vorsichtig anzusehen ist.[3]

---

[1] Vgl. Haubenstock, M./Aggarwal, A. [1997], S. 180. Diese Aussage bezieht sich auf die konkrete Derivateposition mit einem Kontrahenten. Mit steigendem Marktwert einer Position steigt auch deren Wiederbeschaffungswert und somit das Exposure dem Kontrahenten gegenüber, so daß einer positiven Marktwertentwicklung ein hohes Ausfallrisiko und vice versa gegenübersteht.

[2] Vgl. auch Krumnow, J. [1999], S. 124.

[3] Vgl. Federal Reserve System Task Force on Internal Credit Risk Models [1998], S. 8.

4.2.2. Risikokapitalmaße und ihre Verwendung

Risikokapital wird in einer Bank zur Abdeckung des Risikos unerwarteter Verluste benötigt. Bei dieser ökonomischen Betrachtungsweise setzt sich das gesamte Risikokapital einer Bank zusammen aus den Kapitalbeträgen, die für Ausfallrisiken, Marktpreisrisiken und Betriebsrisiken gehalten werden müssen. Für ein individuelles Geschäft bzw. einen Geschäftszweig können drei Risikokapitalmaße unterschieden werden.[1]

- Undiversifiziertes Risikokapital ergibt sich, wenn das jeweilige Geschäft isoliert betrachtet wird. Aggregiert über alle Geschäfte bzw. Geschäftsfelder übersteigt jedoch die Summe dieser Kapitalmaße das insgesamt notwendige Risikokapital, weil Diversifikationseffekte in den individuellen Maßen nicht reflektiert werden.

- Diversifiziertes Risikokapital (durchschnittlicher Risikobeitrag) ist um die Diversifikationseffekte bereinigt und entspricht in der Summe dem gesamten Risikokapital. Der Diversifikationseffekt wird determiniert durch die Korrelation des jeweiligen Geschäftes mit dem Gesamtportfolio, so daß sich der Zusammenhang auch folgendermaßen darstellen läßt:

Diversifiziertes Risikokapital = Undiversifiziertes Risikokapital x Korrelation[2].

Wenn von Korrelationen abstrahiert wird, dann kann das diversifizierte Risikokapital vereinfacht als durchschnittlicher Risikobeitrag proportional zum undiversifizierten Risikokapital oder als Vielfaches der erwarteten Verluste ermittelt werden.

- Marginales Risikokapital (marginaler Risikobeitrag) ist die Differenz im Risikokapital der Gesamtbank, die entsteht, wenn ein Geschäft/Geschäftszweig dem Portfolio entnommen bzw. hinzugefügt wird. Smithson[3] weist darauf hin, daß die Summe dieser marginalen Kapitalbeträge kleiner ist als das gesamte Risikokapital der Bank. Alle marginalen Risikokapitalbeträge zusammengefaßt lassen einen Restbetrag an Risikokapital unallokiert.

Ein einfaches Beispiel verdeutlicht den Unterschied zwischen diversifiziertem Risikokapital und dem marginalen Risikokapital:

Die Transaktionen A und B haben jeweils ein undiversifiziertes Risiko von 30. Ein Portfolio aus A und B weist ein Risiko von 42 auf. Der durchschnittliche Risikobei-

---

[1] Vgl. Smithson, C. [1997], S. 40 f. sowie Merton, R.C./Perold, A.F. [1993], S. 27 ff.

[2] Vgl. Matten, C. [1996], S. 123 ff.; Smithson, C. [1997], S. 40.

[3] Vgl. Smithson, C. [1997], S. 40 f. sowie auch Merton, R.C./Perold, A.F. [1993], S. 28.

trag ist also 21. Wird z.B. Transaktion B aus dem Portfolio entnommen, so verbleibt A mit einem Risiko von 30, der marginale Risikobeitrag von B beträgt also 12 und weicht somit deutlich vom durchschnittlichen Risikobeitrag ab[1]. Für große, gut diversifizierte Portfolios nähern sich diese Werte einander an, so daß der marginale Risikobeitrag in etwa dem durchschnittlichen und die Summe der marginalen Risikobeiträge in etwa dem Gesamtrisiko entspricht[2]. Unter diesen Voraussetzungen kann der marginale Risikobeitrag analog dem durchschnittlichen verwendet werden.

In der Anwendung von risikoadjustierten Kennzahlen ist zu entscheiden, welches Risikomaß jeweils angemessen ist. Dies hängt vom Zweck der Rechnung ab, wie Matten[3] bzw. Smithson[4] darlegen:

- Für die Eigenkapitalallokation und die Bestimmung der erforderlichen Rentabilität wird diversifiziertes Risikokapital verwendet. Der Risikokapitalbetrag, der auf ein individuelles Geschäft allokiert wird, sollte abhängen vom Beitrag jedes Einzelgeschäftes zur Gesamtvolatilität der Bankerträge. Dies bedeutet, daß auch Geschäftsbereichen mit überwiegend Provisionserträgen und Passivgeschäften Risikokapital zuzuteilen ist.[5]
- Für die Performance-Messung ist undiversifiziertes Risikokapital zugrundezulegen, um nur zu messen, was auch im Einflußbereich des jeweiligen Verantwortlichen liegt, dem Diversifikationseffekte nicht zuzurechnen sind, weil sie durch Entscheidungen anderer Bereiche beeinflußt werden.
- Für Entscheidungen über das Eingehen/Aufgeben bestimmter Geschäfte ist das marginale Risikokapital zugrundezulegen, da mit dieser Größe das zusätzlich notwendige bzw. das freiwerdende Kapital beziffert wird.

---

[1] Vgl. Bessis, J. [1998], S. 284.

[2] Zu den mathematischen Zusammenhängen vgl. Overbeck, L./Stahl, G. [1998], S. 103 ff.

[3] Vgl. Matten, C. [1996], S. 123 ff.

[4] Vgl. Smithson, C. [1997], S. 40 f.

[5] Das Risikokapital dient letztlich auf Gesamtbankebene zur Abfederung der Volatilität des Gesamtergebnisses, die sich durch Aggregation der Volatilitäten der Einzelgeschäfte ergibt. Die Volatilität des Gesamtergebnisses wird auch beeinflußt von Geschäftsbereichen, die keine Marktpreis- oder Ausfallrisiken eingehen. Diese Effekten lassen sich den Betriebsrisiken subsumieren. Sie entstehen z.B. durch Irrtümer und Fehlverhalten von Mitarbeitern einerseits sowie andererseits durch schwankende Umsätze und Erlöse, die wegen starrer Fixkosten zu volatilen Erträgen führen. Vgl. Haubenstock, M./Aggarwal, A. [1997], S. 184 ff.

4.2.3. Aufsichtliches versus ökonomisches Kapital

Banken unterliegen in bestimmten Geschäftsbereichen Mindesteigenkapital-Standards, die von der Bankenaufsicht erlassen worden sind.[1] Für eine interne Risikokapitalallokation auf Ebene der Gesamtbank sind diese aufsichtlichen Regeln grundsätzlich nicht geeignet. Zum einen bestehen nur für einen Teil der banktypischen Risiken und sogar nur für einen Teil der Erfolgsrisiken Auflagen. So werden z.B. Zinsänderungsrisiken aus Fristentransformation im Anlagebuch bisher nicht erfaßt.[2] Zum anderen werden die bestehenden pauschalen Anrechnungsfaktoren dem unterschiedlichen Risikogehalt im Kreditgeschäft nicht gerecht. Die derzeit bestehende Diskrepanz zwischen den aufsichtlichen Auflagen und den Berechnungen des Risikokapitals für Ausfallrisiken im Portfoliozusammenhang hat daher in jüngster Zeit zu verschiedenen Initiativen geführt,[3] die aufsichtlichen Regelungen näher an den tatsächlichen Risikogehalt der Geschäfte heranzuführen.

An den gegenwärtigen aufsichtlichen Regelungen ist u.a. zu kritisieren, daß

- diese statisch und zu pauschal sind,
- Bonitätsunterschiede, Laufzeitunterschiede und Effekte der Konzentration bzw. Risikostreuung im Portfolio nicht berücksichtigt werden und
- long- und short-Positionen einer Adresse gegenüber nur unter sehr restriktiven Bedingungen gegeneinander aufrechenbar sind.

Neben einer Benachteiligung von Banken gegenüber Nichtbank-Wettbewerbern[4] besteht auch die Gefahr einer falschen Anreizwirkung. Gute Kredite werden gegenüber schlechten benachteiligt mit entsprechenden Auswirkungen auf die Marktpreise

---

[1] Vgl. z.B. Schulte-Mattler, H./Traber, U. [1995].

[2] Vgl. Flesch, J.R. [1996], S. 8 ff. In der gegenwärtigen Neuregelung der angemessenen Eigenkapitalausstattung ist eine Eigenkapitalunterlegung von Zinsänderungsrisiken aus dem Anlagebuch vorgesehen, allerdings nur für sog. Ausreißer, also Banken, die überdurchschnittlich hohe Zinsänderungsrisiken haben. Vgl. Basler Ausschuß für Bankenaufsicht [1999d], S. 45 f.

[3] Vgl. Elderfield, M. [1998]; IIF [1998]; ISDA [1998]; Mingo, J.J. [1998a]; Mingo, J.J. [1998b]; o.V. [1997j]; o.V. [1998c]; o.V. [1998k].

[4] Vgl. IIF, [1998], S. 1 f.

und die Zusammensetzung von Bankportfolios.[1] Sowohl die Regelungen zu verbrieften Forderungen als auch Inkonsistenzen in den bestehenden Regelungen, die eine unterschiedliche Eigenkapitalunterlegung vorschreiben, je nachdem, wie die Bank das Risiko übernimmt - z.b. direkt über einen Kredit oder indirekt über Derivate - und ob das Risiko im Handels- oder im Bankbuch gesteuert wird, führen zu einer ausgeprägten Arbitrage.[2] Der Basler Ausschuß kommentiert diesen Punkt wie folgt: *"... sieht der Ausschuß mit wachsender Sorge, dass einige Banken mit Hilfe strukturierter Finanzierungen oder der Verbriefung von Kreditforderungen die ihren Kreditrisiken entsprechenden Eigenkapitalanforderungen umgehen."*[3]

Weiterhin wird eine richtige Kapitalallokation ebenso behindert wie ein vernünftiges Risikomanagement und es gibt keine Anreize für eine verbesserte Diversifizierung des Kreditportefeuilles.[4] Vergleichbar den Regelungen für Marktpreisrisiken wird die Anerkennung interner Modelle gefordert, um den verbesserten Risikomeßmethoden Rechnung zu tragen. Angesichts der Vielschichtigkeit der Probleme, die aus den bisherigen Ausführungen deutlich geworden sind, insbesondere auch der Datenprobleme, dürfte jedoch noch geraume Zeit bis zu einer vollen Anerkennung interner Modelle auch bei der Unterlegung von Ausfallrisiken vergehen.[5] Die IOSCO führt

---

[1] Banken, die z.B. Asset Backed Securities nutzen, um das Eigenkapital zu entlasten, haben den Anreiz, gute Kredite zu verkaufen, weil dort im Verhältnis zum Risiko überproportional viel Eigenkapital gebunden wird. Was übrig bleibt, ist aber ein Bankportfolio mit schlechteren Risiken.

[2] Vgl. Federal Reserve System Task Force on Internal Credit Risk Models [1998], S. 1 ff. und S. 45 sowie insbesondere die ausführliche Studie des Basler Ausschuß zu diesem Thema, die u.a. zu dem Ergebnis kommt, daß „...the largest banks have started to find ways of avoiding the limitation which fixed capital requirements place on their risk-taking relative to their capital. For certain banks, this is undoubtedly starting to undermine the comparability and even the meaningfulness of the capital ratios maintained." und : „The available evidence suggests..., that the volume of regulatory capital arbitrage is large and growing rapidly, especially among the largest banks." Basler Ausschuß für Bankenaufsicht [1999c], S. 4 bzw. S. 26.

[3] Basler Ausschuß für Bankenaufsicht [1999d], S. 32.

[4] Vgl. ISDA [1998], S. 7 ff.

[5] Eine ausführliche Diskussion der verschiedenen Problemfelder einer Überarbeitung der bestehenden aufsichtlichen Regelungen und die Anwendung interner Kreditrisikomodelle für aufsichtliche Zwecke liefert das Ergebnis einer speziellen Arbeitsgruppe des amerikanischen Federal Reserve Board zu diesem Thema. Vgl. Federal Reserve System Task Force on Internal Credit Risk Models [1998].

die folgenden Argumente an, weshalb VAR-Modelle für Ausfallrisiken derzeit noch nicht als Maß für die Eigenkapitalunterlegung herangezogen werden können:[1]

- Eine im Vergleich zu Marktpreisrisiken für Kreditausfälle und Recovery Rates unzureichende Datenbasis. Interne Daten der Kreditinstitute liegen meist nicht in auswertbarer Form vor. Externe Daten z.B. von Rating-Agenturen sind sehr stark vom US-amerikanischen Markt geprägt und können daher nicht auf andere Märkte übertragen werden. Bei längeren Haltedauern von Krediten sind sehr lange Datenreihen als Schätzgrundlage erforderlich, die nicht in kurzer Zeit generiert werden können und daher auch in den kommenden Jahren noch nicht vorliegen werden.

- Informationen über den Einfluß von Makrofaktoren (geographische Lage, Industriezweig) und die Fristigkeit des Krediters auf Ausfallwahrscheinlichkeit und Recovery Rate werden als noch unzureichend beurteilt.

- Die Korrelationen von Kreditrisiken werden häufig aus der Korrelation von Aktienrenditen oder Anleihespreads abgeleitet. Es ist nicht klar, ob dies den Risikozusammenhang von Kreditpositionen adäquat abbildet.

- Es läßt sich nur schwer eine einheitliche Haltedauer festlegen, da diese für nicht marktfähige Kredite die Gesamtlaufzeit umfassen müsse.

- Die ausgeprägte Schiefe der Verteilung von Ausfallrisiken macht über den VAR hinaus aufwendige Simulationsrechnungen erforderlich.

Das rapide Wachstum des Marktes für Kreditderivate und verbriefte Forderungen und die Tatsache, daß diese neuen Instrumente nur schwer in die bestehenden Regelungen integriert werden können, haben eine Überarbeitung der bestehenden Regelungen erforderlich gemacht, die gegenwärtig erfolgt.[2] In einem ersten Schritt ist aber noch nicht mit der Anerkennung interner Modelle zu rechen, sondern mit Zwischenschritten, die zunächst über eine Anerkennung externer und interner Ratings eine feinere Bonitätsgewichtung und ggf. eine Laufzeitdifferenzierung vorsehen. Die Task Force der Federal Reserve kommt in ihrer Untersuchung jedoch zu dem Ergebnis, daß trotz aller noch ungelösten Probleme im Zusammenhang mit Kreditrisikomodellen auf lange Sicht keine Lösung wahrscheinlich erscheint, die

---

[1] Vgl. IOSCO [1998], S. 9 ff.

[2] Vgl. Rhode, W. [1998], S. 7. In diese Richtung deutet auch das folgende Zitat der IOSCO (International Organization of Securities Commissions): „*It is conceivable that with further developments of models and initiatives such as data pooling, credit risk VaR models will have a role in the future in the setting of regulatory capital requirements*". IOSCO [1998], S. 10.

nicht auf internen Modellen beruht.[1] Insofern ist der gegenwärtige Prozeß der grundlegenden Überarbeitung der Eigenkapitalregelungen als ein sukzessives Verfahren bis hin zur endgültigen Anerkennung von Kreditrisikomodellen zur Eigenkapitalunterlegung anzusehen.

Trotz der konzeptionellen Nachteile, die eine Steuerung nach den gegenwärtigen Aufsichtsregeln mit sich bringt, dürfte das aufsichtlich vorgeschriebene Eigenkapital als Basis für die Steuerung und Kapitalallokation noch recht verbreitet sein und wird dies angesichts der Komplexität, die der gesamtbankweite Aufbau einer risikoadjustierten Kapitalallokation mit sich bringt, auch noch einige Zeit bleiben.

Die Eigenkapitalunterlegungsvorschriften sind zwar in ihrer derzeitigen Ausprägung grundsätzlich nicht geeignet, als Basis für eine Eigenkapitalallokation auf Geschäftsbereiche oder Geschäfte zu dienen, sie können aber ebensowenig bei der Steuerung ignoriert werden. Sie liefern zumindest eine strenge Nebenbedingung, die zu beachten ist, da eine Steuerung allein nach wirtschaftlichen Eigenkapitalerfordernissen früher oder später mit den aufsichtlichen Eigenkapitalerfordernissen in Konflikt geraten wird.

Zwei Möglichkeiten, aufsichtliches Kapital zu berücksichtigen, stellt Matten[2] vor: In der ersten Version werden die Kosten des aufsichtlichen Kapitals von den Erlösen abgezogen. Wird trotzdem ein positiver Return erwirtschaftet, kann das Geschäft abgeschlossen werden. In der zweiten Möglichkeit wird jeweils das höhere von aufsichtlichem oder ökonomischem Kapital angesetzt. Beide Ansätze bringen in der Praxis Probleme mit sich, da sie keine optimale Ausnutzung des Eigenkapitals gewährleisten. Dies wäre nur dadurch zu heilen, daß sich die regulatorischen Auflagen stärker am tatsächlichen Risikogehalt der Geschäfte orientieren.

---

[1] Vgl. Federal Reserve System Task Force on Internal Credit Risk Models [1998], S. 49 ff. Es wird jedoch auch deutlich gemacht, daß die Anerkennung von internen Modellen für Kreditrisiken auch davon abhängt, ob zufriedenstellende Lösungen für Betriebsrisiken gefunden werden. Vgl. S. 44.

[2] Vgl. Matten, C. [1996], S.52 ff.

Smithson[1] schlägt zwei weitere alternative Lösungen vor, das Problem einer Maximierung des Returns auf das ökonomische Kapital unter der Nebenbedingung der Einhaltung aufsichtlicher Auflagen zu lösen:

- Die Anwendung der linearen Programmierung zur Optimierung des Ertrages auf das ökonomische Kapital unter der Nebenbedingung der aufsichtlichen Auflagen. Dies führt jedoch nur auf Gesamtbankebene zu vernünftigen Ergebnissen, nicht jedoch, wenn dieses Maß auf Einzelgeschäftsebene heruntergebrochen werden soll.

- Die explizite Belastung von Schattenpreisen für das zusätzliche aufsichtliche Kapital, das verbraucht wird:

    *[(Aufsichtliches Kapital)$_i$ – (Ökonomisches Kapital)$_i$] * EK-Kosten der Bank = Schattenpreis$_i$*

    Die so ermittelten zusätzlichen Kosten für aufsichtliches Kapital werden von den Erträgen direkt abgesetzt.

Grundsätzlich gewährleistet nur die Ausrichtung an ökonomischen RAROC-Größen eine langfristig überdurchschnittliche Rendite. Da aufsichtliche Vorgaben ebenfalls einzuhalten sind, sollten ökonomisches und aufsichtliches Kapital so gesteuert werden, daß sie sich langfristig entsprechen. Kurzfristig jedoch ist die Steuerung ggf. stärker nach der Größe auszurichten, die den Engpaß darstellt. Da jedoch zunehmend Instrumente (Formen der Verbriefung sowie Kreditderivate) entwickelt werden, sowohl das aufsichtliche als auch das ökonomische Kapital zu steuern, wird zukünftig eine gezielte Bewirtschaftung dieser Eigenkapitalgrößen möglich sein.

Weiterhin ist zu erwarten, daß sich der oben beschriebene Widerspruch zwischen aufsichtlichem und ökonomischem Kapital zukünftig sukzessive abbauen wird, da sich die aufsichtsrechtlichen Eigenkapitalvorschriften immer stärker an die Konzepte der im Rahmen dieser Arbeit beschriebenen risikoadjustierten Steuerung annähert, so daß sich ökonomisches und aufsichtliches Kapital weitgehend einander annähern werden. Nach heutigem Stand wird es im Rahmen der Neuregelungen der angemessenen Eigenkapitalausstattung auch einen Überwachungsprozeß durch die Bankenaufsicht geben, in dem explizit die internen Methoden zur Bemessung des unter wirtschaftlichen Gesichtspunkten erforderlichen Eigenkapitals und die darauf aufbauende Kapitalallokation einer Überprüfung durch die Bankaufsicht unterzogen werden soll.

---

[1] Vgl. Smithson, C. [1997], S. 41.

Eine konsequente risikoadjustierte Steuerung wird daher auch unter aufsichtlichen Gesichtspunkten zukünftig stark an Bedeutung gewinnen.[1]

4.2.4. Eigenkapitalkosten

4.2.4.1. Ermittlung der Eigenkapitalkosten

Die Eigenkapitalgeber werden für das zusätzliche Risiko, das ihr Investment gegenüber einer risikolosen Anlage zu tragen hat, eine diesem Risiko entsprechende Risikoprämie verlangen. Erwirtschaftet ein Institut über längere Zeiträume hinweg nicht die Marktrendite seiner Mitbewerber, so kann es kein zusätzliches Eigenkapital aufnehmen bzw. muß mit Kapitalentzug rechnen. Für die Berechnung der richtigen Eigenkapitalkosten[2] stehen verschiedene Möglichkeiten zur Verfügung.[3] Es gibt jedoch noch kein allgemein anerkanntes und theoretisch überzeugendes Verfahren.[4]

Werden die Eigenkapitalkosten aus kapitalmarkttheoretischen Überlegungen abgeleitet,[5] dann bestimmt sich die anzusetzende Hurdle-Rate über die Renditeforderungen des Marktes für das systematische Risiko der Aktien und wird gemessen über die Sensitivität der Aktienkursrendite bzgl. der Aktienindexrendite. Diese Sensitivität wird mit Beta (β) bezeichnet. Wenn der Marktpreis für eine Einheit systematisches Risiko (q_m) und das Beta des Unternehmens bekannt sind, dann kann die Risikoprämie für die jeweilige Bank abgeleitet werden. Es ergibt sich die folgende Beziehung für die erforderliche Risikoprämie (RP) und β:

$$RP = i + q_m \beta$$

---

[1] Vgl. Basler Ausschuß für Bankenaufsicht [1999d], S. 50 ff.

[2] Im folgenden auch mit Hurdle Rate bezeichnet.

[3] Vgl. ausführlicher z.B. Schröck, G. [1997], S. 148 ff.

[4] Vgl. Büschgen, H.E. [1996], S. 6. Ähnlich wie der Begriff Eigenkapitalrendite ist auch der Begriff der Eigenkapitalkosten in der Praxis nur schwer einheitlich zu definieren. Je nach Zusammensetzung des Eigenkapitals und dem verwendeten Kapitalbegriff – haftendes EK, ökonomisches Kapital – sind Eigenkapitalkosten ggf. anders zu berechnen.

[5] Vgl. z.B. Arbeitskreis Finanzierung [1996], S. 547 ff. sowie Matten, C. [1996], S. 95 ff.

Als Marktpreis des Risikos ist für Deutschland ein Wert von 5,3% bei einem durchschnittlichen risikolosen Zinssatz (durchschnittliche Rendite von Bundesanleihen) von 6,6% ermittelt worden.[1] Für Unternehmen mit durchschnittlichem Risiko ($\beta = 1$) lassen sich so Eigenkapitalkosten nach Steuern von etwa 12% und ein erforderlicher ROE vor Steuern von etwa 20% ableiten. Das Durchschnitts-Beta von Banken hat sich gemäß einer Studie von Zimmermann[2] vom Zeitraum 1973-1983 auf den Zeitraum 1984-1995 von 0,82 auf 1,128 erhöht.[3] Entsprechend müßten sich auch die Eigenkapitalkosten erhöht haben.

Eigenkapitalkosten können auch durch Analogieschluß aus den Betas vergleichbarer Unternehmen bzw. aus Branchen- und Industrie-Betas abgeleitet werden[4]. Weitere Verfahren basieren auf dem strukturellen Gewinnbedarf, der aus dem geplanten Geschäftswachstum, der Geschäftsstruktur, der Ausschüttungspolitik, den Möglichkeiten der externen Eigenkapitalaufnahme sowie der Risikoneigung des Managements bestimmt wird[5]. Diese Ansätze sind für die Praxis gut operationalisierbar, sie führen jedoch nicht zu befriedigenden Ergebnissen, da der Gewinnbedarf abhängig ist von individuellen Zielvorstellungen des Bankmanagements und nicht von marktdeterminierten Größen[6].

Da sich das bilanzielle Eigenkapital (z.B. das bilanzielle Kernkapital) i.d.R. in der Höhe vom insgesamt allokierten Risikokapital unterscheidet, ist die Hurdle-Rate auf bilanzielles Eigenkapital noch in einen Verzinsungsanspruch auf das für die interne Steuerung angesetzte Risikokapital umzurechnen. Aus dem Ziel ROE für das bilan-

---

[1] Vgl. Arbeitskreis Finanzierung [1996], S. 549.

[2] Vgl. Zimmermann, H. [1995], S. 149 ff. Hörter weist darauf hin, daß insbesondere zwischen Investmentbanken und Universalbanken deutliche Unterschiede bestehen können. Vgl. Hörter, S. [1998], S. 70 ff.

[3] Parallel haben sich die durchschnittlichen Ratings der untersuchten Banken signifikant verschlechtert. Vgl. Zimmermann, H. [1995], S. 149 ff.

[4] Vgl. Arbeitskreis Finanzierung [1996], S. 552 ff. Statistische Verfahren sowie Managementbefragungen sind weitere Möglichkeiten.

[5] Vgl. Schierenbeck, H. [1993], S. 36 ff.; Schierenbeck, H. [1994c], S. 364 ff.

[6] Vgl. Büschgen, H.E. [1996], S. 6.

zielle Eigenkapital läßt sich der Ziel-RORAC durch Skalierung über die Eigenkapitalgrößen wie folgt ableiten:

$$\text{Ziel-RORAC} = \text{Ziel-ROE} * \frac{\text{Eigenkapital}}{\text{Ökonomisches Kapital}}$$

So entspricht z.b. im Fall der Deutschen Bank ein Verzinsungsanspruch von 25% auf das Eigenkapital nach IAS (International Accounting Standards) einer Zielrendite von 33% auf das Risikokapital.[1]

4.2.4.2. Zurechnung von Eigenkapitalkosten

Auch die Höhe der Eigenkapitalkosten, mit denen die einzelnen Geschäftsbereiche belastet werden, ist abhängig von individuellen Regelungen.[2]

Möglich ist die Belastung aller Bereiche und Geschäfte mit einer gesamtbankweit einheitlichen Eigenkapitalverzinsung. Die Bank of America geht so vor.[3] Die einheitliche Eigenkapitalverzinsung wird aus dem Verzinsungsanspruch der Eigenkapitalgeber abgeleitet. Diese Vorgehensweise wird kritisiert, weil sie bei unterschiedlichem Risikogehalt der Geschäfte nicht angemessen sei und eine Quersubventionierung risikoreicher Geschäftsbereiche bedeutet.[4] Da das Risiko jedoch bereits in der Höhe des Risikokapitals berücksichtigt ist und insofern der unterschiedliche Risikogehalt der Geschäfte hinreichend zum Ausdruck kommt, kann argumentiert werden, daß eine weitere Differenzierung der Eigenkapitalkosten nicht mehr zwingend erforderlich ist. Auch aufgrund der praktischen Probleme, spezifische Risikoprämien zu ermitteln, und der erheblichen Diskussionen, die unterschiedliche Verzinsungsan-

---

[1] Vgl. Deutsche Bank [1998b], S. 13.
[2] Vgl. Schröck, G. [1997], S. 148 ff.
[3] Vgl. James, C. [1996], S. 11 sowie Zaik, E./Walter, J./Kelling, G./James, C. [1996], S. 87 ff.
[4] Vgl. Arbeitskreis Finanzierung [1996], S. 550 ff. sowie Matten, C. [1996], S. 127 f.

sprüche in der Praxis verursachen würden,[1] kann dieser Ansatz als angemessen angesehen werden.[2]

Gemäß der Kapitalmarkttheorie sind jedoch unterschiedliche Hurdle-Rates in Abhängigkeit vom systematischen Risiko der Geschäftsbereiche vorzugeben. Die Differenzierung nach dem Risikokapital ist grundsätzlich nicht hinreichend, weil das Risikokapital sowohl systematische als auch unsystematische Risiken abdeckt, die nicht in einem eindeutigen Zusammenhang zueinander stehen.[3] Weiterhin läßt sich zeigen, daß die minimale Eigenmittelrendite eine Funktion der Zinskurve ist, so daß genaugenommen Kredite mit unterschiedlichen Laufzeiten auch an unterschiedlichen Hurdle-Rates gemessen werden müßten.[1] Während also Gründe der Praktikabilität für eine einheitliche Hurdle-Rate sprechen, ist diese aus theoretischer Sicht entsprechend dem unterschiedlichen systematischen Risiko der Geschäftsbereiche zu differenzieren.

Bei der Zurechnung von Eigenkapitalkosten auf die Geschäftsbereiche ist weiterhin zu berücksichtigen, daß der Ansatz von Eigenkapitalkosten in voller Höhe der Hurdle-Rate einer doppelten Risikobereinigung sowohl im Nenner als auch im Zähler der RAROC-Gleichung entspricht. Matten unterscheidet hier eine Brutto- und eine Nettobasis für die Abbildung von Geschäftsbereichen.[2] In der Nettobetrachtung würden nur die in den Geschäftsbereichen erwirtschafteten Deckungsbeiträge angesetzt werden. In der Bruttobetrachtung wird den Bereichen in Höhe des allokierten Kapitals auch der Anlageerfolg dieses Kapitals zugerechnet. Durch eine Gutschrift für das gebundene Kapital in Form eines Korrekturpostens, der sich z.B. aus der risikolosen Verzinsung des eingesetzten Eigenkapitals für die Laufzeit der Inanspruch-

---

[1] Vgl. James, C. [1996], S. 12.
[2] Vgl. Reyniers, P./Hirai, A. [o.Jg.], S. 35.
[3] Vgl. Lehar, A./Welt, F./Wiesmayr, C./Zechner, J. [1998], S. 949 ff. Es kann auch argumentiert werden, daß Kapital für Eigen- und Fremdkapitalgeber einen unterschiedlichen Nutzen hat. Die richtige Eigenkapitalallokation nutzt vor allem den Fremdkapitalgebern und den Aufsichtsbehörden, da dadurch die Ausfallwahrscheinlichkeit verringert wird. Unterschiedliche Hurdle-Rates spiegeln das Interesse der Eigenkapitalgeber an einer angemessenen Risikoprämie für das Marktrisiko wider. Vgl. Lehar, A./Welt, F./Wiesmayr, C./Zechner, J. [1998], S. 950.

nahme bzw. aus einer fristen- und währungskongruenten Anlage am Geld- und Kapitalmarkt ergibt,[3] wird sichergestellt, daß das jeweilige Geschäft (unter der Annahme einer 100%igen Fremdkapital-Refinanzierung) nur die Risikoprämie über dem risikolosen Zinssatz für das zur Unterlegung eingesetzte Eigenkapital zu erwirtschaften hat. Entsprechend dem Eigenkapitalverbrauch wird den Geschäftsbereichen ein kalkulatorischer Ertrag aus der Eigenkapitalanlage zugerechnet. Der RORAC läßt sich dann darstellen als:

$$RORAC = \frac{\text{Nettoergebnis} + \text{EK-Anlageerfolg}}{\text{Risikokapital}}$$

Der RAROC lautet dann:[4]

$$RAROC = \frac{\text{Nettoergebnis} + \text{EK-Anlageerfolg} - \text{Risikoprämie} * \text{Risikokapital}}{\text{Risikokapital}}$$

4.2.5. Risikoadjustierte Kapitalallokation

4.2.5.1. Allokation von Risikokapital auf Geschäftsbereiche

Eigenkapital dient in Banken in erster Linie als Polster gegen Verluste. Wegen der Komplexität und der schlechten Vergleichbarkeit der Bankgeschäfte müssen daher erstens Geschäftsarten und nicht z.B. Niederlassungen und zweitens der Risikogehalt der Geschäfte Basis der Allokation sein. Die Eigenkapitalallokation ist weiterhin zu trennen von dem eigentlichen Vorgang des Investierens von Eigenkapital.[1] Alloka-

---

[1] Vgl. Dermine, J. [1995], S. 2 ff.; Varnholt, B. [1997], S. 198 ff.

[2] Vgl. Matten, C. [1996], S. 32 ff.

[3] Vgl. Brüning, J.-B./Hoffjan, A. [1997], S. 364; Schröck, G. [1997], S. 110 f.

[4] RORAC und RAROC liefern solange identische Informationen bezüglich der relativen Werthaltigkeit verschiedener Geschäfte, solange mit einheitlichen Hurdle-Rates gearbeitet wird. Werden diese nach Geschäftsbereichen differenziert, dann lassen sich Geschäftsbereiche erst durch den RAROC, also nach Abzug der geschäftsspezifischen Hurdle-Rate vergleichen. Vgl. Lehar, A./Welt, F./Wiesmayr, C./Zechner, J. [1998], S. 953 ff.

tion von Eigenkapital ist eine pro-forma Kalkulation. Dabei kann das gesamte Eigenkapital verteilt werden oder auch nur ein Teil davon. Eigenkapital, das nicht allokiert worden ist, ist dann eine Reserve, die zum risikolosen Zins angelegt wird.

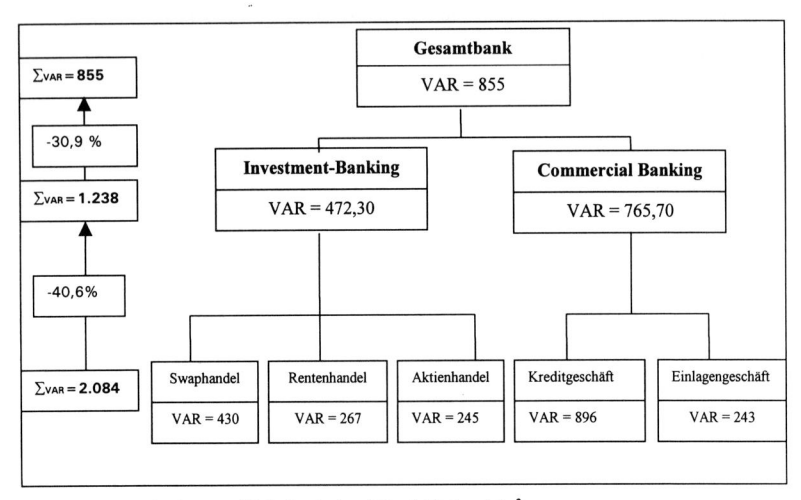

```
ΣVAR = 855

          -30,9 %

ΣVAR = 1.238

          -40,6 %

ΣVAR = 2.084
```

	Gesamtbank VAR = 855	
	Investment-Banking VAR = 472,30	Commercial Banking VAR = 765,70
Swaphandel VAR = 430	Rentenhandel VAR = 267	Aktienhandel VAR = 245	Kreditgeschäft VAR = 896	Einlagengeschäft VAR = 243

Abb. 49: Allokation von Risikokapital auf Geschäftsbereiche[2]

Ausgehend von einem definierten Risikotragfähigkeitspotential wird für die nächste Geschäftsperiode dieses Risikokapital auf die Geschäftsbereiche verteilt. Diese Allokation sollte auf der Basis des Beitrages des jeweiligen Geschäftsbereiches zur Gesamtvolatilität des Marktwertes der Bank bzw. ihrer Erträge erfolgen. Dies bedeutet, daß auch Bereiche, die zunächst keine direkt risikotragenden Geschäfte abschließen, mit Eigenkapital zu unterlegen sind.[3] Da die Risiken verschiedener Geschäftsbereiche i.d.R. nicht vollständig miteinander korreliert sind, entstehen Diversifikationseffekte, die dazu führen, daß das insgesamt notwendige Risikokapital geringer ist als die Summe des allokierten Eigenkapitals.[4] Um Überallokation von Eigenkapital,

---

[1] Vgl. Matten, C. [1996], S. 30.

[2] Quelle: Eigene Darstellung. Es handelt sich um ein fiktives Beispiel. Eine vergleichbare Darstellung findet sich bei Wittrock, C./Jansen, S. [1996], S. 916.

[3] Vgl. Zaik, E./Walter, J./Kelling, G./James, C. [1996], S. 86.

[4] Vgl. Merton, R.C./Perold, A.F. [1993], S. 27 ff.; Jansen, S./Wittrock, C. [1996], S. 627 ff.; Schröck, G. [1997], S. 125 sowie Wittrock, C./Jansen, S. [1996], S. 909 ff.

falsche Preiskalkulation und verzerrte strategische Entscheidungen zu vermeiden, ist eine zentrale Steuerung notwendig, damit Diversifikationseffekte voll berücksichtigt werden können.

Formal errechnet sich das Gesamtrisiko verschiedener Einzelrisiken VAR_1 und VAR_2 unter Berücksichtigung der Korrelation $\rho_{1,2}$ wie folgt:[1]

$$VAR_{Gesamt} = \sqrt{VAR_1^2 + 2p_{1,2}*VAR_1*VAR_2 + VAR_2^2}$$

bzw. allgemein für n Fälle:

$$VAR_{Gesamt} = \sqrt{(\sum_{j=1}^{n} VAR_i^2 + 2*\sum_{i=1}^{n-1}\sum_{j=i+1}^{n} p_{i,j}*VAR_i*VAR_j)}$$

Diese Aggregation der Risikogrößen über Geschäftsfelder für die Gesamtbank kann als die eigentliche Schwierigkeit einer umfassenden risikoadjustierten Steuerung angesehen werden[2]. Eines der praktischen Hauptprobleme in der Verwendung von VAR-Ziffern und der Aggregation über Geschäftsfelder liegt in der Berücksichtigung von Korrelationen. Je stärker der Aggregationsgrad wird, um so stärker wird auch der Einfluß der Korrelationen[3] und um so unzuverlässiger sind auch die Ergebnisse. Historische Korrelationen sind Durchschnittswerte und es ist höchst fraglich wie verläßlich sie in einer Krise reagieren. Je nach Beobachtungsperiode können sie höchst unterschiedliche Werte annehmen, was zu großen Differenzen in den Ergebnissen führen kann.

Dies führt zu dem Problem, wie die Diversifikationseffekte auf die Geschäftsbereiche verrechnet werden. Die Diversifikationsvorteile sind zum einen nicht stabil in der Zeit und zum anderen keinem Geschäftsbereich direkt zuzuordnen. Wenn sich der Gesamtmix der Geschäfte ändert, ändern sich automatisch auch die Korrelationen

---

[1] Vgl. Merbecks, A. [1996], S. 141 sowie Hörter, S. [1998], S. 209.

[2] Vgl. Matten, C. [1996], S. 80 sowie Schröck, G. [1997], S. 125.

[3] Vgl. Matten, C. [1996], S. 80 ff.

der Einzelgeschäfte zum Gesamtportfolio, so daß eine Steuerung der Einzelbereiche auf diversifizierter Basis nicht erfolgen kann.

Andererseits können Diversifikationseffekte infolge von nicht vollständiger Korrelation von Geschäftsbereichen bei der Kapitalallokation nicht unberücksichtigt bleiben. Im Gegenteil, ein Geschäftszweig, der für sich genommen zu volatil oder nicht rentabel genug erscheint, kann das Gesamtrisiko so positiv beeinflussen, daß er als sehr attraktiv zu beurteilen ist. Solche Diversifikationseffekte nicht zu berücksichtigen, würde zu Fehlentscheidungen bzgl. einzelner Geschäftszweige und zu einem zu hohen Vorhalten von Risikokapital führen.

Einfache Lösungen der Kapitalallokation auf Geschäftsbereiche nehmen das Einzelrisiko als Ausgangsbasis und verteilen das vorhandene Risikokapital proportional zum relativen Gewicht des jeweiligen (undiversifizierten) Einzelrisikos an der Summe der Einzelrisiken.

	Geschäftsbereich			Summe
	A	B	C	
Einzelrisiko	80	90	48	218
Anteil an der Summe der Einzelrisiken in %	36,70%	41,28%	22,02%	100,00%
Risikokapitalallokation	51,49	57,92	30,89	140,30

Abb. 50: **Kapitalallokation nach Einzelrisiken**[1]

In dem Beispiel ist vereinfachend das jeweilige Einzelrisiko als Ausgangsbasis gewählt worden. Dies ist nur angemessen, wenn alle Korrelationen gleich Null sind. Da dies i.d.R. nicht der Fall ist, ist der jeweilige Risikobeitrag bzw. das diversifizierte Risikokapital zugrunde zulegen.

Ein weiterer Weg der Verteilung von Risikokapital ist, bei der Wahl des Konfidenzniveaus auf Ebene der Teilrisiken bzw. Geschäftsbereiche (KN_{Markt} bzw. KN_{Kredit}) anzusetzen. Ein pragmatischer Ansatz ist, diese Levels so zu wählen (z.B. 95%), daß sie gemeinsam betrachtet dem gewünschten Gesamtbank-Konfidenzniveau

---

[1] Quelle: Eigene Darstellung in Anlehnung an Bessis, J. [1998], S. 362.

(KN_{gesamt}) entsprechen.[1] Diversifikationsgewinne auf Gesamtbankebene werden so automatisch berücksichtigt, ohne sie explizit den Teilbereichen zurechnen zu müssen. Bei Unabhängigkeit der Teilrisiken läßt sich das Gesamtbank-Konfidenzniveau entsprechend folgender Formel berechnen:

$1-KN_{gesamt} = (1-KN_{Markt}) \times (1-KN_{Kredit})$

Wird jeweils ein Level von 95% gewählt, so ergibt sich als Gesamtbanklevel ein Konfidenzniveau von 99,8%. Diversifikationseffekte werden so auf die Geschäftsbereiche verteilt, daß deren Konfidenzniveaus entsprechend niedriger als das Gesamtbankniveau angesetzt werden. Bei expliziter Berücksichtigung der Korrelationen werden die Berechnungen entsprechend komplexer.

Auch bei der Zurechnung von Risikokapital auf die Bereiche gibt es verschiedene Möglichkeiten.

- Die Zuordnung fester Risikokapitalbeträge auf die Bereiche und Belastung mit Eigenkapitalkosten i.H. der allokierten Beträge. Dies entspricht der Vergabe von VAR-Limiten und bedeutet für die Bereiche den Anreiz, das VAR-Limit möglichst gut ausgelastet zu halten. Auf diese Weise wird gewährleistet, daß kein knappes Risikokapital ungenutzt blockiert wird und das Risikokapital möglichst gut ausgelastet wird.[2]
- Eine Alternative ist der Wettbewerb um das zur Verfügung stehende Risikokapital. Dies entspricht der Steuerung über einen internen Kapitalmarkt.[3] Eigenkapitalkosten werden den Bereichen nur für die tatsächliche Inanspruchnahme belastet. Vorteil ist der permanente Anreiz, den Return zu optimieren, ohne Anreiz, investiert zu sein, wenn keine guten Investitionsmöglichkeiten bestehen.[4] Nachteilig ist, daß die volle Auslastung des Risikokapitals nicht gewährleistet ist. In diesem Fall muß das Risiko- bzw. Eigenkapital zentral gesteuert und bewirtschaftet werden.

Welcher Regelung in der Praxis der Vorzug gegeben wird, hängt von den jeweiligen individuellen Umständen der Bank ab. Zwischenlösungen sind denkbar. So können ggf. nicht genutzte VAR-Limite an eine zentrale Steuerung zurückgegeben werden. Auch hat der Grad der Zentralität/Dezentralität der Steuerung Einfluß auf die jeweilige Lösung. Die zweite Alternative kommt einer Marktlösung am nächsten und ge-

---

[1] Diesen Vorschlag macht James, J. [1998].

[2] Vgl. Akmann, M. [1998], S. 118.

[3] Vgl. Schröck, G. [1997], S. 114 ff. sowie Stein, J. [1997], S. 111 ff.

[4] Vgl. Bankers Trust [1995], S. 20 f.

währleistet daher theoretisch am ehesten eine optimale Lösung. Sie stellt aber hohe Anforderungen an die interne Steuerung und erfordert eine zentrale Bewirtschaftung des Eigenkapitals. Von entscheidender Bedeutung ist, daß die Geschäftsbereiche überhaupt für VAR-Limite mit entsprechenden Kosten belastet werden. In vielen Fällen ist dies derzeit noch nicht der Fall, was als Haupthinderungsgrund für eine optimale Nutzung knapper Risikokapitalressourcen anzusehen ist.

4.2.5.2. Abstimmung von Gesamtbankrisiko und VAR-Größen

Aus Geschäftsführungssicht ist entscheidend, wie sich die übergeordneten Ergebnisgrößen entwickeln, wie die aktuelle Risikosituation ist und wie sie sich im Zeitablauf geändert hat und wie mögliche Auswirkungen auf die Ertragslage der kommenden Perioden sein werden. Von der Geschäftsführung wird ein Risikotragfähigkeitspotential vorgegeben, auf dessen Grundlage Limite verteilt werden, deren Einhaltung und Überwachung sicherstellen soll, daß sich die zukünftige Entwicklung im Rahmen der Vorgaben bewegt. Die bisher dargestellten Methoden der Risikomessung im Sinne eines VAR setzen am Einzelgeschäft an und aggregieren die Ergebnisse zu Portfolio- bzw. Bereichswerten, die dann wiederum in eine Gesamtbankgröße einfließen. Die Volatilität des Gesamtbankergebnisses ist jedoch i.d.R. nicht auf diese Weise abbildbar. Dies hat unterschiedliche Ursachen[1]:

- Die Korrelationsmatrix kann selbst als eine Zufallsvariable angesehen werden, die im Zeitablauf schwankt.[2] Auch ist zu beobachten, daß Auswirkungen von Korrelationen mit zunehmendem Aggregationslevel ansteigen.
- VAR kann i.d.R. nicht für alle Ergebnisschwankungen angewandt werden. Da auch Gebühren und Provisionseinnahmen schwanken können, ist auch deren Volatilität separat zu ermitteln und in die Betrachtung einzubeziehen. Dabei ist zu berücksichtigen, daß Einkommensströme aus Gebühren und Provisionen häufig nicht getrennt von dem eigentlichen risikotragenden Geschäft betrachtet werden können. Weiterhin ist die Eignung von Deckungsbeitragsrechnungen für die Risikomessung ein entscheidendes praktisches Problem, da hier möglicherweise

---

[1] Vgl. im folgenden auch Baliman, M. [1996], S. 11 ff.
[2] Vgl. Wilson, T.C. [1993], S. 39.

Bereinigungen vorgenommen worden sind, so daß nicht die tatsächlichen Zahlungsströme widergespiegelt werden.

- VAR-Größen berücksichtigen i.d.R. keine Kosten, deren Höhe auf Gesamtbankebene entscheidende Bedeutung haben kann. Die Gesamtprofitabilität ist eine Funktion der durchschnittlichen Erlöse, deren Volatilität sowie der Höhe der Kosten. Erst in der Zusammenschau dieser Größen läßt sich eine strategische Risikogröße ermitteln.

- Für eine umfassende Steuerung ist auch die Berücksichtigung von Betriebsrisiken, soweit sie noch nicht durch die Kosten bzw. die Volatilität dieser Kosten einbezogen sind, erforderlich. Betriebsrisiken sind dann, soweit sie nicht genauer quantifiziert werden, z.B. als Residualgröße der Teil der Gesamtvolatilität des Bankergebnisses, der nicht mit der Messung von Marktpreis- und Ausfallrisiken erfaßt worden ist.

- VAR-Größen abstrahieren völlig von strategischen Überlegungen oder der Qualifikation der Mitarbeiter, die jedoch erheblichen Einfluß auf die tatsächliche Geschäftsentwicklung haben können.

Um die Risiken einzelner Bereiche mit der strategischen Gesamtbankgröße abgleichen zu können, schlägt Matten[1] für die Praxis vor, in der Gesamtbankbetrachtung das Earnings Volatility Model[2] als Top-Down-Ansatz mit einer VAR-Berechnung als Bottom-Up-Ansatz zu verbinden. Die Volatilität der Erträge wird herangezogen, um Risikokapital insgesamt zu bestimmen und auf die obersten Stufen der Geschäftsbereiche zu verteilen. Mit Hilfe detaillierter VAR-Berechnungen können dann die Quellen dieser Volatilität bestimmt werden, wobei möglicherweise eine Residualgröße verbleibt, die nicht durch VAR-Berechnungen von Marktpreis- und Ausfallrisiken sowie Betriebsrisiken erklärbar ist. Die VAR-Berechnungen müssen einen möglichst großen Teil der Gesamtvolatilität der Erträge erklären. Gelingt dies nicht, so sind entweder Änderungen der Parametereinstellungen notwendig oder das Modell ist nicht verläßlich.[3]

---

[1] Vgl. Matten, C. [1996], S. 129 f. sowie Baliman, M. [1996], S. 11 ff.
[2] Vgl. Abschnitt 2.3.2.2.
[3] Vgl. Matten, C. [1996], S. 130.

4.2.6. Bestimmung der Risikoparameter

4.2.6.1. Zeithorizont

Es gibt keinen a priori richtigen Zeithorizont für die Risikomessung. Je nachdem, welchem Zweck diese Risikomessung dient, kann ein anderer Zeithorizont angemessen sein. Grundsätzlich gilt, daß der Zeithorizont so gewählt werden sollte, daß die Position, deren Risiko berechnet wird, innerhalb dieses Zeitraumes liquidiert bzw. abgesichert werden kann (Liquidationsperiode). Wie bereits im Zusammenhang mit den erwarteten Verlusten dargelegt, ist der Zeithorizont von bis zu einem Jahr für Kredite, die nicht liquide handelbar sind, sowie für Derivate-Portfolios, deren Ausfallrisiko ebenfalls nicht beliebig liquidiert werden kann, unangemessen. Hier muß im Normalfall angenommen werden, daß der Kredit bis zur Fälligkeit gehalten werden muß und ein entsprechender Zeithorizont gewählt werden, damit Geschäfte mit unterschiedlicher Laufzeit verglichen werden können.[1] Für die Preiskalkulation sollte grundsätzlich bis zum Laufzeitende gerechnet werden. Selbst wenn die Bank nicht plant, das Geschäft so lange in den Büchern zu behalten, muß der Preis das Risiko bis zum Laufzeitende widerspiegeln, da auch jeder Käufer einen entsprechenden Preis verlangen wird.

Für Zwecke der Risikosteuerung sollte innerhalb des Zeithorizontes die vollständige Liquidation oder das vollständige Hedgen des zu bewertenden Kredites bzw. Portfolios möglich sein.

Außer für die Risikosteuerung und die Konditionierung ist die Wahl des Zeithorizontes auch für die Verwendung der ermittelten VAR-Größe im Rahmen einer risikoadjustierten Performance-Messung und Kapitalallokation von großer Bedeutung. Umstritten ist, ob grundsätzlich auch bei der Performance-Messung und Kapitalallokation von der Liquidationsperiode auszugehen ist[2] oder ob Werte für Marktpreis- und Ausfallrisiken nur dann vergleichbar sind, wenn ein identischer Zeithorizont

---

[1] Vgl. CSFP [1997], S. 10 f.
[2] Vgl. McKinsey & Company [1998], S. 30 u. 69 ff.

gewählt wird[1] und für die Berechnung des Risikokapitals und die risikoadjustierte Performance-Messung über alle Risikokategorien mit einem identischen Zeithorizont zu arbeiten ist. Wenn mit einem einheitlichen Zeithorizont gearbeitet wird, gelten die Kriterien:

- Innerhalb des Zeithorizontes sollte eine zusätzliche Kapitalbeschaffung zur Unterlegung der Risiken möglich sein.
- Der Zeithorizont sollte den Zeitraum umfassen, für den eine risiko-/ ertragsorientierte Verteilung des Eigenkapitals Gültigkeit haben soll. Er sollte also den üblichen Planungs- und Berichterstattungszeiträumen entsprechen.
- Innerhalb des Zeithorizontes sollte eine Veränderung der Bonität der Kontrahenten feststellbar sein.

Da sowohl die Risiko- als auch die Eigenkapitalsteuerung als ein permanenter und dynamischer Prozeß angenommen werden können, und um die möglicherweise erheblichen Skalierungsprobleme zu vermeiden, die sich bei der Verwendung unterschiedlicher Zeithorizonte für verschiedene Produktarten bzw. Geschäfte ergeben, kann es als angemessen angesehen werden, einen kürzeren Zeitraum als die Liquidationsperiode anzusetzen. Wenn Risiken zu stark ansteigen oder Kapital zu stark belastet wird, können Steuerungsmaßnahmen sowohl zur Verringerung der Risiken, als auch, um zusätzliches Risikokapital zu generieren, ergriffen werden.[2] Für Zwecke der Risikokapitalallokation und Performance Messung kann daher ein Horizont von einem Jahr als praktikabler und angemessener Kompromiß angesehen werden,[3] auch wenn dies für Marktpreisrisiken als sehr konservativ zu beurteilen ist. Für Ausfallrisiken liegen i.d.R. keine Daten für kürzere Zeiträume vor.

In der Steuerungspraxis wird man ggf. mehrere Berechnungen bei unterschiedlichen Haltedauern durchführen. So wird z.B. für Zwecke der Kapitalallokation ein VAR mit einer Haltedauer von einem Jahr berechnet. Für Marktpreisrisiken wird dann dieses Risikokapital in 1-Tages bzw. 10-Tages VAR-Zahlen übertragen, um so die Handelslimite kurzfristig zu steuern. Für Ausfallrisiken wird zusätzlich für Zwecke

---

[1] Vgl. JP Morgan [1997a], S. 31.

[2] Vgl. Bessis, J. [1998], S. 249 f.

[3] Vgl. CSFP [1997], S. 10 f.; James, C. [1996], S. 19. Bankers Trust verwendet diesen Zeithorizont. JP Morgan schlägt in CreditMetrics ebenfalls einen Zeithorizont von einem Jahr vor. Vgl. Bankers Trust [1995] sowie JP Morgan [1997a].

der Risikosteuerung ein VAR bis zum Ende der Gesamtlaufzeit des Portfolios ermittelt.[1] Bei der Verwendung unterschiedlicher Zeithorizonte für verschiedene Zwecke ist zu beachten, daß Korrelationen für unterschiedliche Zeithorizonte erheblich voneinander abweichen können und so die Ergebnisse möglicherweise nicht sauber ineinander überführbar sind.

Wenn die Liquidationsperiode als entscheidendes Kriterium herangezogen wird und jedes Geschäft an seinem individuellen Zeithorizont gemessen wird, hat dies den Vorteil, daß für jedes Geschäft das für die Gesamtlaufzeit erforderliche Risikokapital sofort blockiert wird und so das Gesamtrisiko des Portfolios deutlich wird. Kapital wird dann als Versicherung gegen alle unerwarteten Verluste angesehen.[2]

Für die Wahl entweder eines einheitlichen oder individueller Zeithorizonte ist weiterhin von Bedeutung, ob das Kreditgeschäft margenwertig oder barwertig gesteuert wird.[3] Die Messung periodischer Margen (Konditionsbeiträge) am für die Gesamtlaufzeit notwendigen Risikokapital führt in der Praxis zu unangemessen niedrigen Renditen des Kreditgeschäftes, während eine Messung von Konditionsbeitragsbarwerten am Risikokapital für nur jeweils die laufende Periode zu Überzeichnungen der Profitabilität und zu unerwünschten Anreizwirkungen führt. In Abschnitt 4.3.5. wird gezeigt, wie die mit der Barwertsteuerung verbundenen unerwünschten Verzerrungen der Periodenergebnisse und deren Anreizwirkungen durch die Berücksichtigung des Risikokapitals für die Gesamtlaufzeit behoben werden können.

Auch die Wahl des Zeithorizontes ist – wie gezeigt wurde - von bankindividuellen Umständen und der Risikostruktur des Portfolios abhängig. Wenn einem einheitlichen Zeithorizont über alle Risiken hinweg und der damit verbundenen Vergleichbarkeit nicht Priorität eingeräumt wird und vor allem wenn barwertig gesteuert wird,

---

[1] Vgl. auch Allen, M./Rodrigues, M. [1997], S. 47 sowie Federal Reserve System Task Force on Internal Credit Risk Models [1998], S. 19, Fußnote 17.

[2] Vgl. Bessis, J. [1998], S. 248 ff.

[3] Vgl. Abschnitt 2.3.1.

dann sollten illiquide Ausfallrisiken mit einem Zeithorizont entsprechend der Gesamtlaufzeit gemessen werden.

4.2.6.2. Konfidenzniveau

Die Wahl des Konfidenzniveaus ist i.d.R. eher willkürlich, da es wenig operationalisierbare Kriterien hierfür gibt. Die Höhe des Konfidenzniveaus hat jedoch entscheidenden Einfluß auf die Profitabilität. Wird es zu hoch angesetzt, dann wird eigentlich profitables Geschäft unrentabel, wird es zu niedrig veranschlagt, dann erscheint wertvernichtendes Geschäft als vorteilhaft.[1] Die Wahl des Konfidenzniveaus hängt ab vom Risikotragfähigkeitspotential der Bank, der individuellen Risikoneigung sowie der Art der Risiken. Letzter Punkt wird insbesondere relevant für Ausfallrisiken, für deren Messung wegen der grundsätzlich schiefen Verteilung ein relativ hohes Konfidenzniveau von 99% oder höher anzusetzen ist. Vorgaben von Seiten der Bankenaufsicht liegen derzeit für VAR-Modelle zur Quantifizierung von Ausfallrisiken noch nicht vor, da sie noch nicht zur Bemessung der Eigenkapitalunterlegung zugelassen sind. Für interne Modelle zur Messung von Marktpreisrisiken ist aufsichtlich ein Konfidenzniveau von 99% vorgeschrieben.[2]

Weitere Einflußfaktoren sind die Erwartungen der Rating-Agenturen und des Kapitalmarktes[3]. In einer am Kapitalmarkt orientierten Unternehmung[4] wird die Wahl des Konfidenzniveaus entscheidend durch das angestrebte Rating bestimmt. Wird beispielsweise ein Rating von AA bzw. AAA angestrebt, so darf ein Ausfall nur mit einer jährlichen Wahrscheinlichkeit von 0,03% eintreten. Bei gegebenem Eigenkapital, das voll zur Unterlegung herangezogen wird, muß dieses Kapital somit ausrei-

---

[1] Vgl. Wilson, T.C. [1992], S. 117.
[2] Vgl. Basler Ausschuß für Bankenaufsicht [1996], S. 45.
[3] Vgl. Bessis, J. [1998], S. 244 ff. sowie Lam, J.C. [1995], S. 149.
[4] Das Rating öffentlicher Banken in Deutschland wird auch mitbestimmt durch die Bonität der Eigentümer, so daß hier ggf. abweichende Überlegungen anzustellen sind. Da diese Banken mit einer Vielzahl von Produkten, insbesondere Anleihen, aber auch Nachrangkapital aktiv am Kapitalmarkt teilnehmen, gelten die Ausführungen im wesentlichen auch für diese Institutsgruppe.

chen, um das bei einem Konfidenzniveau von 99,97% errechnete Risikokapital zu bilden[1]. Die Bank of Amerika ist daher entsprechend vorgegangen, und hat ihr Konfidenzniveau auf 99,97% festgelegt[2]. Die Deutsche Bank arbeitet mit einem Sicherheitsniveau von 99,98%[3].

Die folgende Abbildung gibt einen Überblick, welches Gesamtbank-Konfidenzniveau sich aus diesen Überlegungen bei unterschiedlichen angestrebten Ratings ableiten läßt:

S&P-Rating	Äquivalentes Moody's-Rating	Ausfallwahrscheinlichkeit, Zeithorizont: 1 Jahr	Konfidenzniveau
AAA	Aaa	0,01%	99,99%
AA	Aa3/A1	0,03%	99,97%
A	A2/A3	0,11%	99,89%
BBB	Baa2	0,30%	99,70%
BB	Ba1/Ba2	0,81%	99,19%
B	Ba3/B1	2,21%	97,79%
CCC	B2/B3	6,00%	94,00%
CC	B3/Caa	11,68%	88,32%
C	Caa/Ca	16,29%	83,71%

Abb. 51:   Ratingklassen und Konfidenzniveau[4]

4.2.7. Risikovorsorge für erwartete und unerwartete Verluste

Die im Verlauf der Risikomessung generierte Verlustverteilung kann auch herangezogen werden, um den erforderlichen Umfang der Bildung von bilanziellen Reserven festzulegen. Die Verlustverteilung stellt alle möglichen Verlusthöhen dar, wobei in

---

[1]   Vgl. auch Garside, T./Stott, H./Strothe, G. [1998], S. 20 ff. sowie Zaik, E./Walter, J./Kelling, G./James, C. [1996], S. 89.

[2]   Vgl. James, C. [1996], S. 18 sowie Zaik, E./Walter, J./Kelling, G./James, C. [1996], S. 84.

[3]   Vgl. Deutsche Bank [1998b], S. 19.

[4]   Quelle: James, C. [1996], S. 29. Konfidenzniveau und Zeithorizont stehen in einer Wechselbeziehung. So hätte ein längerer Zeithorizont bei gleichen Kriterien (z.B. AA) ein niedrigeres Konfidenzniveau zur Folge, so daß das Risikokapital ggf. wenig verändert wäre. Das Konfidenzniveau muß auf alle Risikokategorien angewendet werden, um eine konsistente Steuerung zu ermöglichen. Dieses Kalkül ist jedoch nur auf quantifizierbare Risiken anwendbar. Für alle Restrisiken muß noch ausreichend Deckungspotential vorhanden sein. Vgl. auch Krümmel, H.-J. [1989], S. 34.

der Mehrzahl der Fälle Verluste eintreten werden, die links von den erwarteten Verlusten liegen.

Diese erwarteten Verluste stellen den Erwartungswert der Verteilung dar und treten statistisch im langfristigen Mittel der Ereignisse ein. Sie sind als erwartete Verluste in jedem Fall im Preis zu berücksichtigen. Des weiteren können erwartete Verluste grundsätzlich als Kosten des Geschäftsbetriebes und als latente Risiken betrachtet werden, so daß für sie schon bei Geschäftsabschluß Reserven gebildet werden sollten.[1] Dies betrifft nur ungefährdete Engagements, bei bereits gefährdeten Krediten ist in Höhe der erwarteten Verlustintensität sofort Vorsorge in Form von Einzelwertberichtigungen zu bilden.

Die über die erwarteten Verluste hinausgehenden unerwarteten Verluste werden bis zum gewählten Konfidenzniveau mit Risikokapital unterlegt. Alternativ kann für diese unerwarteten Verluste ebenfalls Vorsorge getroffen werden. Während jedoch die Risikovorsorge für erwartete Verluste nicht mehr als Kapital zur Abdeckung von unerwarteten Risiken gelten kann, kann die Vorsorge für unerwartete Verluste diese Pufferfunktion des Kapitals nach wie vor erfüllen und daher noch als Eigenkapital gelten.[2] Die über diese unerwarteten Verluste hinausgehenden Verluste sind Worst Case Ereignisse, für die es zu teuer ist, Risikokapital vorzuhalten, weil ihr Eintritt nur sehr unwahrscheinlich ist.[3] Diese Risiken sollten über Szenario-Analysen quantifiziert und mit geeigneten Limiten kontrolliert werden.

---

[1] Z.B. in Form von Pauschalwertberichtigungen, sofern die steuer- und handelsrechtlichen Vorschriften für die Bildung von Pauschalwertberichtigungen erfüllt sind. Vgl. hierzu sowie zu dem Begriff latente Risiken (Als latentes Risiko ist das am Bilanzstichtag jedem Forderungsbestand anhaftende Ausfallrisiko anzusehen, das im Einzelfall noch nicht erkennbar oder zumindest nicht exakt belegbar ist.) Krumnow, J. et.al. [1994], S. 397 ff. - In der zitierten Literatur zu diesem Kapitel werden die Begriffe Provision und Rückstellung verwendet, wobei zu berücksichtigen ist, daß der Begriff der Rückstellung in der Schweiz prinzipiell auch für Wertberichtigungen auf Kreditengagements verwendet wird und insofern von dem deutschen handelsrechtlichen Begriff abweicht.

[2] Vgl. McKenzie, G. [1996], S. 214 ff. sowie auch IIF, [1998], S. 6. Die Acra-Reserve des Schweizerischen Bankvereins ist von der Eidgenössischen Bankenkommission als oberes Tier Two Kapital anerkannt worden. Vgl. Schweizerischer Bankverein [1998], S. 25 f.

[3] Vgl. Nelson, L. [1997], S. 15 ff.; Schröck, G. [1997], S. 112 ff.

Die Reserve für die erwarteten Verluste wird während der Laufzeit bei Bonitätsveränderungen dynamisch angepaßt, um Veränderungen der Risikosituation widerzuspiegeln. Jede erkannte Bonitätsveränderung im Portfolio wird somit direkt dem Geschäft belastet und eine entsprechende Reserve gebildet. Die ex post effektiv anfallenden Risikokosten werden dann dieser Schwankungsreserve erfolgsneutral belastet. Der Gesamtbestand dieser Reserve wird daher kurzfristig schwanken, langfristig jedoch etwa im Gleichgewicht bleiben, wenn die erwarteten Verluste korrekt vorhergesagt worden sind und das Risikoergebnis also in etwa ausgeglichen ist.

Die Schweizer Großbanken SBV und Credit Suisse haben eine vergleichbare Vorgehensweise gewählt. Beim SBV ist 1996 Acra (Actuarial Credit Risk Accounting) eingeführt worden.[1] Neben Risikovorsorge für die erwarteten Verluste wird auch für den Teil der unerwarteten Verluste bis zu einem Konfidenzintervall von 97,5% eine besondere Reserve (Acra) gebildet. Bei Einführung des Systems ist eine einmalige Belastung des Jahresabschlusses i.H.v. SFr 2,08 Mrd. gebildet worden.[2] In Höhe der erwarteten Verluste werden jährlich Beträge erneut dieser Reserve zugeführt, so daß diese bei wenig verändertem Portfolio ebenfalls wenig schwankt. Tatsächlich auftretende Verluste werden erfolgsneutral zulasten/zugunsten der Reserve verbucht.

CSFP bildet für das nicht gefährdete Portfolio eine „Annual Credit Provision" (ACP) für zukünftig zu erwartende Verluste. Diese ACP wird dynamisch angepaßt. Mit Incremental Credit Reserve (ICR) wird die Vorsorge für darüber hinausgehende Verluste bezeichnet, die bei einem bestimmten Konfidenzniveau noch maximal eintreten können.[3] Bei Einritt eines Verlustes wird dieser zunächst gegen die ACP gerechnet, die für das weiter bestehende Portfolio dynamisch aufgefüllt wird. Übersteigen tatsächliche Verluste die ACP, dann wird die ICR in Anspruch genommen, sind Verluste geringer als ACP, dann wird die ICR solange aufgefüllt, bis sie den

---

[1] Vgl. o.V. [1996c], S. 13; Credit Suisse Group [1998], S. 34; Schweizerischer Bankverein [1996] sowie Schweizerischer Bankverein [1998], S. 28 ff.

[2] Vgl. Schweizerischer Bankverein [1998], S. 28.

[3] Die ICR-Reserve für unerwartete Verluste wird bei Credit Suisse nur für Management-Informationszwecke ermittelt und erscheint nicht im Jahresabschluß. Vgl. Credit Suisse Group [1998], S. 34.

Cap bei einem gewünschten Konfidenzniveau erreicht hat. Eine Beispielrechnung ist in der folgenden Tabelle dargestellt.

Jahr	1	2	3	4	5
Annahmen:					
Tatsächliche Kreditverluste	500	600	300	300	650
ACP	500	525	550	610	625
ICR-Anfangsbetrag	1.900				
ICR-Cap	2.000	2.100	2.200	2.250	2.300
Rechnung:					
Betriebsergebnis	2.100	2.100	2.205	2.315	2.430
- ACP	(500)	(525)	(550)	(610)	(625)
+ Überschuß ungenutzte ICP über Cap	0	0	0	135	0
Gewinn vor Steuern	1.600	1.575	1.655	1.840	1.805
ICR (vor Cap)	1.900	1.825	2.075	2.385	2.225
ICR – Cap	2.000	2.100	2.200	2.250	2.300
Überschuß ungenutzte ICP über Cap	0	0	0	135	0
ICR (Cap angewendet)	1.900	1.825	2.075	2.250	2.225

Abb. 52: **Bildung der Risikovorsorge für erwartete und unerwartete Verluste**[1]

Die ACP für erwartete Verluste bildet somit einen ersten Puffer gegen auftretende Verluste. Übersteigen tatsächliche Verluste diese Reserven, so wird die zusätzliche ICR-Reserve in Anspruch genommen. Der bestehende Topf wird dynamisch aufgefüllt, so daß er immer ausreicht, die erwarteten Verluste des jeweils aktuellen Portfolios abzudecken. Die Pauschalwertberichtigungen für erwartete Verluste werden für jedes Einzelgeschäft bei Geschäftsabschluß gebildet. Die Risikoprämien für dieses Geschäft fließen jedoch erst in Zukunft zu. Die Reserven belasten somit sofort das Ergebnis, so daß dieses aktuelle Ergebnis bzw. die im Altgeschäft eingehenden Margen das gesamte Neugeschäftspotential limitieren. Dies gilt gleichermaßen für die Acra-Reserven, so daß automatisch eine Limitierung des Neugeschäftes durch die Risikotragfähigkeitspotentiale erfolgt.

Vorteile werden in der höheren Transparenz und der Stabilisierung der Gewinnentwicklung über den Konjunkturzyklus gesehen. Kreditausfälle werden nicht mehr als außerordentliche Aufwendungen betrachtet, sondern als kalkulierbare Größe, für die entsprechend Vorsorge getroffen werden kann. Auch schützt eine solche Reserve

---

[1] Quelle: CSFP [1997], S. 28 f.

davor, in Jahren mit unterdurchschnittlichen Kreditverlusten zu hohe Gewinnausschüttungen vorzunehmen.[1]

Da die Berechnungen des Risikokapitals aufgrund der Komplexität der Modelle und der Unsicherheit der Daten nicht als absolut richtig angesehen werden können, kann zur Abdeckung der Unsicherheit der Parameter bei der Berechnung weiteres Risikokapital allokiert werden. Die Quantifizierung dieses Kapitals erfolgt dann in Abhängigkeit von der Sensitivität des Risikokapitals gegenüber den verwendeten Parametern.[2]

Das das Konfidenzniveau übersteigende Risikopotential kann nicht einfach ignoriert werden. Es sollte durch Anwendung von Streßtests untersucht werden, welches Ausmaß diese Verluste annehmen können. Diese Streßtests umfassen eine Analyse der Auswirkungen extremer Ereignisse auf das Portfolio, die durch eine Simulation von extremen Ratingveränderungen, dramatischen Verschlechterungen der Recovery Rates oder extremen makroökonomischen Entwicklungen und einer Erhöhung der Korrelationen quantifiziert werden können. Es erscheint auch angeraten, jeweils zu untersuchen, welches makroökonomische Szenario besonders negative Auswirkungen auf das Portfolio hätte.[3] Während für unerwartete Verluste bis zum Konfidenzniveau eine Reserve gebildet oder Risikokapital explizit zur Unterlegung bereitgestellt wird, müssen darüber hinausgehende potentielle Verluste durch Worst Case-Limite kontrolliert und ggf. durch freies Eigenkapital abgedeckt werden.[4]

In dieser bilanziellen Gesamtbankbetrachtung werden die Reserven jeweils nur auf einen Zeithorizont von einem Jahr berechnet. Für die bilanzierte Vorsorge kann dies als angemessen angesehen werden. Auch entspricht es den Erfordernissen der externen Rechnungslegung und einer Bilanzierung der Kredite zu Buchwerten. Da ein Großteil der Erträge erst in den Folgejahren anfällt, für Verluste aber bereits im Ab-

---

[1] Vgl. CSFP [1997], S. 26.
[2] Vgl. ISDA [1998], S. 22.
[3] Vgl. ISDA [1998], S. 22.
[4] Vgl. auch Manz, F. [1998], S. 185 ff.

schlußzeitpunkt Vorsorge getroffen wird, wird so die Erfolgsrechnung nicht zu stark belastet. Bei einer barwertigen Einzelgeschäftssteuerung sowie für die Preiskalkulation sind insbesondere die Reserven für erwartete Verluste für die Gesamtlaufzeit zu berücksichtigen, indem sie für die Gesamtlaufzeit barwertig ermittelt und vom Konditionsbeitragsbarwert abgesetzt werden.

4.3. Risikoadjustierte Steuerung von Einzelrisiken

Wesentliche Bestandteile einer risikoadjustierten Steuerung auf Einzelgeschäftsbasis sind:
- Die Limitierung der Ausfallrisiken einzelnen Kontrahenten gegenüber,
- eine dem Risiko entsprechende Kalkulation des richtigen Preises,
- eine Analyse der Vorteilhaftigkeit eines Geschäftes – handelt es sich um eine wertsteigernde oder um eine wertvernichtende Transaktion? - vor dem Hintergrund des bestehenden Portfolios und der Diversifikationseffekte bzw. der Korrelation des jeweiligen Geschäftes mit dem Gesamtportfolio sowie
- die regelmäßige Bewertung der Geschäfte als Voraussetzung für eine übergeordnete Steuerung und Performance-Messung.

Voraussetzung für die risikoadjustierte Steuerung von Einzelrisiken ist die Zuordnung von Risikokapital auf einzelne Kreditnehmer und Geschäfte. Während die derzeitigen aufsichtsrechtlichen Vorgaben statische Eigenkapitalbeträge für Einzelkredite in Abhängigkeit vom Nominalvolumen vorgeben, ist die Zurechnung von Risikokapital im Portfoliozusammenhang Ergebnis komplexer Berechnungen. Bevor auf die oben genannten wesentlichen Bestandteile einer risikoadjustierten Steuerung von Einzelrisiken in den nachfolgenden Abschnitten eingegangen wird, ist daher zunächst zu klären, wie das im Portfoliozusammenhang ermittelte Risikokapital Einzelrisiken bzw. Einzelgeschäften zugerechnet werden kann.

4.3.1. Zurechnung von Risikokapital auf Einzelgeschäfte

Das Hauptproblem bei der risikoadjustierten Steuerung von Einzelgeschäften ist die Ermittlung des Risikokapitalbetrages, der auf ein einzelnes Geschäft entfällt. Die Verwendung der gegenwärtig bestehenden aufsichtsrechtlichen Normen zur Bestimmung des Risikokapitals wird, wie oben ausgeführt, den Anforderungen einer risikoadjustierten Steuerung nicht gerecht.

Für gut diversifizierte Portfolios ist nur das systematische Risiko und damit nur der marginale Beitrag der Einzeltransaktion zum Gesamtrisiko relevant.[1] Dieser marginale Risikobeitrag sollte daher Grundlage der Einzelgeschäftssteuerung sein.[2] Er ist für Ausfallrisiken bei alleiniger Betrachtung des Ausfalls grundsätzlich positiv und kann definiert werden als die marginale Erhöhung der Portfolio-Volatilität bei Hinzufügen eines weiteren Geschäftes (Teilportfolios) zu diesem Portfolio. Sie kann z.B. ausgedrückt werden in der marginalen Erhöhung der Standardabweichung des Portfolios[3].

Standardabweichung des Gesamtportfolios: σ^{PF}

Standardabweichung eines Einzelkredites: σ_S

Marginale Standardabweichung eines Einzelkredites: σ^{ma}_S

$\sigma^{ma}_S = \sigma^{PF}_{neu} - \sigma^{PF}_{alt}$, mit $PF_{neu} = PF_{alt} +$ Einzelkredit

Es ist sicherzustellen, daß die Summe der marginalen Risikobeiträge in etwa dem Gesamtrisiko des Portfolios entspricht, um für das gesamte notwendige Risikokapital die erforderliche Verzinsung zu gewährleisten.[4] Dieser marginale Risikobeitrag gibt Auskunft über die relative Vorteilhaftigkeit eines Geschäftes vor dem Hintergrund des bestehenden Portfolios und kann daher als Entscheidungsgrundlage dienen für

---

[1] Vgl. Wilson, T.C. [1992], S. 117.

[2] Die Probleme einer portfolioabhängigen Preisgestaltung sind Gegenstand der Abschnitte 4.3.3.3.2. und 4.3.3.3.3.

[3] Vgl. CSFP [1997], S. 53 f.

[4] CSFP stellt für den marginalen Effekt (dort inkrementaler Effekt genannt), den CreditRisk⁺ ermittelt fest, daß die Summe dieser Effekte näherungsweise dem Risiko des gesamten Portfolios entspricht. Für CreditMetrics z.B. gibt es diesbezüglich keine Aussagen. Vgl. CSFP [1997], S. 30.

das Hinzufügen/Entfernen eines Geschäftes zum/vom bestehenden Portfolio. Je nachdem, wie das jeweilige Portfoliomodell aufgebaut ist, kann dieser marginale Risikobeitrag auf unterschiedliche Weise ermittelt werden.

Aus der marginalen Standardabweichung kann noch nicht unmittelbar das erforderliche Risikokapital (RK) abgelesen werden. Dafür muß je nach gewähltem Konfidenzniveau ein Vielfaches dieser marginalen Standardabweichung angesetzt werden. Dieses Vielfache (λ) wird als Bonitäts- oder Kapitalmultiplikator bezeichnet und nimmt z.B. in der folgenden Beispiel-Verteilung bei einem Konfidenzniveau von 99,80% den Wert 4 an.[1]

$$\lambda = \frac{RK}{\sigma_{PF}}$$

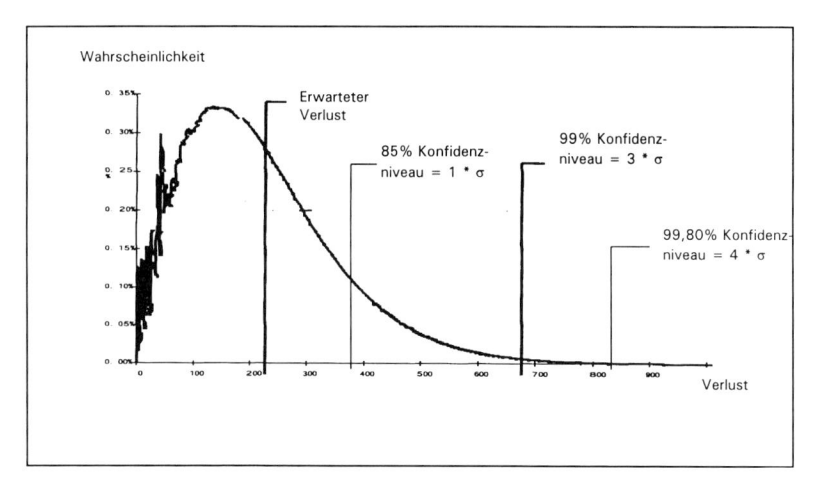

Abb. 53: **Vielfache der Standardabweichung als unerwartete Verluste**

Die marginale Veränderung der Portfolio-Volatilität durch Hinzufügen/Entfernen von Einzelgeschäften bzw. Subportfolios muß noch mit diesem Bonitätsfaktor multi-

---

[1] Vgl. Manz, F. [1998], S. 311 ff., sowie Overbeck, L./Stahl, G. [1998], S. 106 ff. Zur Ermittlung des Kapitalmultiplikators vgl. auch Ong, M.H. [1999], S. 170 ff.

pliziert werden, um das diesem Einzelgeschäft zuzurechnende Risikokapital zu ermitteln und so zu gewährleisten, daß das Risikokapital zur Unterlegung des Portfolios vollständig auf die Einzelgeschäfte allokiert und in den Kundenmargen verdient wird.

Insgesamt ergibt sich das Risikokapital des Einzelrisikos bei dieser Vorgehensweise gemäß der folgenden Formel:[1]

Risikokapital = marginale Standardabweichung eines Einzelkredites * Bonitätsmultiplikator

$$RK = \sigma^{ma}_{s} * \lambda$$

Dieser Bonitätsmultiplikator ist nur eine Hilfsgröße, die sich mit jeder Portfolioveränderung ebenfalls verändert, weil die Quantile der Verlustverteilung nicht nur von der Standardabweichung, sondern außerdem auch von Korrelationen, Ausfallwahrscheinlichkeiten und dem Zerfällungsgrad des Portfolios bestimmt werden.[2]

Bei einem umfangreichen Portfolio ist die exakte Zurechnung von Risikokapital auf Einzelgeschäfte mit Ausnahme besonders großer Einzelrisiken je nach verwendetem Portfoliomodell und der Rechengeschwindigkeit ggf. aus Kapazitäts- und Zeitgründen nicht möglich. Es bietet sich daher an, gleichartige Kredite zu möglichst homogenen Gruppen zusammenzufassen und dann für diese Subportfolios erwartete und unerwartete Verluste zu ermitteln und mit einem einheitlichen risikoadjustierten Preis zu operieren.[3] Durch die Bildung von Subportfolios erfolgt eine Strukturierung des Portfolios, die z.B. mit Hilfe einer Cluster-Analyse vorgenommen werden kann.[4]
Die Aufteilungskriterien sollten dabei folgende Bedingungen erfüllen:
- Das Risikoverhalten der Kredite in einem Subportfolio sollte statistisch ähnlich sein und sie sollten hinsichtlich Ausfallwahrscheinlichkeit und Recovery Rate möglichst homogen sein.
- Es sollten hinreichend Daten vorliegen.

---

[1] Vgl. Abschnitt 3.3.3.3.2. mit der entsprechenden Vorgehensweise bei CreditRisk⁺.
[2] Vgl. Overbeck, L./Stahl, G. [1998], S. 106 f.
[3] Vgl. James, C. [1996], S. 22.
[4] Vgl. z.B. Fritz, M.G./Wandel, T. [1991], S. 622 ff. sowie Manz, F. [1998], S. 210 ff.

- Die Größe bzw. die Anzahl der Subportfolios sollte eine sinnvolle, statistisch valide Analyse erlauben.

Wenn im folgenden von Einzelgeschäft gesprochen wird, so ist darunter ggf. auch ein analog zu behandelndes Teilportfolio zu verstehen.

Risikobeitrag und Risikokapital eines Einzelgeschäftes sind Maße für die marginalen Wirkung eines Geschäftes auf das Gesamtportfolio. Diese Größen können sowohl in die Limitierung als auch in die Preiskalkulation einfließen. Darüber hinaus sind diese Größen auch entscheidende Informationen zur dynamischen Optimierung des Portfolios. In der ex post Betrachtung kann so untersucht werden, welche Forderungen einen besonders hohen Risikobeitrag leisten oder eine relativ schlechte Risiko-Return-Relation aufweisen. Weiterhin kann ein Vergleich des Marktpreises bzw. der fairen Optionsprämie mit dem, was bei Berücksichtigung des marginalen Risikos als Preis erzielt werden müßte, als Maßstab dafür genommen werden, in welchem Umfang noch ungenutzte Diversifikationspotentiale im Portefeuille bestehen.

Eine der Zielsetzungen eines konsequenten Portfolio-Managements ist zunächst die Identifikation der größten Risiken. Dies kann sinnvollerweise am marginalen Risikobeitrag jedes Schuldners/Teilportfolios zum Gesamtportfolio erfolgen, indem die Schuldner in abnehmender Reihenfolge nach ihrem Risikobeitrag sortiert werden.[1] Bereits die Verringerung der größten Risiken kann zu einer signifikanten Reduzierung des Gesamtrisikos und somit des notwendigen Risikokapitals beitragen.

Die Ermittlung des marginalen Risikobeitrages eines Kredites ist in der Praxis in Abhängigkeit vom vorhandenen Portfoliomodell unter Umständen nicht für jeden Einzelkredit praktikabel, so daß vereinfachte Lösungen gesucht werden. So kann z.B. der in Abschnitt 3.3.1.2. dargestellte Ansatz, den unerwarteten Verlust von Einzelkrediten über die binomialverteilte Standardabweichung der erwarteten Verluste zu modellieren, herangezogen werden. Der Risikobeitrag ergibt sich im Zwei-Kredit-

---

[1] Vgl. CSFP [1997], S. 30.

Fall aus den UV der Einzelgeschäfte und des Portfolios sowie der Korrelation der beiden Kredite aus der folgenden Formel:[1]

$$RB_i = UV_i * (UV_i + UV_j * \rho_{ij}) / UV_{PF}$$

Dieser Risikobeitrag ist wie oben dargestellt noch mit dem Bonitätsmultiplikator zu multiplizieren, um das marginale Risikokapital für den Einzelkredit zu erhalten.

Wenn der Risikobeitrag von Einzelrisiken angemessen quantifiziert worden ist, dann kann diese Größe sowohl für die gezielte Portfoliosteuerung als auch für die Limitierung und die Preiskalkulation herangezogen werden.

4.3.2. Limitierung von Ausfallrisiken

Traditionell werden Ausfallrisiken durch verschiedene Ebenen der Limitierung begrenzt. So wird i.d.R. mit individuellen Limiten je Schuldner, mit Laufzeitbegrenzungen differenziert nach Risikoklassen, Gesamtlimiten für Risikoklassen sowie Konzentrationslimiten für Länder, Regionen und Branchen gearbeitet.[2] Diese traditionellen Limitierungen, die an Nominalbeträgen bzw. Kreditäquivalenten ausgerichtet sind, haben den Nachteil, daß sie keinen direkten Bezug zum eingesetzten Risikokapital haben und nicht vergleichbar sind.[3] Sie sollten um portfoliobezogene Ansätze ergänzt werden, die sich stärker am meßbaren Risikogehalt der Geschäfte orientieren. Aspekte der Transparenz, Kommunizierbarkeit, Verständlichkeit und der Umsetzbarkeit werden jedoch in der Praxis dazu führen, daß die traditionellen, am Nominalvolumen ausgerichteten Limite ihre Bedeutung behalten werden. Sie werden

---

[1] Vgl. Ong, M.H. [1999], S. 128 ff. sowie für eine Ableitung der Formel für Portfolios mit einer Vielzahl von Krediten S. 133 f. Eine alternative Darstellung findet sich bei Saunders, A. [1999], S. 161. Wegen der unten in Gliederungspunkt 4.3.3.3. ausgeführten Probleme der Ausrichtung von Preisen, die den Marktbereichen vorgegeben werden, an einem möglicherweise nicht ausreichend diversifizierten Portfolio der Bank, gibt es auch Versuche, für Zwecke der Preiskalkulation den Risikobeitrag an einem hypothetischen Marktportfolio zugrundezulegen. Da dies – wie unten ausgeführt – nicht den Zielen einer wertorientierten Steuerung entspricht, wird dieser Ansatz hier nicht weiterverfolgt.

[2] Vgl. CSFP [1997], S. 29.

[3] Vgl. Merbecks, A. [1996], S. 176.

auch deswegen weiterhin benötigt, weil sich verschiedene Risikoebenen überlagern. Eine Steuerung allein über Kontrahentenlimite würde z.b. einzelne Länderrisiken über Korrelationen implizit berücksichtigen, sie aber nicht explizit deutlich machen, so daß hier eine übergeordnete Limitierung nach wie vor notwendig ist. Auch ist zu berücksichtigen, daß portfolioorientierte Maße ggf. eine Genauigkeit vorgeben, die sie praktisch nicht besitzen.

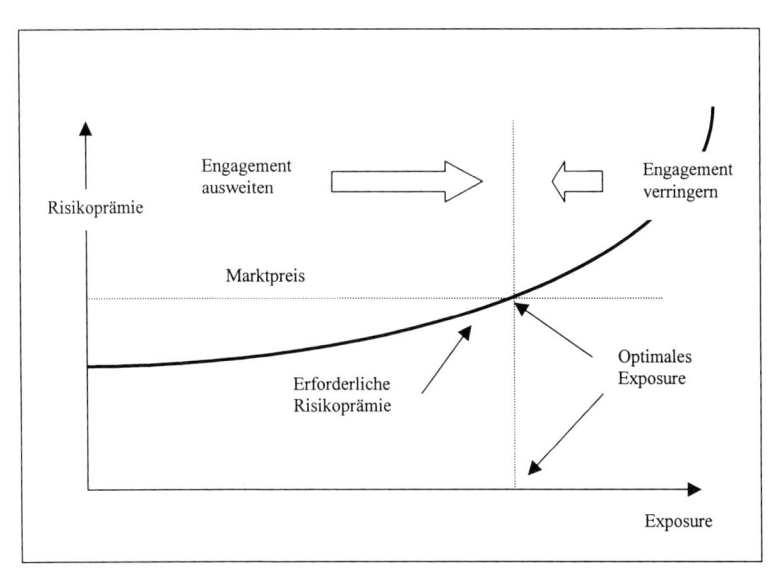

Abb. 54: **Optimales Exposure in Abhängigkeit von Marktpreis und RAROC-Erfordernis**[1]

Grundsätzlich kann jedoch die Ausrichtung an Risk/Return-Kennzahlen herangezogen werden, um die bisher starren Volumenslimite flexibler zu gestalten. Eine Ausweitung der Linien für eine spezifische Adresse kann so gerechtfertigt sein, wenn die Risikoprämie das zusätzliche Risiko gemessen am bestehenden Portfolio entschädigt. Die optimale Höhe des Exposures ist dort, wo der Grenznutzen einer zusätzlichen Einheit des Exposures, das zum Marktpreis kontrahiert wird, gerade den Grenzkosten

---

[1] Quelle: Eigene Darstellung in Anlehnung an Das, S. [1998c], S. 138.

in Höhe des risikoadjustierten Preises[1] entspricht. Dabei ist aufgrund der Portfoliozusammenhänge zu beachten, daß dieser risikoadjustierte Preis nicht statisch ist, sondern mit steigenden Exposure-Beträgen aufgrund der zunehmenden Konzentration im Portfolio überproportional zunimmt. Die Zusammenhänge sind in Abbildung 54 dargestellt.

Das optimale Exposure liegt am Schnittpunkt von erforderlicher Risikoprämie und Marktpreis. Links von diesem Betrag besteht weiterer Spielraum zur Risikoübernahme, im Bereich rechts von diesem Betrag sollte das Exposure reduziert werden. Da sich die Vorteilhaftigkeit der Übernahme von Ausfallrisiken nur im Portfoliozusammenhang beurteilen läßt, liegt somit hier eine operationalisierbare Größe für die Entscheidung über die Höhe des akzeptablen Risikos eines Kreditnehmers vor. In einer Untersuchung der Anwendung der Portfoliotheorie auf kommerzielle Kredite kommen Stevenson/Fadil zu dem Ergebnis, daß sowohl eine risikoadjustierte Preiskalkulation als auch die an Portfoliokonzentrationen ausgerichtete Limitierung geeignet sind, Worst Case-Verluste zu vermeiden, daß aber die RAROC-Preiskalkulation[2] darüber hinaus ein dynamischeres Konzept ist, das in der Lage ist, die Risk/Return-Relationen im Portfolio nachhaltig zu verbessern.[3]

Neben dieser Möglichkeit, Risiken zu limitieren, gibt es weitere ggf. einfacher umsetzbare risikoorientierte Ansätze:

- Um Limite auf vergleichbarer Risikobasis zu bestimmen, kann auf einen maximalen erwarteten Verlust abgestellt werden. Limite für gute Risikoklassen und kurze Laufzeiten wären dann automatisch höher als solche für schlechte Bonitäten und lange Laufzeiten.[4]
- Dieser Ansatz kann erweitert werden, indem auf gleiche absolute Risikobeiträge zum Gesamtportfolio abgestellt wird.[5]

---

[1] Zur Ermittlung vgl. den nachfolgenden Gliederungspunkt.
[2] Vgl. den folgenden Abschnitt zur Preiskalkulation.
[3] Vgl. Stevenson, B.G./Fadil, M.W. [1995], S. 4 ff.
[4] Vgl. CSFP [1997], S. 29.
[5] Vgl. CSFP [1997], S. 29; JP Morgan [1997a], S. 133 ff.

```
Marginale
Standardabweichung
                    • Asset 15
7.5%
        Asset 7
5.0%
        • •
       •    Asset 16
2.5%         • Asset 9
        •              • Asset 18
0.0%
    0         5       10       15
                              Exposure
```

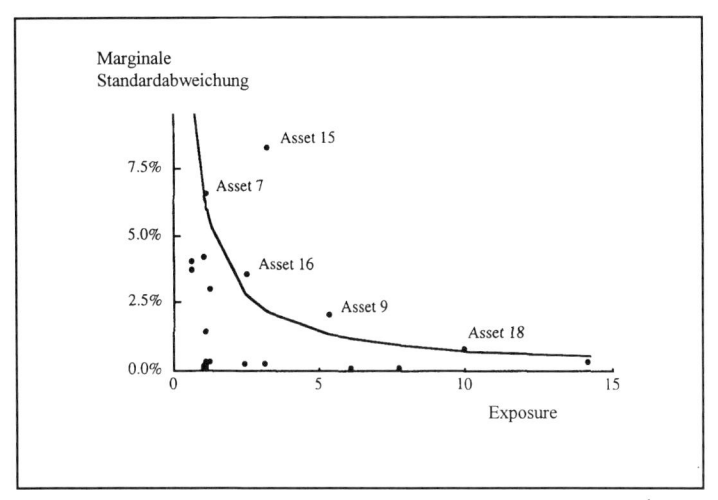

Abb. 55: Marginales Risiko in Relation zum aktuellen Wert (Beispielportfolio)[1]

Der Zusammenhang wird in Abb. 55 dargestellt. Der Risikobeitrag ergibt sich als Produkt der absoluten Höhe des Einzelexposures mit der in Prozent ausgedrückten marginalen Standardabweichung. Die Linie kennzeichnet Niveaus gleichen absoluten Risikos. Engagements, die rechts von bzw. über dieser Linie liegen, tragen überproportional zum Portfoliorisiko bei und sollten reduziert werden. Durch die Anwendung auf beliebige Teilportfolios wie z.B. Länder oder Branchen können differenzierte Konzentrationslimite ermittelt werden. Diese Konzentrationslimite haben den Effekt, den Verlust aus identifizierbaren Szenarien zu begrenzen und extreme Risiken zu begrenzen.[2]

An Risikobeiträgen ausgerichtete Limite lassen sich auch als Verlustbudgets interpretieren. Die Gesamthöhe des als Limite zu verteilenden Risikokapitals wird dann durch das verfügbare Risikotragfähigkeitspotential begrenzt.[3]

---

[1] Quelle: JP Morgan [1997a], S. 131.

[2] Vgl. CSFP [1997], S. 29.

[3] Vgl. Merbecks, A. [1996], S. 177. Die Verteilung dieses Gesamtrisikotragfähigkeitspotentials kann sich dann an einer für Marktrisiken entwickelten Limitstruktur orientieren, wie sie z.B. von Johannig, L. [1998], S. 46 ff. vorgestellt wird.

Aus Praktikabilitätsgründen können am marginalen Risikobeitrag ausgerichtete Limite nicht explizit für jeden Einzelkontrahenten festgelegt werden, sondern müssen außer für Großkredite und Länderrisiken über die Bildung von Subportfolios (z.B. nach Ratingklassen, Branchen und Regionen)vereinfacht zugeordnet werden.

4.3.3. Preiskalkulation

4.3.3.1. Rahmenbedingungen der Preiskalkulation von Ausfallrisiken

Neben der Limitierung ist insbesondere die Preiskalkulation wesentlicher Bestandteil einer risikoadjustierten Einzelgeschäftssteuerung. Die derzeit im Kreditgeschäft erzielbaren Margen werden überwiegend als in Relation zu den damit verbundenen Risiken nicht auskömmlich bezeichnet, so daß eine Verbesserung der Preisstellung als von entscheidender strategischer Bedeutung für eine verbesserte Profitabilität anzusehen ist.[1] Kreditinstitute berücksichtigen gegenwärtig i.d.R. weder das Einzelrisiko noch das portfoliobezogene Risiko ausreichend bei der Preisstellung.[2]

Voraussetzung für eine korrekte Preisstellung im Kreditgeschäft ist neben der Berücksichtigung des Risikos vor allem auch die richtige Zuordnung von Kosten und die Messung des Geschäftes an der richtigen strukturkongruenten Opportunität. Darüber hinaus ist die Berücksichtigung impliziter Optionsrechte, die dem Schuldner eingeräumt und häufig nicht kalkuliert werden, von entscheidender Bedeutung. Es handelt sich dabei z.B. um die Angebotsoption bei Abgabe eines verbindlichen Kreditangebots, die dem Kreditnehmer ein zeitlich befristetes Wahlrecht einräumt, das Angebot zu den festgelegten Konditionen anzunehmen oder abzulehnen.[3] Auch extern zugesagte Kreditlinien können so als verkaufte Optionsrechte angesehen werden, ebenso wie Kündigungsrechte des Kunden oder Rechte, die dem Kunden eine

---

[1] Vgl. auch Heintzeler, F. [1996], S. 111.

[2] Dies bestätigt auch für die USA die Studie von Chumura, C. [1995].

[3] Vgl. Reinelt, I./Keller, T. [1995], S. 292 ff. sowie Aguais, S.D./Santomero, A.M. [1998], S. 58 ff.

Option auf eine Laufzeitverlängerung des Kredites einräumen.[1] Daß die Bewertung dieser „embedded Options" von großer Bedeutung sein kann, zeigt das Beispiel einer großen amerikanischen Bank, bei der sich der Wert dieser nicht kalkulierten Optionsrechte auf 55 Mio. US $ summierte.[2]

Neben diesen impliziten Optionsrechten kann auch das Verhalten des Kreditnehmers für die richtige Preisstellung von Bedeutung sein. Insbesondere bei der Kalkulation der Zusageprovisionen für extern zugesagte Kreditlinien ist das Verhalten des Kreditnehmers einzubeziehen. Im Falle von Bonitätsverbesserungen ist mit vorzeitiger Rückzahlung, im Fall der Bonitätsverschlechterung mit erhöhter Inanspruchnahme zu rechnen. Diese Zusammenhänge können wie z.B. Asarnow aufzeigt mit Hilfe einer binomialen Optionspreisstruktur modelliert und so nach Bonitätsklassen differenzierte Gebühren für gezogene und nicht gezogene Beträge ermittelt werden.[3]

Weiterhin können Bonitätseinstufungen auch genutzt werden, um vertraglich mit dem Kunden einen von der jeweiligen Bonitätsstufe abhängigen Preis zu vereinbaren, der sich mit Änderungen der Bonitätsstufe ebenfalls ändert.[4] Hierfür sind jedoch i.d.R. wegen der nötigen Objektivität externe Rating-Einstufungen erforderlich.

Bei jeder Preiskalkulation ist immer zu berücksichtigen, daß dieser Preis noch nichts über strategische Aspekte der Kundenbeziehung und Cross-Selling Möglichkeiten aussagt, so daß in der praktischen Anwendung ggf. noch solche Aspekte einzubeziehen sind. Eine alleinige Optimierung der Einzeltransaktion ist - insbesondere bei Banken, die das Konzept des „Relationship Banking" verfolgen - zu vermeiden.[5] Es

---

[1] Vgl. Asarnow, E. [1995], S. 30, der dieses Recht auf Laufzeitverlängerung mit Revolver Option bezeichnet.

[2] Vgl. Paul-Choudhury, S. [1997], S. 32. Zur Bewertung dieser Optionsrechte vgl. z.B. Fabozzi, F.J. [1993], S. 306 ff. Kapitel 13 und 14 zur Analyse von Anleihen mit embedded Options.

[3] Vgl. Asarnow, E. [1995], S. 25 ff.

[4] Im angelsächsischen Sprachraum mit Grid-Pricing bezeichnet. Vgl. z.B. Globecon Group, Ltd. [1995], S. 74 ff.

[5] Dies ist insbesondere dort von Bedeutung, wo sich die Bank nicht nur als transaktionsorientierter Investor empfindet, sondern langfristige Beziehungen zu den Kunden in den Vordergrund gestellt werden. Vgl. auch Abschnitt 4.3.4.

sind auch die Erträge anderer, nicht risikotragender Produkte in die Kalkulation mit-
einzubeziehen, um jeweils die gesamte Kundenverbindung zu berücksichtigen.[1]

Marktpreise stellen häufig ein Datum dar, dessen Nichtbeachtung zu erheblichen
Marktanteilsverlusten führen kann. Die Durchsetzung der als richtig angesehenen
Risikomarge am Markt kann daher problematisch sein. Bisher werden Kreditmargen
noch sehr wenig nach Laufzeit und Bonität differenziert. Wie Drzik/Strothe[2] zeigen,
ist es aufgrund der Ineffizienzen im Kreditmarkt von entscheidender Bedeutung, den
Methoden der Wettbewerber überlegene Risikobewertungsmethoden zu entwickeln
und den jeweiligen Markt, also die Einschätzung der Wettbewerber, möglichst gut
vorhersagen zu können. Im Markt für kleinere Firmenkunden ist darüber hinaus das
Verhandlungsgeschick der Kundenbetreuer von entscheidender Bedeutung, um einen
angemessenen Preis für das jeweilige Risiko zu erzielen.

Der Bereich der Kalkulation des fairen Preises für Ausfallrisiken kann grundsätzlich
als noch unbefriedigend angesehen werden. Es sind zwar verschiedene Möglichkeiten zur Risikomessung entwickelt worden, eine allgemein akzeptierte Bewertungs-
formel fehlt jedoch noch immer. Es gibt, wie im folgenden aufgezeigt wird,
verschiedene Ansätze, Preise für Ausfallrisiken zu kalkulieren. Diese sind jedoch im
Vergleich zu Marktpreisrisiken alle mit erheblichen Problemen behaftet.

4.3.3.2. Marktorientierte Preise

Wo auf hinreichend effizienten und liquiden Märkten gehandelte Marktpreise vorliegen, sind diese anzusetzen. Sie sind objektiv und unabhängig von subjektiven Präferenzen und Wahrscheinlichkeitsaussagen. Für Anleihen ist dies häufig gegeben, für
Kredite besteht jedoch i.d.R. noch kein liquider Markt, der als effizient gelten

---

[1] Vgl. Schröck, G. [1997], S. 146 ff.
[2] Vgl. Drzik, J./Strothe, G. [1997a], S. 681 ff.

könnte.¹ Die Ineffizienz des Kreditmarktes und der Bedarf an besseren Pricing-Modellen wird durch die beobachtbare erhebliche Streuung der Risikomargen auch für identische Risikoklassen im kommerziellen Kreditgeschäft unterstrichen.² Weiterhin werden Margen in Deutschland noch sehr wenig publiziert. Sie sind darüber hinaus nicht ohne weiteres auf andere Kredite übertragbar, da sich Kredite – soweit es sich wie insbesondere im Firmenkreditgeschäft um weitgehend unstandardisierte Finanzierungen handelt - in ihrer Struktur z.B. bzgl. Sicherheiten oder anderer Vertragsklauseln unterscheiden können und Kreditmargen i.d.R. durch individuelle Verhandlungen und nicht durch einen funktionierenden Marktprozeß zustande kommen. Banken sind nicht wie andere Investoren passive Preisnehmer am Markt, sondern haben i.d.R. die Möglichkeit, Geschäfte so zu strukturieren, daß sowohl die eigenen als auch die Interessen des Kunden erfüllt werden. Kreditkonditionen werden individuell verhandelt, so daß sich Banken hier ein erheblicher Spielraum eröffnet, den ein liquider Markt nicht bietet. Aus den genannten Gründen haben am Markt gehandelte Preise für illiquide Ausfallrisiken nicht denselben Informationsgehalt wie für liquide Marktpreisrisiken.

Dort wo liquide Marktpreise in Form von Markt-Spreads vorliegen, können diese als Basis für die Preisermittlung dienen. Zum einen können aus Markt-Spreads implizit erwartete Ausfallraten deduziert werden, zum anderen können, wenn Titel eines Schuldners nicht gehandelt werden, Preise vergleichbarer Risiken als Maßstab herangezogen werden. Vor allem verschiedene Pricing-Modelle für Kreditderivate zeigen Wege auf, Preise für Ausfallrisiken so zu ermitteln, daß sie konsistent mit am Markt beobachtbaren Preisen für vergleichbare Risiken sind.³ Diese Ansätze zählen zu den Methoden der Contingent Claims Analysis. Unter diesem Oberbegriff sind verschiedene theoretische Ansätze zur arbitragefreien Bewertung von ausfallbedroh-

---

[1] Vgl. Drzik, J./Strothe, G. [1997a], S. 682. Zur Anwendung von Sekundärmarktpreisen auf Auslandsforderungen vgl. auch Baxmann, U. G. [1990], S. 497 ff.

[2] Vgl. Manz, F. [1998], S. 176.

[3] Vgl. Das, S. [1998b], S. 174 ff.

ten Forderungen entwickelt worden.[1] Zu diesen Ansätzen zählen auch die auf der Optionspreistheorie aufbauenden Modelle, die oben (vgl. Gliederungspunkt 3.2.4.) eingehender untersucht worden sind. Wie dort gezeigt wurde, ist deren Anwendung, insbesondere wegen der Schwierigkeiten, die Eingangsparameter eindeutig zu ermitteln, sowie der Unmöglichkeit, die Risiken im Markt zu hedgen, noch mit großen Problemen verbunden, auch wenn sie eine Hilfestellung bei der Bewertung von Risiken liefern können.

Andere Ansätze, wie der von Jarrow/Turnbull[2] benötigen als Input die am Markt beobachtbare Credit-Spread-Kurve für verschiedene Risikoklassen, so daß sie aus diesem Grunde auf kommerzielle Kredite i.d.R. nicht anwendbar sind. Weitere Ansätze der Contingent Claims Analysis bauen wie das Modell von Jarrow/ Lando/ Turnbull[3] auf Ratings auf. Ratingveränderungen und Ausfälle werden in einer Migrationsmatrix vergleichbar der Vorgehensweise in CreditMetrics modelliert. Das Modell von Das/Tufano[4] baut auf dem Modell von Jarrow/Lando/Turnbull auf und beinhaltet darüber hinaus noch eine stochastische Recovery Rate. Diese Modelle sind grundsätzlich mit der in CreditMetrics verwendeten Systematik kompatibel. Da sie vergleichbare Datenanforderungen haben, gilt für die Anwendung auf nicht liquide handelbare Kredite insbesondere bzgl. der Markt-Spreads die Kritik in gleichem Maße.[5] Für die Preiskalkulation von Kreditderivaten mit einer liquiden Anleihe als Referenz haben diese Modelle bzw. Abwandlungen jedoch in der Praxis bereits Bedeutung erlangt.[6]

---

[1] Vgl. z.B. Duffee, G.R. [1996]; Geske, R. [1977], S. 541 ff. sowie Hüttemann, P. [1997], S. 70 ff. Einen recht aktuellen Überblick zum Stand der Forschung in der wissenschaftlichen Literatur gibt Cossin, D. [1997].

[2] Vgl. Jarrow, R./Turnbull, S.[1992]; Jarrow, R.A./Turnbull, S.M. [1995]; Hütteman, P. [1997], S. 93 ff.

[3] Vgl. Jarrow, R.A./ Lando, D./ Turnbull, S.M. [1997], S. 481 ff.; Das, S. R./Tufano, P. [1996], S. 161 ff.; Hüttemann, P. [1997], S. 99 ff., sowie Hüttemann, P. [1998], S. 66 ff.

[4] Vgl. Das, S. R./Tufano, P. [1996], S. 161 ff.

[5] Vgl. Crouhy, M./Galai, D./Mark, R. [1998], S. 40 sowie z.B. auch Lehrbass, F. [1997], der bei einer vergleichenden Anwendung auf eine Anleihe für das Modell von Longstaff/Schwartz zu besseren Ergebnissen kommt.

[6] Vgl. Petrie, A./ Schommer, K.P./ Schneider, I. [1998], S. 53 ff.

Es kann an dieser Stelle keine umfassende Würdigung der verschiedenen Ansätze der Contingent Claims Analysis und ihrer praktischen Eignung zur Bewertung von Ausfallrisiken erfolgen. Die empirische Anwendung befindet sich noch am Anfang, und aufgrund der spärlichen Untersuchungen ist die Fähigkeit dieser Modelle, Ausfallrisiken richtig zu bewerten, noch unklar.[1] Theoretisch kommen diese Ansätze jedoch den in der Kapitalmarkttheorie formulierten Prinzipien am nächsten. Die praktische Anwendung wirft jedoch noch große Probleme auf. Grundsätzliches Problem der Anwendung dieser Ansätze ist, daß sie vollkommene Märkte annehmen, auf denen Ausfallrisiken liquide gehandelt werden. Für die meisten Kreditrisiken treffen diese Annahmen nicht bzw. in deutlich geringerem Maße zu als für Marktpreisrisiken. Die Anwendung der arbitragefreien Ansätze zum Pricing von Kreditrisiken ist dort möglich, wo Märkte hinreichend liquide sind, Markt-Spreads vorliegen und wo sichergestellt werden soll, daß komplexe Kreditprodukte konsistent mit Standardrisiken kalkuliert werden und daß nicht die Preiskalkulation selbst neue Arbitragemöglichkeiten erzeugt.

4.3.3.3. Risikoadjustierte Preisberechnung

4.3.3.3.1. Risikoadjustierte Preise als interne Knappheitspreise

Preise können außer aus Marktpreisen auch aus einem subjektiven bzw. unternehmensspezifischen Entscheidungskalkül hergeleitet werden. Bei Kreditinstituten kommt folgende Vorgehensweise in Betracht: Die Fähigkeit eines Kreditinstitutes, Risiken zu tragen, ist begrenzt, Risikokapital ist eine knappe Ressource. Aus dieser Knappheitssituation ist dann der Preis abzuleiten, der diese Verhältnisse widerspiegelt und eine optimale Nutzung der knappen Ressource Risikotragfähigkeit gewährleistet. Eine solche Knappheitsprämie ist grundsätzlich nicht marktorientiert, sondern hängt von unternehmensspezifischen Gegebenheiten ab und deckt auch diversifizier-

---

[1] Vgl. auch Cossin, D. [1997], S. 410 sowie Jarrow, R.A. [1998], S. 196 ff. „Due to the newness of the models and the sparsity of accurate price data, the empirical validation of the various models awaits subsequent research." Vgl. Jarrow, R.A. [1998], S. 202.

bare aber ggf. nicht diversifizierte Risiken ab.[1] Die Orientierung der Preisstellung an dem internen RAROC-Maßstab entspricht somit der Ermittlung eines Knappheitspreises.

Dieser Preis ist nicht einem Marktpreis vergleichbar und kann auch nicht als Hedge-Kosten für die Glattstellung der Position interpretiert werden. Dieser subjektive Preis gibt vielmehr an, wie der Einfluß auf das Ziel (der Gewinnerzielung bzw. der Unternehmenswertsteigerung) ist, wenn eine zusätzliche Einheit der knappen Ressource Risikotragfähigkeit verbraucht wird. Die Kalkulation entspricht dem schon bisher in der Mehrzahl der Banken verwendeten Kalkulationsschema für Kreditrisiken, jedoch mit dem Unterschied, daß die Eingangsgrößen anders ermittelt werden. Unabhängig davon, ob mit Margen oder barwertig gesteuert wird, läßt sich der Soll-Anspruch, der zusätzlich zum jeweiligen Opportunitätszins verrechnet werden muß, folgendermaßen errechnen:

    Betriebskosten (inklusive aller Overhead-Kosten)
+ Risikokosten (Ausfallprämie für erwartete Verluste)
+ Eigenkapitalkosten (Risikoübernahmeprämie, Kosten des
                erforderlichen Risikokapitals)
= Solldeckungsbeitrag

Eine Verbesserung gegenüber der traditionellen Vorgehensweise in Banken liegt vor allem in der wirtschaftlich exakteren Ermittlung der Eingangsgrößen Risikokosten und Eigenkapitalkosten. Für die Risikokosten werden die erwarteten Verluste angesetzt, die sich detailliert nach Besicherung, Risikoklasse und Laufzeit ermitteln lassen, so daß Kredite mit unterschiedlichen Laufzeiten bzw. Zahlungsstrukturen und Bonitäten differenziert kalkuliert werden können. Die Eigenkapitalkosten werden differenziert berechnet über die erforderliche Mindestrendite auf das zur Unterlegung notwendige Risikokapital.

---

[1]   Vgl. Hartmann-Wendels, T./Spörk, W./Vievers, C. [1997], S. 5.

Der RAROC-Preis umfaßt auch unsystematische Risiken und entspricht damit nicht der klassischen Finanztheorie. Jedoch wird hierdurch ein kritisches Element mitberücksichtigt, das die Theorie ausläßt. Wenn Kreditmärkte nicht effizient sind und Hedging nicht möglich ist, dann muß die Bank für alle Risiken, die sie übernimmt, im Preis entschädigt werden, auch wenn die Finanztheorie dies unter der Annahme vollkommener Märkte nicht vorsieht.[1] Auch für diversifizierbare Risiken kann eine Risikoübernahmeprämie kalkuliert werden, wenn der Wettbewerb nicht ausreicht, diese zu eliminieren.[2]

Der RAROC-Preis ermöglicht der Bank abzuschätzen, ob Marktpreise ausreichend sind, erwartete Verluste abzudecken und eine angemessene Verzinsung des eingesetzten Risikokapitals zu erwirtschaften.[3] Da der Markt bzw. Angebot und Nachfrage bei der Bestimmung keine Rolle spielen, sondern allein der Risikogehalt der Geschäfte, ist die Methode in einem ineffizienten Markt wie dem Kreditmarkt geeignet, vom Markt zu schlecht kalkulierte Geschäfte ebenso zu identifizieren wie zu gut kalkulierte.

Mittels dieser Berechnungen kann eine Aussage über die relative Vorteilhaftigkeit eines Geschäftes aus Sicht der Bank unter Gesichtspunkten einer wertorientierten Steuerung getroffen werden. Der risikoadjustierte Preis gibt eine Steuerungsinformation, ob und in welcher Höhe ein bestimmtes Kreditrisiko eingegangen werden sollte. Dies bestimmt sich dynamisch nach der jeweiligen Situation der Bank. Die Vorgehensweise entspricht nicht der Steuerung von Marktpreisrisiken. Dort kann die Preisermittlung grundsätzlich von der Entscheidung, ob ein Risiko übernommen werden sollte oder nicht, getrennt werden. Dies ist solange möglich, wie Risiken jederzeit über den Markt gehedgt werden können. Da dies für Ausfallrisiken wegen des noch nicht hinreichend entwickelten Sekundärmarktes noch nicht gegeben ist, können sie nur über ein Nichteingehen vermieden werden. Weiterhin können Ausfallrisiken erst im Portfolio effizient gesteuert werden. Die Risikoneigung der Bank

---

[1] Vgl. Froot, K./Stein, J. [1996], S. 3.
[2] Vgl. Shimko, D. [1998], S. 31.
[3] Vgl. auch IIF, [1998], S. 22 f.

sowie deren Portfoliosituation muß daher in die Preisbestimmung miteinfließen.[1] Ist ein Marktpreis gegeben, so ist zu entscheiden, ob und in welcher Höhe Risiken eingegangen werden sollen. Die RAROC-Kalkulation gibt hier ein Optimierungskalkül vor

Aus dem in Abb. 54 dargestellten Zusammenhang kann abgelesen werden, welchen Preis eine Bank in Abhängigkeit vom Exposure mindestens vom Kunden verlangen muß.

4.3.3.3.2. Preis für die Absicherung von Ausfallrisiken über Kreditderivate bzw. Verbriefung

Ausgehend von einem bestehenden Portfolio, das optimiert werden soll, zeigt Abb. 54 ebenfalls an, welchen Preis die Bank maximal zu bezahlen bereit sein müßte, um das Ausfallrisiko z.b. über Kreditderivate oder Verbriefung abzusichern und so ihr Portfolio zu optimieren. Dieser Preis setzt sich zusammen aus der Ersparnis an Eigenkapitalkosten und Risikokosten für erwartete Verluste. Bei einem überhöhten Exposure kann es aus Sicht der Bank nach diesem Kalkül rational sein, mehr als den Marktpreis zu zahlen, um das Risiko auf das nach internen Maßstäben optimale Niveau zu senken, bzw. zur weiteren Optimierung des Portfolios unter Risiko/Return-Gesichtspunkten einen geringeren als den Marktpreis zu akzeptieren für Kredite, zu denen die Bank bisher noch wenig Zugang hat.[2]

Aus verschiedenen Gründen, insbesondere aber, um die Kundenbeziehung nicht zu gefährden, kann es für eine Bank vorteilhaft sein, ihr Kreditportfolio mit Hilfe von

---

[1] Vgl. Froot, K./Stein, J. [1996], S. 2.

[2] Vgl. Das, S. [1998c], S. 136 ff. Diese Zusammenhänge werden insbesondere im Zusammenhang mit dem Marketing von Kreditderivaten herausgestellt, zumal das Management von Konzentrationsrisiken als eine der wichtigsten Anwendungen von Kreditderivaten gesehen wird. Vgl. Kealhofer, S. [1998], S. 16 ff. Diese Zusammenhänge gehören zu den Argumenten der Investmentbanken in den Bemühungen, den Markt für Kreditrisiken bzw. Kreditderivate zu entwickeln, bietet sich doch ein fast unerschöpfliches Potential für Geschäfte als Vermittler zwischen verschiedenen Banken mit unterschiedlicher Portfoliostruktur und daher unterschiedlichen Anforderungen. Einführend zu Kreditderivaten vgl. British Bankers Association [1997]; Das, S. R. [1995]; Das, S. [1998a]; Savelberg, A.H. [1996] sowie Smithson, C./ Holappa, H. [1995], S. 28 ff.

Kreditderivaten zu optimieren. Unter Kreditderivaten werden Finanzinstrumente verstanden, „...*mittels derer die mit Darlehn, Anleihen oder anderen Risikoaktiva bzw. Marktrisikopositionen verbundenen Kreditrisiken auf als sogenannte Sicherungsgeber auftretende Parteien übertragen werden. Dabei werden die ursprünglichen Kreditbeziehungen der sogenannten Sicherungsnehmer (die Parteien, die die Kreditrisiken veräußern) weder verändert noch neu begründet.*"[1] Kreditderivate haben somit die sehr vorteilhafte Eigenschaft, Ausfallrisiken separat handelbar zu machen, ohne das zugrundeliegende Kreditgeschäft zu beeinträchtigen oder den Kredit aus der Bilanz zu entfernen. Neben dem Vorteil, die Kundenbeziehung nicht zu gefährden haben sie den Vorteil, daß die Bank einen unter Markt- und Liquiditätsgesichtspunkten günstigen Zeitpunkt für die aktive Steuerung ihres Kreditportfolios selbst bestimmen kann. Darüber hinaus sind Kreditderivate auch eine mit relativ geringen Transaktionskosten verbundene Methode der Risikosteuerung.

Je nachdem, ob das gesamte Risiko einer ausfallrisikobehafteten Position oder nur das Ausfallrisiko abgesichert werden soll, stehen verschiedene Kreditderivatestrukturen zur Verfügung. In einem Total Return Swap werden sämtliche Marktwertänderungen einer Anleihe bzw. eines Krediteses gegen eine regelmäßige variable Zinszahlung ausgetauscht. Bei Credit Default Produkten wird gegen Zahlung einer einmaligen oder regelmäßig wiederkehrenden Zahlung das Ausfallrisiko eines Kredites oder einer Anleihe abgesichert. Bei Einritt des Ausfallereignisses zahlt der Sicherungsnehmer den Nominalwert des Krediteses abzüglich des dann beizulegenden Wertes bzw. gegen Lieferung der Anleihe/des Krediteses.[2] Neben Total Return Swaps und Credit Default Produkten sind weiterhin Credit Spread Produkte von Bedeutung, die sich auf eine Veränderung des Marktspreads von Anleihen oder Krediten beziehen. Darüber hinaus werden zunehmend komplexe Basket Produkte am Markt gehandelt, die sich auf mehrere unterschiedliche Ausfallrisiken beziehen.

---

[1] Bundesaufsichtsamt für das Kreditwesen [1999], S. 1.
[2] Als dritte Möglichkeit kann die Zahlung eines festen Geldbetrages vereinbart werden.

Total Return Swap

Sicherungsgeber	← Coupon + Kursgewinne der Referenzanleihe →	Sicherungsnehmer
	Vertraglich vereinbarte Zinszahlungen + Kursverluste der Referenzanleihe	↑ Anleihe

Bei einem Total Return Swap tauscht der Sicherungsnehmer die Erträge aus einem Referenzaktivum (z.B. einer Anleihe) sowie dessen Wertsteigerungen mit dem Sicherungsgeber gegen die Zahlung eines variablen oder festen Bezugszinses und den Ausgleich der Wertminderungen des Referenzaktivums periodisch aus. Der Sicherungsnehmer übernimmt vom Sicherungsgeber damit für die Laufzeit des Geschäfts neben dem Kredit- auch das gesamte Kursrisiko aus dem Referenzaktivum.

Credit Default Swap

Sicherungsgeber	← Prämie	Sicherungsnehmer
	Ausgleichszahlung bei Eintritt des Kreditereignisses	↑ Aktivum

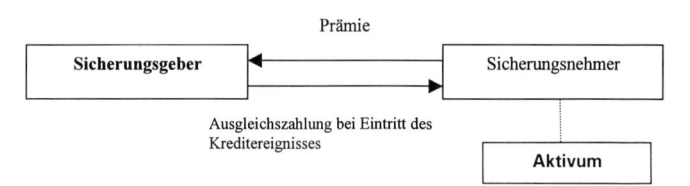

Bei einem Credit Default Swap leistet der Sicherungsgeber nur bei Eintritt eines vorab spezifizierten Kreditereignisses bei dem Schuldner des Referenzaktivums eine Ausgleichszahlung. Dafür erhält er eine einmalige oder bei längeren Laufzeiten ggf. annualisierte Prämie. Die Ausgleichszahlung kann in Höhe des Nominalwertes gegen physische Lieferung des Refernzaktivums oder in Form eines Differenzausgleichs zu dem Restwert des Referenzaktivums nach Eintritt des Kreditereignisses oder als fest vereinbarter Betrag erfolgen. Der Sicherungsgeber übernimmt nur die mit dem Ausfall des Schuldners der Referenzanleihe verbundenen Auswirkungen, nicht wie beim Total Return Swap auch Wertveränderungen aufgrund allgemeiner Marktschwankungen.

Credit Linked Note

Sicherungsgeber	Anleihebetrag → / ← Coupon auf CLN	Sicherungsnehmer
	Rückzahlung des Nennwerts abzgl. Ausgleichszahlung bei Kreditereignis	↑ Aktivum

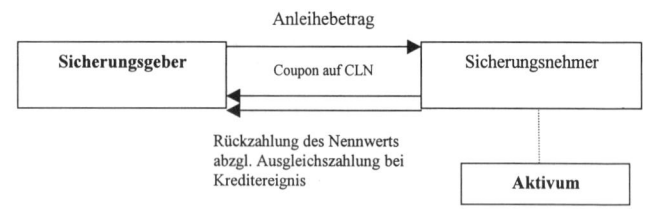

Eine Credit Linked Note (CLN) ist eine vom Sicherungsnehmer emittierte Schuldverschreibung, die dann und nur dann am Laufzeitende zum Nennwert zurückgezahlt wird, wenn ein vorher spezifiziertes Kreditereignis bei einem Referenzaktivum nicht eintritt. Kommt es zum Kreditereignis, wird die Credit Linked Note innerhalb einer festgesetzten Frist unter Abzug eines Ausgleichsbetrages, z.B. in Höhe der Differenz zwischen Nominal- und Restwert des Referenzaktivums, zurückgezahlt. Eine Credit Linked Note stellt insofern eine Kombination zwischen einem Credit Default Swap und einer Anleihe dar. Im Unterschied zum Credit Default Swap und zum Total Return Swap leistet der Sicherungsgeber seine Geldzahlung in Höhe des Anleihebetrages aber im vorhinein. Das Vereinnahmen des Emissionserlöses aus der Credit Linked Note wirkt beim Sicherungsgeber wie eine Barunterlegung des ursprünglichen Kreditrisikos.

Abb. 56: Grundformen von Kreditderivaten[1]

---

[1] Eigene Darstellung. Vgl. auch Bundesaufsichtsamt für das Kreditwesen [1999], S. 3 ff.

Neben Kreditderivaten haben in jüngster Zeit verschiedene Formen der Verbriefung von Kreditforderungen auch in Europa stark an Bedeutung gewonnen. In der relativ einfachen Form der Credit Linked Note (CLN) werden eine Anleihe und ein Credit Default Swap kombiniert. Der Anleihekäufer übernimmt ein weiteres Ausfallrisiko zusätzlich zum Ausfallrisiko des Anleiheemittenten und erhält hierfür eine zusätzliche Risikoprämie. Bei komplexen Formen der Verbriefung werden Wertpapiere ggf. in verschiedenen Tranchen mit unterschiedlichem Risikogehalt, der ggf. auch durch unterschiedliche Ratings deutlich wird, gegen einen Pool von Kreditforderungen emittiert. Diese Forderungen sind i.d.R. auf eine Zweckgesellschaft übertragen worden, die die Wertpapiere emittiert. Dabei sind verschiedene Strukturen entwickelt worden, die sich deutlich unterscheiden können, je nachdem, ob die Investoren das gesamte Ausfallrisiko der Kreditforderungen in dem Pool übernehmen sollen oder nur eine Absicherung für extreme Risiken gesucht wird, ob die Verbriefung der Steuerung des aufsichtlichen oder des ökonomischen Kapitals dient und ob die Kredite in der Bilanz der absichernden Bank verbleiben oder nicht.[1]

Die Vorteilhaftigkeit einer Absicherung von Kreditrisiken läßt sich grundsätzlich nach dem gleichen Schema ermitteln wie die Preiskalkulation für die Übernahme von Ausfallrisiken. Wenn der Risikokapitalbedarf bekannt ist, kann der wirtschaftliche Preis für die Absicherung über Kreditderivate wie folgt ermittelt werden.

---

[1] Vgl. auch Saunders, A. [1999]:

Preis für Absicherung von Kredit ABC	
Erwarteter Verlust in % des Exposures p.a.	0,30%
VAR/durchschnittliches Risikokapital (in % des Exposures)	5,8%
EK-Kosten (15 %.) in % des Exposures	0,87%
Maximal vertretbarer Preis für z.B. einen Default-Swap, der das Kreditrisiko voll absichert. (In der konkreten Preisberechnung muß noch eine Risikoprämie für das Kontrahentenrisiko des Kreditderivates berücksichtigt werden.)	1,17 %

Abb. 57: Preiskalkulation für die Absicherung über Kreditderivate

Ein Verkauf des Risikos entlastet die Bank i.H. der erwarteten Verluste sowie der Eigenkapitalkosten für das eingesetzte Risikokapital. Dieses Kalkül liefert eine Obergrenze für den Preis, den die Bank für den Risikoverkauf bezahlen kann. Von diesem Preis müssen ggf. in Abhängigkeit von der Ausgestaltung des Kreditderivats noch Ausfall- und Risikoübernahmeprämie für das Ausfallrisiko des Kreditderivat-Kontrahenten abgezogen werden. Der Betrag hängt ab von der Bonität des Kreditderivat-Kontrahenten und der Korrelation bzw. der gemeinsamen Ausfallwahrscheinlichkeit des Kontrahenten und des abzusichernden Krediter.[1]

4.3.3.3.3. Beurteilung der portfolioabhängigen Preiskalkulation aus Sicht der Banksteuerung

Der Portfolioansatz kann für die Steuerung und Messung von Marktpreisrisiken als akzeptiert angesehen werden. Wie oben gezeigt, bringt auch die Anwendung der Prinzipien der Portfoliotheorie auf Ausfallrisiken große Vorteile. Problematisch ist jedoch die portfolioabhängige Ableitung von Preisen. Die Berücksichtigung von Diversifikationseffekten bei der Preiskalkulation von Einzelgeschäften ist aus verschiedenen Gründen fragwürdig:

---

[1] Vgl. u.a. Rai, S./Hatstadt, P./Gill, A./Minton, L. [1997], S. 7.

- Die Zurechnung von Diversifikationseffekten auf Einzelgeschäfte bedeutet die Zurechnung von Effekten, die dieses Geschäft nicht allein verursacht, da sie von der Zusammensetzung des Gesamtportfolios bestimmt werden.[1]
- Diese Diversifikationseffekte können durch die Entscheidung bzgl. anderer Geschäfte beeinflußt bzw. sogar umgedreht werden. Sie ändern sich mit jeder wesentlichen Veränderung der Portfoliozusammensetzung im Zeitablauf. Die Vorteilhaftigkeit eines Geschäftes kann sich in das Gegenteil verkehren. Der marginale Risikobeitrag ist somit kein objektiver Maßstab, an dem das Risiko bewertet werden könnte.

- Der marginale Risikobeitrag ist abhängig vom entsprechend der Risikoneigung der Geschäftsführung gewählten Konfidenzniveau sowie vom jeweiligen Aggregationslevel bzw. vom jeweils zugrundeliegenden Portfolio.[2] Für Geschäftsbereiche sind die Diversifikationseffekte i.d.R. noch transparent, auf Einzelgeschäftsbasis aufgrund der vielfältigen Wechselbeziehungen im Gesamtportfolio (einschließlich Marktpreis- und Betriebsrisiken) jedoch kaum mehr nachvollziehbar. Es ist daher in jedem Fall erforderlich, das relevante Portfolio klar abzugrenzen.

- Die Orientierung an einem internen Portfolio widerspricht der Finanztheorie, in der diversifizierbare Risiken nicht relevant sind für den fairen Preis und Preise am Markt gemessen werden.

- Die Diversifizierungseffekte sind von der jeweils akquirierenden Stelle des Geschäftes nicht beeinflußbar. Eine interne Steuerung, die auf diesen Preisen aufbaut, ist daher für eine Beurteilung der Leistung dieser Einheiten nur eingeschränkt tauglich.

Die portfolioabhängige Preiskalkulation wird daher von verschiedener Seite kritisiert: *„There's not much liquidity in loan trading or credit derivatives yet, so banks have tried to put the portfolio impact into the front end decision and to decide, a priori, whether it's a good loan or not in that context. We think that's a bad way to do it: You should originate any loan that makes you money and manage it on a portfolio basis later".*[3] Auch Kirmße vertritt die Ansicht, daß Portfoliozusammenhänge grundsätzlich bei der Preisfindung nicht berücksichtigt werden können, da die Bepreisung von Ausfallrisiken aufgrund der Unmöglichkeit der Ermittlung gesamtbankoptimierter Prämien im Rahmen einer Anwendung der Portfoliotheorie der de-

---

[1] Vgl. Paul-Choudhury, S. [1997a], S. 32.

[2] Vgl. Bessis, J. [1998], S. 284 ff.

[3] Paul-Choudhury, S. [1997a], S. 32. Auch Vertreter von CSFP weisen in Vorträgen darauf hin, daß CreditRisk ein Risikomanagement-Modell ist und kein Preismodell. Vgl. Cross, A. [1998] bzw. Ostendorf, M. [1998].

zentralen Marktbereichssteuerung zuzuordnen sei. Es habe grundsätzlich eine einzelgeschäftsbezogene Betrachtung zu erfolgen.[1] Entsprechend dieser Sichtweise muß der Preis einzeltransaktionsspezifisch entweder mit arbitragefreien Ansätzen oder am Markt ermittelt werden. Dies entspricht der Vorgehensweise bei Marktrisiken, wo die Preiskalkulation und die Entscheidung der Risikoübernahme klar voneinander getrennt werden können.

Auch der Ansatz einer Risikoprämie für das notwendige Risikokapital widerspricht der Vorgehensweise bei Marktpreisrisiken, wo für den VAR keine zusätzliche Risikoprämie auf z.b. Optionsprämien gerechnet wird. Diese Risikoprämie auf das eingesetzte Kapital muß dann zwar immer noch ex post auf das Risikokapital verdient werden, wird aber nicht ex ante kalkuliert.

Marktpreise bzw. arbitragefrei ermittelte Preise machen jedoch keine Aussage darüber, ob das jeweilige Geschäft aus Sicht der Bank vorteilhaft ist oder nicht, also als wertschaffend oder wertvernichtend anzusehen ist. Weiterhin sind Ausfallrisiken, soweit sie nicht auf liquiden Märkten gehandelt werden,[2] anders als Marktrisiken zu betrachten und zu steuern. Anders als bei Marktpreisrisiken, die jederzeit zum Marktpreis veräußert werden können, müssen Ausfallrisiken möglicherweise bis zum Laufzeitende gehalten werden. Wegen des beschränkten Risikotragfähigkeitspotentials der Bank muß die jeweilige Portfoliosituation miteinfließen in die Entscheidung, ob ein Kredit eingegangen wird und zu welchen Konditionen, da Marktpreise, soweit sie vorliegen, nicht den Einfluß des Einzelkredites auf ein bestimmtes Portfolio reflektieren.[3] Nur die Ausrichtung an portfolioorientierten Preisen gewährleistet bankweit den permanenten Anreiz, auf eine bestmögliche Diversifizierung im Portfolio hinzuwirken.

---

[1] Vgl. Kirmße, S. [1996], S. 26.

[2] Mit der zunehmenden Handelbarkeit von Ausfallrisiken über Kreditderivate und die Verbriefung von Forderungen wird sich der Kreis von Ausfallrisiken, die vergleichbar mit Marktpreisrisiken gesteuert werden können, erweitern. Gleichwohl behält diese Aussage noch für die anderen Segmente ihre Gültigkeit.

[3] Vgl. Punjabi, S. [1998], S. 76. Diese Überlegungen haben bei verschiedenen Banken zur Einführung entsprechender RAROC-Preiskalkulations-Systeme geführt. Vgl. z.B. Manz, F. [1998], S. 171 ff.

Banken sollten daher für Ausfallrisiken auch ex ante die jeweilige Portfoliosituation in Vorgaben von durchschnittlichen Eigenkapitalkosten für bestimmte Einzelrisiken bzw. für sinnvoll abgegrenzte Subportfolios berücksichtigen und ex post entsprechende Überlegungen in die aktive Portfoliosteuerung z.b. durch Asset Backed Securities oder Kreditderivate einfließen lassen.

Unabhängig davon, ob Risiken liquide handelbar sind oder nicht, kann die risikoadjustierte Preisberechnung auf die mikroökonomische Grenznutzenlehre zurückgeführt werden. Die knappe Ressource Risikotragfähigkeit muß in allen Verwendungen den gleichen Grenznutzen erbringen, um optimal genutzt zu werden. Der Grenznutzen entspricht der erwarteten Rendite einer Investitionsalternative, wenn die Maximierung des erwarteten Erfolges unter Berücksichtigung des knappen Risikotragfähigkeitspotentials unterstellt wird, wobei angenommen wird, daß dieses Risikotragfähigkeitspotential voll ausgenutzt wird.[1] Werden Preise nicht am Portfolio ausgerichtet, dann fehlen wesentliche Anreize, das Portfolio optimal zu gestalten. Risikokapital ist ein Risikomaß und zwar das für die jeweilige Bank relevante Risikomaß. Wenn die Bank sich nicht nach diesem Risikomaß richtet, dann wird sie auf Dauer nicht in der Lage sein, eine ausreichende Eigenkapitalrendite zu erwirtschaften.

Trotz der vielfältigen Einwände, die gegen eine portfolioabhängige Preiskalkulation angeführt werden können, ist es aus Gründen einer konsistenten wertorientierten Steuerung grundsätzlich erforderlich, den Portfoliokontext bei der Kalkulation von Mindestkonditionen zu berücksichtigen. Führt dies dazu, daß wegen des nicht ausreichenden Diversifizierungsgrades des Portfolios Preise nicht wettbewerbsfähig sind, so macht dies nur die Notwendigkeit einer besseren Diversifikation des Portfolios, mithin einer Verbesserung der Effizienz der Risikoübernahme, deutlich. Ein Abweichen von dieser Regel bedeutet, daß eine konsequente wertorientierte Steuerung durch die Preiskalkulation nicht unterstützt wird.

---

[1] Vgl. Lehrbaß, F.B. [1999a], S. 134.

4.3.3.3.4. Beurteilung der portfolioabhängigen Preiskalkulation im Hinblick auf die Kundenakzeptanz bzw. die Durchsetzbarkeit am Markt

Portfolioabhängige Preise variieren mit der Zusammensetzung des Portfolios und sind in ihrer Höhe auch beeinflußt von Effekten, die der Kunde nicht zu verantworten hat. Der Kunde verursacht zwar das Risiko, das mit Eigenkapital zu unterlegen ist, die Höhe des zur Unterlegung notwendigen Eigenkapitals wird aber entscheidend von weiteren Faktoren bestimmt, die der Kunde nicht verursacht. Weiterhin entspricht die Belastung des Kunden mit ansteigenden Risikomargen in Abhängigkeit vom Kreditvolumen, wie es eine portfoliobezogene Preisberechnung vorgibt, nicht den Gepflogenheiten am Markt, wo die Höhe der Kreditaufnahme i.d.R. nur einen geringen oder sogar einen umgekehrten Einfluß auf die Kreditkonditionen hat.

Es stellt sich daher die Frage, ob risikoadjustierte Preise am Markt durchsetzbar sind. Gemäß der Kapitalmarkttheorie werden diversifizierbare Risiken nicht am Markt vergütet, Banken können daher grundsätzlich nicht erwarten, für Risiken bezahlt zu werden, die auf ein schlecht bzw. im Marktvergleich unzureichend diversifiziertes Portfolio zurückzuführen sind. Das Risiko wird in einem effizienten Markt von dem Investor übernommen, der dieses Risiko am effizientesten übernehmen kann. Dies entspricht dem Wettbewerb produzierender Unternehmen, die in einem funktionierenden Markt im Vergleich zu konkurrierenden Unternehmen zu hohe Produktionskosten gegenüber dem Kunden durchsetzen wollen. Um im Wettbewerb bestehen zu können und langfristig ein überdurchschnittliche oder zumindest eine faire Verzinsung des eingesetzten Eigenkapitals zu erreichen, sind alle Investoren in Ausfallrisiken gezwungen, ihr Portfolio zu optimieren, da sie nur so in der Lage sind, Ausfallrisiken effizient zu übernehmen. Das eigene Portfolio ist bestmöglich zu diversifizieren. Auf diese Weise werden Konzentrationsrisiken reduziert und unerwartete Verluste und in der Folge das erforderliche Risikokapital reduziert.

Dort wo RAROC-Preise im Vergleich zum Markt zu hoch sind, kann dies Zeichen einer unzureichenden Diversifizierung des Portfolios sein, in intransparenten, ineffizienten Märkten aber auch ein sehr wirkungsvolles Instrument, um vom Markt falsch eingestufte Risiken zu identifizieren und gezielt Risiken mit hohem risikoadjustiertem Ertrag zu nehmen und solche mit niedrigem risikoadjustiertem Ertrag zu verkaufen.

Der Spielraum, den Banken haben, um Kreditkonditionen gegenüber dem Kunden durchzusetzen, hängt entscheidend vom Entwicklungsstand des jeweiligen Kreditmarktes ab. Die im CAPM geforderte vollständige Information und der freie Kapitalfluß liegen in der Realität auf den relativ ineffizienten Kreditmärkten i.d.R. nicht vor, so daß ggf. auch für unsystematische Risiken Risikoprämien verlangt und durchgesetzt werde können. In einem ineffizienten Markt haben Banken Verhandlungsspielräume, die je nach Geschick ausgenutzt werden können. Für diese Preisverhandlungen sind ausgefeilte Risikomeßmethoden von entscheidender Bedeutung. Neben der Bonität des Kunden und der Höhe des Kredites haben weitere Aspekte, wie die Laufzeit des Kredites, Tilgungsvereinbarungen und Sicherheiten erheblichen Einfluß auf das Risiko, so daß der Kundenbetreuer gezielt an diesen Konditionen ansetzen kann, um die Interessen des Kunden und die der Bank aufeinander abzustimmen. Ausgefeilte Risikomeßmethoden geben einen Anhaltspunkt, welchen Einfluß Veränderungen der genannten Parameter jeweils auf das Risiko und somit auf den risikoadjustierten Preis haben. Die Bank hat im Verhältnis zum Kunden die Möglichkeit, zunächst an den Stellschrauben Laufzeit, Tilgungsvereinbarungen und Sicherheiten das Risiko und den Preis in Einklang zu bringen.

Der Effekt eines ansteigenden Preises mit zunehmendem Kredit-Exposure ist grundsätzlich gegenüber dem Kunden nicht als ein schwierigeres Kommunikationsproblem zu sehen, als die herkömmliche Praxis, Risiken nur bis zu einem Höchstlimit zu übernehmen. Ursache für Limite und ansteigende risikoadjustierte Preise sind Konzentrationseffekte im Portfolio. Die Alternativen gegenüber dem Kunden sind entweder, bei einem bestimmten Exposure (vgl. Abb. 54) keine weiteren Kredite zu gewähren oder weitere Kredite nur zu einem höheren Preis. Sowohl aus Kunden- als auch aus Banksicht ist die zweite Alternative vorzuziehen. Der Kunde hat grundsätzlich weiteren Kreditspielraum (bis zu einer auch bei diesem Kalkül nicht zu vermeidenden Obergrenze) und die Bank kann dem Kunden weiter mit Produkten zur Verfügung stehen.

4.3.4. Risikoadjustierte Steuerung von Kundenbeziehungen

Entsprechend den Prinzipien der wertorientierten bzw. risikoadjustierten Steuerung (vgl. Abschnitt 1.2.) ist von entscheidender Bedeutung für die Bank, daß sie in der Lage ist, die Profitabilität, den Wert der Geschäfte unter Risiko-Ertrags-Gesichtspunkten zu beurteilen. In Abhängigkeit davon, ob die Geschäftsphilosophie des „Transactional Banking" einerseits oder des „Relationship Banking" andererseits vorliegt, ist entweder auf das jeweilige Einzelgeschäft oder die gesamte Kundenverbindung abzustellen. Während transaktionsorientierte Banken allein aufgrund des risikoadjustierten Ertrages des Einzelgeschäftes entscheiden können, müssen Institute, die die Kundenbeziehung in den Vordergrund stellen, weitere Aspekte dieser Kundenbeziehung mit in das Kalkül der Risikoübernahme und der Preisgestaltung einfließen lassen. Mit Hilfe ausgefeilter Risikomessmethoden ist es dann möglich, die Gesamtprofitabilität der jeweiligen Kundenbeziehung zu beurteilen und Cross-Selling Argumente nur dann zu berücksichtigen, wenn die mit anderen Geschäften generierten Erträge mindestens ausreichen, die zu geringe Kreditmarge gemessen am Ziel-RORAC auszugleichen.

Abb. 58 verdeutlicht die Vorgehensweise. Zunächst wird das Kreditgeschäft separat beurteilt. Von den Bruttoerlösen (Spalte 3+4) werden erwartete Verluste (Spalte 5) und die Zielverzinsung auf das eingesetzte ökonomische Kapital (Spalte 7)[1] sowie Verwaltungskosten (Spalte 9) abgezogen. Ergebnis ist das risikoadjustierte Nettoergebnis (RAR). Werden Ergebnisse kleiner Null erzielt, so ist das Geschäft nicht in der Lage, die geforderte Mindestverzinsung zu erwirtschaften.

---

[1] Als Eigenkapitalkosten wird nur der über dem risikolosen Zinssatz liegende Verzinsungsanspruch angesetzt.

				Kreditgeschäft							Nichtkredit-Podukte		Kundenverbindung insgesamt	
1	2	3	4	5	6	7	8	9	10	11	12	13	14	15
	Exposure	Erlöse		Erwarteter Verlust	Ökon. Kapital	EK-Kosten (netto)[1]	Überschuß/ Defizit	Verw.-kosten	Risikoad-justiertes Nettoer-gebnis (RAR) (Kredit)	RAROC (Kredit) in % (10/6)	Provisions-erlöse	Verw.-kosten	Gesamt-summe RAR (Kunde) (10+12+13)	RAROC (Kunde) in %
		Margen[2]	Gebühren											
Kunde 1	200	2,0	1,0	-1,0	16	-2,4	-0,4	-0,3	-0,7	-4,375	2,5	-0,6	1,2	7,5
Kunde 2	350	1,75	0,25	-0,7	7	-1,05	0,25	-0,1	0,15	2,142	-	-	0,15	2,14
Kunde 3	50	1,0	0,5	-1,0	3	-0,45	-0,05	-0,1	-0,15	-5,0	3,4	-1,0	2,25	75,0
Kunde 4	100	0,4	-	-0,4	6	-0,9	-0,9	-0,2	-1,1	-18,33	0,3	-0,05	-0,85	-14,17
...	...	...	...	...	...	...	...	...	...	...	...	...	...	...
Summe														

Abb. 58: Beurteilung der Kundenbeziehung unter Risiko-Ertrags-Gesichtspunkten[3]

[1] Netto-Eigenkapitalkosten. Die Nettobelastung durch das zur Unterlegung notwendige Risikokapital wird in dem Beispiel vereinfacht dadurch errechnet, daß der risikolose Zinssatz aus der Anlage des Eigenkapitals (5%) von der Hurdle-Rate (20%) abgezogen wird, so daß sich Netto-EK-Kosten von 15% ergeben. Da nicht das gesamte bilanzielle Eigenkapital als Risikokapital allokiert wird, sind auch das bilanzielle Eigenkapital, das zum risikolosen Zinssatz angelegt wird, und das Risikokapital, auf das die Bereiche die Hurdle-Rate erzielen müssen, nicht betragsidentisch. Wenn der Anlageerfolg aus dem gesamten bilanziellen Eigenkapital auf die Bereiche verteilt wird, dann sind die jeweiligen Berechnungsbasen für die den Einzelgeschäften zuzurechnenden Anlageerfolge und Hurdle-Rates nicht identisch, so daß dann die Beträge explizit ermittelt werden müssen.

[2] Konditionsbeiträge.

[3] Quelle: Eigene Darstellung in Anlehnung an Guill, G. [1999], S. 21.

Banken, die die gesamte Kundenverbindung in den Vordergrund stellen, betrachten Kredite ggf. nicht getrennt, sondern versuchen, über sog. Cross-Selling die gesamte Kundenverbindung profitabel zu gestalten. Kredite können auch mit einer niedrigeren als der unter reinen Risikogesichtspunkten notwendigen Marge vergeben werden, wenn die gesamte Kundenverbindung dies rechtfertigt. Dies bedeutet zwar, daß bewußt eine Mischkalkulation angewendet wird, die an sich einer konsequenten Einzelgeschäftssteuerung widerspricht. Die Vergabe von Krediten an den Kunden kann jedoch als Option auf weiteres, provisionstragendes Geschäft angesehen werden, was auch in Verhandlungen zwischen Firmenkunde und Kundenbetreuer zum Ausdruck kommt, wenn die Bank zunächst Kredite an den Kunden vergeben muß, um in der Folge auch weitere Geschäfte mit dem Kunden abschließen zu können.

Nicht immer jedoch werden diese Cross-Selling-Geschäfte auch mit der Bank getätigt. In jedem Fall wird also ein Maßstab benötigt, um zu ermitteln, ob die gesamte Kundenbeziehung profitabel für die Bank ist. Indem dem risikoadjustierten Nettoergebnis (RAR) aus dem Kreditgeschäft Erträge aus Provisionsgeschäften hinzuaddiert werden, wird der in Geldeinheiten ausgedrückte Wert der gesamten Kundenverbindung sichtbar. Kundenbetreuer, die Kredite unter Mindestmargenanforderungen abschließen, kennen dann genau den Geldbetrag, der mit anderen Geschäften zu erwirtschaften ist. Gelingt dies nicht, dann ist ggf. das Kreditengagement zu reduzieren oder die Marge zu erhöhen. Die Messung des RAR macht somit das Cross-Selling Kalkül operationalisierbar und liefert die Informationen, um zu verhindern, daß unter Gesichtspunkten der Kundenbeziehung unprofitable Geschäfte abgeschlossen werden, ohne daß dies durch andere profitable Geschäfte mindestens ausgeglichen wird.

Im Beispiel in Abb. 58 ist nur das Kreditgeschäft mit Kunde 2 gemessen an der Mindestverzinsung wertschaffend für die Bank, die Kundenbeziehungen 1 und 3 werden durch die Provisionserlöse wertsteigernd, während Kunde 4 trotz geringer Provisionserlöse insgesamt kein positives Ergebnis erreicht und somit gemessen an der Mindestverzinsung auf das eingesetzte Eigenkapital wertvernichtend ist. Kundenbeziehungen können auf diese Weise konsistent miteinander verglichen und der Wert der jeweiligen Kundenbeziehung sowie die Leistung der Kundenbetreuer beurteilt werden. Auf der Basis risikoadjustierter Nettoergebnisse kann darüber hinaus ein ausgefeiltes und systematisches Marketing im Kreditgeschäft erfolgen, das Banken, die sich frühzeitig in diesem Geschäftsfeld positionieren, einen deutlichen Wettbewerbsvorsprung und Rentabilitätssteigerungen eröffnet, da sie sich gezielt auf die Kunden bzw. Kundensegmente konzentrieren können, die unter Risiko-Ertrags-Gesichtspunkten profitabel und wertsteigernd sind.[1]

4.3.5. Barwertsteuerung unter Berücksichtigung unerwarteter Verluste

Jede RAPM sollte auf Marktwert- bzw. Barwertbasis erfolgen[2]. Die oben[3] dargestellte risikoneutrale Bewertung eines Kredites unter Berücksichtigung der erwarteten Verluste berücksichtigt noch nicht, daß Kredite i.d.R. bis zum Ende der Laufzeit in den Büchern verbleiben und entsprechend für die gesamte Dauer Kapital binden, das verzinst werden muß. Außerdem würde eine Steuerung nach einem so berechneten Barwert noch nicht den Anreizeffekt beseitigen, möglichst langfristige Geschäfte abzuschließen, da jeder Überschußertrag über den statistisch zu erwartenden Verlusten bereits barwertig abgebildet würde. Neben den erwarteten Verlusten müssen daher für eine umfassende Bewertung von Krediten noch die Höhe des Risikokapitals und die vom Markt verlangte Risikoprämie für dieses Risikokapital angesetzt werden.

Wenn am Markt Renditen von Krediten bzw. Anleihen mit gleichem Risikogehalt beobachtet werden können, dann kann diese Marktrendite vergleichbaren Risikos als Opportunität angesehen und als Diskontierungsfaktor verwendet werden, um Kredite zu bewerten.[4] Für Kredite liegen solche risikoadjustierten Zinssätze jedoch i.d.R. am

---

[1] Vgl. auch Sarkis, Z./Leben, R./Sevat, J.-C. [1998], S. 662 ff.

[2] Zur Begründung vgl. die Ausführungen zur Barwertsteuerung in Abschnitt 2.3.1.

[3] Vgl. Abschnitt 3.2.6.5.

[4] Dermine bezeichnet eine solche Bewertung als Loan Arbitrage Free Pricing Methode. Vgl. Dermine, J. [1995], S. 2 ff.; Dermine, J. [1996], S. 2 ff. sowie Varnholt, B. [1997], S. 201 ff. Die Orientierung an der vom Kapitalmarkt für vergleichbare Risiken verlangten Rendite wird auch

Markt nicht vor, so daß in der Praxis ein Weg gefunden werden muß, mit Hilfe der risikolosen Marktopportunität ermittelte Barwerte nicht nur um erwartete Verluste, sondern auch um eine Risikoprämie für unerwartete Verluste zu bereinigen. Die Performance illiquider Kreditpositionen kann erst dann beurteilt werden, wenn berücksichtigt wird, daß für die gesamte Laufzeit dieser Kredite Eigenkapital gebunden ist.

Die im folgenden betrachteten Ansätze stellen dar, wie im Rahmen der Banksteuerung vorgegangen werden kann, damit neben den erwarteten Verlusten auch die Verzinsung des Risikokapitals gewährleistet ist. Ansonsten werden Anreize geschaffen, den Barwert darüber zu maximieren, daß tendenziell längere Laufzeiten gewählt werden.[1] Dieses Problem betrifft die Wahl des richtigen Zeithorizontes bei der Zurechnung von Risikokapital auf Ausfallrisiken. Wenn diese nicht liquide veräußerbar sind, und folglich auch nicht mit einem am Markt gehandelten Preis bewertet werden können, dann muß der Barwert um eine Risikoübernahmeprämie für unerwartete Verluste für die Gesamtlaufzeit bereinigt werden.

Matten schlägt zwei Ansätze vor, Risikokapital für die Gesamtlaufzeit zu berücksichtigen.[2]

- Abzug der zukünftig zu erwartenden Eigenkapitalkosten von den Erlösen und Diskontierung mit dem risikofreien Zinssatz, dem Eigenkapitalkostensatz oder einem anderen angemessenen Diskontierungsfaktor.[3] Die durchschnittlichen jährlichen Renditen können somit weitgehend geglättet werden, da sich nur Erträge über den Eigenkapitalkosten im Barwert niederschlagen.

- Diskontierung des zukünftig zusätzlich notwendigen Risikokapitals und Addition zum Risikokapital, das zum Bewertungszeitpunkt gehalten werden muß. Anstelle einer Bereinigung der Erträge um zukünftige Eigenkapitalkosten wird also das zu haltende Eigenkapital als Bezugsgröße angepaßt.

---

als eine Form des APV (Adjusted Present Value Approach) in der Standardliteratur zu Corporate Finance diskutiert. Vgl. Brealey, R.A./ Myers, S.C.[1991], S. 457 ff.

[1] Vgl. Matten, C. [1996], S. 151 ff.

[2] Vgl. Matten, C. [1996], S. 156 ff. Der Ansatz der Eigenkapitalkosten anstelle des risikolosen Zinssatzes zur Diskontierung kann die unerwünschten Anreizwirkungen nur teilweise abmildern und wird daher nicht als weitere Lösung betrachtet.

[3] Die Wahl dieses Zinssatzes ist laut Matten nur von untergeordneter Bedeutung. Vgl. Matten, C. [1996], S. 156 ff.

Die folgenden Beispiele sollen die Vorgehensweise verdeutlichen. Es wird ein anwachsendes Portfolio von Krediten mit einem Nominalbetrag von DM 1.000 angenommen, die jeweils eine Marge von DM 20 p.a. für fünf Jahre erwirtschaften. In jedem Jahr wird eine weitere Transaktion hinzugefügt, so daß nach dem fünften Jahr ein stabiles Portfolio besteht. Risikokapital ist i.H.v. DM 100 für jeden Kredit zu halten.

	Jahr 1	Jahr 2	Jahr 3	Jahr 4	Jahr 5
Marge[1]	**20,0**	**20,0**	**20,0**	**20,0**	**20,0**
Margenbarwert	63,4	49,7	34,7	18,2	0,0
Barwertänderung	63,4	-13,7	-15,0	-16,5	-18,2
Zufluß	20,0	20,0	20,0	20,0	20,0
Ergebnis/Periode	83,4	6,3	5,0	3,5	1,8
Risikokapital	100	100	100	100	100
RORAC (%)	**83,4**	**6,3**	**5,0**	**3,5**	**1,8**

Abb. 59: Einzelkredit. barwertig[2]

	Jahr 1	Jahr 2	Jahr 3	Jahr 4	Jahr 5	Jahr 6
Marge[191]						
Transaktion 1	20	20	20	20	20	
Transaktion 2		20	20	20	20	20
Transaktion 3			20	20	20	20
Transaktion 4				20	20	20
Transaktion 5					20	20
Transaktion 6						20
Barwertiges Ergebnis						
Transaktion 1	83,4	6,3	5,0	3,5	1,8	
Transaktion 2		83,4	6,3	5,0	3,5	1,8
Transaktion 3			83,4	6,3	5,0	3,5
Transaktion 4				83,4	6,3	5,0
Transaktion 5					83,4	6,3
Transaktion 6						83,4
Gesamtergebnis	83,4	89,7	94,7	98,2	100,0	100,0
Risikokapital	100	200	300	400	500	500
RORAC (%)	83,4	44,9	31,6	24,5	20,0	20,0

Abb. 60: Anwachsendes Kreditportfolio, barwertig[3]

---

[1] Nach Abzug erwarteter Verluste.

[2] Quelle: Eigene Darstellung in Anlehnung an Matten, C. [1996], S. 153.

[3] Quelle: Eigene Darstellung in Anlehnung an Matten, C. [1996], S. 154.

Die Abdiskontierung erfolgt mit einem Zinssatz von 10%.[1] Die zukünftigen Eigenkapitalkosten werden mit jeweils 15% auf das zu haltende Risikokapital angesetzt. Ohne Adjustierung für das Risiko zukünftiger Perioden ist der RORAC für das erste Jahr sehr hoch und fällt dann ab dem zweiten Jahr ab, bis er sich im fünften Jahr bei 20 stabilisiert (Vgl. Abb. 60). Die anhand des RORAC gemessene Rendite wird unterschiedlich ausgewiesen für die ersten fünf Jahre, obwohl in jedem Jahr exakt die gleichen Geschäfte akquiriert worden sind. Wenn die Performancemessung und Leistungsbeurteilung der Akquisiteure sowie deren Bezahlung anhand dieser RORAC-Ergebnisse erfolgt, hat dies die oben beschriebenen unerwünschten Anreizeffekte zur Folge. Zur Behebung dieser negativen Anreizwirkungen bieten sich insbesondere zwei Möglichkeiten an:

Im ersten Fall erfolgt ein Abzug der zukünftigen Eigenkapitalkosten von den Erträgen. In jedem Jahr wird eine Reserve gebildet, die dem Barwert der zukünftigen Eigenkapitalkosten entspricht, für das Kapital, das im Portfolio für zukünftige Perioden gebunden ist. Die Belastung des Portfolios entspricht der Veränderung dieser Reserve, wie in Beispiel 1, wo im ersten Jahr der Aufbau der Reserve und in Jahr 2 eine Teilauflösung erfolgt. Im ersten Jahr entspricht die Belastung der Höhe der Reservenbildung. Diese wird berechnet durch Diskontierung der zukünftigen Eigenkapitalkosten. (Als Diskontierungszinsfuß wird der Zinssatz i.H.v. 10% verwendet):

$$\frac{Jahr\,2(DM\,15)}{(1,10)} + \frac{Jahr\,3(DM\,15)}{(1,10)^2} + \frac{Jahr\,4(DM\,15)}{(1,10)^3} + \frac{Jahr\,5(DM\,15)}{(1,10)^4} = DM\,47,5$$

Im zweiten Jahr errechnet sich die erforderliche Reserve wie folgt:

$$\frac{Jahr\,3(DM\,15)}{(1,10)} + \frac{Jahr\,4(DM\,15)}{(1,10)^2} + \frac{Jahr\,5(DM\,15)}{(1,10)^3} = DM\,37,3$$

Folglich ergibt sich eine Bereinigung der Reserve um DM 10,2, die den Erträgen zufließt.

---

[1] Aus Vereinfachungsgründen wird mit einem konstanten risikolosen Zinssatz von 10% diskontiert. In der Praxis ist die risikolose Zinsstrukturkurve zu verwenden.

Beispiel 1:

	Jahr 1	Jahr 2	Jahr 3	Jahr 4	Jahr 5	Jahr 6
Konditionsbeiträge insgesamt	83,4	89,7	94,7	98,2	100,0	100,0
Gebundenes EK						
Transaktion 1	100	100	100	100	100	
Transaktion 2		100	100	100	100	100
Transaktion 3			100	100	100	100
Transaktion 4				100	100	100
Transaktion 5					100	100
Transaktion 6						100
Transaktion 7						etc.
Kosten des zukünftigen EK						
Transaktion 1		15	15	15	15	
Transaktion 2			15	15	15	15
Transaktion 3				15	15	15
Transaktion 4					15	15
Transaktion 5						15
Transaktion 6						etc.
Reserve für zukünftige EK-Kosten						
Transaktion 1	47,5	-10,2	-11,3	-12,4	-13,6	
Transaktion 2		47,5	-10,2	-11,3	-12,4	-13,6
Transaktion 3			47,5	-10,2	-11,3	-12,4
Transaktion 4				47,5	-10,2	-11,3
Transaktion 5					47,5	-10,2
Transaktion 6						47,5
Gesamtreserve	47,5	37,3	26,0	13,6	0,0	0,0
Adjustiertes Ergebnis	35,9	52,4	68,7	84,5	100,0	100,0
Risikokapital	100	200	300	400	500	500
RORAC (%)	35,9	26,2	22,9	21,1	20,0	20,0
EK-Kosten der Periode	15	30	45	60	75	75
Risikoadjustiertes Nettoergebnis (RAR)	20,9	22,4	23,7	24,5	25	25
RAROC (%)	20,9	11,2	7,9	6,125	5,0	5,0

Abb. 61:   Belastung zukünftiger Eigenkapitalkosten[1]

Der RORAC ist trotz konstantem Risikokapital nicht ganz gleichmäßig über die Laufzeit der Transaktion, da jeder Ertrag über den Eigenkapitalkosten barwertig am Beginn der Laufzeit ausgewiesen wird. Der für die jeweilige Periode barwertig ermittelte RORAC ist bereits um die Eigenkapitalkosten für das Risikokapital zukünftiger Perioden bereinigt. Er bezieht sich aber auf das Risikokapital der jeweiligen Periode. Wird dieser RORAC noch um die EK-Kosten für das Risikokapital der

---

[1]   Quelle: Eigene Darstellung in Anlehnung an Matten, C. [1996], S. 156.

jeweiligen Periode bereinigt, so ergibt sich der RAROC, der nur noch das die Zielverzinsung übersteigende Ergebnis anzeigt, das auch in absoluten Größen als risikoadjustiertes Nettoergebnis ausgewiesen werden kann.

Beispiel 2:

	Jahr 1	Jahr 2	Jahr 3	Jahr 4	Jahr 5	Jahr 6
Konditionsbeiträge insgesamt	83,4	89,7	94,7	98,2	100,0	100,0
Gebundenes EK						
Transaktion 1	100	100	100	100	100	
Transaktion 2		100	100	100	100	100
Transaktion 3			100	100	100	100
Transaktion 4				100	100	100
Transaktion 5					100	100
Transaktion 6						100
Transaktion 7						Etc.
Barwert des EK zukünftiger Perioden						
Transaktion 1	317,0	-68,3	-75,1	-82,6	-90,9	
Transaktion 2		317,0	-68,3	-75,1	-82,6	-90,9
Transaktion 3			317,0	-68,3	-75,1	-82,6
Transaktion 4				317,0	-68,3	-75,1
Transaktion 5					317,0	-68,3
Transaktion 6						317,0
Aktuelles Kapital	100,0	200,0	300,0	400,0	500,0	500,0
Gesamtes Risikokapital	417,0	448,7	473,6	490,9	500	500
RORAC (%)	20,0	20,0	20,0	20,0	20,0	20,0
EK-Kosten (in %)	15	15	15	15	15	15
EK-Kosten der jeweiligen Periode	62,55	67,305	71,04	73,635	75,0	75,0
Risikoadjustiertes Nettoergebnis (RAR)	20,85	22,395	23,66	24,565	25	25
RAROC (in %)	5,0	5,0	5,0	5,0	5,0	5,0

Abb. 62: Abdiskontierung des zukünftigen Eigenkapitalbedarfs[1]

In Beispiel 2 wird das zukünftig zu haltende Risikokapital diskontiert und dieser Betrag zu den aktuellen Risikokapitalerfordernissen addiert. Entscheidend ist dabei die Veränderung des zukünftig zu haltenden Risikokapitals. Für jede Transaktion ist dann das Kapital gleich dem Barwert der zukünftigen Risikokapitalerfordernisse:

---

[1] Quelle: Eigene Darstellung in Anlehnung an Matten, C. [1996], S. 158.

$$\frac{Jahr2(DM100)}{(1{,}10)} + \frac{Jahr3(DM100)}{(1{,}10)^2} + \frac{Jahr4(DM100)}{(1{,}10)^3} + \frac{Jahr5(DM100)}{(1{,}10)^4} = DM317$$

Die Adjustierung im Folgejahr wird gefunden, indem zunächst die erforderliche Reserve neu berechnet wird:

$$\frac{Jahr3(DM100)}{(1{,}10)} + \frac{Jahr4(DM100)}{(1{,}10)^2} + \frac{Jahr5(DM100)}{(1{,}10)^3} = DM248{,}7$$

Die Differenz wird der Kapitalreserve gutgeschrieben (DM248,7 - DM317,0 = DM 68,3). Durch Bezug der jeweiligen barwertigen Periodenergebnisse auf das barwertige Risikokapital wird die Rendite der jeweiligen Periode auf das eingesetzte Risikokapital ermittelt. Als Ergebnis ergibt sich ein bestmöglich ausgeglichener RORAC über die Laufzeit der Geschäfte. Durch Abzug der Eigenkapitalkosten für das gesamte Risikokapital der einzelnen Perioden können der RAR bzw. der RAROC ermittelt werden. Der RAROC ist wie der RORAC identisch für alle Perioden. Der RAR ist in diesem Beispiel mit zunehmender Laufzeit leicht ansteigend, weil durch das Anwachsen des Portfolios auch die absoluten Erträge ansteigen. Wegen des ebenfalls wachsenden Risikokapitalbedarfs bleiben die Renditekennzahlen RORAC und RAROC unverändert. Anreize, durch Eingehen längerer Laufzeiten barwertige Ergebnisse zu verbessern, sind vollständig beseitigt. Dies bedeutet auch, daß bei dieser Vorgehensweise keinerlei besondere Anreize mehr bestehen, langlaufende Geschäfte abzuschließen, selbst wenn diese mehr als die geforderte Mindestverzinsung auf das eingesetzte Eigenkapital erwirtschaften.

Beide beschriebenen Ansätze können auf Portfolioebene durchgeführt werden, so daß z.B. für Zwecke der Performance-Messung nicht die Notwendigkeit besteht, entsprechende Berechnungen für jeden Einzelkredit durchzuführen. Die Wahl der Methode hängt von der jeweiligen Managementphilosophie ab. Die zweite Methode führt zu einer völligen Indifferenz bzgl. der Laufzeit, während die erste noch Anreize für längerfristige Kredite beinhaltet, allerdings immer die angestrebte Mindestverzinsung des eingesetzten Eigenkapitals gewährleistet. Der Ansatz einer Mindestverzinsung auf das eingesetzte Eigenkapital läßt unmittelbar erkennen, welche Transaktionen den Shareholder Value erhöhen.[1] Beide Ansätze können für ökonomisches und aufsichtliches Kapital durchgeführt werden, wobei der Ansatz aufsichtlich vorgeschriebenen Risikokapitals für Positionen mit 0%-Anrechnung hier zu keiner weiteren Adjustierung führt.

Bezogen auf das frühere Beispiel der risikoneutralen Bewertung von Krediten (vgl. Abschnitt 3.2.6.5.) müßten die zukünftigen Cash Flows analog der aufgeführten Beispiele noch um die zukünftigen Eigenkapitalkosten bereinigt werden, um den Barwert für einen Einzelkredit zu ermitteln, der nicht nur erwartete Verluste berücksichtigt, sondern auch eine Mindestverzinsung des eingesetzten Kapitals über die Gesamtlaufzeit des Krediofers gewährleistet. Dieser Barwert wäre dann nicht mehr risikoneutral, sondern enthielte auch eine angemessene Risikoprämie für das Risiko unerwarteter Verluste und wäre insofern von den Verzinsungsansprüchen der Eigenkapitalgeber und der jeweiligen Risikoneigung abhängig.

Die Barwertermittlung wird in Abhängigkeit von der Datenlage nicht für alle Ausfallrisiken mit der gleichen Häufigkeit möglich sein. Für das mittelständische Kreditgeschäft wird man diese Werte nur auf wöchentlicher, monatlicher oder vierteljährlicher Basis ermitteln. Da diese Kredite i.d.R bis zur Fälligkeit gehalten werden, ist dies als ausreichend zu betrachten.[2] Die Bewertung kann zum einen für Zwecke der internen Risikosteuerung erfolgen sowie zum anderen auch für Zwecke der Rechnungslegung. Da eine solche Barwertberechnung auf absehbare Zeit keinen Eingang in die externe Rechnungslegung finden wird, wird hier i.d.R. mit Überleitungsrechnungen gearbeitet werden müssen.

---

[1] Vgl. Zaik, E./Walter, J./Kelling, G./James, C. [1996], S. 87.

[2] Vgl. auch ISDA [1998], S. 16.

4.4. Zur Implementierung einer RAROC-Steuerung im Kreditgeschäft

Eine Vielzahl von Banken überprüft derzeit die Möglichkeiten der Implementierung einer RAROC-Steuerung auch für Ausfallrisiken. Nur in wenigen Banken ist eine solche Steuerung derzeit umgesetzt und nur in einzelnen Fällen umfassend über die ganze Bank.[1] In vielen Fällen besteht eine Lösung für das Investment Banking, aber noch kein Ansatz für die gesamte Bank einschließlich des klassischen Kreditgeschäftes. Selbst bei den international führenden Finanzinstituten ist eine risikoadjustierte Steuerung noch nicht bis auf Einzelgeschäftsebene umgesetzt worden.[2]

Ursachen für die notwendigen Umstrukturierungen im Kreditgeschäft können in einer ungenügenden Ertragslage aufgrund eines bisher unzureichenden Risikomanagements, einem starken Anstieg der Insolvenzraten in den vergangenen Jahren sowie einem zunehmenden Wettbewerb auf den Kredit- und Kapitalmärkten gesehen werden.[3] Zu hohe Risikokosten können auf die intuitive und unsystematische Entscheidungsfindung der Kreditsachbearbeiter ebenso zurückgeführt werden, wie auf eine zu sehr am Kreditvolumen und zu wenig an Risiko-Ertrags-Relationen ausgerichtete Kreditpolitik. Die naheliegende Lösung der Einführung neuer Kontrollmechanismen bei der Einzelbonitätsbeurteilung hat die Bearbeitungskosten erhöht und zu neuen Koordinierungs- und Abstimmungsproblemen geführt, aber nicht zu einer nachweisbaren Verbesserung der Kreditprozesse.[4] Erforderlich ist eine umfassende Neuausrichtung der Kreditsteuerung in Banken. Wegen der organisatorischen Struktur des Kreditgeschäftes, die häufig durch eine Vielzahl von Hierarchieebenen, tief gegliederte Kompetenzgefüge und bürokratische Abläufe gekennzeichnet ist, ist dies ein

---

[1] Vgl. z.B. Poppensieker, T. [1997], S. 99 ff., der Ergebnisse einer Befragung deutscher Kreditinstitute zu diesem Thema vorstellt. Zu RAROC-Systemen einzelner Banken vgl. z.B. Abrams, M. [1997], S. 30 ff. Bankers Trust [1995]; Zaik, E./Walter, J./Kelling, G./James, C. [1996], S. 83 ff. Einen Überblick über den Stand der Umsetzung von Portfoliomodellen im US-amerikanischen Markt geben Reading, R.D./Toevs, A.L./Zizka, R.J. [1998]. Sie stellen insbesondere heraus, daß die führenden Banken sich auf diesem Gebiet einen deutlichen Vorsprung erarbeitet haben.

[2] Vgl. Shimko, D./Apostolik, R. [1998], S. 33. Eine aktuelle Beschreibung des Umsetzungsstandes in deutschen Banken findet man z.B. bei Oelrich, F./Stocker, G. [1998b], S. 47 ff.

[3] Vgl. z.B. o.V. [1997g], S. 19; o.V. [1998e], S. 17 sowie o.V. [1998f] mit Ausführungen zum Rekordniveau der Insolvenzen in Deutschland in 1998.

[4] Vgl. Haumüller, S. [1997], S. 33.

komplexer und mit vielfältigen Problemen und Widerständen behafteter Prozeß.[1] Dabei werden auch die bestehenden organisatorischen Strukturen hinterfragt und ggf. neu gestaltet werden müssen.

4.4.1. Anforderungen an eine moderne Kreditrisikosteuerung

Aus den bisherigen Ausführungen lassen sich die folgenden Anforderungen an eine moderne Kreditrisikosteuerung zusammenfassen:[2]

(a) Ein konsistentes und hinreichend differenziertes System von Ratingklassen für alle Ausfallrisiken.

(b) Ermittlung zu erwartender Verluste für jede Ratingklasse, basierend auf statistisch validen Schätzungen von Ausfallwahrscheinlichkeit und Verlustintensität.

(c) Schätzungen von Korrelationen bzw. Konzentrationen innerhalb des Portfolios.

(d) Schätzung einer Wahrscheinlichkeitsverteilung für die potentiellen Verluste im Portfolio.

(e) Schätzung unerwarteter Verluste für das Gesamtportfolio.

(f) Messung der Kapitalerfordernisse auf der Basis der Verlustverteilung, die der Risikoneigung des Managements entsprechen.

(g) Aufbau einer umfassenden Datenbank sowie die Beschreibung der Datenquellen und Abläufe, um eine regelmäßige Überprüfung zu gewährleisten.

(h) Bewertung aller Ausfallrisiken.

(i) Durchführung von Streßtests, um abzuschätzen, inwieweit das Modell extreme Ereignisse abdeckt.

(j) Die regelmäßige Beobachtung der erwarteten Werte und der Verlustverteilung im Zusammenhang mit dem Gesamtbank-Risikomanagement und den Bewertungsprozessen.

Darüber hinaus sind mit der Implementierung einer umfassenden Kreditrisikosteuerung vielfältige methodische und organisatorische Fragen verbunden, von denen hier nur einige exemplarisch genannt werden können, im Detail jedoch erst vor dem Hintergrund der jeweiligen Bank, ihrer Strategie und Organisationsstruktur beantwortet werden können:

---

[1] Vgl. Schüller, S. [1995a], S. 69 und Schüller, S. [1995b], S. 173 ff.
[2] Vgl. mit einer ähnlichen Auflistung IIF [1998], S. 42 f.

- Wer trägt die Verantwortung für die Risiken?
- Wer entscheidet über die Kreditvergabe?
- Wird ein zentrales Risikomanagement eingerichtet?
- Wenn ja, ist es ein eigenständiges Profitcenter?
- Wie kontrahiert ein zentrales Portfolio-Management mit internen und externen Stellen?
- Wer ist verantwortlich für neue Risikomeßmethoden?
- Wie werden Anreizsysteme gestaltet?
- Wie werden die Bereiche gegeneinander abgebildet?
- Ist die bestehende Organisationsstruktur noch adäquat?

Im traditionellen Kreditprozeß wurde die Kreditanalyse unter der Annahme gemacht, daß der Kredit bis zum Laufzeitende in den Büchern verbleibt und den Zusammenhängen im Portfolio wurde i.d.R. wenig Beachtung geschenkt. Die konsequente Implementierung einer Portfoliosteuerung erfordert daher möglicherweise auch umfangreiche Veränderungen organisatorischer Strukturen, der Methoden der Erfolgsmessung und der Managementprozesse.[1] Organisatorische Aspekte sowie unter anderem die Forderung nach einer neuen Kreditkultur sind ausführlich bei Haumüller, Manz, Merbecks oder Varnholt beschrieben.[2] Im folgenden wird auf einige ausgewählte Aspekte und Schwierigkeiten bei der Anwendung einer RAROC-Steuerung eingegangen.

---

[1] Vgl. Asarnow, E. [1996c], S. 15 ff.

[2] Vgl. Haumüller, S. [1997]; Manz, F. [1998]; Merbecks, A. [1996]; Varnholt, B. [1997] sowie weiterhin Guill, G.D./Hennessey, L.M. [1997] und Venohr, B. [1996]. Zu einer neuen Kreditkultur und Problemen der Anpassung vgl. auch McKinley, J.E. [1998].

4.4.2. Einrichtung eines zentralen Kreditrisikomanagements

Aufgrund der komplexen Zusammenhänge der Risikosituation jeder Bank kann Risikomanagement nicht mehr nur dezentral bei Spezialisten angesiedelt sein, sondern muß integraler Bestandteil des übergeordneten Managementprozesses sein. Zur Umsetzung einer RAROC-Steuerung und einer konsequenten Portfolio-Optimierung ist daher die Einrichtung einer zentralen und von den Geschäftsbereichen weisungsunabhängigen (Kredit-) Risikosteuerungsfunktion notwendig.[1] So fordert die ISDA: *„The bank should have an independent risk control unit that is responsible for the design and implementation of the bank's credit risk management systems."*[2] Diese Einheit sollte unabhängig von den Marktabteilungen direkt an die Geschäftsführung berichten.

Die Aufgabenstellung des zentralen Kreditrisikomanagements läßt sich wie folgt umschreiben: *„Der Stabsbereich Credit Risk Management hat die weltweite Zuständigkeit für das Management dieser Risiken.* (Kreditrisiken aus dem klassischen Kreditgeschäft und dem Investment Banking, Anm. d. Verf.). *Diese Zuständigkeit umfaßt insbesondere die Formulierung und Durchsetzung der Kreditgrundsätze und Prozeßparameter, die Weiterentwicklung der internen Ratingverfahren und das globale Portfoliomanagement."*[3] Als zentrales Portfolio-Management hat es die Aufgabe, vergleichbar einem Asset-Manager das Risikoprofil des Portfolios zu überwachen und aktiv zu bewirtschaften, um unerwünschte Risikokonzentrationen zu vermeiden. Das Portfolio ist dann keine mehr oder weniger zufällige Akkumulation von Risiken mehr, sondern eine gezielte Zusammenstellung von Risiken.[4]

---

[1] Vgl. o.V. [1997f] sowie auch Manz, F. [1998], S. 264 ff.

[2] ISDA [1998], S. 19.

[3] Vgl. Deutsche Bank [1998a], S. 32. Diese Formulierung zeigt auch eine deutliche Weiterentwicklung gegenüber der noch 1993 von Krant, P.U./Rüschen, T. [1993] formulierten Aufgabenstellung der zentralen Kreditüberwachung der Deutschen Bank auf. Die Konzernrisikogruppe wurde damals v.a. als interne Beratungsgruppe gesehen, die gemeinsam mit den Filialen nach Ansatzpunkten zum effizienten Umgang mit Kreditrisiken suchte.

[4] Kuritzkes geht noch weiter, indem er aufzeigt, daß sich der Kreditprozeß in seine wesentlichen Schritte aufspalten läßt, die potentiell in abgegrenzten Einheiten erbracht werden können. Es handelt sich dabei um Akquisition, Rating/Bewertung, Portfolio-Management, Syndizierung/Kredithandel, Produktstrukturierung/Verbriefung und das zentrale Kreditrisiko-Komitee. Vgl. Kuritzkes A. [1999], S. 60 ff.

Einen Überblick, wie Aufgaben, Verantwortlichkeiten und Kompetenzen des zentralen Portfoliomanagements definiert werden können, gibt die folgende Abbildung.

Funktion des zentralen Portfoliomanagements	Verantwortlichkeit	Kompetenz	Performance-Messung
Entscheidungsunterstützung der Marktbereiche	Informationsaufbereitung und –analyse	Aussprechen von Empfehlungen	(Cost-Center)
Zentrale Steuerung der Profitabilität der Kundenbereiche, Portfolio-Optimierung unter Beachtung der Kundenbeziehungen	Maximierung der Profitabilität aus Kundenbeziehungen	Kompetenz, Kredite zu kaufen, zu halten oder zu verkaufen, jedoch unter Beachtung der Kundenbeziehungen	Basis der Erfolgsmessung ist die Gesamtprofitabilität der Kundenbasis
Investor, Portfolio-Optimierung	Maximierung der Profitabilität des Kreditportfolios	Volle Kompetenz, Kredite zu kaufen, zu halten oder zu verkaufen	Performance des Kreditportfolios

Abb. 63: **Formen der Organisation des zentralen Portfoliomanagements**[1]

Es sind verschiedene Abstufungen denkbar. In der am weitesten gehenden Ausprägung kann das Portfoliomanagement das Portfolio autonom wie ein Asset-Manager steuern. Vorstellbar ist auch, daß das zentrale Portfoliomanagement als Stabsbereich lediglich unterstützende Funktionen für die Marktbereiche wahrnimmt. Eine Zwischenstufe stellt die Regelung dar, daß jeweils die Kundenbeziehung in den Vordergrund gestellt wird und das zentrale Portfoliomanagement das Kreditportfolio unter Beachtung dieser Nebenbedingung steuert.

4.4.2.1. Übertragung der dualen Steuerung auf Ausfallrisiken

Die Einrichtung eines zentralen Kreditrisikomanagements wirft die Frage auf, inwieweit analog der Steuerung von Marktpreisrisiken die duale Steuerung auf Ausfallrisiken übertragen werden kann. Im Rahmen der Marktzinsmethode ist das

---

[1] Quelle: Eigene Darstellung in Anlehnung an: Guill, G. [1999], S. 26.

Konzept der dualen Steuerung[1] entwickelt worden. Durch die Ergebnisspaltung der Marktzinsmethode wird eine zentrale Steuerung der Zinsänderungsrisiken und eine dezentrale Kundengeschäftssteuerung ermöglicht. Die dezentralen Geschäftsbereiche werden zinsrisikofrei gestellt. In ihrem Verantwortungsbereich verbleibt die Kundengeschäftssteuerung, dargestellt durch die Kundenkonditionsbeiträge (aktiv/passiv). Die Steuerung der Zinsänderungsrisiken erfolgt zentral, dargestellt im sog. Strukturbeitrag.[2] Die Zentraldisposition übernimmt von den Kundenbereichen die Geschäfte zu Marktkonditionen, stellt diese zinsänderungsrisikofrei und muß nun ihrerseits durch entsprechende kompensierende Eigengeschäfte die gewünschte Risikostruktur herstellen. Der Mehrerlös im Kundengeschäft gegenüber der alternativen Kapitalmarktopportunität wird als Kundenergebnis im Konditionsbeitrag erfaßt und den dezentralen Bereichen zugerechnet.

Im Barwertkonzept werden die Risikokosten aus dem Kundenergebnis herausgelöst und dem Dispositionsergebnis zugerechnet, das die bankbetrieblichen Kernrisiken Markt- und Ausfallrisiken umfaßt. In die Kundenergebnisrechnung fließt nur die reine Akquisitionsleistung ein, die von Markt- und Ausfallrisiken freigestellt ist. Das Eingehen von Markt- und Ausfallrisiken stellt einen separaten Steuerungsbereich mit eigenen Ergebnis- und Risikowirkungen dar. Bei Geschäftsabschluß erfolgt die einzelgeschäftsbezogene Bewertung und Steuerung der bankbetrieblichen Kernrisiken über den Marktpreis bzw. die Ausfallrisikoprämie.[3]

Für Zinsrisiken ist aufgrund der hochliquiden Märkte die Annahme gerechtfertigt, der Disponent könne durch entsprechende Eigengeschäfte jederzeit die gewünschte Risikostruktur darstellen. Auch für Ausfallrisiken ist eine zentrale Steuerung sachgerecht, da auch Ausfallrisiken erst im Portfolio beurteilt werden können. Die grundsätzlich wünschenswerte Übertragung der dualen Steuerung bezogen auf Ausfallrisiken wird jedoch durch die folgenden Probleme erschwert:

---

[1] Vgl. im folgenden insbesondere Schierenbeck, H. [1994a] sowie Schierenbeck, H. [1994c], S. 415 ff.

[2] Vgl. Schierenbeck, H. [1994c], S. 419.

[3] Vgl. Flesch, J.R./Gerdsmeier, S./Lichtenberg, M. [1994], S. 267 ff.

Der aktuell noch unterentwickelte Sekundärmarkt für Kreditrisiken läßt die Annahme, der Disponent habe zu jeder Zeit beliebigen Gestaltungsspielraum für die Risikostruktur seines Portfolios, problematisch erscheinen. Insbesondere wenn der Disponent bestimmte, von den Marktbereichen akquirierte Risiken nicht tragen möchte, dürfte es derzeit i.d.r. noch problematisch sein, diese durch kompensierende Eigengeschäfte zu eliminieren.

Ein weiteres Problem bringt der Ansatz mit sich, mit der Risikofreistellung der dezentralen Bereiche diese auch aus der Verantwortung für diese Risiken zu entlassen. Was für Zinsrisiken unproblematisch ist, kann bei Ausfallrisiken nur auf liquide, mit einem externen Rating versehene Ausfallrisiken (z.B. Anleihen) übertragen werden. Es besteht sonst für die dezentralen Bereiche immer der Anreiz, das Ausfallrisiko zu unterschätzen und so, wegen der Abbildung zur barwertigen Risikoprämie, die eigene Deckungsbeitragsrechnung zu verbessern. Darüber hinaus sind insbesondere im Kreditgeschäft mit dem Mittelstand sowie mit Privatkunden die gute Beziehung und die Kenntnis des Kunden ein entscheidender Erfolgsfaktor, da nur so frühzeitig Informationen vorliegen bzw. Frühwarnsignale aufgenommen werden, die eine Bonitätsverschlechterung anzeigen.[1] Die vollständige Freistellung der Marktbereiche von Ausfallrisiken bringt somit erhebliche „Agency"[2]-Probleme mit sich, so daß je nach Abgrenzung der Bereiche die Marktbereiche eine Teilverantwortung für die Überwachung der Kreditnehmer behalten müssen.[3]

Für Ausfallrisiken existiert i.d.R. aufgrund des fehlenden liquiden Marktes kein Opportunitätszins, an dem das Geschäft gemessen werden könnte. Während bei Marktpreisrisiken die duale Steuerung auch deswegen relativ einfach zu implementieren ist, weil stets ein objektiver Marktpreis gegeben ist, zu dem das Risiko gehandelt

---

[1] Die effektive Einbindung der Kundenbetreuer kommt z.B. darin zum Ausdruck, wie häufig diese eine Bonitäts-Herunterstufung initiieren. Vgl. Grafstrom, J. [1996], S. 58 f.

[2] Zur Agency Theorie vgl. z.B. Perridon,L./Steiner, M. [1997], S. 518 ff.

[3] Vgl. auch Guill, G.D./Hennessey, L.M. [1997], S. 20 f.

werden kann, ist dies für Ausfallrisiken nicht gegeben. Die duale Steuerung kann daher nur eingeschränkt auf Ausfallrisiken übertragen werden.

4.4.2.2. Abstimmung zwischen zentralem Kreditrisikomanagement und dezentraler Marktverantwortung

Da die duale Steuerung nicht auf Ausfallrisiken übertragen werden kann, ohne die Besonderheiten von Ausfallrisiken zu beachten, sind für die Zusammenarbeit von zentralem Kreditrisikomanagement und dezentraler Kundenbetreuung weitere Regelungen zu treffen. Grundsätzlich kann das Zusammenspiel von dezentraler Marktverantwortung und zentraler Portfoliosteuerung durch vielfältige Maßnahmen gestaltet werden. So kann durch die Vorgabe zentraler Risikolimite auf eine bestimmte Portfoliostruktur hingewirkt werden.[1] Das Portfolio-Management kann auch an der Neugeschäftsgenerierung ansetzen und dies durch die Vorgabe von RAROC-Preisen steuern. Dafür ist bereits in einem frühen Stadium der Kreditbewilligung der Risikobeitrag jeder einzelnen Transaktion und jeder Gegenpartei innerhalb des Gesamtportfolios im Hinblick auf das dafür notwendige zusätzliche Kapital zu messen.[2]

Aktuell bedeutet die Portfolio-Optimierung noch die Notwendigkeit, zentrale Vorgaben zu machen. Dies steht jedoch im Widerspruch zur Notwendigkeit einer weitgehenden Entscheidungsdelegation an dezentrale Organisationseinheiten, um die am Markt erforderliche Flexibilität zu gewährleisten.[3] Ziel sollte daher die weitgehende organisatorische Trennung dieser Portfoliosteuerung von der Geschäftsgenerierung sein.[4] Hauptproblem für eine solche organisatorische Trennung ist die mangelnde Handelbarkeit von Ausfallrisiken. Wo Kreditderivate und Verbriefung als

---

[1] Vgl. Merbecks, A. [1996], S. 183.

[2] Vgl. UBS [1998], S. 8. Grundsätzlich können zwischenzeitliche Portfolioänderungen Einfluß auf die Risikobeiträge haben. In gut diversifizierten Portfolios werden sich deutliche Änderungen jedoch nur über längere Zeiträume ergeben, so daß dieses praktische Problem vernachlässigt werden kann.

[3] Vgl. Merbecks, A. [1996], S. 182.

[4] Dies ist das explizite Ziel der Deutschen Bank. Vgl. o.V. [1997f].

Instrumente anwendbar und Risiken insofern handelbar sind, können diese Instrumente eingesetzt werden. Grundsätzlich wird mit zunehmender Entwicklung des Sekundärmarktes für Kreditrisiken eine Trennung von Akquisition und Risikomanagement für immer weitere Arten von Kreditrisiken möglich, so daß Konflikte zwischen zentraler Portfoliosteuerung und dezentraler Marktverantwortung zunehmend über den Verkauf von Risiken am Sekundärmarkt gelöst werden können.

Die Portfoliomanagementfunktion sollte mit Kompetenzen ausgestattet sein, um Risiken aus dem Portfolio am Sekundärmarkt plazieren zu können und die Erlöse aus diesen Verkäufen innerhalb festgelegter Parameter zu reinvestieren um so das Risiko/Return-Profil des Portfolios gezielt steuern zu können.[1] In diesem Fall kann man auch eine zentrale Verantwortung für die Gesamtperformance des Portfolios zuordnen. Je nach Portfoliostruktur und Steuerungsansatz sind abgestufte Varianten möglich, Kompetenzen zwischen Kundenbetreuern und Portfoliomanagement aufzuteilen und entweder die zentrale Portfoliosteuerung in den Mittelpunkt zu stellen oder den Kundenbetreuern das Recht einzuräumen, aus Gründen der Kundenbeziehung Kredite abzuschließen, die das Portfoliomanagement gegen Verrechnung entsprechender Verrechnungspreise akzeptieren muß. Möglich ist auch die Aufteilung des Portfolios in zwei Subportfolios: Eines als Kundenportfolio und ein weiteres als Handelsportfolio, das strikt nach Portfoliogesichtspunkten geführt wird. Ein Vergleich dieser Portfolios ermöglicht dann den Wert, bzw. die Kosten der Kundenbeziehung abzuschätzen, die gegen andere Cross-Selling Erträge gestellt werden können.[2]

Der Ablauf bei der Neugeschäftsgenerierung könnte z.B. wie folgt organisiert sein:[3]
Der Kundenbetreuer/Akquisiteur benötigt vor Geschäftsabschluß die Genehmigung des Kreditspezialisten. Je nach Philosophie wird die Kreditentscheidung von (dezentralen) Kreditspezialisten (in Abstimmung mit dem zentralen Kreditrisikomanagement) getroffen werden, die unabhängig von den Kundenbetreuern sind. Auch

---

[1] Vgl. Asarnow, E. [1998a], S. 25.
[2] Vgl. Guill, G.D./Hennessey, L.M. [1997], S. 20 f.
[3] Vgl. auch: Das, S. [1998d], S. 23 ff.

Kreditkompetenzen für diese Kreditspezialisten können sich am Risikobeitrag zum Gesamtportfolio orientieren und nicht mehr an Nominalgrößen, so daß insbesondere Kreditentscheidungen für gute Bonitäten beschleunigt werden und sich das zentrale Kreditrisikomanagement bzw. die Geschäftsleitung auf größere Risiken konzentrieren kann.[1] Die Entscheidung dieser zentralen Stelle basiert zum einen auf der Analyse des vom Kundenbetreuer unabhängigen Kreditspezialisten sowie zum anderen auf der Analyse des Gesamtportfolios und dem Risikobeitrag des Einzelrisikos zum Portfolio. Dem Kundenbetreuer wird ein am Risikobeitrag ausgerichteter Preis für das Geschäft gesetzt.[2] Alternativ kann auch der – niedrigere - Marktpreis angesetzt werden, zu dem das Ausfallrisiko z.B. über Kreditderivate oder Formen der Verbriefung von Ausfallrisiken weiterplaziert werden kann. Die zunehmende Handelbarkeit von Kreditrisiken ermöglicht dabei praktisch einen unbegrenzten Spielraum für Geschäftsabschlüsse durch den Kundenbetreuer, da Risiken im Sekundärmarkt weiterplaziert werden können. Die Abbildung des Kundenbetreuers zur risikoadjustierten Marge ermöglicht - wie oben dargestellt - , den Wert der Kundenbeziehung zu messen. Wird ein Geschäft unterhalb dieses Preises abgeschlossen, so wird unmittelbar deutlich, was aus dem Abschluß weiterer Geschäfte kompensierend verdient werden muß.

Die besonderen Probleme der asymmetrischen Informationsverteilung bringen es mit sich, daß Kreditrisiken sowohl zentral als auch dezentral überwacht werden müssen[3]. Insofern muß die Verantwortung für Ausfallrisiken sowohl zentral für das Gesamtportfolio als auch dezentral für Einzelrisiken zugeordnet sein. Das zentrale Kreditrisikomanagement ist verantwortlich für die Gesamtrisikoposition. Die Steuerung erfolgt über

- die Bildung von Reserven und die Allokation von Risikokapital,
- die Absicherung mit Hilfe von Kreditderivaten und über die Verbriefung von Forderungen sowie

---

[1] Vgl. UBS [1998], S. 11.

[2] Die Implementierung eines internen Transferpreissystems für Kreditrisiken ist mit vielfältigen Problemen behaftet, so daß auch hier eine evolutionäre Entwicklung anzustreben ist. Vgl. Asarnow, E. [1996c], S. 20 ff.

[3] Vgl. Bessis, J. [1998], S. 37.

- die gezielte Übernahme von Ausfallrisiken am Sekundärmarkt.

Das zentrale Kreditrisikomanagement entwickelt sich praktisch zu einer Treasury für Ausfallrisiken. Ausfallrisiken werden dynamisch auf Portfoliobasis unter Berücksichtigung von Korrelationen, Ausfallraten, Recovery Rates und Erwartungen bzgl. der Entwicklung von Insolvenzquoten in bestimmten Regionen und Branchen gesteuert.

4.4.3. Problemfelder bei der praktischen Implementierung einer umfassenden RAROC-Steuerung

4.4.3.1. Permanente Weiterentwicklung der Prozesse

Die Implementierung von Kredit-Risikomodellen und einer umfassenden RAROC-Steuerung wird i.d.R. schrittweise erfolgen, da der sofortige Schritt zu einer umfassenden portfolioorientierten Steuerung zu viele ungelöste organisatorische und methodische Probleme mit sich bringen würde[1]. So ist, auch in Abhängigkeit von der Verfügbarkeit entsprechender Daten, zunächst die risikoadjustierte Steuerung von Teilportfolios denkbar, um Erfahrungen zu sammeln, die dann in eine umfassende Portfoliosteuerung eingebracht werden können.

Drzik/Strothe[2] zeigen einen siebenstufigen idealtypischen Prozeß auf, in dem sich das Kreditrisikomanagement von der Einstellung „Wir vergeben nur gute Kredite", wo ausschließlich dezentral mit hohem Grad persönlichen Ermessens praktisch ohne differenzierte Risikobewertung gesteuert wird, entwickelt zu „Diversifizierung ist Trumpf". In diesem Stadium wird sehr stark die zentrale Portfoliosicht in den Vordergrund gerückt und die Steuerung erfolgt aufgrund des Urteils hochspezialisierter Fachleute, die stark technisch unterstützt werden und mit differenzierten Analysemethoden und moderner Informationstechnologie arbeiten. Das Portfolio wird dann

---

[1] Vgl. auch ISDA [1998], S. 15 ff., die auch für die aufsichtliche Anerkennung von Internen Kreditrisikomodellen eine stufenweise Vorgehensweise vorschlagen.

[2] Vgl. Drzik, J./Strothe, G. [1997b], S. 260 ff.

nicht unähnlich einem Investmentfonds gemanagt. Aufgrund der bestehenden technologischen, kulturellen und wettbewerbsbezogenen Schwierigkeiten und des Risikos einer ungleichmäßigen Entwicklung empfehlen Drzik/Strothe jedoch den Banken, einen schrittweisen und evolutionären Entwicklungsweg anzustreben.[1]

Grundsätzlich ist bei der umfassenden Implementierung mit einem sehr langfristigen Prozeß zu rechnen. Bankers Trust als einer der Pioniere der risikoadjustierten Steuerung haben zehn Jahre benötigt, bis die risikobereinigte Sichtweise auf allen Ebenen akzeptiert und angewendet worden ist.[2] Dies ist insbesondere für Ausfallrisiken auch deswegen langwieriger als für Marktpreisrisiken, weil Ausfallrisiken typischerweise fast alle Bereiche eines Kreditinstitutes betreffen und so umfassende organisatorische Veränderungen notwendig werden.

4.4.3.2. Datenhaushalt

Integrierte Gesamtbanksteuerung bedeutet auch die Notwendigkeit integrierter DV-Systeme über die Gesamtbank. Die Herausforderungen, die dies mit sich bringt, können als erheblich angesehen werden. Wesentliche Voraussetzung in der Praxis ist zunächst, die Daten über alle Kontrahenten und deren Kredit-Exposure möglichst zeitnah zentral zu erfassen, um so den jederzeitigen Überblick über die aktuelle Risikosituation der Bank zu haben. Ein internes Problem ist vielfach der fehlende umfassende Datenpool, aus dem jederzeit das Gesamtobligo eines Kunden bzw. eines Konzerns unter Berücksichtigung von Sicherheiten und Netting-Effekten ersichtlich ist.[3] Wenn verschiedene Geschäftsstellen mit dem Kunden Geschäfte kontrahieren, ist es erforderlich, diese Daten permanent zu konsolidieren, und so sicherzustellen, daß Limite eingehalten werden. Dabei machen die Modellierung der Exposures von Kontrahentenrisiken im Investment-Banking sowie die Möglichkeit verschiedener Kreditgeschäfte in unterschiedlichen Währungen die Ermittlung des jeweils aktuellen

---

[1] Vgl. Drzik, J./Strothe, G. [1997b], S. 264.
[2] Vgl. Schröck, G. [1997], S. 158.
[3] Ausführlicher z.B. Davidson, C. [1996], S. 54 ff.

Exposures sowie die des potentiellen zukünftigen Exposures zu einer komplexen Angelegenheit.

Hauptproblem der Kreditrisikomodelle ist vor allem die Verfügbarkeit qualitativ ausreichender Daten, die derzeit noch nicht in dem Maße, wie dies für Marktrisiken der Fall ist, gewährleistet ist.[1] In Abhängigkeit von dem gewählten Modell werden Daten zu Ausfallwahrscheinlichkeiten, Recovery Rates, Wanderungswahrscheinlichkeiten, Ausfallkorrelationen, Volatilitäten von Ausfallraten und ggf. Informationen zu Markt-Spreads benötigt. Insgesamt kann die Datensituation als schlecht bezeichnet werden. Eine Studie der ISDA[2] zeigt zwar eine Vielzahl von Quellen auf, die aufgelisteten Daten beziehen sich jedoch mit wenigen Ausnahmen auf US-amerikanische Quellen wie z.B. die Rating-Agenturen. Daten für Europäische Adressen, soweit sie nicht über ein Rating der Agenturen verfügen, sind daher bislang noch schlecht verfügbar. Darüber hinaus beziehen sich die Daten überwiegend auf Anleihen. Ausfalldaten zu kommerziellen Krediten liegen praktisch nicht vor.

Eine wirkliche Verbesserung der Ausfallrisikosteuerung läßt sich folglich erst dann verwirklichen, wenn umfangreiche Daten vorliegen. Da nach Ratingklassen und Laufzeit differenzierte Ausfallwahrscheinlichkeiten sowie Werte für Recovery Rates benötigt werden, liegen außer den Datenbeständen der Rating-Agenturen, die jedoch für Europa noch wenig aussagekräftig sind, keine hinreichenden Datenbestände vor. Es ist daher für die Kreditwirtschaft insgesamt wichtig zu überprüfen, inwiefern gemeinsame Datenbestände aufgebaut und ausgetauscht werden können.[3] Aufgrund des für valide statistische Schätzungen immensen Datenbedarfs, reichen interne Datenbestände selbst bei großen Kreditinstituten häufig nicht aus, so daß von einzelnen Autoren die Zusammenarbeit auf diesem Gebiet sogar als zwingend betrachtet wird.[4]

---

[1] Diese Sicht findet breite Unterstützung. Vgl. ISDA [1998], S. 42 ff.; Paul-Choudhury, S. [1997a], S. 35.

[2] Vgl. ISDA [1998], S. 42 ff.

[3] Vgl. Haumüller, S. [1997], S. 84 f.

[4] McAllister/Mingo sehen 100.000 Kredite als Mindestgröße einer Datenbank für valide Ausfallschätzungen an. Bei 10 Ratingklassen wären dies pro Klasse 10.000 Kredite, so daß statistische Schätzfehler auf ein akzeptables Maß reduziert wären. Für gute Schätzungen auch von Korrelationen verschiedener Branchen werden 500.000 kleine und mittelgroße Kreditnehmer als erfor-

4.4.3.3. Anreizsysteme

Neben der Überprüfung, ob die Methoden auch die Risiken in angemessener Weise messen und repräsentieren, ist auch die Wirkung der verwendeten Steuerungsansätze permanent zu überprüfen. So ist entscheidend, ob die Ansätze auch das Verhalten in der gewünschten Weise verändern und zur Unternehmenskultur passen.[1] Dafür müssen die Anreizsysteme angemessen ausgestaltet werden. Anreizsysteme sind grundsätzlich so zu gestalten, daß die richtigen Signale im Sinne der übergeordneten Strategie gesendet werden. Dies bedeutet bei langfristigen Kreditrisiken möglicherweise eine deutliche Verzögerung der Bonuszahlung.

Während Bonussysteme sich gegenwärtig überwiegend am Ertrag der jeweiligen Periode orientieren, wird dies von einigen Banken dahingehend modifiziert, daß Bonuszahlungen erst mit Verzögerung ausgezahlt werden. Weitergehende Überlegungen gehen dahin, als Basis den Ertrag mehrerer Perioden zugrundezulegen, um den langfristigen Erfolg in den Vordergrund zu rücken oder den Bonus direkt an eine Größe zu koppeln, die direkt mit dem generierten Shareholder Value zusammenhängt und den Bonus z.B. in Form von Aktienoptionen auszubezahlen[2].

4.4.3.4. Unterstützung durch die Geschäftsführung

Die Entwicklung vom traditionellen zum modernen Kreditgeschäft bedeutet eine umfassende Restrukturierung der Kreditbereiche. Neben die technischen Probleme treten noch weitere Implementierungsprobleme, da die internen Steuerungsmechanismen völlig neu ausgerichtet werden, sich als Folge Organisationsstrukturen ändern können und Entscheidungen anders als bisher gefällt werden. Es ist daher mit

---

derlich bezeichnet. Vgl. McAllister, P.H./Mingo, J.J. [1994], insbesondere S. 15, die auch einen Vorschlag zur Strukturierung eines solchen Datenbestandes skizzieren.

[1] Vgl. Turner, M. [1998], S. 17.
[2] Vgl. ausführlicher Matten, C. [1996], S. 197 ff. sowie Varnholt, B. [1997], S. 271 ff.

Widerständen und Akzeptanzproblemen unter den Mitarbeitern zu rechnen.[1] Insbesondere das Argument, mit risikoadjustierten Preisen nicht mehr wettbewerbsfähig zu sein, wird in vielen Fällen eine konsequente Implementierung verhindern oder erschweren.[2] Für die umfassende Implementierung von RAROC-Modellen ist daher die unbedingte Unterstützung durch die Geschäftsführung erforderlich, die selbst bereit sein muß, die risikoadjustierten Größen konsistent für die Bewertung von Geschäftsbereichen, die Kapitalallokation und Investitionen anzuwenden.[3] Letztendlich geht es bei der Implementierung neuer verbesserter Steuerungsmechanismen auch darum, Risiken nicht mehr nur defensiv zu steuern, sondern aktiv und progressiv zu optimieren.[4] Dafür ist erforderlich, daß das Management die Risikomeßmodelle versteht und Ergebnisse interpretieren kann.

4.4.4. Beurteilung der Steuerung auf Basis risikoadjustierter Kennzahlen

Grundvoraussetzung für eine risikoadjustierte Steuerung ist eine einheitliche und verläßliche Messung der betrachteten Risiken. Bezüglich der Verläßlichkeit der Risikomessung von Ausfallrisiken liegen noch keine aussagefähigen Ergebnisse vor, was in erster Linie auf die für ein Backtesting der Modelle erforderlichen langen Zeitreihen nach Bonitätsklassen differenzierter Ausfallraten und Recovery Rates sowie die Probleme der Abschätzung von Korrelationen zwischen den Kreditnehmern zurückzuführen ist.

Die Risikomessung von Ausfallrisiken ist im Vergleich zur Risikomessung von Marktpreisrisiken noch mit erheblichen Unsicherheiten behaftet. Die Kritik an der in der Praxis der Kreditinstitute weitgehend umgesetzten VAR-Berechnung für Markt-

---

[1] Vgl. Matten, C. [1996], S. 191 ff. sowie Haumüller, S. [1997], S. 46 ff., mit einer knappen Darstellung der möglichen Widerstände im Wandel der Kreditorganisation.
[2] Vgl. z.B. auch die Bedenken, die Theodore/Madelain äußern. Vgl. Theodore, S.S./Madelain, M.[1997], S. 8.
[3] Vgl. auch Schüller, S. [1995a], S. 75.
[4] Vgl. Haubenstock, M./Aggarwal, A. [1997], S. 175 ff.

preisrisiken[1] gilt gleichermaßen für den VAR von Ausfallrisiken. Ermittelte Ergebnisse sind stark von der Genauigkeit der Inputdaten abhängig. Da empirisch ermittelte Volatilitäten und Korrelationen insbesondere über längere Zeiträume nicht stabil sind, sind Ergebnisse entsprechend ungenau. Der VAR ist kein Prognosewerkzeug für zukünftige Entwicklungen und macht keine Aussage, was in Zeiten von Marktzusammenbrüchen passiert. Da die Berechnungen auf der Basis statistischer Daten aus der Vergangenheit erfolgen, entstehen potentiell Fehler, wenn die Zukunft deutlich von der Vergangenheit abweicht und unnormale oder extreme Ereignisse eintreten. Hierfür sind zusätzliche Stress-Tests und Szenario-Analysen notwendig.[2]

Ein grundsätzliches Problem ist die Bewältigung der mit den VAR-Kalkulationen verbundenen Datenflut. Jedes Risikomanagement ist nur so gut, wie die Daten, die zur Verfügung stehen.[3] Wegen der Vielzahl notwendiger Parameter entsteht dabei auf geschäftsbezogener Basis eine selbst von leistungsfähigen Rechnern nicht mehr zu bewältigende Datenflut, so daß ggf. standardisierte Zusammenfassungen bestimmter Geschäfte erforderlich werden.[4]

Weiterhin ist zu beachten, daß die Scheingenauigkeit einer einzigen VAR-Ziffer zu Sorglosigkeit im Risikomanagement führen kann. Die theoretischen und praktischen Schwächen dürfen nicht übersehen werden. Jede VAR-Berechnung ist abhängig von den gewählten Parametern, den zugrundeliegenden Daten, Annahmen und Methoden und muß entsprechend interpretiert werden.[5] Jede VAR-Ziffer ist nur eine Erwartung des zukünftigen Risikopotentials. Extreme Marktentwicklungen können dazu führen,

---

[1] Auf die umfangreiche Literatur zur Kritik einzelner statistischer Methoden oder Annahmen kann hier nicht eingegangen werden. Vgl. hierzu z.B. Alexander, C. [1996a], S. 277 ff.; Beder, T.S. [1995], S. 12 ff.; Fallon, W. [1996]; Leftwich, R./Kaplan, S. [1997]; Phelan, M. J. [1995]; Pritsker, M. [1996].

[2] Vgl. Reed, N. [1996], S. 2 f.

[3] Umgangssprachlich das GiGo-Prinzip (Garbage in, Garbage out). Die Bewältigung dieser Datenflut kann als die Herausforderung für die Informationstechnologie in den kommenden Jahren angesehen werde. Durch die zu erwartenden rapiden Fortschritte wird dieses Problem jedoch zu bewältigen sein. Vgl. Guldimann, T. [1996], S.18.

[4] Vgl. Schierenbeck, H. [1997], S. 21 sowie die dort zitierte Literatur.

[5] Vgl. Beder, T.S. [1995], S. 12 ff., die insbesondere eingeht auf die teilweise deutlichen Unterschiede in den Ergebnissen bei Anwendung unterschiedlicher Methoden sowie Smithson, C./Minton, L. [1996b].

daß höhere Verluste als prognostiziert entstehen. Auch ist entscheidend zu berücksichtigen, daß bei aller ausgefeilter statistischer Methodik das menschliche Urteilsvermögen und die genaue Kenntnis der Märkte kritische und möglicherweise weit wichtigere Faktoren sind. VAR als eine Methode der Risikomessung ist als Voraussetzung für ein gutes Risikomanagement anzusehen, kann dieses aber nicht ersetzen.[1]

Jedes Risikomodell reduziert die komplexe Realität auf eine begrenzte Anzahl von Einflußfaktoren und Interdependenzen und kann somit zwangsläufig nur Ausschnitte der Realität abbilden. Andererseits führt allein schon die intensive Auseinandersetzung mit den verschiedenen VAR-Modellen und den implizit oder explizit unterstellten Prämissen zu einer detaillierteren Kenntnis der Risiken und so zu einem besseren Risikomanagement.[2]

Eine Steuerung sollte erst dann auf solchen Kennzahlen aufbauen, wenn die VAR-Berechnungen über einen längeren Zeitraum angewendet und getestet worden sind und sich als verläßlich erwiesen haben. Darüber hinaus hat der VAR gewisse Schwächen in seiner Eignung, Grundlage für strategische Entscheidungen und die Eigenkapitalallokation zu sein. Geschäftsfelder können auch bei gleichem VAR unterschiedlich zu beurteilen sein, wenn die Liquidität oder die Risikoprämie in den jeweiligen Märkten stark voneinander abweicht. Auch unterliegt insbesondere der Eingangsparameter Korrelation einem Zufallsprozeß, so daß eine ex ante Kapitalallokation ggf. stark von den ex post eintretenden Verhältnissen abweichen kann.[3]

Wie der VAR so kann auch der RAROC immer nur eine Unterstützung für das Management sein. Zusätzlich ist es notwendig, daß qualitative Aspekte bei strategi-

---

[1] Wie auch Culp et.al. in Zusammenhang mit Barings und anderen Derivate-Desastern der jüngsten Zeit darlegen. Vgl. Culp, C.L./Miller, M.H./Neves, A.M.P. [1998], S. 26 ff.

[2] Vgl. Reed, N. [1996], S. 2.

[3] Dem von Wilson, T.C. [1992], S. 112 ff. vorgebrachten Punkt, daß durch die alleinige Betrachtung von Risikokapital und die Nichtbeachtung von investiertem Kapital unendliche RAROC-Werte generiert werden können, wenn bei positiven Erträgen in risikolosen Assets investiert wird, dürfte in der Praxis wenig Bedeutung zukommen, da selbst ein Investment in risikolose Anlagen Betriebskosten verursacht und es in der Praxis, bei Beachtung aller Risikokategorien (Ausfall-, Marktpreis- und Betriebsrisiken) kein risikoloses Asset (i.S.v. nicht mit Risikokapital zu unterlegen) gibt.

schen Entscheidungen mitberücksichtigt werden, die eine Aussage machen über z.B. die strategische Bedeutung der Geschäftsfelder, die Beziehungen zu Kunden, Lieferanten und das geschäftliche Umfeld, über die Risikoneigung der Geschäftsführung und die Wettbewerbssituation.[1] Kennzahlen können keine Aussage darüber machen, wie sich Märkte zukünftig entwickeln werden, oder welche Einzelrisiken eintreten werden.[2] RAROC-Modelle können nicht Erfahrung und Urteilsvermögen im Risikomanagement-Prozeß ersetzen, aber sie liefern eine statistisch fundierte Basis, auf der eine genauere Risikobewertung durchgeführt und vernünftige Wahrscheinlichkeitsaussagen für die Zukunft gemacht werden können.[3]

Bezogen auf die Kreditportfoliosteuerung haben RAROC-Kennzahlen als statische Größen den Nachteil, den gesamten Konjunkturzyklus nicht berücksichtigen zu können. Die Bewertung von Krediten bzw. Kreditportefeuilles sollte jedoch auch vor dem Hintergrund der jeweiligen Konjunkturphase erfolgen.[4]

Zusätzlich zum RAROC ist es sinnvoll, das absolute Ergebnis nach Kosten bzw. den RAR als weiteres Kriterium für Entscheidungen heranzuziehen. RAROC allein gibt keinen Hinweis, welches Geschäft besser ist,
- das mit hohem RAROC aber niedrigem absoluten Ertrag oder
- das mit niedrigem RAROC aber hohem absoluten Ertrag.[5]

Bei der Eigenkapitalallokation auf Geschäftsbereiche bzw. bei der Entscheidung, Geschäfte einzugehen, auszuweiten oder einzustellen, sind neben der risikoadjustierten Rendite insbesondere noch die folgenden Aspekte zu berücksichtigen:[6]
- Es ist zu untersuchen, welche Auswirkungen das Wachstum oder das Schrumpfen eines Geschäftszweiges auf andere Geschäfte, auf Kuppelprodukte sowie auf interne Aktivitäten hat.

---

[1] Vgl. auch Coopers & Lybrand [1996], S. 143 ff.
[2] Vgl. Schröck, G. [1997], S. 124 sowie Reyniers, P./Hirai, A. [o.Jg.], S. 36.
[3] Vgl. Parsley, M. [1995], S. 36 ff. sowie Bernstein, P.L. [1996b], S. 113 ff. und Haumüller, S. [1997], S. 43.
[4] Vgl. Asarnow, E. [1996b], S. 19.
[5] Vgl. Parsley, M. [1995], S. 36 ff.
[6] Vgl. Reyniers, P./Hirai, A. [o.Jg.], S. 35 f.

- Bei einer am RAROC orientierten Geschäftsbereichssteuerung ist sicherzustellen, daß ermittelte RAROC-Ergebnisse nachhaltig erwirtschaftet werden können.
- Weiterhin ist zu untersuchen, wie der marginale Effekt der Ausweitung einer Tätigkeit ist. Ab einem bestimmten Punkt wird zusätzliches Kapital nur noch eine geringere Rendite erwirtschaften, etwa wenn Marktsättigung eintritt oder wenn der Diversifikationseffekt abnimmt.
- Schließlich sind langfristige strategische Aspekte und Auswirkungen auf Kundenbeziehungen abzuschätzen, wenn Entscheidungen über das Wachsen bzw. Schrumpfen bestimmter Geschäfte bzw. Geschäftszweige getroffen werden.

Werden die genannten Punkte beachtet, so kann durch die Verwendung von RAROC-Kennziffern die interne Steuerung sowohl auf strategischer, als auch auf operativer Ebene wesentlich verbessert werden, da

- verschiedene Geschäftsfelder konsistent verglichen werden können,
- das benötigte Risikokapital bestimmt werden kann,
- damit eine effizientere Eigenkapitalallokation möglich wird,
- die risikoorientierte Preisfindung entscheidend verbessert wird und
- eine konsequente wertorientierte Steuerung ermöglicht wird.

5. Ausblick

5.1. Aktives Kreditportfoliomanagement und ein liquiderer Sekundärmarkt für Kreditrisiken als Aspekte eines sich wandelnden Umfeldes für Kreditinstitute

Die Finanzindustrie befindet sich in einer Umbruchphase, die durch Globalisierung, neue Technologien, zunehmenden Wettbewerb, anhaltenden Fusionsdruck und die Einführung des Euro umrissen werden kann. Die verbesserten Methoden der Steuerung von Ausfallrisiken und die aktuellen Entwicklungen im Kreditmarkt betreffen nur einen Ausschnitt der Herausforderungen, denen Banken sich zukünftig stellen müssen.[1] Allein diese Aspekte bedeuten jedoch einen erheblichen Anpassungsbedarf für die Art und Weise, wie Banken geführt und gesteuert werden.

Das Kreditrisikomanagement in Banken wird sich grundlegend verändern:

- Die Kreditrisikosteuerung in Banken wird zukünftig sowohl zur Bonitätseinstufung als auch zur Portfoliosteuerung zunehmend analytische und statistische Methoden verwenden müssen, um eine an objektiven Kriterien ausgerichtete Steuerung zu ermöglichen. Die Fristenstruktur von Kreditrisiken wird vermehrt in der Steuerung Berücksichtigung finden. Laufzeitunterschiede werden verstärkt nicht nur in die Limitierung sondern auch in die Preiskalkulation einfließen.

- Kreditrisiken sind nur effizient im Portfolio steuerbar, da der entscheidende Faktor die Diversifikationsmöglichkeiten sind. Der Wettbewerb wird dazu führen, daß Ausfallrisiken von den Instituten übernommen werden, die diese am effizientesten tragen können. Banken werden daher verstärkt zu einer aktiven Kreditportfoliosteuerung übergehen. Der Risikobeitrag zum Portfolio wird vermehrt in der Kreditentscheidung berücksichtigt werden und Grundlage der Preiskalkulation sein. Auf der Basis einer für das Gesamtportfolio ermittelten Verlustverteilung wird die Risikomessung, die Reservebildung, die Eigenkapitalallokation sowie die Performance-Messung erfolgen.

---

[1] Vgl. z.B. White, W.R. [1998], Zlotnik, M./Best, S. [1997].

- Es werden verstärkt Methoden entwickelt werden, makroökonomische Faktoren in der Kreditrisikosteuerung zu berücksichtigen und die Bank im Hinblick auf bestimmte erwartete konjunkturelle Szenarien zu positionieren. Banken sind außer im Kreditportefeuille auch in der langfristigen Zinsposition, dem langfristigen Eigenhandel und dem Industrie-Anlagebestand makroökonomischen Risiken ausgesetzt. Während diese Risiken – auch weil man glaubt, keine andere Wahl zu haben – bisher kaum gesteuert werden, wird dies zukünftig zunehmend an Bedeutung gewinnen[1].

- Für die konsequente Umsetzung einer risikoadjustierten Steuerung von Ausfallrisiken sind erhebliche organisatorische Voraussetzungen zu erfüllen. So wird ein differenziertes Ratingsystem für alle Ausfallrisiken in der Bank als zentrales Element der bankweiten Portfoliosteuerung benötigt. Weiterhin ist ein zentrales Element, die erforderlichen Daten zu Ausfallrisiken zu sammeln, auszuwerten und umfangreiche Datenbanken aufzubauen.

- Neben erheblichen konzeptionellen Problemen in der Umsetzung einer risikoadjustierten und portfolioorientierten Steuerung werden insbesondere hohe Akzeptanzprobleme bei den Mitarbeitern, die ihren Werdegang in der traditionellen Kreditrisikosteuerung gemacht haben, auftreten, da eine völlig neue Kreditkultur erforderlich ist.

Am Sekundärmarkt für Kreditrisiken sind Weiterentwicklungen mit weitreichenden Folgen für das Kreditgeschäft der Banken zu beobachten:

- Als Sekundärmärkte für Kreditrisiken können der Markt für Asset Backed Securities (ABS)[2], der Kreditderivatemarkt sowie der direkte Handel mit Krediten bezeichnet werden. Für diese Märkte ist insgesamt ein starkes Wachstum zu erwarten.[3] Während der Markt für Kreditderivate derzeit noch weitgehend auf Län-

---

[1] Vgl. Drzik, J./Intrater, M./Nakada, P. [1998].

[2] Vgl. einführend z.B. Rittinghaus, H.R./Makowka, T./Hellmann, U. [1997].

[3] Es wird erwartet, daß sich die ausstehenden Kreditderivate-Volumina weltweit per Ende 1998

derrisiken, Großkunden und sog. Supranationals (z.B. Entwicklungsbanken) beschränkt ist, ist absehbar, daß sich der Markt in naher Zukunft auch auf andere Risiken ausdehnen wird. Auch der gemeinsame Währungsraum in Europa wird zu einer stärkeren Fokussierung auf Kreditrisiken führen mit der Folge, daß es für immer mehr Firmen attraktiv sein wird, sich den Kapitalmarkt zu erschließen. Sobald Unternehmen von einer Rating-Agentur eingestuft und Anleihen am Markt plaziert sind, sind sie potentiell über Kreditderivate handelbar. Nachdem nunmehr auch in Deutschland aufsichtsrechtliche Verlautbarungen zu ABS und Kreditderivaten vorliegen,[1] ist auch für diese Märkte vor allem im Zusammenhang mit einem zunehmenden Eigenkapitalmanagement ein hohes Wachstum wahrscheinlich.

- Mit der weiteren Entwicklung des Sekundärmarktes für Kreditrisiken bekommen neben Kreditinstituten Nichtbank-Investoren, insbesondere institutionelle Investoren wie Investmentfonds und Versicherungen, Zugang zu Risiken, in die sie bislang nicht investieren konnten. Diese Investoren werden verstärkt in den Kreditmarkt drängen und so den Banken um kapitalmarktfähige Risiken Konkurrenz machen, zumal Kredite an große und mittelgroße Unternehmen auch aufgrund der geringen Korrelation zu anderen Anlageformen und guter Risiko/Return-Eigenschaften eine attraktive Anlageform für diese Investoren sind.[2] Da sich Kreditmärkte immer mehr den Anleihemärkten angleichen werden, trifft dies für einen wachsenden Kreis von Kreditrisiken zu, die traditionell von Banken übernommen wurden. Dabei sind Banken insofern benachteiligt, als sie zum einen anders als Investmentfonds einer Ertragsbesteuerung unterliegen und zum anderen institutionelle Investoren sich allein auf die risikoadjustierte Rendite konzentrieren können, während Banken auch die Kundenbeziehung berücksichtigen müssen.[3] Probleme der asymmetrischen Informationsverteilung und des

---

von ca. $ 350 Mrd. bis zum Jahr 2000 auf ca. $ 740 Mrd. verdoppeln und in nicht allzuferner Zukunft die Billionengrenze übersteigen werden. Vgl. o.V. [1998h], S. 17 sowie Rai, S./ Holappa, H. [1997], S. 26.

[1] Vgl. Bundesaufsichtsamt für das Kreditwesen [1997] und [1999].
[2] Vgl. Asarnow, E. [1996a].
[3] Vgl. Asarnow, E. [1996a], S. 26 sowie Asarnow, E. [1996b], S. 14 ff.

Moral-Hazard erschweren zwar die Handelbarkeit kommerzieller Bankkredite an mittelständische Kunden erheblich, so daß Banken auch weiterhin die wichtigsten Investoren in diese Risiken bleiben werden. Grundsätzlich sind jedoch auch diese Risiken kapitalmarktfähig.[1] Der Aufbau und Ausbau von speziellem Kreditrisiko-Know-How wird daher für Banken immer wichtiger, um nicht gegenüber dieser Investorengruppe ins Hintertreffen zu geraten.

- Diese Entwicklung wird auch dadurch beschleunigt, daß Kreditmärkte immer transparenter werden und neue Kreditrisikomessverfahren auch anderen Investoren als Banken zur Verfügung stehen. Banken werden damit ihre einzigartige Funktion als Intermediär für bestimmte, schwer quantifizierbare Risiken verlieren. Am Markt entstehen neue Formen der Arbeitsteilung. Banken treten weiterhin gegenüber dem Kunden als Vermittler auf und bieten ihre Finanzierungsprodukte an, die Risiken werden jedoch über Kreditderivate oder ABS bei Investoren wie Versicherungsgesellschaften oder Investmentfonds plaziert. Auch eine Entwicklung analog dem Rückversicherungsmarkt ist denkbar, wo Banken das Geschäft generieren, sich jedoch gegen eine extreme Ballung von Risiken am Sekundärmarkt versichern.[2]

- Durch diese Entwicklungen am Kreditmarkt werden sich Banken stark wandeln von ihrer klassischen Rolle als Kreditrisikonehmer weg einerseits hin zu einer Vertriebsorganisation für Finanzprodukte sowie andererseits zu Risikohändlern im Kreditmarkt. Kreditrisiken werden durch klassische Kredite und über Kontrahentenrisiken aus dem Investment Banking generiert und dann über verschiedene Instrumente im Sekundärmarkt plaziert bzw. portfolioorientiert hinzu gekauft.

---

[1] Folgende Anforderungen sollten für die Verbriefung von Krediten erfüllt sein: 1. Potentielle Erwerber der Kreditrisiken müssen zum Zeitpunkt des Risikotransfers von Adverse Selection durch den Informationsvorsprung der Bank geschützt werden. 2. Die besondere Anreiz- und Bindungssituation der Kunde-Bank-Beziehung sollte gewahrt werden, um unsystematische Risiken klein zu halten. 3. Die Kreditbeziehung sollte aus Kundensicht weiterhin durch Flexibilität und Individualität geprägt sein. 4. Informationen über den Kreditnehmer müssen vertraulich behandelt werden. Vgl. Elsas, R./Ewert, R./Krahnen, J.P./Rudolph, B./ Weber, M. [1999], S. 198.

[2] Vgl. Drzik, J./Kuritzkes, A.[1997], S. 12 ff. sowie Drzik, J./Kuritzkes, A. [1998], S. 368 ff.

Ein liquiderer Sekundärmarkt wird auch erheblicher Auswirkungen auf die interne Steuerung haben:

- Neben der Entwicklung von verbesserten Risikomessmethoden wird die weitere Entwicklung des Sekundärmarktes für Kreditrisiken, insbesondere des Kreditderivatemarktes und des Marktes für ABS und Credit linked Notes, eine Trennung von Geschäftsgenerierung und Risikomanagement ermöglichen. Mit zunehmender Handelbarkeit wird eine Angleichung von Marktpreis- und Ausfallrisiken stattfinden. Da Kreditderivate die Eigenschaft haben, Kreditrisiken losgelöst vom Grundgeschäft, von der Refinanzierung und der Kundenbeziehung handelbar zu machen, hat dies dramatische Auswirkungen auf die Art und Weise, wie Kreditrisiken gesteuert werden.

- Diese Entwicklung geht einher mit einer weiteren Verschärfung des Wettbewerbes, die deutlich höhere Anforderungen an Risikomanagementmethoden mit sich bringt. Dadurch werden sich potentiell unterschiedliche Kernkompetenzen im Kreditgeschäft herausbilden - einerseits die Generierung von Risiken über Kredit- oder Derivategeschäfte sowie andererseits das Management der daraus entstehenden Risiken.

- Besondere Herausforderungen wird dies für die dezentral organisierten Verbundsysteme der Genossenschaftsbanken und Sparkassen mit sich bringen. Kreditinstitute mit begrenztem Geschäftsgebiet sind zwangsläufig stärker konzentriert auf die örtliche Wirtschaft mit einer potentiell höheren Ergebnisvolatilität als diversifizierte Banken mit breiter Geschäftsbasis. Wegen der signifikant höheren Volatilität der regionalen Wirtschaftsentwicklung haben überregional diversifizierte Banken einen deutlichen Vorteil. Die dezentralen Organisationen werden daher entweder Möglichkeiten der verbesserten Risikostreuung im Verbund entwickeln[1] oder in dem Sinne stärker arbeitsteilig arbeiten müssen, daß die dezentralen Stellen Geschäfte generieren und das Risikomanagement zentral erfolgt.

---

[1] Z.B. über den organisierten Austausch von Teilportfolios oder den Aufbau eines internen Marktes für Kreditbeteiligungen. Eine weitere Lösung ist auch die stärkere Diversifikation durch

Mit wachsender Verbreitung einer wertorientierten Steuerung wird auch ein aktives Eigenkapitalmanagement an Bedeutung gewinnen:

- Der deutsche Bankenmarkt war lange Zeit im Vergleich zu den Top-Performern international nur mäßig rentabel. Dies ist auch darauf zurückzuführen, daß große Teile des Eigenkapitals der deutschen Banken im wenig rentablen Firmenkundengeschäft gebunden sind.[1] Der Druck der internationalen Investoren führt vor allem für die großen, international tätigen Banken zu einer erheblichen Verschärfung des Wettbewerbs, die den Wandel in der Kreditrisikosteuerung und die Reallokation von Ressourcen in profitable Geschäftszweige vorantreiben wird.

- Ein verbessertes Kapitalmanagement ist als Schlüssel für eine verbesserte Profitabilität anzusehen.[2] Folge wird eine Verbriefung von Forderungen in erheblichem Umfang sein, um Eigenkapital für andere Zwecke frei zu bekommen.[3] Ohne sich aus dem Geschäft mit wichtigen Kunden zurückziehen zu müssen, können so Risiken veräußert und Eigenkapital entlastet werden. Durch die modernen Verfahren der Kreditrisikosteuerung, Kreditderivate und ABS wird sich der Fokus hin zur risikoadjustierten Rendite und zu einem effizienten Eigenkapitalmanagement verschieben.[4]

übergreifende Fusionen.

[1] Vgl. auch Graham, S. [1998a] sowie Graham, S. [1998b].

[2] Vgl. Graham, S. [1998b], S. 21 ff.

[3] So plant z.B. nach Research-Berichten von J.P. Morgan die Deutsche Bank in den nächsten Jahren insgesamt ca. DM 50 Mrd. an Kundenforderungen zu verbriefen und so eine Eigenkapitalentlastung von ca. DM 3 Mrd. zu erreichen. Vgl. Graham, S. [1998b], S. 23. Ein erster Teil über 4,3 Mrd. DM dieses Potentials ist im Juli 1998 über eine Collateralised Loan Obligation der Deutschen Bank verbrieft worden. Vgl. o.V. [1998j].

[4] Vgl. auch Theodore, S.S./Madelain, M.[1997].

5.2. Neuregelung der angemessenen Eigenkapitalausstattung von Kreditinstituten

- Die unzureichende Risikoorientierung der bestehenden aufsichtlichen Regelungen zur Eigenkapitalausstattung der Kreditinstitute, die umfangreiche Arbitrage dieser Regelungen sowie der Stand der Weiterentwicklung der Methoden der Kreditrisikosteuerung hat eine Reform der Eigenkapitalstandards im Bereich der Ausfallrisiken hin zu einer stärkeren Berücksichtigung von Laufzeit- und Bonitätsunterschieden sowie von Diversifikationseffekten im Portfolio notwendig gemacht. Insbesondere hatten verschiedene Initiativen gefordert, die Prinzipien der Portfoliotheorie, die über interne Modelle für die Eigenkapitalunterlegung von Marktpreisrisiken bereits Gegenstand aufsichtlicher Regelungen sind, auch bei der Kapitalunterlegung von Kreditrisiken anzuerkennen und die Basler Regeln entsprechend weiterzuentwickeln mit dem Ziel, auch auf dem Gebiet der Kreditrisiken interne Modelle zur Berechnung der Kapitalunterlegung anzuerkennen.[1]

- Die Notwendigkeit einer stärkeren Orientierung der aufsichtlich vorgeschriebenen Eigenmittelunterlegung am tatsächlichen Risikogehalt der Bankgeschäfte ist von der Bankenaufsicht erkannt und eine grundlegende Reform der Eigenmittelregelungen begonnen worden. Der Basler Ausschuß für Bankenaufsicht hat im Juni 1999 ein Konsultationspapier zur Neuregelung der angemessenen Eigenkapitalausstattung veröffentlicht.[2] Bei diesen Neuregelungen begnügt sich der Basler Ausschuß nicht damit, nur Teillösungen für Einzelprobleme zu finden, sondern unterzieht die Eigenkapitalregeln einer umfassenden Reform, um sie insgesamt besser auf die den Bankgeschäften zugrunde liegenden Risiken abzustimmen und den zwischenzeitlichen, seit 1988 eingetretenen Weiterentwicklungen bei der Risikomessung, -begrenzung und -steuerung Rechnung zu tragen.

---

[1] Vgl. Houpt, J.V. [1998]; IIF, [1998]; ISDA [1998]; Martin, P. [1997b]; Medlin Jr. J.G. [1998]; Mingo, J.J. [1998a]; Mingo, J.J. [1998b]; o.V. [1998c] sowie o.V. [1998i].

[2] Vgl. Basler Ausschuß für Bankenaufsicht [1999b,d]

- Die vorgeschlagenen Regelungen bestehen aus drei tragenden Elementen, den Mindesteigenkapitalanforderungen, dem Überwachungsprozeß der Eigenkapitalausstattung und der internen Risikosteuerungsverfahren durch die Bankaufsicht sowie dem wirksamen Einsatz der Marktdisziplin über zusätzliche Publizitätspflichten.

- Die erste Säule - Mindesteigenkapital-Standards - besteht im wesentlichen aus neuen Regelungen für die Eigenkapitalunterlegung von Ausfallrisiken. Weiterhin soll ein konsequenter Ansatz zur Behandlung von Methoden der Kreditrisikobegrenzung (Netting, Sicherheiten, Kreditderivate etc.) entwickelt werden. Für die bisher nicht mit Eigenkapital zu unterlegenden Zinsänderungsrisiken aus dem Anlagebuch sowie für alle sonstigen Risiken (Operationelle Risiken, Reputationsrisiken, Rechtsrisiken etc.) soll künftig ebenfalls Eigenkapital unterlegt werden.

- Für die Unterlegung von Ausfallrisiken wird zunächst ein Standardansatz vorgeschlagen, der maßgeblich auf den Ratingnoten anerkannter Agenturen basiert. Weiterhin ist vorgesehen, daß Banken mit weitentwickelten internen Ratingsystemen diese nach Prüfung und Anerkennung durch die Bankaufsicht zur Bemessung des Eigenkapitals heranziehen können. Der Einsatz von Kreditrisikomodellen wird zwar für die interne Steuerung empfohlen, sie werden jedoch in diesem Stadium noch nicht als für die Bemessung des aufsichtlichen Eigenkapitals geeignet angesehen. Bezüglich der Anerkennung von Kreditrisikomodellen bestehen zur Zeit nach Ansicht des Basler Ausschusses noch bedeutende Hürden – im wesentlichen hinsichtlich der Verfügbarkeit verläßlicher Daten und der Überprüfbarkeit der Modelle -, die auch kaum innerhalb des für die Eigenkapitalvereinbarung angestrebten Zeitraumes beseitigt werden können.[1] Sie werden daher voraussichtlich erst in einem weiteren Schritt Grundlage aufsichtsrechtlicher Regelungen werden. *„Die Zulassung bankinterner Kreditrisikomodelle steht zwar z.Zt. noch nicht auf der Tagesordnung. Aber auf mittlere Sicht werden sich die Bankaufsichtsbehörden der Erörterung, unter welchen Bedingungen*

---

[1] Vgl. Basler Ausschuß für Bankenaufsicht [1999a], S. 2.

Verfahren der Portfoliosteuerung unter Verwendung finanzmathematischer Methoden für die bankaufsichtlich relevante Kreditrisikomessung angewendet werden dürfen, nicht entziehen können. "[1]

- In der zweiten Säule – aufsichtlicher Überwachungsprozeß – soll sichergestellt werden, daß die Eigenkapitalausstattung einer Bank jederzeit ihrem Risikoprofil und ihrer Risikostrategie entspricht. Um dieses sicherzustellen, ist eine individuelle Überprüfung der bankinternen Risikomeßmethoden, der internen Methoden der Kapitalallokation sowie der Einhaltung der aufsichtsrechtlich vorgegebenen Eigenkapitalsätze vorgesehen. Die Bankenaufsicht soll aufgrund dieser Überprüfung in der Lage sein, individuell von Banken auch höhere als die Mindesteigenkapitalausstattung zu verlangen. Zusätzlich zur Einhaltung der Mindesteigenkapitalquoten wird von den Banken verlangt, ein internes Verfahren zur Beurteilung des angemessenen Eigenkapitals zu schaffen und interne Eigenkapitalvorgaben zu entwickeln, die auf das Risikoprofil und das Kontrollumfeld der Bank abgestimmt sind. Auch diese internen Verfahren unterliegen einer Überprüfung durch die Aufsichtsbehörden.

- Die Vorschläge aus Basel stellen eine völlige Neuausrichtung der bankaufsichtsrechtlichen Mindesteigenkapital-Standards dar, die sich zunehmend bankbetriebswirtschaftlichen Konzepten der risikoadjustierten Steuerung annähern. Dies wird dazu führen, daß sich der derzeit noch bestehende Widerspruch zwischen aufsichtlichem und ökonomischem Kapital zunehmend auflösen wird. Ausgefeilte interne Risikomeß- und Steuerungssysteme sowie Methoden der Eigenkapitalbemessung und –allokation werden aufsichtsrechtlich vorgeschrieben bzw. anerkannt und sanktioniert und werden auch unter diesen Gesichtspunkten zu einem entscheidenden Wettbewerbsfaktor.

- Die Einführung von Eigenkapitalunterlegungsregeln, die sich stärker am Risikogehalt von Krediten bzw. Kreditportfolios orientieren, wird zu einem deutlich veränderten Wettbewerbsumfeld führen. Die Folge wird nicht nur ein erhöhter

---

[1] Vgl. Artopoeus, W. [1999], S. 10.

Druck sein, die internen Steuerungsmethoden sowohl hinsichtlich des internen Ratingsystems als auch im Hinblick auf ein internes Kreditportfoliomodell weiterzuentwickeln,. Zu erwarten ist auch ein Schub für die Weiterentwicklung und Effizienzsteigerung des Sekundärmarktes für Kredite.[1] Verschärfen wird sich aber auch der Wettbewerb unter den Banken, wobei die Institute mit überlegenem Risikomanagement-Know-How sowie tendenziell große Banken mit höherem Diversifikationspotential begünstigt sind.

- Das erforderliche Eigenkapital wird abhängig von internen und externen Ratingeinstufungen, den diesen Ratingstufen zugeordneten Eigenkapitalgewichtungssätzen sowie zukünftig von internen Modellen, so daß die individuellen Umstände der Bank, ihre internen Steuerungsprozesse und Methoden erheblichen Einfluß auf das erforderliche Mindesteigenkapital bekommen werden. Auf Kredite zu verrechnende Eigenkapitalkosten werden nicht mehr konstant für die gesamte Laufzeit sein, sondern in Abhängigkeit der Bonität des Kreditnehmers schwanken.

- Im Rahmen des Überwachungsprozesses wird explizit gefordert, daß Banken interne Verfahren zur Beurteilung der angemessenen Eigenkapitalausstattung und zur Kapitalallokation einrichten sollen. Die im Rahmen dieser Arbeit beschriebenen Konzepte der Risikokapitalbemessung und -allokation sind folglich nicht mehr nur aus betriebswirtschaftlichen Überlegungen heraus erforderlich, sondern zukünftig auch aufsichtsrechtlich vorgeschrieben.

- Selbst wenn mit der Zulassung bankinterner Portfoliomodelle erst in einigen Jahren zu rechnen sein wird, so sind doch bereits jetzt frühzeitig Anstrengungen zu unternehmen, vergleichbare Modelle zu implementieren, da interne Modelle für Kreditrisiken einen deutlich höheren Komplexitätsgrad aufweisen als interne

---

[1] Der Einfluß bankaufsichtlicher Regelungen auf die Märkte kann als erheblich angesehen werden. Allein der Vorschlag aus Basel, der ja erst in einigen Jahren umgesetzt werden wird, hat bereits erhebliche Auswirkungen gehabt. Insbesondere die Sekundärmarktpreise von Staatsanleihen haben sich unmittelbar nach Verlautbarung des Konsultationspapieres an die neuen Gewichtungssätze angepaßt. Vgl. Bank für Internationalen Zahlungsausgleich [1999], S. 17.

Modelle im Bereich von Marktpreisrisiken und es je nach Portfoliostruktur erhebliche Abweichungen im zu haltenden Eigenkapital geben kann.[1] Auch der Basler Ausschuß hat den Banken explizit die Verwendung und Weiterentwicklung von Kreditrisikomodellen empfohlen.[2]

„**In contrast to the objective of default portfolio management, interest rate risk management is a piece of cake.**"[3]

---

[1] Nach Schätzung der Unternehmensberatung Oliver Wyman & Company liegen die potentiellen Gewinne aus einer verbesserten Diversifizierung für eine typische multinationale Bank in einer etwa 25prozentigen Reduzierung des ökonomischen Kapitals, bei einem konzentrierten regionalen Portfolio wären die Gewinne sogar noch deutlich höher. Vgl. Kuritzkes, A. [1999], S. 61.

[2] Vgl. Basler Ausschuß für Bankenaufsicht [1999d], S. 37.

[3] McQuown, J.A [1997], S. 30.

Literaturverzeichnis

Abrams, M. [1997]: RAROC The Nations Bank Model, in: Journal of Lending & Credit Risk Management, February 1997, S. 30-37.

Aguais, S.D./Santomero, A.M. [1998]: Incorporating new fixed income approaches into commercial loan valuation, in: Journal of Lending & Credit Risk Management, February 1998, S. 58-65.

Akmann, M. [1998]: Vermögensmanagement und Risk-Return-Steuerung in der Treasury, in: Die Sparkasse, 115. Jg. (3/98), S. 111-118.

Alexander, C. [1996a]: Evaluating the use of RiskMetrics^{TM} as a risk Measurement tool for your operation: What are its advantages and limitations?, in: Deriatives Use, Trading & Regulation, Vol. 2, No. 3, S. 277-285.

Allen, M./Rodrigues, M. [1997]: Boost Your Ratings, in: Credit Risk, A Supplement to Risk Magazine, July 1997, S. 40-47.

Allen, R. [1996]: Togehter they stand, in: Firmwide Risk Management, Supplement to Risk Magazine, July 1996, S. 21-29.

Altman, E.I. [1968]: Financial Ratios, Discriminant Analysis and the Prediction of Corporate Bankruptcy, in: Journal of Finance, Vol. 23, September 1968, S. 589-609.

Altman, E.I. [1989]: Measuring Corporate Bond Mortality and Performance, in: The Journal of Finance, Vol 44, September 1989, S. 909-922.

Altman, E.I. [1996]: Corporate Bond and Commercial Loan Portfolio Analysis, The Wharton School, University of Pennsylvania, Working Paper 96-41, September 1996.

Altman, E.I. [1997a]: Rating Migration of Corporate Bonds: Comparative Results and Investor/Lender Implications, New York University Salomon Center, Working Paper Series, S-97-3.

Altman, E.I. [1997b]: Credit Risk Management: The ironic Challenge in the next Decade, New York University Salomon Center, Working Paper Series S-97-9.

Altman, E.I./Caouette, J.B./Narayanan, P. [1998]: Credit-Risk Measurement and Management: The Ironic Challenge in the Next Decade, in: Financial Analysts Journal, January/February 1998, S. 7-11.

Altman, E.I./Haldeman, R. [1992]: Valuation, Loss Reserves and Pricing of Commercial Loans, New York University Salomon Center, Working Paper Series S-92-39, May 1992.

Altman, E.I./Li Kao, D. [1992]: The Implications of Corporate Bond Ratings Drift, in: Financial Analyst Journal, May/June 1992, S. 64-75.

Altman, E.I./Saunders, A. [1998]: Credit Risk Measurement: Developments over the last 20 Years, in: Journal of Banking and Finance 21/1998, S. 1721-1742.

Arbeitskreis Finanzierung [1996]: Arbeitskreis „Finanzierung" der Schmalenbach-Gesellschaft – Deutsche Gesellschaft für Betriebswirtschaft e.V.: Wertorientierte Unternehmenssteuerung mit differenzierten Kapitalkosten, in: ZfbF, 48. Jg. 1996, S. 543-578.

Arbeitskreis Tacke [1981]: Geschäftspolitische und organisatorische Aspekte des Kreditmanagements, Teil 1: Grundsätzliche Überlegungen zur Kreditpolitik, in: ZfbF, 8, 1981, S. 123-141.

Artopoeus, W. [1996]: Kreditrisiken aus bankaufsichtlicher Sicht, in: Bankinformation, 12/96, S. 14-18.

Artopoeus, W. [1999]: Aktuelle Entwicklungen in der Bankenaufsicht, Vortrag bei der Jahresversammlung des Hessischen Bankenverbandes am 4. März 1999 in Frankfurt. Unveröffentlichtes Manuskript.

Asarnow, E. [1995]: Measuring the Hidden Risks in Corporate Loans, in: Commercial Lending Review, Vol. 10, No. 1, Winter 1994/95, S. 24-32.

Asarnow, E. [1996a]: Corporate Loans as an Asset Class, in: Journal of Portfolio Management, Summer 1996, S. 92-103.

Asarnow, E. [1996b]: Best Practices in Loan Portfolio Management, in: The Journal of Lending and Credit Risk Management, March 1996, S. 14-24.

Asarnow, E. [1996c]: Active Loan Portfolio Management: Stages of Implementation, in: The Journal of Lending & Credit Risk Management, September 1996, S. 15-22.

Asarnow, E. [1998a]: Improving Earnings and Diversification: Loan Portfolio Management Strategies for Community and Regional Banks, Part 1 of 2, in: The Journal of Lending & Credit Risk Management, April 1998, S. 24-27.

Asarnow, E. [1998b]: Improving Earnings and Diversification: Loan Portfolio Management Strategies for Community and Regional Banks, Part 2 of 2, in: The Journal of Lending & Credit Risk Management, May 1998, S. 32-38.

Asarnow, E./Edwards, D. [1995]: Measuring Loss on Defaulted Bank Loans: A 24-Year Study, in: Journal of Commercial Lending, March 1995, S. 24-31.

Baetge, J. [1995]: Früherkennung von Kreditrisiken, in: Rolfes, B./ Schierenbeck, H./ Schüller, S. (Hrsg.): Risikomanagement in Kreditinstituten, Frankfurt 1995, S. 191-221.

Baetge, J. [1998]: Stabilität des Bonitätsindikators bei internationalen Abschlüssen und Möglichkeit zur Bepreisung von Bonitätsrisiken auf der Basis von A-posteriorie-Wahrscheinlichkeiten, in: Oehler, A. (Hrsg.): Credit Risk und Value-at-Risk Alternativen: Herausforderungen für das Risk-Management, Stuttgart, 1998, S. 1-29.

Baetge, J./Benter, B./Feidicker, M. [1992]: Kreditwürdigkeitsprüfung mit Diskriminanzanalyse, in: Die Wirtschaftsprüfung 1992, S. 749 ff.

Baetge, J./Sieringhaus, I. [1996]: Bilanzbonitäts-Rating von Unternehmen, in: Büschgen, Hans E./Everling, Oliver (Hrsg.): Handbuch Rating, Wiesbaden, 1996, S. 221-249.

Baetge, J./Thiele, S. [1995]: Bilanzanalyse, in: Gerke, W./Steiner, M. (Hrsg.): Handwörterbuch des Bank- und Finanzwesens, 2. Aufl. Stuttgart 1995, Sp. 251-262.

Baetge, J./Uthoff, L. [1996]: Risikomanagement bei der Kreditvergabe an Firmenkunden, in: Bankinformation 11/96, S. 56-59.

Baliman, M. [1996]: Take it from the top, in: Firmwide Risk Management, Supplement to Risk Magazine, July 1996, S. 11-13.

Ballwieser, W. [1989]: Diskussionsergebnisse des Arbeitskreises B 2, in: Rudolph, B./ Krümmel, H.J.: Finanzintermediation und Risikomanagement, Frankfurt am Main 1989, S. 215-217.

Ballwieser, W. [1995a]: Aktuelle Aspekte der Unternehmensbewertung, in: Die Wirtschaftsprüfung, 48. Jg., 1995, S. 119-129.

Ballwieser, W. [1995b]: Methoden der Unternehmensbewertung, in: Gerke, W./Steiner, M. (Hrsg.), Handbuch des Finanzmanagements, 2. überarb. und erw. Aufl., Stuttgart 1995, Sp. 1867-1882.

Bamberg, G. [1995]: Risiko und Ungewißheit, in: Gerke, W./ Steiner, M. (Hrsg.): Handwörterbuch des Bank- und Finanzwesens, 2. Aufl., Stuttgart 1995, Sp. 1646-1658.

Bank für Internationalen Zahlungsausgleich [1998]: Entwicklung des Internationalen Bankgeschäftes und der Internationalen Finanzmärkte, Basel Februar 1998.

Bank für Internationalen Zahlungsausgleich [1999]: BIZ – Quartalsbericht, August 1999, Entwicklung des internationalen Bankgeschäftes und der internationalen Finanzmärkte, Basel, August 1999.

Bankers Trust [1995]: Raroc & Risk Management, New York 1995.

Bansal, V.K./Ellis, M.E./Marshall, J.F. [1993]: The Spot Swap Yield Curve: Derivation and Use, in: Fabozzi, F.J. (Ed.): Advances in Futures and Options Research, Vol. 6, JAI Press 1993, S. 279-290.

Basler Ausschuß für Bankenaufsicht [1994]: Richtlinien für das Risikomanagement im Derivategeschäft, Basel Juli 1994.

Basler Ausschuß für Bankenaufsicht [1996]: Änderung der Eigenkapitalvereinbarung zur Einbeziehung der Marktrisiken, Basel Januar 1996.

Basler Ausschuß für Bankenaufsicht [1998]: Management des Betriebsrisikos, Bericht, Basel Juni 1998.

Basler Ausschuß für Bankenaufsicht [1999a]: Entwicklung von Modellen zum Kreditrisiko: aktuelle Verfahren und Verwendung, Basel April 1999.

Basler Ausschuß für Bankenaufsicht [1999b]: A New Capital Adequacy Framework, Konsultationspapier, Basel Juni 1999.

Basler Ausschuß für Bankenaufsicht [1999c]: Capital Requirements and Bank Behaviour: The Impact of the Basle Accord, Working Paper, Basel April 1999.

Basler Ausschuß für Bankenaufsicht [1999d]: Neuregelung der angemessenen Eigenkapitalausstattung, Konsultationspapier, deutsche Übersetzung, Basel Juni 1999.

Basler Bankenvereinigung (Hrsg.) [1996]: Shareholder Value-Konzepte in Banken, Tagungsband zum 4. Basler Bankentag, 27. November 1996.

Bauer, W./ Füser, K./ Schmidtmeier, S. [1997]: Von der neuronalen Kreditwürdigkeitsprüfung zur neuronalen Einzelwertberichtigung, in: Die Wirtschaftsprüfung, Heft 9/1997, S. 281-287.

Baxmann, U. G. [1985]: Bankbetriebliche Länderrisiken unter besonderer Berücksichtigung ihrer potentiellen Früherkennung und kreditpolitischen Behandlung, München 1985.

Baxmann, U.G. [1987]: Opportunitätskosten zur Erfolgsspaltung im Bankbetrieb, in: WiSt, Heft 4, April 1987, S. 209-212.

Baxmann, U.G. [1989]: Zur Liquiditäts- und Rentabilitätswirksamkeit von Kreditrisiken, in: WiSt, Heft 4, April 1989, S. 199-202.

Baxmann, U. G. [1990]: Zur Bewertung risikobehafteter Auslandsforderungen mittels Sekundärmarktpreisen, in: ZfB, 60. Jg. (1990), S. 497-522.

Baxmann, U.G. [1991]: Volatilität, in: Die Betriebswirtschaft, 51. Jg. (1991), 2, S. 251-253.

Baxmann, U.G./Weichsler, C. [1991]: Überlegungen zur Systematisierung von Finanzmärkten, in: WiSt, Heft 11, November 1991, S. 546-552.

Bea, F.X. [1997]: Shareholder Value, in: WiSt, Heft 10, Oktober 1997, S. 541-543.

Beckers, S. [1996]: A Survey of Risk Measurement Theory and Practice, in: Alexander, C. (Ed.): The Handbook of Risk Management and Analysis, John Wiley & Sons, 1996, S. 171-192.

Beckström, R.A./Campbell, A.R. [1995a]: Value-At-Risk (VAR): Theoretical Foundations, in: Beckström, R.A./ Campbell, A.R.: An Introduction to VAR, C.ATS Software Inc. USA 1995, S. 31-76.

Beckström, R.A./Campbell, A.R. [1995b]: The Future of Firmwide Risk Management, in: Beckström, R.A./ Campbell, A.R.: An Introduction to VAR, C.ATS Software Inc. USA 1995, S. 77-94

Beder, T.S. [1995]: VAR: seductive but dangerous, in: Financial Analyst Journal, 5/1995, S. 12-24.

Beecroft, J./Richardson, G. [1998]: Anwendung des risikobedingten Kapitalbedarfs im Kreditmanagement – RAROC-System, in: Hanker, P.: Management von Marktpreis- und Ausfallrisiken, Instrumente und Strategien zur Risikominimierung in Banken, Wiesbaden 1998, S. 251-256.

Benke, H. [1993]: Benchmarkorientierung im Zinsmanagement, in: Die Bank 2/93, S. 106-111.

Benke, H./Gebauer, B./Piaskowski, F. [1991]: Die Marktzinsmethode wird erwachsen: Das Barwertkonzept (I und II), in: Die Bank, Heft 8 und Heft 9, 1991, S. 17-39 und S. 514-521.

Benke, H./Piaskowski, F./Sievi, C.R. [1995]: Neues vom Barwertkonzept, in: Die Bank, 2/95, S. 119-125.

Bennett, P. [1984]: Applying Portfolio Theory to Global Bank Lending, in: Journal of Banking & Finance, 8/1984, S. 153-169.

Berblinger, J. [1996]: Marktakzeptanz des Rating durch Qualität, in: Büschgen, H.E./Everling, O. (Hrsg.): Handbuch Rating, Wiesbaden 1996, S. 21-110.

Berger, A.N./Herring, R.J./Szegö, G.P. [1995]: The Role of Capital in Financial Institutions, The Wharton School, University of Pennsylvania, Working Paper 95-01, Januar 1995.

Berger, K.-H. [1982]: Länderrisiko und Gesamtrisiko der Universalbank, in: ZfB, 52. Jg. (1982), S. 96-107.

Berger, K.-H. [1987]: Möglichkeiten der Erfassung von Risiken im Bankbetrieb, in: Krumnow, J./Metz, M. (Hrsg.): Rechnungswesen im Dienste der Bankpolitik, Stuttgart 1987, S. 251-265.

Bernstein, P.L. [1996a]: Against the Gods: The Remarkable Story of Risk, John Wiley & Sons, Inc., New York 1996.

Bernstein, P.L. [1996b]: Risiken gehorchen keinen Zahlen, in: Harvard Business Manager 3/1996, S. 113-116.

Bessis, J. [1998]: Risk Management in Banking, John Wiley & Sons, 1998

Betsch, O./Brümmer, E. et.al. [1997]: Kreditwürdigkeitsanalyse im Firmenkundengeschäft, in: Die Bank 3/97, S. 150-155.

Biener, H. [1995]: Eigenkapitalausstattung der Kreditinstitute, in: Gerke, W./ Steiner, M. (Hrsg.): Handwörterbuch des Bank- und Finanzwesens, 2. Aufl., Stuttgart 1995, Sp. 468-476.

Biron, M. [1998]: Community and Regional Bank Management of Geographic Concentration Risk, in: The Journal of Lending & Credit Risk Management, July 1998, S. 63-67.

Bittner, U./Dräger, U. et.al. [1988]: Expertensysteme zur Jahresabschlußanalyse für mittlere und kleine Unternehmen, in: ZfB, 58. Jg. 1988, S. 229-251.

Black, F./Scholes, M. [1973]: The Pricing of Options and Corporate Liabilities, in: Journal of Political Economy No. 81, 1973, S. 673-654.

Bleymüller, J./Gehlert, G./Gülicher, H. [1996]: Statistik für Wirtschaftswissenschaftler, 10. Aufl., München 1996.

Bodendorf, F. [1995]: Expertensysteme im Kreditgewerbe, in: Gerke, W./Steiner, M. (Hrsg.): Handwörterbuch des Bank- und Finanzwesens, 2. Aufl. Stuttgart 1995, Sp. 542-552.

Boos, K.-H./Schulte Mattler, H. [1997a]: Der neue Grundsatz I: Interne Risikomodelle, in: Die Bank, 11/97, S. 684-687.

Boos, K.-H./Schulte Mattler, H. [1997b]: Der neue Grundsatz I: Kreditrisiken, in: Die Bank, 8/97, S. 474-479.

Brakensiek, T. [1991]: Die Kalkulation und Steuerung von Ausfallrisiken im Kreditgeschäft der Banken, Frankfurt a.M. 1991.

Brealey, R.A./Myers, S.C.[1991]: Principles of Corporate Finance, McGraw-Hill, Inc. New York 1991 (Fourth Edition).

British Bankers Association [1997]: Credit Derivatives: Key Issues, London 1997.

Brüning, J.-B./Hoffjan, A. [1997]: Gesamtbanksteuerung mit Risk-Return-Kennzahlen, in: Die Bank, 6/97, S. 362-369.

Bundesaufsichtsamt für das Kreditwesen [1997]: Rundschreiben 4/97 v. 19. März 1997, Veräußerung von Kundenforderungen im Rahmen von Asset-Backed Securities-Transaktionen durch deutsche Kreditinstitute, Berlin 1997.

Bundesaufsichtsamt für das Kreditwesen [1999]: Rundschreiben 10/99, Behandlung von Kreditderivaten im Grundsatz I gemäß §§ 10, 10a KWG und im Rahmen der Großkredit- und Millionenkreditvorschriften, Berlin 1999.

Bunemann, M.L. [1989]: Ist das Rating internationaler Anleiheemissionen auf den deutschen Markt übertragbar?, in: Rudolph, B./ Krümmel, H.J.: Finanzintermediation und Risikomanagement, Frankfurt am Main 1989, S. 199-214.

Burger, A./Buchhart, A. [1998]: Rating und Risikokosten im Kreditgeschäft, in: Die Bank, 7/1998, S. 409-411.

Bürger, P. [1995]: Risikocontrolling – Optimaler Einsatz von Handelslimiten im derivativen OTC-Geschäft, in: Rudolph, B. (Hrsg.): Derivate Finanzinstrumente, Stuttgart 1995, S. 241-259.

Burmeister, E./Roll, R./Ross, S.A. [1994]: A Practitioner's Guide to Arbitrage Pricing Theorie, in: Finanzmarkt und Portfolio Management, 1994, S. 312-331.

Büschgen, H.E. [1993]: Internationales Finanzmanagement; 2. überarb. Aufl. Frankfurt, 1993.

Büschgen, H.E. [1996]: Innovative Ansätze im Bankcontrolling, in: Bankinformation 9/1996, S. 2-7.

Büschgen, H.E. [1998]: Bankbetriebslehre: Bankgeschäfte und Bankmanagement, 5. vollst. überarb. und erw. Aufl., Wiesbaden 1998.

Büschgen, H.E./Everling, O. (Hrsg.) [1996]: Handbuch Rating, Wiesbaden 1996.

Bußmann, J. [1994]: Management von Ausfallrisiken der Banken bei Firmenkunden, in: Finanzierung - Leasing - Factoring, 5/94, S. 174-177.

Cantor, R./ Fons, J.S./ Mahony, C.T./ Pinkes, K.J.H. [1999]: Rating Methodology, The Evolving Meaning of Moody's Bond Ratings, Moody's Investors Service, Global Credit Research, New York, August 1999.

Carty, L.V./Lieberman, D. [1996a]: Corporate Bond Defaults and Default Rates 1938-1995, Moody`s Investors Service, Global Credit Research, (Jan-1996).

Carty, L.V./Lieberman, D. [1996b]: Defaulted Bank Loan Recoveries, Moody's Investors Service, Global Credit Research, November 1996.

Carty, L.V./Lieberman, D. [1997]: Historical Default Rates of Corporate Bond Issuers, 1920-1996, Moody's Investors Service, January 1997.

Carty, L.V./Liebermann, D./Fons, J.S. [1995]: Corporate Bond Defaults and Default Rates 1970-1994, Moody's Investors Service, January 1995.

Chumura, C. [1995]: A Loan Pricing Case Study, in: The Journal of Commercial Lending, December 1995, S. 23-33.

Commerzbank [1998]: Bericht über das Geschäftsjahr 1997, Frankfurt, 1998.

Connor, G. [1995]: The Three Types of Factor Models: A Comparison of Their Explanatory Power, in: Financial Analyst Journal, May-June 1995, S. 42-46.

Cooper, I.A./Mello, A.S. [1991]: The Default Risk of Swaps, in: The Journal of Finance, Vol. XLVI, No. 2, June 1991, S. 597-619.

Coopers & Lybrand [1996]: GARP, generally accepted risk principles, 1996.

Coopers & Lybrand [o.J.a]: Financial Risk Management for financial institutions, Vol. II, o.J.

Coopers & Lybrand [o.J.b]: Financial Risk Management for financial institutions, Vol. I. o.J.

Copeland, T. E./Weston, J. F. [1992]: Financial Theory and Corporate Policy, Reading, Massachusetts 1992.

Copeland, T./Koller, T./Murrin, J.[1996]: Valuation: Measuring and Managing the Value of Companies, 2. Ed., (McKinsey & Co), John Wiley & Sons Inc. New York 1996.

Cossin, D. [1997]: Credit Risk Pricing: A Literature Survey, in: Finanzmarkt und Portfolio Management, 11. Jg. 1997, Nr. 4, S. 398-412.

Credit Suisse Group [1998]: Annual Report 1997/1998, Zürich 1998.

Crosbie, P. [1997]: Modelling Default Risk, in: British Bankers Association, Credit Derivatives: Key Issues, London 1997, S. 95-115.

Cross, A. [1998]: CreditRisk$^+$ a Credit Risk Management Framework, Vortrag, Global Derivatives Conference, Paris, April 1998.

Crouhy, M./Galai, D./Mark, R. [1998]: Credit risk revisited, in: Credit Risk Supplement, Risk Magazine, March 1998, S. 40-44.

CSFP [1997]: CreditRisk$^+$ A Credit Risk Management Framework, Credit Suisse Financial Products, 1997, http://www.csfp.csh.com.

Culp, C.L./Miller, M.H./Neves, A.M.P. [1998]: Value at Risk: Uses and Abuses, in: Journal of Applied Corporate Finance, Vol. 10, No. 1, Winter 1998, S. 26-38.

Das, S. [1998a]: (Hrsg.), Credit Derivatives, Trading & Management of Credit & Default Risk, John Wiley & Sons 1998.

Das, S. [1998b]: Valuation and Pricing of Credit Derivatives, in: Das, S. [1998a], S. 174-231.

Das, S. [1998c]: Credit Derivatives – Applications, in: Das, S. [1998a], S. 125-169.

Das, S. [1998d]: Credit Derivatives: Development Issues I, in: Financial Products, Issue 91, June 4, 1998, S. 18-25.

Das, S. R. [1995]: Credit Risk Derivatives, in: Journal of Derivatives, Spring 1995, S. 7-23.

Das, S. R./Tufano, P. [1996]: Pricing Credit-Sensitive Debt When Interest Rates, Credit Ratings and Credit Spreads are Stochastic, in: The Journal of Financial Engineering, Vol 5, No 2, June 1996, S. 161-190.

Davidson, C. [1996]: Risk where Credit's due, in: Risk Magazine, Vol. 9, No. 6, Jun.-1996, S. 54-57.

Dembo, R.S. [1997]: Value-At-Risk and Return, in: NETEXPOSURE: The Electronic Journal of Financial Risk, http://www.netexposure.co.uk /, Issue 1, Sept. 1997.

Dermine, J. [1995]: Pitfalls in the Application of RAROC. With Reference to Loan Management, INSEAD Working Paper 95/58/FIN.

Dermine, J. [1996]: Loan Valuation, A Modern Finance Perspective, INSEAD Working Paper 96/60/FIN.

Deutsch, H.-P. [1996]: Risiko: Management von High-Tech Geschäften mit High-Tech Systemen, in: Eller, R. (Hrsg.): Handbuch Derivater Instrumente, Produkte, Strategien und Risikomanagement, Stuttgart 1996, S. 123-152.

Deutsche Bank [1998a]: Geschäftsbericht 1997, Frankfurt 1998.

Deutsche Bank [1998b]: Zwischenbericht zum 30. Juni 1998, Frankfurt 1998.

Deutsche Bank [1999]: Zwischenbericht, 30. Juni 1999, Frankfurt 1999.

Deutsche Bundesbank [1998]: Bankinterne Risikosteuerungsmodelle und deren bankaufsichtliche Eignung, in: Deutsche Bundesbank, Monatsbericht Oktober 1998, S. 69-84.

Dinkelmann, R. [1995]: Kriterien und Instrumente zur Risikofrüherkennung im Firmenkundengeschäft der Banken, Bern 1995.

Döhring, J. [1996a]: Gesamtbankrisiko-Management von Banken, München; Wien; Oldenbourg 1996.

Döhring, J. [1996b]: Materielle Risikoverbundeffekte, in: BBl. 9/1996, S. 416-419.

Döhring, J. [1997]: Materielle Risikoverbundeffekte (II), in: BBl. 2/1997, S. 87-92.

Dombert, A./Robens, B. H. [1997]: Bonitätsanalyse bei Großkrediten, in: Die Bank, o.Jg. 9/97, S. 527-529.

Drukarczyk, J. [1993]: Theorie und Politik der Finanzierung, 2. Auflage, München 1993.

Drzik, J. [1996]: Putting Risk in its Place, in: Firmwide Risk Management, Supplement to Risk Magazine, July 1996, S. 14-16.

Drzik, J./Intrater, M./Nakada, P. [1998]: Wetten – auch Ihre Bank trägt verdeckte Risiken?, in: Bank Magazin, Juni 1998, (Sonderdruck ohne Seitenangabe).

Drzik, J./Kuritzkes, A.[1997]: Credit Derivatives: The Tip of the Iceberg, in: Credit Risk, A Supplement to Risk Magazine, July 1997, S. 12-14.

Drzik, J./Kuritzkes, A. [1998]: Zukunftsszenarien des Kreditderivatemarktes, in: Die Bank, 6/98, S. 368-371.

Drzik, J./Strothe, G. [1997a]: Kreditpreisgestaltung in ineffizienten Märkten, in: Die Bank, 11/1997, S. 680-683.

Drzik, J./Strothe, G. [1997b]: Die sieben Stufen des Kreditrisikomanagements, in: Die Bank, 5/97, S. 260-264.

Duffee, G.R. [1996a]: On Measuring Credit Risks of Derivative Instruments, in: Journal of Banking & Finance, 20, 1996, S. 805-833.

Duffee, G.R. [1996b]: Estimating the price of default risk, Working Paper, Federal Reserve Board, July 1996.

Eales, R./Bosworth, E. [1998]: Severity of Loss in the Event of Default in Small Business and Larger Consumer Loans, in: The Journal of Lending & Credit Risk Management, May 1998, S. 58-65.

Elderfield, M. [1998]: Ripe for reform, in: Risk Magazine, April 1998, S. 25-29.

Elsas, R./Ewert, R./Krahnen, J.P./Rudolph, B./ Weber, M. [1999]: Risikoorientiertes Kreditmanagement deutscher Banken, in: Die Bank 3/99, S. 190-199.

Elsas, R./Krahnen, J.P. [1998]: Is Relationship Lending Special? Evidence from Credit-File Data in Germany, Working Paper No. 98/05, Center for Financial Studies, Frankfurt a.M. http://www.ifk-cfs.de .

Engelen, K.C. [1998]: Ratingagenturen warnen Anleger zu spät, in: Handelsblatt v. 14.1.1998.

Erasmus, M./Tenneson, P./Morrison, S. [o.J.]: Relating Risk to Profitability, in: Coopers&Lybrand, Financial Risk Management for financial institutions, Issues for top management, Vol. I. S. 9-13.

Erxleben, K./Baetge, J./Feidicker, M./et.al. [1992]: Klassifikation von Unternehmen - Ein Vergleich von neuronalen Netzen und Diskriminanzanalyse, ZfB, 62/1992, S. 1237-1259.

Everling, O. [1991a]: Bestimmungsgründe des langfristigen Rating, in: Die Bank, 11/91, S. 608-612.

Everling, O. [1991b]: Credit Rating durch internationale Agenturen: eine Untersuchung zu den Komponenten und instrumentalen Funktionen des Rating, Wiesbaden, 1991.

Everling, O. [1995]: Rating, in: Gerke, W./Steiner, M. (Hrsg.): Handwörterbuch des Bank und Finanzwesens (HWF), 2. Aufl., Stuttgart 1995, Sp. 1601-1609.

Fabozzi, F.J. [1993]: Bond Markets, Analysis and Strategies, second edition, Prentice-Hall International Inc., New Jersey, 1993.

Fahrmeir, L./Frank, M./Hornsteiner, U. [1994]: Bonitätsprüfung mit alternativen Methoden der Diskriminanzanalyse, in: Die Bank, 6/94, S. 368-373.

Fallon, W. [1996]: Calculating Value-at-Risk, The Wharton School. University of Pennsylvania, Working Paper 96-49, Januar 1996.

Faßbender, H. [1995]: Strategisches Bankcontrolling vor einem neuen Durchbruch? Heutiger Stand und Weiterentwicklung, in: Schierenbeck, H./Moser, H. (1995), S. 435-455.

Federal Reserve System Task Force on Internal Credit Risk Models [1998]: Credit Risk Models at Major U.S. Banking Institutions: Current State of the Art and Implications for Assessments of Capital Adequacy, Federal Reserve Board, Occasional Staff Papers, http://www.bog.frb.fed.us, May 1998.

Finger, C. [1998]: Sticks and Stones, The Risk Metrics Group, http://riskmetrics.com

Fischer, T. [1994]: Risikomanagement im Investment Banking, in: Die Bank, 11/1994, S. 636-642.

Flannery, M.J. [1985]: A Portfolio View of Loan Selection and Pricing, in: Aspinwall/Eisenbeis (Ed.): Handbook of Banking Strategy, New York, S. 460-471.

Flechsig, R./Rolfes, B. [1987]: Risikokosten in der Deckungsbeitragsrechnung, in: Die Bank 7/87, S. 373-377.

Flesch, H.R./Piaskowski, F./Seegers, J. [1987]: Marktzinsmethode bzw. Wertsteuerung – Neue Thesen und Erkenntnisse aus der Realisierung, in: Die Bank 9/87, S. 492 ff.

Flesch, J.R. [1996]: Richtige Allokation von Risikokapital im Rahmen eines ertragsorientierten Bankmanagements, in: Bank Information, 10/1996, S. 8-12.

Flesch, J.R./Gerdsmeier, S. [1995]: Barwertsteuerung und Allokation von Risikokapital, in: Rolfes, B./Schierenbeck, H./Schüller, S.: Risikomanagement in Kreditinstituten, Frankfurt a.M. 1995, S. 111-129.

Flesch, J.R./Gerdsmeier, S./Lichtenberg, M. [1994]: Das Barwertkonzept in der Unternehmenssteuerung, in: Schierenbeck, H./Moser, H.: Handbuch Bankcontrolling, Wiesbaden 1994, S. 267-284.

Flesch, J.R./Lichtenberg, M. [1994]: Integration des Treasury-Managements in die Unternehmensplanung, in: Rolfes, B./Schierenbeck, H./Schüller, S.: Bilanzstruktur- und Treasury-Management in Kreditinstituten, Bd. 2 der Schriftenreihe des Zentrums für Ertragsorientiertes Bankmanagement, Münster 1994, S. 33-53.

Ford, J.K. [1998]: Measuring Portfolio Diversification, in: The Journal of Lending and Credit Risk Management, February 1998, S. 50-53.

Fons, J.S. [1994]: Using Default Rates to model the Term Structure of Credit Risk, in: Financial Analyst Journal, September/October 1994, S. 25-32.

Fons, J.S./Carty, LV. [1995]: Probability of Default: A Derivatives Perspective, in: Derivative Credit Risk, Advances in Measurement and Management, Renaissance Risk Publications, London 1995, S. 35-47.

Foss, B.W./Bezold, A. [1994]: Bilanzstrukturmanagement im Spannungsfeld finanzmathematischer Risikomessung und handelsrechtlicher Periodisierung, in: Schierenbeck, H./Moser, H.: Handbuch Bankcontrolling, Wiesbaden, 1994, S. 595-610.

Foss, G.W. [1995]: Quantifying Risk in the Corporate Bond Markets, in: Financial Analyst Journal, March/April 1995, S. 29-34.

Fritz, M.G./Wandel, T. [1991]: Qualitatives Kreditrisikomanagement, in: Die Bank, 11/91, S. 620-625.

Froot, K./Stein, J. [1996]: Risk Management, Capital Budgeting and Capital Sructure Policy for Financial Institutions: An Integrated Approach, Wharton, Working Paper 96-28.

Fürer, G. [1990]: Risk Management im internationalen Bankgeschäft, Bern, Stuttgart 1990.

Gaida, S. [1997]: Kreditrisikokosten-Kalkulation mit Optionspreisansätzen. Die empirische Anwendung eines Modells von Longstaff und Schwartz auf risikobehaftete Finanztitel, Münster 1997.

Gaida, S. [1998]: Bewertung von Krediten mit Optionspreisansätzen, in: Die Bank, 3/98, S. 180-184.

Garside, T. [1997]: Building the Composite Credit Portfolio Model, Presentation at the AIC Conference on Quantitative Credit Risk, London June 1997.

Garside, T./Stott, H./Strothe, G. [1998]: Lösungsansätze für das Kreditrisiko-Portfoliomanagement, unveröffentlichtes Manuskript, Oliver, Wyman & Company, Frankfurt 1998.

Geiger, H. [1996]: Marktwertbilanz als Zukunftsrechnung, in: Basler Bankenvereinigung (Hrsg.): Shareholder Value-Konzepte in Banken, Tagungsband zum 4. Basler Bankentag 27. November 1996, S. 49-77.

Gerdsmeier, S./Krob, B. [1994]: Kundenindividuelle Bewertung des Ausfallrisikos mit dem Optionsmodell, in: Die Bank, Heft 8, 1994, S. 469-475.

Gerdsmeier, S./Kutscher, R. [1996]: Verfahren der Risikokosten-Ermittlung im Kreditgeschäft, in: Bank Information, 9/96, S. 40-44.

Geske, R. [1977]: The Valuation of Corporate Liabilities as Compound Options, in: The Journal of Financial and Quantitative Analysis, Vol. 12, 1977, S. 541-552.

Gilibert, P. L. [1997]: Great Expectations, in: Credit Risk, A Supplement to Risk Magazine, July 1997, S. 51-54.

Globecon Group, Ltd. [1995]: Active Bank Risk Management, Enhancing Investment & Credit Portfolio Performance, Irwin, 1995.

Gluck, J.A. [1994]: Counterparty Risk and Capitalization for Derivative Product Companies, Moody's Investors Service, Special Comment, New York June 1994.

Goede, K./ Weinrich, G. [1996]: Bessere Kreditentscheidungen durch neuronale Netze?, in: Die Bank, 7/96, S. 420-423.

Gollinger, T. L./Morgan, J. B. [1993]: Calculation of an Efficient Frontier for a Commercial Loan Porfolio, in: Journal of Portfolio Management, Winter 1993, S. 39-46.

Gordy, M.B. [1998]: A Comparative Anatomy of Credit Risk Models, working paper, Board of Governors of the Federal Reserve System, http://www.bog.frb.fed.us, Dec. 8 1998.

Grafstrom, J. [1996]: Seven characteristics of an effective credit risk management system and how to test for them, in: Journal of Lending & Credit Risk Management, December 1996, S. 55 - 60.

Graham, S. [1998a]: The German Banking Market, Spotlight on the Underperformers, J.P. Morgan, London January 1998.

Graham, S. [1998b]: Deutsche, Dresdner and Commerzbank, Turning the Super-Tankers Around, J.P. Morgan, London January 1998.

Gray, J. [1997]: Overquantification, in: Financial Analyst Journal, November/December 1997, S. 5-12.

Groß, H./Knippschild, M. [1995]: Risikocontrolling in der Deutsche Bank AG, in: Rolfes, B./ Schierenbeck, H./ Schüller, S. (Hrsg.): Risikomanagement in Kreditinstituten, Frankfurt a.M. 1995. S. 69-109.

Grossman, R.J./Brennan, W.T./Vento, J. [1998]: Syndicated bank loan recovery study, in: J.P. Morgan, CreditMetrics Monitor, First Quarter 1998, http://www.jpmorgan.com, S. 29-36.

Group of Thirty, Global Derivatives Study Group, [1993]: Derivatives: Practices and Principles.

Grübel, O.J./Kärki, J.P./Reyes, C.G. [1995]: Wirtschaftliche Rentabilitätsberechnung von Handelsaktivitäten, in: Schierenbeck, H./Moser, H. (Hrsg.): Handbuch Bankcontrolling, Wiesbaden 1996, S. 611-636.

Gründling, H./Everling, O. [1994]: Rating als Methode der Finanzanalyse, in: Die Bank, 12/94, S. 727-731.

Guill, G. [1999]: Developing a loan portfolio strategy to enhance credit risk measurement and management, Vortrag, Risk Conference, Portfolio credit risk management of loans, London, Februar 1999.

Guill, G.D./Hennessey, L.M. [1997]: Organizational issues and transactional capabilities for credit portfolio management, in: The Journal of Lending & Credit Risk Management, August 1997, S. 18-28.

Guldimann, T. [1996]: Beyond the Year 2000, in: Risk Magazine, Vol. 9, No.6, Juni 1996, S. 17-19.

Guthoff, A./ Pfingsten, A./ Wulf, J. [1998]: Der Einfluß einer Begrenzung des Value at Risk oder des Lower Partial Moment One auf die Risikoübernahme, in: Oehler, A. (Hrsg.): Credit Risk und Value-at-Risk Alternativen, Stuttgart 1998, S. 111-153.

Habermayer, W. [1997]: Das Shareholder-Value-Prinzip zu Unternehmenssteuerung, in: ÖBA 7/97, S. 497-498.

Hartmann-Wendels, T./Spörk, W./Vievers, C. [1997]: Die Kalkulation von Kreditausfallrisiken mit Hilfe der Optionspreistheorie, 1. und 2. Zwischenbericht einer Studie im Auftrag der Wissenschaftsförderung des Deutschen Sparkassen- und Giroverbandes, unveröffentlicht, Bonn 1997.

Hartschuh, T. [1996]: Portfolio-orientiertes Management von Preisrisiken in Kreditinstituten, Frankfurt 1996.

Haubenstock, M. [1998]: How to implement CreditMetrics^{TM} to optain improved risk-adjusted returns, in: The Journal of Lending & Credit Risk Management, August 1997, S. 55-65.

Haubenstock, M./Aggarwal, A. [1997]: Risk Optimisation – Applying Risk-Adjusted Performance Measurement to Increase Shareholder Value, in: Risk Management For Financial Institutions, Risk Publications, 1997, S. 175-189.

Hauck, W. [1991]: Optionspreise: Märkte, Preisfaktoren, Kennzahlen, Wiesbaden 1991.

Haumüller, S. [1997]: Restrukturierung des Kreditgeschäfts: moderne Ansätze und Entwicklungstendenzen im Kreditgeschäft der Banken, Bern, 1997.

Hauschildt, J./Leker, J. [1995]: Kreditwürdigkeitsprüfung, inkl. automatisierte, in: Gerke, W./Steiner, M. (Hrsg.): Handwörterbuch des Bank- und Finanzwesens, 2. Aufl. Stuttgart 1995, Sp. 1323-1335.

Heintzeler, F. [1996]: Die Bedeutung von Konditionen im Firmenkundengeschäft, in: International Bankers Forum e.V. (Hrsg.): Die Banken auf dem Weg ins 21. Jahrhundert: Strategien und Konzepte, Wiesbaden 1996, S. 107-131.

Henke, S./Burghof, H.-P./Rudolph, B. [1998]: Credit Securitization and Credit Derivatives: Financial Instruments and the Credit Risk Management of Middle Market Commercial Loan Portfolios, Working Paper 98/07, Center for Financial Studies, Frankfurt a.M., http://www.ifk-cfs.de

Hoffmann, P. [1991]: Bonitätsbeurteilung durch Credit Rating, Funktionsweise und Einsatzmöglichkeiten eines Instruments zur Optimierung von Investitions- und Finanzierungsprozessen, Berlin 1991.

Hölscher, R. [1987]: Risikokosten-Management in Kreditinstituten, ein integratives Modell zur Messung und ertragsorientierten Steuerung bankbetrieblicher Erfolgsrisiken, Frankfurt 1987.

Hölscher, R. [1996]: Preisuntergrenzen in der Marktzinsmethode, in: Die Bank, 4/96, S. 230-235.

Hörter, S. [1998]: Shareholder Value-orientiertes Bank Controlling, Sternenfels, Berlin 1998.

Houpt, J.V. [1998]: Portfolio Management and Regulatory Capital Standards, in: The Journal of Lending & Credit Risk Management, June 1998, S. 58-60.

Hull, J.C. [1993]: Options, Futures, and other derivative Securities, sec. ed. Prentice-Hall International Inc., New Jersey, 1993.

Hüls D. [1995]: Früherkennung insolvenzgefährdeter Unternehmen, Düsseldorf 1995.

Hüttemann, P. [1997]: Kreditderivate im europäischen Kapitalmarkt, Wiesbaden, 1997.

Hüttemann, P. [1998]: Derivative Instrumente für den Transfer von Kreditrisiken, in: Oehler, A. (Hrsg.): Credit Risk und Value-at-Risk Alternativen, Herausforderungen für das Risk Management, Stuttgart 1998, S. 53-76.

IIF, [1998]: Recommendations for Revising the Regulatory Capital Rules for Credit Risk, Institute of International Finance Inc., New York March 1998,

IMF International Monetary Fund [1997]: International Capital Markets, Developements, Prospects, and Key Policy Issues, Washington DC November 1997.

IOSCO [1998]: Methodologies for Determining Minimum Capital Standards for Internationally Active Securities Firms Which Permit the Use of Models Under Prescribed Conditions, A Report by the Technical Committee of the International Organization of Securities Commissions, May 1998, http://www.iosco.com .

Irvine, S. [1998]: Caught with their pants down?, in: Euromoney, January 1998, S. 51-53.

Irving, R. [1997]: From the makers of..., in: Risk Magazine, April 1997, S. 22-26.

ISDA [1998]: Credit Risk and Regulatory Capital, International Swaps and Derivatives Association, March 1998, http://www.isda.org

Iskandar, S. [1996]: Quest for a benchmark may be over, Financial Times Survey, Derivatives, 22. November 1996, S. VIII.

ISMA [1996]: Risk Management in international Securities markets: Are Today's Standards appropriate?

J.P. Morgan [1995]: Introduction to RiskMetrics^{TM}, 4th Edition, Morgan Guaranty Trust Company, New York 1995.

J.P. Morgan [1996]: Risk-Metrics-Technical Document, 4th Edition, Morgan Guaranty Trust Company, 1996.

J.P. Morgan [1997a]: CreditMetrics-Technical Document, J.P.Morgan, New York 1997.

J.P. Morgan [1997b]: Introduction to CreditMetrics, J.P.Morgan, New York 1997.

Jacob, H.-R./Warg, M./Ergenziger, T. [1997]: Vom Risikomanagement zur Portefeuillebewirtschaftung, in: Die Bank 2/97, S. 91-93.

Jahn, E. [1994]: Rating im Kreditgeschäft deutscher Banken, in: Der langfristige Kredit 24/94, S. 823-827.

Jahn, E. [1995]: Ratings als Bonitätsindikator- eine Analyse, Zfgk 10/95, S. 510-513.

James, C. [1996]: Raroc based capital budgeting and performance evaluation: a case study of bank capital allocation, Wharton School, Working Paper 96-40.

Jansen, S./Wittrock, C. [1996]: Risikomanagement auf Gesamtbankebene, in: Der Langfristige Kredit, 20/96, S. 627-633.

Jarrow, R.A. [1998]: Current advances in the modelling of credit risk, in: Derivative Tax Regulation Finance, May/June 1998, S. 196-203.

Jarrow, R.A./ Lando, D./ Turnbull, S.M. [1997]: A Markov Model for the Term Structure of Credit Spreads, in: The Review of Financial Studies, Summer 1997, Vol. 10, No. 2, S. 481-523.

Jarrow, R.A./Turnbull, S. [1997]: When Swaps are dropped, in: Risk Magazine, Vol. 10, No. 5, May 1997, S. 70-75.

Jarrow, R.A./Turnbull, S.[1992]: Drawing the Analogy, in: Risk Magazine, Vol 5, No. 10, October 1992.

Jarrow, R.A./Turnbull, S.M. [1995]: Pricing Derivatives on Financial Securities Subject to Credit Risk, in: The Journal of Finance, Vol. L, No. 1, March 1995, S. 53-85.

Johannig, L. [1998]: VaR-Limite zur Steuerung des Marktrisikos, in: Die Bank, 1/98, S. 46-50.

Jones E.P./Masen S.P./Rosenfeld E. [1984]: Contingent Claims Analysis of Corporate Capital Structures: an Empirical Investigation, in: Journal of Finance, Vol. 39, No. 3, Juli 1984, S. 611-625.

Jonsson, J.G./Fridson, M.S. [1996]: Forecasting Default Rates on High-Yield Bonds, in: The Journal of Fixed Income, June 1996, S. 69-77.

Jorion, P. [1996]: Value at Risk, Chicago, London, Singapur 1996.

Jurgeit, L. [1989]: Bewertung von Optionen und bonitätsbehafteten Finanztiteln, Wiesbaden 1989.

Kealhofer, S. [1995]: Managing Default Risk in Portfolios of Derivatives, in: Derivative Credit Risk: Advances in Measurement and Management, Renaissance Risk Publications, 1995, S. 49-63.

Kealhofer, S. [1998]: Portfolio Management of Default Risk, KMV-Corporation, 1998, http://www.kmv.com

Kealhofer, S./Kwok, S./Weng, W. [1998]: Uses and abuses of bond default rates, in: J.P. Morgan Credit Monitor, First Quarter 1998, http://www.jpmorgan.com , S. 37-55.

Keenan, S.C./ Carty, L.V./ Shtogrin, J. [1998]: Historical Default Rates of Corporate Bond Issuers, 1920-1997, Moody's Investor Service, New York, Febr. 1998.

Keine, F.M. [1986]: Die Risikoposition eines Kreditinstitutes, Konzeption einer umfassenden bankaufsichtlichen Verhaltensnorm, Wiesbaden 1986.

Keller, T./ Sievi, F. [1999]: Kreditwirtschaft in der Wahrscheinlichkeitsfalle? in: Die Bank 9/99, S. 638-643.

Kern, M. [1987]: Strategische Kreditportfolioplanung, Frankfurt a.M. 1987.

Kesting, H. [1996]: Baseler Eigenkapitalvorschriften: Die Standardverfahren bezüglich der Marktrisiken bei Optionen, in: ÖBA, 11/96, S. 848-854.

Kirmße, S. [1996]: Die Bepreisung und Steuerung von Ausfallrisiken im Firmenkundengeschäft der Kreditinstitute, Frankfurt a. M. 1996.

Kirsten, D. W. [1995]: Value-based-Management - Schlüssel zum strategischen Erfolg, in: Die Bank, 11/95, S. 672-676.

Klaus, M. [1997]: Die Value-at-Risk-Berechnung für Optionen – praktische Probleme nicht-linearer Produkte, in: Zfgk 8/97, S. 375-379.

Klein, M. [1991]: Bewertung von Länderrisiken durch Optionspreismethoden, in: Kredit u. Kapital, 24. Jg. (1991), S. 484-507.

Klose, S. [1995]: Asset Management von Länderrisiken, Diss. Bern, Stuttgart, Wien 1995.

KMV Corporation [1992]: Credit Monitor II, KMV Corporation, San Francisco, 1992

KMV Corporation [o.J.a]: Products, Expected Default Frequency, Portfolio Manager, KMV and CreditMetrics, http://www.kmv.com.

KMV Corporation [o.J.b]: Private Firm Model^{TM}, http://www.kmv.com .

Knight, F.H. [1921]: Risk, Uncertainty and Profit, Boston-New, York 1921.

Knorren, N. [1997]: Unterstützung der Wertsteigerung durch Wertorientiertes Controlling (WOC), in: Kosten Rechnungs Praxis, 41. Jg. 1997, Heft 4, S. 203-210.

König, A./Maurer, R./Schradin, H.R. [1997]: Analyse und Bewertung des Ausfallrisikos bei nicht börsengehandelten bedingten Finanzderivaten, in: ZfB-Ergänzungsheft 2/1997, S. 65-80.

Koyluoglo, H.U./Hickman, A. [1998]: „Reconcilable Differences" A generalized Framework for Credit Risk Portfolio Models, Oliver, Wyman & Company, September 1998.

Krant, P.U./Rüschen, T. [1993]: Neue Wege im Risikomanagement, in: Die Bank 7/93, S. 434-435.

Krümmel, H.-J. [1976]: Finanzierungsrisiken und Kreditspielraum, in: Büschgen, H.E. (Hrsg.): Handwörterbuch der Finanzwirtschaft (HdF), Stuttgart 1976, Sp. 497-503.

Krümmel, H.-J. [1989]: Unternehmenspolitische Vorgaben für die Risikosteuerung der Bank, in: Rudolph, B./ Krümmel, H.J.: Finanzintermediation und Risikomanagement, Frankfurt am Main 1989.

Krumnow, J. [1999]: Kreditrisikomanagement bei der Deutschen Bank, in: Zfgk, 3-99, 52. Jg. 1. Feb. 1999, S. 118-125.

Krumnow, J./Sprißler, W./Bellavite-Hövermann, Y./Kemmer, M./Steinbrücker, H. [1994]: Rechnungslegung der Kreditinstitute, Kommentar zum Bankbilanzrichtlinie-Gesetz und zur RechKredV, Stuttgart 1994.

Kuritzkes, A. [1998]: Transforming Portfolio Management, Oliver, Wyman & Company, New York, London, Frankfurt 1998.

Kuritzkes, A. [1999]: Kreditportfoliomanagement: Neues Geschäftsmodell im Firmenkundengeschäft, in: Die Bank, 1/99, S. 60-64.

Lam, J.C. [1995]: Integrated Risk Management, in: Derivative Credit Risk: Advances in Measurement and Management, Renaissance Risk Publications, 1995, S. 141-154.

Lawrence, D. [1996]: Aggregating Credit Exposures: The Simulation Approach, in: Derivative Credit Risk, Advances in Measurement and Management, Renaissance Risk Publications, London 1996, S. 23-31.

Lee, A. [1997]: The asian combination for VAR, in: Asia Risk, Juni 1997, S. 26-28.

Leftwich, R. [1997]: Evaluating the bond-rating agencies, in: Financial Times, Mastering Finance. No. 3, 1997, S. 2-4.

Lehar, A./Welt, F./Wiesmayr, C./Zechner, J. [1998]: Risikoadjustierte Performancemessung in Banken, Konzepte zur Risiko-Ertragssteuerung (Teil 1 u. 2.) in: ÖBA, 11/98, S. 857-862 u. ÖBA 12/98, S. 949-955.

Lehrbaß, F.B. [1997a]: Die modellmäßige Bewertung von Krediten mit Ausfallrisiko, in: Zfgk 8/97, S. 365-370.

Lehrbass, F.B. [1997b]: Defaulters get intense, in: Credit Risk, A Supplement to Risk Magazine, July 1997, S. 56-59.

Lehrbaß, F.B. [1999a]: Risikomessung für ein Kreditportfolio – ein Methodenvergleich, in: Die Bank, 2/99, S. 130-134.

Lehrbaß, F.B. [1999b]: Rethinking risk-adjusted returns, in: Credit Risk, a Risk Special Report, April 1999, S. 35-40.

Leker, J. [1994a]: Beurteilung von Ausfallrisiken im Firmenkundengeschäft, in: ÖBA 8/94, S. 599-609.

Leker, J. [1994b]: Stärken und Schwächen von Analysemethoden, BBl. 4/94, S. 167-172.

Lentes, T. [1997]: Die Kalkulation von Preisuntergrenzen im langfristigen festkonditionierten Unternehmenskreditgeschäft der Banken: Ein Beitrag zur Preispolitik der Banken, Stuttgart 1997.

Leong, K. [1996]: The right approach, in: Value-at-Risk, a Risk special supplement, June 1996, S. 8-14.

Lintner, J [1965]: Securitiy prices, risk and maximal gains from diversification, in: The Journal of Finance Vol. XX, 12/1965, S. 587-615.

Lister, M. [1997]: Risikoadjustierte Ergebnismessung und Risikokapitalallokation, Band 12 der Schriftenreihe des Zentrums für Ertragsorientiertes Bankmanagement, Frankfurt a.M. 1997.

Locke, J. [1998]: Credit check, in: Risk Magazine, September 1998, S. 40-44.

Longstaff, F.A./Schwartz, E.S. [1995a]: Valuing Credit Derivatives, in: The Journal of Fixed Income, June 1995, S. 6-12.

Longstaff, F.A./Schwartz, E.S. [1995b]: A Simple Approach to Valuing Risky Fixed and Floating Rate Debt, in: The Journal of Finance, Vol. L, No. 3, July 1995, S. 789-819.

Lucas, D. J. [1995b]: Measuring Credit Risk and Required Capital, in: Derivative Credit Risk: Advances in Measurement and Management, Renaissance Risk Publications, 1995, S. 99-108.

Lucas, D.J. [1995a]: Default Correlation and Credit Analysis, in: The Journal of Fixed Income, Vol. 5, March 1995, S. 76-87.

Luehrman, T.A. [1998]: Investment Opportunities as Real Options: Getting Started on the Numbers, in: Harvard Business Review, July/August 1998, S. 51-67.

Lüthje, B. [1991] (Hrsg.): Risikomanagement in Banken - Konzeptionen und Steuerungssysteme -, Verband öffentlicher Banken, Berichte und Analysen Bd. 13, Bonn 1991.

Machauer, A./Weber, M. [1998]: Bank behavior based on internal credit ratings of borrowers, Working Paper No. 98/08, Center for Financial Studies, Frankfurt a.M. http://www.ifk.cfs.de

Maden, D.B./Unal, H. [1996]: Pricing the Risk of Default, Working Paper, University of Maryland October 1996.

Manz, F. [1998]: Prozessorientiertes Kreditmanagement. Bern 1998.

Mark, R. M. [1995]: Integrated Credit Risk Measurement, in: Derivative Credit Risk: Advances in Measurement and Management, Renaissance Risk Publications, 1995, 109-139.

Markowitz, H. [1952]: Portfolio Selection, in: The Journal of Finance, Vol. VII, 1952, S. 77-91.

Marshella, T.J., et.al. [1997]: Bank Loan Rating Update: Two Years and $200 Billion Strong, Moody's Investors Service, Global Credit Research, Special Comment, May 1997.

Martin, P. [1997a]: When the halo slips, Financial Times, 20. Februar 1997, S. 10.

Martin, P. [1997b]: Regulatory capital requirements need review, in: The Journal of Lending & Credit Risk Management, November 1997, S. 22-23.

Matten, C. [1996]: Managing bank capital: capital allocation and performance measurement, John Wiley & Sons, 1996.

Mattes, H. [1995]: Securitization, in: Gerke, W./ Steiner, M. (Hrsg.): Handwörterbuch des Bank- und Finanzwesens, 2. Aufl., Stuttgart 1995, Sp. 1702-1709.

McAllister, P.H./Mingo, J.J. [1994]: Commercial Loan Risk Management, Credit-Scoring, and Pricing: The Need for a New Shared Database, The Journal of Commercial Lending, Vol. 76, No. 9, May 1994, S. 6-22.

McKenzie, G. [1996]: Loan-loss provisions and bank buffer-stock capital, in: Journal of Applied Financial Economics, 6/1996, S. 213-223.

McKinsey & Company [1998]: Credit Portfolio View^{TM}, A Credit Portfolio Risk Measurement & Management Approach, Approach Document, Version 1.1., 1998.

McKinley, J.E. [1998]: Credit Culture, Transition or Stagnation?, in: The Journal of Lending & Credit Risk Management, March 1998, S. 26-30.

McNulty, A. [1998]: Treating collateral and guarantees in CreditManager 2.0, in: J.P. Morgan CreditMetrics Monitor, Third Quarter 1998, http://www.jpmorgan.com, New York, August 18, 1998, S. 9-12.

McQouwn, J.A. [1995]: Market vs. Accounting Based Measures of Default Risk, KMV-Corporation, San Francisco 1995.

McQuown, J.A [1997]: The illuminating guide to portfolio management, in: The Journal of Lending & Credit Risk Management, August 1997, S. 29-41.

McQuown, J.A./Kealhofer, S. [1997]: A Comment on the Formation of Bank Stock Prices, KMV Corporation, April 1997.

Medlin Jr. J.G. [1998]: A Timely Discussion of Capital Requirements, in: The Journal of Lending & Credit Risk Management, February 1998, S. 54-57.

Meier, C. [1996]: Lehren aus Verlusten im Kreditgeschäft der Schweiz, Diss., Bern-Stuttgart - Wien 1997.

Merbecks, A. [1996]: Zur Organisation des Risikomanagements in Kreditinstituten, Wiesbaden 1996.

Merton, R.C. [1974]: On the Pricing of Corporate Debt: The Risk Structure of Interest Rates, in: The Journal of Finance, Vol. 29, 1974, S. 449-470.

Merton, R.C./Perold, A.F. [1993]: Theorie of Risk Capital in Financial Firms, in: Journal of Applied Corporate Finance, Fall 1993, S. 16-32.

Meyer, D.W. [1995]: Using Quantitative Methods to support Credit-Risk Management, in: Commercial Lending Review, Vol. 11 No. 1, Winter 1995-96, S. 54-70.

Meyer-Parpart, W. [1996]: Ratingkriterien für Unternehmen, in: Büschgen, H.E./Everling, O. [1995], S. 111-173.

Miller, R. [1998]: Refining Ratings, in: Risk, August 1998, S. 97-99.

Mingo, J.J. [1998a]: Toward an „Internal Models" Capital Standard for Large Multinational Banking Companies, Part 1 of 2, in: The Journal of Lending & Credit Risk Management, June 1998, S. 61-66.

Mingo, J.J. [1998b]: Toward an „Internal Models" Capital Standard for Large Multinational Banking Companies, Part 2 of 2, in: The Journal of Lending & Credit Risk Management, July 1998, S. 49-55.

Moers, H./Schnauß, M. [1996]: Risikobewertung mittels Binomial Trees, in: Die Bank 7/96, S. 428-431.

Monro-Davies, R. [1996]: Die Bonitätsbewertung von Banken, in: Büschgen, H.E./Everling, O. [1996], S. 175-218.

Moore, A. [1996]: Portfolio Simulation Model Analysis of Derivative Product Credit Risk, in: Konishi, A./Dattatreya, R.E. (Ed): The Handbook of Derivative Instruments, Times Mirror, Higher Education Group, 1996, S. 615-633.

Moser, H./Quast, W. [1994]: Organisation des Risikomanagements in einem Bankkonzern, in: Schierenbeck, H,/ Moser, H. (Hrsg.),: Handbuch Bank Controlling, Wiesbaden 1994, S. 663-686.

Müller, H. [1996]: Funktionen des Rating für Banken, in: Büschgen, Hans E./Everling, Oliver (Hrsg.): Handbuch Rating, Wiesbaden, 1996, S. 327-343.

Mussavian, M. [1997]: An APT alternative to assessing risk, in: Financial Times, Mastering Finance, No. 3 1997, S. 10-11.

Narat, I. [1996]: Metzler will mit „Mamba" das Risiko in den Griff bekommen, in: Handelsblatt v. 2.9.1996, S. 40.

Nason, R./Cromarty, C./Maglic, S. [1998]: Credit derivatives: an organisational dilemma, in: CreditRisk, A Risk Special Report, March 1998, S. 10 – 13.

Nelson, L. [1997]: Modelling and Pricing Credit Risk, in: Financial Stability Review, Issue 2, Bank of England in Association with the Securities and Investment Board, London Spring 1997.

Nolte-Hellwig, H.U. [1990]: Computergestützte Bonitätsbewertung, in: Die Bank 11/90, S. 100 ff.

Nolte-Hellwig, H.U. et.al. [1991]: Die Steuerung von Bonitätsrisiken im Firmenkundengeschäft, in: Lüthje, B. (Hrsg.): Risikomanagement in Banken - Konzeptionen und Steuerungssysteme -, Verband öffentlicher Banken, Berichte und Analysen Bd. 13, Bonn 1991.

o.V. [1996a]: Shareholder Value/Prof. Schierenbeck gibt schlechte Noten. „Viele Banken in Deutschland schaden ihren Aktionären", in: Handelsblatt v. 29.05.1996, S. 44.

o.V. [1996c]: Acra statt Abracadabra, in: Neue Zürcher Zeitung v. 19.9.1996, S. 13.

o.V. [1997a]: Nachholbedarf beim Shareholder Value, in: BZ v. 26.8.1997, S. 5.

o.V. [1997b]: Shareholder Value trimmt auf Effizienz, in: BZ v.26.9.1997.

o.V. [1997c]: Shareholder-Value am Anfang, in: Die Welt v. 14.10.1997.

o.V. [1997d]: Eigenkapitalrentabilität in der deutschen Kreditwirtschaft, in: Zfgk, Vol 24, 1997, S. 9/1207-18/1216.

o.V. [1997e]: Passiv in die Emerging Markets, J.P.Morgan empfiehlt Diversifikation globaler Bond-Portfeuilles, in: BZ v. 7.5.97.

o.V. [1997f]: Integriertes Risikomanagement nötig, in: BZ v. 21.11.1997

o.V. [1997g]: Neuer Pleitenrekord in Deutschland, in: BZ v. 3.12.1997, S. 19.

o.V. [1997h]: Regeln für ABS-Transaktionen, Kreditwirtschaft zufrieden, in: BZ v. 21.5.1997.

o.V. [1997i]: Schwächen beim operativen Risiko, Neue Systeme für Risikomanagement, in: Handelsblatt v. 17.2.1997.

o.V. [1997j]: IIF dringt auf Reform des Eigenkapitalstandards, in: BZ v. 19.11.1997.

o.V. [1997k]: Auch für den Mittelstand relevant, in: Handelsblatt v. 13.1.1997, S. 18.

o.V. [1998a]: Commerzbank: Rating-Agenturen haben in Asien versagt, in: FAZ vom 24.01. 1998, S. 24.

o.V. [1998b]: Pleiten nach Plan, in: Focus 12/1998, S. 283-289.

o.V. [1998c]: Neue Regeln für Kreditrisiken notwendig, in: Handelsblatt v. 9./10.5.1998, S. 27.

o.V. [1998d]: Appreciating Credit, in: Financial Products, May, 21/98, Issue 90, S 14-15.

o.V. [1998e]: Pleitewelle schwappt höher denn je, in: Handelsblatt v. 12./13.6.1998, S. 17.

o.V. [1998f]: Hermes rechnet für 1998 mit sechstem Insolvenzrekord in Folge, in: VWD-VideoTicker v. 10.6.1998.

o.V. [1998g]: Kapitalmanagement als Schlüssel zum Erfolg, in: Handelsblatt v. 14.1.1998.

o.V. [1998h]: Credit derivatives market set to double this year, in: Financial Times v. 18.6. 1998, S. 17.

o.V. [1998i]: Großbanken mit Basler Regeln unzufrieden, in: Handelsblatt v. 03. Juni 1998.

o.V. [1998j]; Deutsche Bank jumps on CLO bandwagon, popular new financing method is arriving in Germany, in: Wall Street Journal v. 28.7.1998.

o.V. [1998k]: Eigenkapitalstandards überdenken, in: BZ v. 24.3.1998.

o.V. [1998l]: Was gut ist für Aktionäre, muß nicht gut sein für Gläubiger, Moody's: Shareholder Value kann zu Lasten des Kreditratings gehen / Eindeutige Finanzstrategie gefordert, in: FAZ v. 3.8.1998, S. 28.

o.V. [1999m]: Operational Risk in Financial Institutions, Risk Books in Association with Arthur Andersen, London 1998.Oelrich, F. /Stocker, G. [1998a]: Die Kreditportfoliosteuerung – mehr als eine Risikoanalyse von Einzelgeschäften, in: Betriebs-Berater, Heft 1, 1998, S. 37-43.

Oelrich, F./Stocker, G. [1998b]: Ausfallrisiken aus der Sicht des Risikocontrolling, in: Oehler, A. (Hrsg.): Credit Risk und Value-at-Risk Alternativen: Herausforderungen für das Risk-Management, Stuttgart 1998, S. 31-52.

Oleksiw, I.M. [1997]: Using risk migration analysis for managing portfolio risk: Results of a study, in: Journal of Lending & Credit Risk Management, February 1997, S. 49-56.

Ong, M.H. [1999]: Internal Credit Risk Models, Capital Allocation and Performance Measurement, Risk Books, London 1999.

Oser, P. [1996]: Einsatz der Diskriminanzanalyse bei Kreditwürdigkeitsprüfungen, in: Der Betriebs-Berater, 51. 1996, Heft 7, S. 367-375.

Ostendorf, M. [1998]: Portfolio Management With Credit Derivatives – a Practical Framework, Vortrag, Global Derivatives Conference, Paris April 1998.

Overbeck, L./Stahl, G. [1998]: Stochastische Modelle im Risikomanagement des Kreditportfolios, in: Oehler, A. (Hrsg.): Credit Risk und Value-at-Risk Alternativen: Herausforderungen für das Risk-Management, Stuttgart 1998, S. 77-112.

Parsley, M. [1995]: The Raroc revolution, in: Euromoney, 10/1995, S. 36-42.

Paul-Choudhury, S. [1996]: Optional Extras, in: Value-at-Risk, a Risk special supplement, Juni 1996, S. 23-25.

Paul-Choudhury, S. [1997]: Choosing the right box of credit tricks, in: Risk Magazine, Vol. 10, No. 11, November 1997, S. 28-33.

Paul-Choudhury, S. [1998]: McKinsey's model alternative, in: Risk Magazine, Vol.11, No. 1, Jan. 1998, S. 7.

Pechtl, A. [1998]: Kreditderivate, Ansätze für ein effizientes Kreditrisikomanagement, Deutsche Genossenschaftsbank, Frankfurt a.M. 1998.

Pellens, B./Rockholtz, C./Stienemann, M. [1997]: Marktwertorientiertes Konzerncontrolling in Deutschland, in: Der Betrieb, Heft 39, 50. Jg. September 1997, S. 1933-1939.

Perridon,L./Steiner, M. [1997]: Finanzwirtschaft der Unternehmung, 9. Aufl. 1997.

Petrie, A./ Schommer, K.P./ Schneider, I. [1998]: The pricing of credit derivatives, in: Credit Derivatives: Applications for Risk Management, Euromoney Publications PLC, London 1998, S. 53-62.

Pfaff, D./Bärtl, O. [1999]: Wertorientierte Unternehmenssteuerung – Ein kritischer Vergleich ausgewählter Konzepte, in: Gebhardt, G./Pellens, B. (Hrsg.): Rechnungswesen und Kapitalmarkt, ZfbF; Sonderheft 41, Düsseldorf/Frankfurt 1999, S. 85-115.

Pfingsten, A./Thom, S. [1995]: Der Konditionsbeitrags-Barwert in der Gewinn- und Verlustrechnung, in: Die Bank, 4/95, S. 242-245.

Phelan, M. J. [1995]: Probability and Statistics Applied to the Practice of Financial Risk Management: The Case of JP Morgan's RiskMetrics^{TM}, Working Paper 95-19, Wharton Business School, University of Pennsylvania.

Piaskowski, F. [1993]: Treasury im Barwertkonzept, in: Die Bank 5/93, S. 290-295.

Poppensieker, T. [1997]: Strategisches Risikomanagement in deutschen Großbanken, Wiesbaden 1997.

Pritsker, M. [1996]: Evaluating Value at Risk Methodologies: Accuracy versus Computational Time, Working Paper 96-48, The Wharton School, November 1996.

Probson, S. [1994]: Identität von Barwert und Finanzbuchhaltung, in: Die Bank 3/94, S. 180-184.

Professorenarbeitsgruppe [1987]: Bankaufsichtliche Begrenzung des Risikopotentials von Kreditinstituten, in: DBW, 47 Jg. (1987), Heft 3, S. 285-302.

Punjabi, S. [1998]: Many happy returns, in: Risk Magazine, Vol. 11, No. 6, June 1998, S. 71-76.

Quinn, D.J. [1995]: Estimating VAR using historical simulation, in: Beckström, R.A./ Campbell, A.R.: An Introduction to VAR, C.ATS Software Inc. USA 1995, S. 97-113.

Rai, S./ Holappa, H. [1997]: Credit Derivatives: The New Wave in Risk Management, in: The Journal of Lending & Credit Risk Management, May 1997, S. 26-33.

Rai, S./Hatstadt, P./Gill, A./Minton, L. [1997]: Using Credit Swaps to enhance Credit Portfolio Management, in: Credit Risk, A Supplement to Risk Magazine, July 1997, S. 5-8.

Reading, R.D./Toevs, A.L./Zizka, R.J. [1998]: Winning the Credit Cycle Game, in: The Journal of Lending & Credit Risk Management, March 1998, S. 16-24.

Reed, N. [1996]: Variations on a theme, in: Value-at-Risk, A Risk special supplement, June 1996, S. 2-4.

Reinelt, I./Keller, T. [1995a]: Außerbilanzielle Risiken in bilanziellen Geschäften, in: Die Bank, 5/95, S. 292-297.

Reinelt, I./Keller, T. [1995b]: Das Marktzinskonzept hat versagt, in: Die Bank, 6/95, S. 376-380.

Reinelt, I./Keller, T. [1998]: CreditMetrics zur Steuerung von Ausfallrisiken, Beurteilung der Möglichkeiten zum Einsatz im Kreditgeschäft, Internes Arbeitspapier, Stellungnahme der Controlling Kommission des Bundesverbandes öffentlicher Banken Deutschlands, VÖB, Bonn 1998.

Reyniers, P./Hirai, A. [o.Jg.]: Optimising shareholder value through a Risk Management framework, in: Coopers&Lybrand, Financial Risk Management for financial institutions, Issues for top management, Vol. II. S. 32-39.

Reyniers. P./Sorg, L. [o.J]: Managing risk at Bankers Trust, in: Coopers&Lybrand, Financial Risk Management for financial institutions, Issues for top management, Vol. II. S. 6-10

Rhode, W. [1998]: Basle Credit Review, in: Risk Magazine, Vol. 11, No. 8, August 1998, S. 7.

Rittinghaus, H.R./Makowka, T./Hellmann, U. [1997]: Asset Backed Transaktionen für deutsche Kreditinstitute, in: Die Sparkasse, 3/97 (114. Jg.), S. 133-141.

Rohmann, M. [1998]: Optionspreismodell zur Bewertung von Ausfallrisiken, in: Zfgk, 51. Jg. 1. Nov. 1998, 21-98, S. 1185-1190.

Rolfes, B. [1992]: Moderne Investitionsrechnung, München, Wien 1992.

Rolfes, B. [1997]: Gesamtbanksteuerung als Konzept integrierter Risiko- und Ergebnissteuerung, Vortrag beim ZEB-Top-Management-Seminar Gesamtbanksteuerung, Februar 1997.

Rolfes, B. [1998]: Richtig mit dem Barwertkonzept umgehen, in: Die Sparkasse, 1/98, (115. Jg.), S. 43-45.

Rolfes, B./Bröker, F. [1998]: Good Migrations, in: Risk Magazine, Nov. 1998, S. 72-73.

Rolfes, B./Bröker, F. [1999]: Integration expliziter Rückzahlungsquoten bei der optionspreistheoretischen Bewertung von Krediten, in: Die Bank, 3/99, S. 176-179.

Rolfes, B./Hassels, M. [1994]: Das Barwertkonzept in der Banksteuerung, in: ÖBA 5/1994, S. 337-349.

Rolfes, B./Schierenbeck, H./Schüller, S. (Hrsg.) [1995]: Risikomanagement in Kreditinstituten, Frankfurt a.M. 1995.

Rolfes, B./Schierenbeck, H./Schüller, S. [1994]: Bilanzstruktur- und Treasury-Management in Kreditinstituten. Beiträge zum Münsteraner Top-Management-Seminar, Bd. 2 der Schriftenreihe des Zentrums für Ertragsorientiertes Bankmanagement, Münster 1994.

Roll, R./Ross, S.A. [1980]: An Empirical Investigation of the Arbitrage Pricing Theory, in: The Journal of Finance, Vol. XXXV, No. 5, December 1980, S. 1073-1103.

Rose, S. [1991]: A Breakthrough in the Assessment of Credit Risk, in: American Banker v. 12. September 1991.

Rossen, J. [1996]: Genossenschaften setzen auf Scoring im Kreditgeschäft, in: Kreditpraxis, 6/1996, S. 31-37.

Rowe, D.M. [1996]: Aggregating Credit Exposures: The Primary Risk Source Approach, in: Derivative Credit Risk, Advances in Measurement and Management, Renaissance Risk Publications, London 1996, S. 13-21.

Rudolph, B. [1986]: Neuere Kapitalkostenkonzepte auf der Grundlage der Kapitalmarkttheorie, in: ZfbF, 38. Jg. 1986, S. 892-898.

Rudolph, B. [1994]: Ansätze zur Kalkulation von Risikokosten für Kreditgeschäfte, in: Schierenbeck, H./Moser, H. (Hrsg.): Handbuch Bankcontrolling, Wiesbaden 1994, S. 887-904.

Rudolph, B. [1995]: Derivate Finanzinstrumente: Entwicklung, Risikomanagement und bankaufsichtliche Regulierung, in: Rudolph, B. (Hrsg.): Derivate Finanzinstrumente, Stuttgart 1995, S. 3-41.

Santomero, A. M. [1997]: Commercial Bank Risk Management: An Analysis of the Process, The Wharton School, University of Pennsylvania, Working Paper 95-11-C, February 1997.

Sarig, O./Warga, A. [1989]: Some Empirical Estimates of the Risk Structure of Interest Rates, in: The Journal of Finance, Vol. XLIV, No. 5, December 1989, S. 1351-1360.

Sarkis, Z./Leben, R./Sevat, J.-C. [1998]: Risikoadjustiertes Marketing: Marktchancen im Kreditgeschäft, in: Die Bank 11/98, S. 662-665.

Saunders, A. [1997]: Financial Institutions Management, A Modern Perspective, 2nd ed. Irwin, 1997.

Saunders, A. [1999]: Credit Risk Measurement, New Approaches to Value at Risk and other Paradigms, John Wiley & Sons, New York 1999.

Sautter, M.T./Droste, K.D. [1998]: Rekonfiguration des Firmenkreditgeschäftes – Exzellenz oder Exitus, in: Hanker, P.: Management von Marktpreis- und Ausfallrisiken, Instrumente und Strategien zur Risikominimierung in Banken, Wiesbaden 1998, S. 213-233.

Savelberg, A.H. [1996]: Risikomanagement mit Kreditderivaten, in: Die Bank 6/96, S. 328-332.

Saxinger, R.A. [1993]: Performance-Messung und -Analyse, in: Eller, R. (Hrsg.): Modernes Bondmanagement, Wiesbaden 1993, S. 169-184.

Schierenbeck, H. [1993]: Zukünftige Schwerpunkte des Controlling, in: Aktuelle Probleme des Controlling und der Rechnungslegung, Stuttgart, Deutscher Sparkassenverlag, Wissenschaft für die Praxis, Abt. 3: Analysen, Bd. 5, 1993.

Schierenbeck, H. [1994a]: Das Duale Steuerungsmodell, in: Schierenbeck, H./Moser, H. (Hrsg.): Handbuch Bankcontrolling, Wiesbaden 1994, S. 413-433.

Schierenbeck, H. [1994b]: Neue Wege im Treasury-Management der Banken, in: Rolfes, B./ Schierenbeck, H./ Schüller, S. [Hrsg.): Bilanzstruktur- und Treasury-Management in Kreditinstituten. Beiträge zum Münsteraner Top-Management-Seminar, Bd. 2 der Schriftenreihe des Zentrums für Ertragsorientiertes Bankmanagement, Münster 1994, S. 1-32.

Schierenbeck, H. [1994c]: Ertragsorientiertes Bankmanagement: Controlling in Kreditinstituten, 4.Aufl., Wiesbaden 1994.

Schierenbeck, H. [1995]: Konzeption eines integrierten Risikomanagements, in: Basler Bankenvereinigung (Hrsg.): Risk-Management in Banken: Tagungsband zum 2. Basler Bankentag, 24. November 1994, Bern 1995, S. 3-59

Schierenbeck, H. [1997]: Ertragsorientiertes Bankmanagement, Band 2: Risiko-Controlling und Bilanzstruktur-Management, 5. Aufl. Wiesbaden 1997.

Schierenbeck, H. [1998]: Shareholder Value-Management im Konzept Ertragsorientierter Banksteuerung, in: Die Bank 1/1998, S. 13-17.

Schierenbeck, H./ Lister, M. [1997]: Integrierte Risikomessung und Risikokapitalallokation, in: Die Bank 8/97, S. 492-499.

Schierenbeck, H./Rolfes, B. [1988]: Entscheidungsorientierte Margenkalkulation, Frankfurt 1988.

Schierenbeck, H./Wiedemann, A. [1994]: Das Treasury-Konzept der Marktzinsmethode, in: Schierenbeck, H./Moser, H.: Handbuch Bankcontrolling, Wiesbaden 1994, S. 285-314.

Schierenbeck, H./Wiedemann, A. [1996]: Marktwertrechnung im Finanzcontrolling, Stuttgart 1996.

Schmidt, H. [1988]: Einzelkredit und Kreditportefeuille, in: Rudolph, B./Wilhelm, J. (Hrsg.): Bankpolitik, finanzielle Unternehmensführung und die Theorie der Finanzmärkte, Berlin 1988, S. 245-259.

Schmidt, R.H./Hackethal, A./Tyrell, M. [1998]: Disintermediation als Bedrohung für Banken?, in: Zfgk, 24/98, S. 17-22.

Schmidt, R.H./Terberger, E. [1996]: Grundzüge der Investitions- und Finanzierungstheorie, 3. Auflage, Wiesbaden 1996.

Schmittmann, S./Penzel, H.-G./Gehrke, N. [1996]: Integration des Shareholder Value in die Gesamtbanksteuerung, in: Die Bank, 11/96, S. 648-653.

Schmoll, A. [1993]: Risikomanagement im Kreditgeschäft, Wien 1993.

Schmoll, A. [1994]: Strukturanalyse von Ausfallrisiken im Kreditportefeuille, in: Schierenbeck, H./Moser, H. (Hrsg.): Handbuch Bankcontrolling, Wiesbaden 1994, S. 863-886.

Schneider, D. [1992]: Investition, Finanzierung und Besteuerung, 7. Aufl. Wiesbaden 1992.

Schnurr, C. [1997]: CreditMetrics, eine Zusammenfassung, internes Papier, Bayerische Landesbank, München.

Schöler, S. [1993]: Management des Ausfallrisikos im Kreditgeschäft, in: Controller Magazin, 6/93, S. 335-339.

Schoess, G. [1996]: Die Liquidisierung von Forderungen unter Berücksichtigung von Asset Backed Securities (ABS), in: Schmalenbach-Gesellschaft – Deutsche Gesellschaft für Betriebswirtschaft e.V. (Hrsg.): Globale Finanzmärkte, Konsequenzen für Finanzierung und Unternehmensrechnung, Kongress-Dokumentation 49. Deutscher Betriebswirtschafter-Tag 1995, S. 37-47.

Schorr, G. [1998]: Empirische Ursachen für Kreditausfälle, in: BankInformation, 2/98, S. 56-59.

Schröck, G. [1997]: Risiko- und Wertmanagement in Banken: der Einsatz risikobereinigter Rentabilitätskennzahlen, Wiesbaden, 1997.

Schüller, S. [1995a]: Ertragsorientierte Risikopolitik im Kommerzgeschäft, in: Basler Bankenvereinigung (Hrsg.): Risk-Management in Banken: Tagungsband zum 2. Basler Bankentag, 24. November 1994, Bern 1995, S. 61-77.

Schüller, S. [1995b]: Ertragsorientierte Risikopolitik - Changemanagement des Kreditprozesses, in: Rolfes, B./ Schierenbeck, H./ Schüller, S. (Hrsg.): Risikomanagement in Kreditinstituten, Frankfurt 1995, S. 173-190.

Schulte-Mattler, H. [1996a]: Delta-plus-Ansatz bei Optionen: in: Die Bank, 8/96, S. 500-505.

Schulte-Mattler, H. [1996b]: Szenario-Matrix-Verfahren bei Optionen, in Die Bank, 12/96, S. 758-763.

Schulte-Mattler, H./Traber, U. [1995]: Marktrisiko und Eigenkapital: Bankaufsichtliche Normen für Kredit- und Marktrisiken, Wiesbaden 1995.

Schulte-Mattler, H./Stausberg, T. [1998]: Quantifizierung von Kreditrisiken unter Verwendung von Übergangswahrscheinlichkeiten, in: Die Bank, 10/1998, S. 633-637.

Schweizerischer Bankverein [1996]: Swiss Bank Corporation equipped for the future, Communiqué v. 18.9.1996.

Schweizerischer Bankverein [1998]: Geschäftsbericht 1997, Basel 1998.

Schwicht, P./Neske, C. [1997]: CreditMetrics - neues System zur Risikoanalyse, in: Die Bank 8/97, S. 470-473.

Serfling, K./Badack, E./Jeiter, V. [1996]: Möglichkeiten und Grenzen des Credit Rating, in: Büschgen, H. E./Everling, O. (Hrsg.): Handbuch Rating, Wiesbaden 1996, S. 629-655.

Sharpe, W.F. [1964]: Capital Asset Prices: A Theory of Market Equilibrum under Conditions of Risk, in: The Journal of Finance, Vol. XIX, September 1964, No.3, S. 425-442.

Sharpe, W.F. [1994]: The Sharpe Ratio, in: The Journal of Portfolio Management, 1/94, S. 49-58.

Shearer, M.A./Christensen, R. [1998]: Migration Analysis: Combining approaches for better results, in: Journal of Lending & Credit Risk Management, April 1998, S. 52-56.

Shimko, D. [1997]: See Sharpe or be flat, in: Risk Magazine, Vol. 10, No 6, June 1997, S. 33.

Shimko, D. [1998]: Discounting Success, in: Risk Magazine, Vol. 11, No. 4, April 1998, S. 31.

Shimko, D./Apostolik, R. [1998]: The case of the missing credit costs, in: Risk Magazine, Vol. 11, No. 5, May 1998, S. 33.

Shirreff, D. [1998]: Models get a thrashing, in: Risk Magazine, Oktober 1998, S. 31-32.

Skora, R.K. [1998]: Rational Modelling of Credit Risk and Credit Derivatives, in: Credit Derivatives, Applications for Risk Management, Investment and Portfolio Optimisation, Risk Books, London 1998, S. 133-146.

Smith, C.W. [1993]: Risk Management and Banking: The Principles, in: Finanzmarkt und Portfolio Management 1/93, S. 12-23.

Smith, L.D./Lawrence, E.C. [1995]: Forecasting losses on a liquidating long-term loan portfolio, in: Journal of Banking & Finance, Vol. 19, 1995, S. 959-985.

Smithson, C. [1997]: Capital budgeting, how banks measure performance; in: Risk Magazine, Vol. 10, No. 6, June 1997, S. 40-41.

Smithson, C./Holappa, H. [1995]: Credit Derivatives, What are these youthful instruments and why are they used ?, in: Risk Magazine, Vol. 8, No. 12, December 1995, S. 38-48.

Smithson, C./Minton, L. [1996a]: Value at Risk, Understanding the various ways to calculate VAR, in: Risk Magazine, Vol. 9, No. 1, January 1996, S. 25 ff.

Smithson, C./Minton, L. [1996b]: Value at Risk (2), The debate on the use of VAR, in: Risk Magazine, Vol. 9, No. 2, February 1996.

Sorensen, E.H./ Bollier, T.F. [1994]: Pricing Swap Default Risk, in: Financial Analyst Journal, May/June 1994, S. 23-33.

Sorensen, E.H./Bollier, T.F. [1995]: Pricing Default Risk: The Interest Rate Swap Example, in: Derivative Credit Risk: Advances in Measurement and Management, Renaissance Risk Publications, 1995, S. 85-95.

Sperber, H./Mühlenbruch, M. [1995]: Die Praxis der Bonitätsanalyse, in: Die Bank, 4/95, S. 199-203.

Spremann, K. [1996]: Wirtschaft, Investition und Finanzierung, 5. Auflage, München, Wien, 1996.

Standard & Poor's [1996]: Corporate Ratings Criteria, 1996.

Standard & Poor's [1997a]: Ratingsdefinitionen, Standard & Poor's, Juni 1997.

Standard & Poor's [1997b]: Ratings Performance 1996, Stability & Transition, February 1997.

Standard & Poor's [1997c]: German Banks In A Changing Environment, in: Standard & Poor's Credit Week, September 3. 1997, S. 21-26.

Stein, J. [1997]: Internal Capital Markets and Competition for Corporate Ressources, in: The Journal of Finance, Vol. LII, No. 4, March 1997, S. 111-133.

Steiner, M. [1992]: Rating. Risikobeurteilung von Emittenten durch Rating-Agenturen, in: WiSt, o.Jg., Heft 10, Oktober 1992, S. 509-515.

Steiner, M./Bruns, C. [1993]: Wertpapiermanagement, Stuttgart, 1993.

Steiner, M./Heinke, V. G. [1996]: Rating aus Sicht der modernen Finanzierungstheorie, in: Büschgen, H. E./Everling, O. (Hrsg.): Handbuch Rating, Wiesbaden, 1996, S. 579-628.

Stevenson, B.G./Fadil, M.W. [1995]: Modern Portfolio Theory: Can it work for Commercial Loans?, in: Commercial Lending Review, Vol. 10, No. 2, Spring 1995, S. 4-12.

Strebel, B. [1996]: Absicherung von Ausfall-Risiken, in: Schweitzer Bank, Heft1, 1996, S. 38-42.

Stromer T. [1995]: Globales Kreditrisiko-Management - Problematik und Lösungsansätze, Band 123 der Schriftenreihe der Swiss Banking School, 1995.

Süchting, J. [1996]: Unternehmenssteuerung in Aktienbanken nach dem Shareholder-Value-Konzept, in: International Bankers Forum e.V. (Hrsg.): Die Banken auf dem Weg ins 21. Jahrhundert: Strategien und Konzepte, Wiesbaden 1996, S. 407-418.

Suyter [1997]: Die Messung von Kreditrisiken mit dem Optionspreismodell, interne Präsentationsunterlagen, Bayerische Landesbank, München.

The Chase/Risk Magazine Guide to Risk Management [1996], Risk Publications, London, 1996.

Theodore, S.S./Madelain, M.[1997]: Modern Credit-Risk Management and the Use of Credit Derivatives: European Bank's Brave New World (and ist Limits), Moody's Investors Service, March 1997.

Thieke, S.G. [1997]: Risk management and the search for increased bank revenue, Speach at the International Monetary Conference Interlachen, Schweiz, 2. Juni, 1997, http://www.jpmorgan.com

Thiel, T. [1993]: Quantifizierung des Risikopotentials innovativer Swapinstrumente, Bergisch Gladbach, Köln 1993.

Thompson, J./Frost, C. [1998]: Operational Risk Management: Where to start?, in: Financial Stability Review, Issue 4, Spring 1998, Bank of England in Association with the Securities and Investment Board, London, S. 23-31.

Tompkins, R. [1994]: Options Explained^2, Macmillan Press Ltd. 1994.

Treptow, T. M. [1999]: Optionspreistheoretische Kalkulation von Ausfallrisikoprämien. Die Beurteilung des Ansatzes nach Black & Scholes, in: ÖBA 7/99, S. 547-551.

Turner, M. [1998]: Risk Capital and VAR, Vortrag, Global Derivatives Conference, Paris, April 1998.

UBS [1998]: Geschäftsbericht 1997, 1998.

UBS [o.J.]: Rating Scale Equivalencies, UBS Phillips & Drew, Bond Credit Research, London.

Uhlir H./Aussenegg, W. [1996]: Value-at-Risk (VAR) Einführung und Methodenüberblick, in: ÖBA 11/96, S. 831-836.

Varnholt, B. [1997]: Modernes Kreditrisikomanagement, Zürich 1997.

Vasicek, O.A. [1997]: Credit Valuation, in: NETEXPOSURE: The Electronic Journal of Financial Risk, http://www.netexposure.co.uk , Issue 1, October 1997.

Venohr, B. [1996]: Reengineering der Kreditprozesse, in: Die Bank, 3/96, S. 132-138.

Villiez, C.v. [1990]: Ausfallrisiko-Kosten in der Bankkalkulation, in: Zfgk, 1990, Nr. 5, S. 225-229.

Voss, B.W./Bezold, A. [1994]: Bilanzstrukturmanagement im Spannungsfeld finanzmathematischer Risikomessung und handelsrechtlicher Periodisierung, in: Schierenbeck, H./Moser, H. (Hrsg.): Handbuch Bankcontrolling, Wiesbaden 1994, S. 595-610.

Wakeman, L.M. [1997]: Using Value at Risk in Credit Risk Measurement, Vortrag, Quantitative Credit Risk Conference, London 1997.

Waschbusch, G. [1994]: Die bankspezifische offene Risikovorsorge des § 340g HGB, in: Die Bank, 3/1994, S. 166-168.

Weber, J. [1997]: Der Abschied vom „Erbsenzähler", in: Controlling, 9/97, S. 36-39.

White, W.R. [1998]: The coming transformation of continental european banking, working paper no. 54, Bank For International Settlements, Basle June 1998.

Wilhelm, J. [1982]: Die Bereitschaft der Banken zur Risikoübernahme im Kreditgeschäft, in: Kredit und Kapital, 15. Jg. 1982, S. 572-609.

Wilson, D. [1995]: VAR in Operation, in: Risk Magazine, Vol. 8, No. 12, December 1995, S. 24-25.

Wilson, T.C. [1992]: RAROC remodelled, in: Risk Magazine, Vol. 5, No. 9, September 1992, S. 48-52.

Wilson, T.C. [1993]: Infinite Wisdom, in: Risk Magazine, Vol. 6, No. 6, June 1993.

Wilson, T.C. [1994]: Plugging the Gap, in: Risk Magazine, Vol. 7, No. 10, October 1994.

Wilson, T.C. [1997a]: Portfolio Credit Risk I, in: Risk Magazine, Vol. 10, No 9, September 1997, S. 111-117.

Wilson, T.C. [1997b]: Portfolio Credit Risk II, in: Risk Magazine, Vol. 10, No 10, Oktober 1997, S. 56-61.

Wilson, T.C. [1997c]: Measuring and Managing Credit Portfolio Risk, in: NETEXPOSURE: The Electronic Journal of Financial Risk, Issue 2, Nov. 1997, http://www. netexposure.co.uk .

Wittrock, C./Jansen, S. [1996]: Gesamtbankrisikosteuerung auf Basis von Value at Risk-Ansätzen, in: ÖBA, 12/96, S. 909-918.

Wolf, O. [1998]: Emerging Market Bonds: Instrumente zur Portfoliooptimierung bei Banken?, in: Zfgk 51. Jg. Heft 15, August 1998, S. 850-854.

Wuffli, P. A. [1995]: Elemente und Prozesse der Ertrags-/ Risiko-Optimierung im Bankkonzern – Das Beispiel des SBV, in: Basler Bankenvereinigung (Hrsg.): Risk-Management in Banken, Tagungsband zum 2. Basler Bankentag 24. November, 1994, Bern 1995, S. 93-113.

Zaik, E./Walter, J./Kelling, G./James, C. [1996]: Raroc at Bank of America: from theory to practice, Journal of Applied Corporate Finance, Summer 1996, S. 83-93.

Zangari, P. [1997a]: On measuring credit exposure, in: J.P.Morgan/Reuters, Risk Metrics Monitor, New York, First Quarter 1997 I, March 1997, S. 3-22.

Zangari, P. [1997b]: Catering for an event, in: Risk, Vol.10, No.7, Juli 1997, S. 34-36.

Zfgk [1997]: Umfrage, Eigenkapitalrentabilität in der deutschen Kreditwirtschaft, in: Zfgk 50. Jg., 24-97, S. 1207-1216.

Zhou, C. [1997]: Default Correlation: An Analytical Result, Working Paper, Federal Reserve Board, Washington May 1997.

Zimmermann, H. [1995]: Editorial: Riskantere Banken?, in: Finanzmarkt und Portfolio Management, 9. Jg., 1995, Nr. 2, S. 149-154.

Zlotnik, M./Best, S. [1997]: German Banks In A Changing Environment, in: Standard & Poor's Credit Week, September 3, 1997, S. 21-26.